H. E. CONRAD

Wales

H. E. CONRAD

Wales

EIN FÜHRER

PRESTEL VERLAG MÜNCHEN

Druck von Passavia Druckerei GmbH Passau
ISBN 3-7913-0594-8

In liebender Verehrung
den SCHÄFERKÖNIGEN überm MEER,
Frau GEORGETTE CAPELLMANN,
WIZARD MYRDDIN

WALES ist kein englisches Bayern, wie man in Deutschland oft glaubt, sondern innerhalb des Vereinigten Königreiches ein Land mit eigener Geschichte, Kultur, Verwaltung und Sprache, dem Kymrischen. Niemand braucht sich vor dieser Sprache zu fürchten, denn die meisten Waliser sind im Englischen und viele auch im Deutschen bewandert. Aber einige Hinweise zur Aussprache und zu einem besseren Verständnis der Ortsnamen sind vielleicht nicht unerwünscht; der Leser findet sie in der Einleitung im Kapitel ›Kymrische Sprache und Literatur‹, im Geographischen Register und in einer kleinen Notiz im Anhang, ›Zur Aussprache des Kymrischen‹. Dort ist auch ein kleines Wörterverzeichnis. Viele walisische Namen können auf verschiedene Art geschrieben werden; das ist durch Querverweise in den Registern berücksichtigt worden.

Walisische Straßen sind eng, doch sehr wenig befahren. Man vergesse aber zur eigenen Sicherheit nie, daß ganz plötzlich Lämmer, Wild oder landwirtschaftliche Fahrzeuge hinter einer Hecke auftauchen und die Straße kreuzen können. Da für eine Autotour in Wales eine einfache Tourenkarte oder ein Autoatlas nicht ausreichen, sei jedem Reisenden eindringlich empfohlen, sich gut mit Meßtischblättern zu versehen. Informationsbüros für Touristen gibt es an vielen Orten; in Wales zeigen sie als Zeichen neben dem kleinen schräggestellten *i* auch einen kymrischen Drachen, wie er auf dem Rückenschild dieses Buches zu sehen ist.

INHALT

EINFÜHRUNG

DIE MARKEN

DER WILDE NORDEN

ANHANG

EINFÜHRUNG

Wales' Gestalt

All den Tag lang, jeden Tag schien die See
In Bläue getaucht ...
Alun Llywelyn-Williams (geb. 1913)
aus ›When I was young‹

Schweigen brachte die dunkle Nacht. Eryris
Berge sind nebelverschleiert.
Die Sonne sank in das Bett der See.
Der Mond hat das Wasser versilbert.
Walter Davies (1761-1849), Englyn

Wales ist eine Halbinsel der größten britischen Inselgruppe, ihr im mittleren Westen wie ein leicht verschobenes Quadrat vorgelagert. An drei Seiten, im Norden, Westen und Süden, wird sie vom Atlantik umspült. Wellen, Winde, Brandung, Ebbe und Flut haben die Gestalt von Wales geformt und immer aufs neue verändert; auch heute noch ist dieser Prozeß nicht abgeschlossen. Die Ostseite von Wales schließt an England an; die Grenze verläuft in den Urstromtälern der Flüsse Severn und Dee und folgt über weite Strecken noch dem Verlauf von Offa's Dyke, einem im frühen Mittelalter unter Offa von Mercia errichteten Grenzmarkierungswall.

Die Gestalt der Küsten wird von ihren Buchten bestimmt. Im Nordosten hat sich der Dee einen ungeheuren Mündungstrichter gegraben, der aber völlig versandet und kaum noch schiffbar ist. Die halbmondförmigen Strandbuchten von Colwyn und Conwy schließen sich an; im Nordwesten bildet die Insel Anglesey oder, wie die Waliser sagen, Mona, einen vorgestreckten Kopf. Sie wird vom Festland durch eine Meeresstraße, die Menai Strait, getrennt. Das Flachland von Mona ist fruchtbar; schon in vorrömischer Zeit wurde dort Korn angebaut.

Südlich von Mona strebt Wales weit hinaus in die Irische See mit einer spitzzulaufenden Halbinsel, Lleyn Peninsula, die im Umriß einer Greifhand und einem ausgestreckten Arm ähnelt. Die fast dreieckige Bucht zwischen Mona und Lleyn heißt Caernarfon Bay. Südlich von Lleyn öffnet sich die größte der walisischen Buchten, die Cardigan Bay, mit ihrem gewaltigen Gebirgspanorama und einem geheimnisvollen Licht, das die Maler begeistert und an heißen Tagen die Fischer durch Luftspiegelungen verwirrt.

In diese fast die ganze Westküste einnehmende Bucht mit ihren vielen kleinen Binnenbuchten ergießen sich die Flüsse Glaslyn,

Afon Mawddach, Afon Dysynni und Afon Dyfi oder Dovey mit ihren zahlreichen Nebenflüssen. Das Geröll, das sie auf ihrem Weg durch die Höhen Snowdonias angeschleppt haben, ließ die Mündungen versanden; vor ihnen entstanden ausgedehnte Salzmarschen, von denen ein Teil im letzten Jahrhundert trockengelegt wurde. Cardigan Bay schwingt nach Südwesten in einem Riesenbogen aus.

Die jetzt anschließende Küste ist stark zerrissen; an Einbruchstellen sieht man die diagonal angeordneten Erdschichten offen daliegen wie in einem Geologiebuch. Sandstein, Kalkstein und Kreide dominieren, nicht mehr der uralte Granit, der die Hauptmasse der Gebirge bildet. Hier findet man zerklüftete Vorgebirge, wie Strumble Head und St David's Head, und die hufeisenförmig ins Land schneidende St Bride's Bay mit ihren windgeschorenen Steilküsten. Ihr Eingang wird im Norden von Ramsey Island und einer Gruppe winziger Inselchen, den ›Bishop and Clerks‹, bewacht, im Süden von den Vogelschutzinseln Skomer, Skokholm und Gateholm, die im frühen Mittelalter, wie die Namen noch verraten, Wikingerstützpunkte waren. Südlich der St Bride's Bay reckt sich wie ein vielarmiger Polyp Milford Haven; in diese große Bucht münden über zehn Flüsse, deren jeder sich einen tiefen Trichter gegraben hat. Der Eingang von der Seeseite zu diesem Mündungsbecken zwischen St Ann's Head und dem Inselchen Sheep Island ist sehr schmal und gegen Westen gut geschützt; in diesem großen natürlichen Hafen liegen die unüberschaubaren Docks und Werftgelände von Pembroke.

Die Küste läuft nun nach Süden weiter mit zwei flachen Buchten, Freshwater West und The Wash, um dann mit Carmarthen Bay wieder einen Bogen landeinwärts zu schlagen. Am Westzipfel dieser Bucht liegt Caldey Island, am Ostzipfel erhebt sich Worms Head, walisisch Penrhyn-gwyr; Penrhyn heißt oft Vorgebirge. Auch in diese Bucht münden viele Flüsse; der bedeutendste unter ihnen ist der Tywi mit seinen Nebenflüssen. In der Mitte der Bucht zerreißen drei Mündungsläufe das Land zu einer dreizipfeligen Narrenkappe. Davor haben sich ausgedehnte Sandbänke gebildet, die die Küste unsicher machen. Im Südosten der Bucht sucht sich der Loughor, walisisch Llwchwr, seinen Zugang zur See; seine Mündung zerreißt den Südteil der Küste, eine Halbinsel schaffend, Gower. Östlich von Gower breitet sich dann mit schönem Schwung die Bucht von Swansea aus, die heute zum Teil von Ölraffinerien und Dockanlagen beherrscht wird. Das Panorama der Südostküste wird geprägt durch die Black Mountains und die Brecon Beacons. Im Osten schließt die Severn-Mündung, die sich im Norden bis zu den Grenzen des Forest of Dean emporzieht, die Reihe der Meereseinschnitte mit großem Pomp ab: Sie wirkt fast wie ein kleines Binnenmeer. Im Lauf der Jahrtausende ist sie stark versandet; aber einst muß sich der Strom gewaltig in die See ergossen haben. Noch heute ist das Land auf beiden Ufern in jedem Frühjahr von starken Überschwemmungen heimgesucht.

All diese Küsten zeigen, wie sehr Wales ein Kind der See ist. Aber es ist auch ein Land der Berge, geformt von innen und von außen in Jahrmillionen.

Geologisch ist Wales der älteste Teil der Britischen Inseln. Im Präkambrium, der geologischen Urzeit, entstanden die Insel Anglesey, die Küste der Menai Strait im Norden und Teile von Dyfed im Südwesten. Das Snowdonia-Massiv, ein Gefüge aus Schiefer, Lava, Sedimentfelsen und Tonschiefern neben grobkörnigen Altsandsteinfelsen, ist während den kaledonischen Erdbewegungen am Ende des Paläozoikums, vor rund dreihundert Jahrmillionen, gegen die festen Granitrippen Angleseys gepreßt worden; wie die anderen nordwalisischen Gebirge verläuft es in einer Diagonale von Südwest nach Nordost. Älter jedoch als diese Faltengebirge sind die aus Lava entstandenen mittelwalisischen Berge, so der Mynydd Preseli.

In den mittelwalisischen Landschaften, von den Cambrian Mountains mit dem Hochmoor Plynlimon bis zu den Black Mountains im Osten findet man hohe, einsame Berge mit sanftgerundeten Gipfeln; sie bestehen aus silurischen und kambrischen Tonschiefern und Sandstein; nirgendwo ist Wales so still, so verlassen wie in dieser nur von Schafen belebten Einöde, nirgendwo wirkt es so majestätisch in seiner wilden Schönheit, nicht einmal in den viel dramatischeren Bergmassiven Snowdonias. Hier entspringen auch die größeren Flüsse, die Wye und der Severn, Teifi und Towy; je mehr sich die Wasserläufe der See im Süden nähern, um so grüner und fruchtbarer werden ihre Ufer.

Südwestwales, die Grafschaft Dyfed, das einstige Pembrokeshire, prunkt mit farbigen Küsten aus Rotsandstein aus dem Devon und Kalkstein aus der Kreidezeit. In Ostwales hat sich über diese Schichten im Karbon Kohle gelegt; sie begleitet die östlichen Meeresküsten wie auch die Grenzflüsse Severn und Dee.

Am Ende des Karbon wurde Europa noch einmal von einer großen Faltung zerrissen; es war die armorikanische oder bretonische Faltung, deren Riß von Südrußland bis Südirland reicht. Dabei entstanden neue Faltengebirge, in Wales vom Towy-Tal bis nach Milford Haven in Dyfed; sie sind alle, bis auf die in der Bretagne, ziemlich stark abgetragen, was der Faltung ihren Namen gab (armorikanisch ist ein anderes Wort für bretonisch).

Bald danach versank Wales für eine Zeitlang im Meer. Als es vor rund fünfzig Millionen Jahren wieder auftauchte – damals bildeten sich gerade die Alpen –, waren überall riesige Kreidefelder entstanden, und neue reißende Ströme, die einen Abfluß zum Meer suchten, schnitten tief in die alten Faltengebirge ein. Als Wind und Regen die Kreide schon fast wieder fortgewaschen hatten, kam das Eis. Es leckte die Felswände der Urgebirge kahl, schob riesige Moränen vor sich her und zwang die Flüsse dadurch zu verändertem Lauf in der umgeformten Landschaft. Das Eis hinterließ überall seine Spuren, schob Lehm- und Kalkhügel wie Schachfiguren über das Land, formte tiefe U-förmige Täler und legte an vielen Orten die alten Faltenstrukturen bloß. Die großartigsten Felsformationen sieht man heute entlang der Küsten von Dyfed und an verschiedenen Orten in Snowdonia: Riffe und Felsen, bei deren Anblick man sich in die Urzeit der Erde versetzt glaubt.

Nach dem Eis begann das Meer zusammen mit den Flüssen neues Land zu schaffen, altes fortzuwaschen. Salzmarschen, Schlick- und Sandbänke, Strände und Wanderdünen entwickelten sich erst in der jüngsten Periode der Erdgeschichte; ihre Entwicklung ist noch keineswegs abgeschlossen: So lange die See an die Küsten des Landes schlägt, wird sie diese auch nach ihrer Willkür und ihren Gesetzmäßigkeiten, wie Ebbe und Flut, gestalten.

Wales' Geschichte

Wir sind ein Volk, das sich von Sagen nährt,
Und wärmen unsre Hände an dem Schein
Rotglühender Vergangenheit …
R.S. Thomas (geb. 1913), aus ›Welsh History‹

Was wir empfingen, geben wir weiter, willig oder ungewollt;
Was gewesen war ist's was wir wissen -
In einer Geschichte
Die zu erlernen schmerzhaft war.
Alun Llywelyn-Williams (geb. 1913),
aus ›Pont y Canieddydd‹

Um 4500 vor Christus wurden die Britischen Inseln von bäuerlichen Invasoren überflutet, denen während der nächsten Jahrtausende noch zwei weitere Einwandererwellen folgten. Ihnen allen gemeinsam war die Freude an der Errichtung monumentaler Bauten, Grabkammern von gigantischen Ausmaßen und Steinringen wie dem in Stonehenge, deren Bedeutung bis heute umstritten ist. Vielleicht waren es Kult-, sogar Opferstätten, vielleicht Grablegen, vielleicht Observatorien; vielleicht, und das scheint mir am wahrscheinlichsten, waren sie das alles gleichzeitig.

Diese Völker waren Ackerbauern; sie pflanzten Gerste an und hielten auch schon einige wenige Haustiere: sie waren also auf Kalenderwissen angewiesen, und dieses Wissen wurde damals allgemein durch die Priester weitergegeben. Das war noch so, als unser heutiger Kalender, der Gregorianische, geschaffen wurde, der übrigens immer noch von den Bauern in vielen walisischen Gegenden einfach ignoriert wird; sie feiern Neujahr und Ostern zu ihrer eigenen Zeit.

Aus der Zeit der Megalithbauten haben sich in Wales Reste von kleineren Steinkreisen erhalten und eine Reihe von Dolmen und Ganggräbern, wie dem Pentre Ifan in Dyfed und Barclodiad y Gawres sowie Bryn Celli Ddu auf Anglesey.

Um 500 vor Christus kamen die Kelten und teilten das Land unter verschiedenen Stämmen auf: Im Südosten siedelten die Silurer, im Südwesten die Demetae; im Nordwesten Ordoviker, im Nordosten Deceangli und Cornovii; östlich des Severn wohnten die Dobuni. Diese Stämme wurden aristokratisch verwaltet. Die Familien lebten in kleineren oder größeren Hüttendörfern mit Rundhütten und auch eckigen Häusern zusammen; die meisten

Dörfer waren, ebenso wie die Viehweiden, durch Erdwälle geschützt. Alle Dinge des täglichen Lebens wurden auf den Höfen hergestellt. Die Kelten hatten das Eisen mitgebracht; sie waren kunstreiche Schmiede und gute Soldaten.

Das geistige Zentrum der Kelten war die Ausbildungsstätte der Druiden auf der Insel Anglesey. Alles Wissen wurde ausschließlich mündlich weitergegeben; daher dauerte die Ausbildung Jahre, manchmal Jahrzehnte. Wir wissen noch immer sehr wenig über die Druiden, denn an zeitgenössischen Berichten gibt es fast nur die Beschreibungen von Caesar und Tacitus, die sich nicht nur widersprechen, sondern auch eindeutig propagandistischen Charakter haben, denn sie sollten ja die Zerschlagung der Druidenkultur vor der Geschichte rechtfertigen. Tacitus beschreibt im XIV. Buch seiner ›Annalen‹, wie 61 nach Christus Paulinus Suetonius die Druiden auf der Insel Mona (kymrisch für Anglesey) hinmorden ließ:

»... *und so traf er Anstalten, die stark bevölkerte Insel Mona, den Schlupfwinkel der Flüchtlinge, anzugreifen. Er ließ Schiffe mit flachem Bug zur Sicherung gegen unberechenbare Untiefen bauen, auf denen das Fußvolk hinüberbefördert wurde. Die Reiter folgten durch eine Furt oder schwammen, wo das Wasser tiefer war, mit ihren Pferden hinüber. Am Strand war das gegnerische Heer versammelt, in dichter Linie Mann neben Mann. Dazwischen rannten die Frauen hin und her, die, gleich Furien mit fliegenden Haaren, Fackeln trugen. Ringsum standen die Druiden, schreckliche Verwünschungen ausstoßend, die Hände zum Himmel erhoben. Dieser ungewohnte Anblick versetzte die Soldaten so in Schrecken, daß sie, wie gelähmt, ohne sich zu rühren, auf sich einhauen ließen und erst, als der Heerführer sie ermahnte und sie sich auch selbst zitternd Mut zusprachen, doch nicht vor einem rasenden Weiberhaufen zu zittern, zum Angriff antraten. Sie warfen, wer sich ihnen in den Weg stellte, nieder, und trieben die Feinde in das Feuer der Fackeln. Nachher wurde auf die besiegte Insel eine Besetzung gelegt; die einem wilden Aberglauben geweihten Haine wurden umgehauen* ...« (übersetzt von Walther Sontheimer).

Die Ausrottung der Druiden – bei dem Gemetzel auf Mona wurde nicht einer geschont –, Hunderter von Weisen und Lehrern eines ganzen Volkes, war eine Katastrophe, die die Kelten nie völlig verwanden. Die Stämme waren über Nacht ihrer geistigen Führungsschicht beraubt, und weil alles Wissen mündlich vermittelt wurde, damit auch von ihrer eigenen Geschichte völlig abgeschnitten. Zwar überlebte der Kult im geheimen hie und da noch bis in die Zeit nach dem Abzug der Römer, zwar wurden die heiligen Quellen und Haine heimlich weiterverehrt, auch übernahmen die Barden einen Teil der Aufgaben der Druiden, aber das alles änderte nichts daran, daß in dieser Nacht die Widerstandskraft der Inselkelten gebrochen wurde.

Die Römer bauten überall im Lande Straßen und Militärlager, um die Bodenschätze – Gold, Blei, Kupfer, Eisen – und das auf Mona angebaute Getreide zu befördern und deren Erzeugung zu überwachen. An der Grenze von Wales lagen zwei römische Legionen: im Castrum Deva (Chester) die XX. und im Castrum Isca (Caerleon) die II. Augusteische. Am Ende der Römerzeit, als schon sächsische und jütische Barbaren die Küsten unsicher machten, trat ein Krieger an die Spitze der in Britannien verbliebenen Legionen, Magnus Maximus, der Macsen Wledig der walisischen Sagen. Er wurde 383 von den Truppen zum Caesar ausgerufen; von Gallien aus regierte er dann die westlichen Provinzen des Römerreiches. Als er fünf Jahre später gegen Rom zog, wurde er in Italien besiegt und erschlagen. Er war möglicherweise spanischer Abstammung; in Segontium (dem späteren Caernarfon) soll er sich mit der Waliserin Helena vermählt haben. Es gibt noch heute walisische Geschlechter, die sich von Macsen Wledig herleiten. Niedergeschrieben wurde seine Geschichte in Form eines poetischen Traummärchens zur selben Zeit wie das Hauptwerk der kymrischen Literatur, das ›Mabinogion‹.

Gegen Ende der Römerzeit waren die alten Kulte der Waliser noch nicht völlig tot; manches davon hat sich auch bis auf den heutigen Tag erhalten. Daneben aber blühten, vor allem um Segontium, der Mithraskult – auch von ihm wissen wir kaum mehr als vom Druidentum, er war eine persische Kriegerreligion – und das Christentum. Vielleicht war es sogar das wichtigste Erbe der Römerzeit, denn es waren seine Anhänger, die in den dunklen Jahrhunderten des Barbarensturms, der angelsächsischen und der dänischen Einwanderung, Wissen und Zivilisation weitergaben. Diese Zeit nennt man in der walisischen Geschichte das ›Jahrhundert der Heiligen‹.

In Wales vollzog sich die Verbreitung des Christentums anfänglich unabhängig von Rom. Das hatte sowohl mit dem Niedergang des römischen Reiches als auch mit der Abgeschiedenheit des keltischen Landes zu tun. Man entwickelte eigene Formen des Gottesdienstes und des Klosterlebens. Nur wenige der walisischen Heiligen wird man in einem katholischen Heiligenkalender finden können, dafür aber mit Sicherheit auf einer walisischen Landkarte: Weitaus die meisten Orte, die ein ›Llan‹, heilige Stätte, Kirche, als Vorsilbe tragen, erinnern an einen der keltischen Märtyrer: Llangollen etwa an St Collen, Llandeilo an den heiligen Teilo, Llantysilio an Tysilio und Llanbadarn an Padern, um nur einige zu nennen. Llanddewis gibt es so viele, daß sie alle noch einen Zusatz tragen, wie Llandewi'r cum, St David im Tale, denn Dewi oder Dafydd heißt der walisische Nationalheilige, einer der frühen Bischöfe. Die vielen Llanfihangel dagegen sind dem heiligen Michael geweihte Bergdörfer, eine Sitte, die sich überall in Europa finden läßt.

Das Leben in einer frühchristlichen keltischen ›clas‹, den Mutterklöstern der walisischen Kirche, war nicht viel anders geregelt als später in den Zisterzienser-Klöstern. Um einen Bischof sammelten sich Mönche und Laien; die Bischöfe lebten oft als Eremiten etwas abseits von der Klosteranlage in winzigen Klausen. Viele fanden den Märtyrertod. Das Gebet und die Auslegung der Bibel waren die Hauptaufgaben der Mönche in der ›clas‹; darüber hinaus waren diese frühen Klöster meistens kleine, sich selbst erhaltende Gemeinwesen, in denen jeder eine bestimmte Aufgabe zu erfüllen hatte. Lange weigerten sich die walisischen Bischöfe, Rom, und damit die angelsächsische Oberhoheit durch den Primat des Erzbischofs von Canterbury, anzuerkennen. Auf ein gemeinsames Osterdatum einigte man sich erst nach über einem Jahrhundert erbitterter Auseinandersetzungen im Jahre 768; in manchen walisischen Bergdörfern wird heimlich noch heute am alten Osterdatum festgehalten.

Damals waren auch die starken Nachbarn im Osten, die Mercier, zum Christentum übergetreten. Sechzehn Jahre später ließ ihr König, der Angel Offa, zwischen seinem Reich und Wales einen Wall errichten, um die Grenze sichtbar zu kennzeichnen: ›Offa's Dyke‹. Er bildet noch heute über weite Strecken die Grenze zwischen England und Wales.

In Wales begann das Ringen der Fürsten untereinander um die Oberherrschaft. Es gab damals neun kleinere Fürstentümer: *Gwynedd* im äußersten Nordwesten, daran anschließend die Westküste hinab *Meirionydd*, *Ceredigion*, *Dyfed*. An der Südküste lag neben Dyfed zwischen den Unterläufen von Teifi und Towy und zwischen Towy und Neith *Seisyllwg;* in dem Dreieck, das Neith und Taff mit der Küste bilden, *Morgannwg* und zwischen Severn und dem River Usk *Gwent*. Im Gebiet der Brecon Beacons lag südlich des Oberlaufs der Wye *Brycheiniog*, und östlich der Wye bis zu Offa's Dyke *Powys*. Alle diese Fürstentümer hatten wechselnde Grenzen, die ständig verschoben wurden. Bald verleibte sich das eine, bald das andere Fürstentum Teile des Nachbarlandes ein, bald zerfielen die einzelnen Länder durch die walisische Erbteilung in lauter kleine Einheiten. Etwa ein Jahrhundert nach der Errichtung von Offa's Dyke gelang es Rhodri Mawr (Roderich dem Großen) von Gwynedd (844-877), den größten Teil von Wales zu erobern. Sein Einigungswerk war 876 so gut wie abgeschlossen. Um den ständigen Streit der vielen Kleinkönige zu beenden, teilte er Wales in drei Fürstentümer auf: Gwynedd im Norden, Powys im Osten und Deheubarth im Süden; seinen eigenen Nachkommen hinterließ er Gwynedd und Deheubarth. Rhodri war es gelungen, die Dänen, die seit 851 die Küsten bedrängten, zurückzuschlagen; nach seinem Tode mußten sich seine Nachkommen mit den Angelsachsen verbünden, um unter der Führung Alfreds des Großen gemeinsam dieser Plage Herr zu werden. – Rhodris Enkel, Hywel Dda (916-950), vereinigte Gwynedd und Deheubarth in seiner Hand und wurde zum Gesetzgeber des Landes. Der ›Kodex des Hywel Dda‹ ist eine der wichtigsten Quellen zur Geschichte des mittelalterlichen Wales, da er alle Bereiche des öffentlichen und privaten Lebens umfaßt, Zivil- wie Strafrecht. Es ist ein für jene harte, grausame Zeit erstaunlich menschliches Gesetzeswerk; fast alle Gesetze enthalten Vorkehrungen zum Schutz des Schwächeren. So teilte der Älteste das Erbe so gerecht auf, wie er konnte, zu gleichen Teilen an alle Erbberechtigten. Die Aufgabe des Jüngsten aber war es, die einzelnen Teile zu vergeben: So konnte keiner den anderen übervorteilen, da der Teilende vorher nicht wußte, was ihm selbst zufallen würde. Auch Frauen besaßen größere Rechte als üblich in jenen Jahrhunderten. Das kulturelle Leben war ebenfalls geregelt; die Künstler, vor allem die Barden, hatten genau festgelegte Privilegien, die ihnen niemand streitig zu machen gewagt hätte. Dieser Kodex blieb bis in die Zeit Eduards I. in kraft und an den Höfen der zu Baronen umbenannten walisischen Fürsten wurde er noch bis in die Tudorzeit angewendet.

Nach dem Tode Hywels 950 folgte eine Zeit der Anarchie. In einem Jahrhundert, bis 1060, fanden fünfunddreißig walisische Herrscher ein gewaltsames Ende, vier wurden geblendet und entmannt, mehrere siechten im Kerker dahin. Das Land zerfiel erneut in vier Fürstentümer, Powys, Gwynedd, Deheubarth und Morgannwg. Gefördert durch das auf Teilung bedachte walisische Erbrecht setzte sich das ständige Gezänk um die Grenzen bis in die Zeit der normannischen Eroberung Englands fort. Doch wieder gelang es einem kriegerischen Fürsten von Gwynedd, Gruffydd ap Llewellyn (1039-1062), den größten Teil des Landes in seine Hand zu bringen. Nachdem er die Waliser geeinigt hatte, versuchte er, die Angelsachsen oder Engländer, wie sie jetzt genannt wurden, aus dem Land zu treiben. Er fand den Tod in einer Fehde mit dem späteren König Harold, der nur drei Jahre danach bei Hastings selber Land und Leben verlor.

Die Schlacht von Hastings brachte die Normannen auf die Insel. Wilhelm I. unterwarf erst England, dann unternahm er einen gewaltigen Heerzug nach Wales, um sich dort Respekt zu verschaffen und jeglichen Widerstand zu ersticken. An der Grenze schuf er eine Reihe von Lordschaften, ›Marches‹ oder Marken, die er mit außerordentlichen Rechten und Befugnissen ausstattete. Von diesen Lordschaften aus wurde Wales langsam aber stetig für die Normannen erobert, bald durch militärische Invasionen, öfter durch geschickte Heiratspolitik. In einem guten Jahrhundert war ganz Süd- und Ostwales unter der Kontrolle der Marcherlords, wie man die Herren der Grenzgrafschaften nannte. Diese Familien, die Bigods, Marshalls, de Clares, Despensers, die Braoses und Mortimers, waren ebenso mit dem normannischen Königshaus wie mit den walisischen Fürsten verschwägert und versippt. Sie hatten die höchsten Hofämter inne, und ihre Macht war so groß, daß sie ungestraft Könige erpressen und stürzen, Rebellionen und Kriege anzetteln oder Frieden schließen konnten. In Wales verhielten sie sich ähnlich wie einst die Römer: Sie bauten an allen strategisch wichtigen Stellen ihre Burgen, von denen aus sie Steuern eintrieben, ließen aber die eigentliche Verwaltung in den Händen der einheimischen Herren. So wurde Wales doppelt regiert: zunächst durch seine eigenen Fürsten, die auch Recht sprachen, und darüber hinaus durch die Marcherlords, die jeden Versuch eines Aufstandes mit Hilfe ihrer festen Burgen und gut ausgebildeten Vasallen unterdrücken konnten.

Die walisischen Fürsten verhielten sich zu jener Zeit nicht immer nur ehrenhaft; sie kämpften bald auf dieser, bald auf jener Seite, wie es am vorteilhaftesten schien. Manchmal paktierten sie mit den englischen Königen gegen die Barone oder gegeneinander, manchmal mit den Baronen gegen die Krone, und nur selten waren sie sich so einig, daß sie sich gemeinsam den Engländern stellten, wie unter Owain Gwynedd (1110-1169?), der sich mit Madoc ap Maredudd (gestorben 1160) von Powys und Rhys ap Gruffydd von Ceredigion und Deheubarth, den sie ›Lord Rhys‹ nannten, gegen den Usurpator König Stephan und später gegen Heinrich II. erhoben. 1171 war König Heinrich gezwungen, Lord Rhys als unabhängigen Fürsten von Südwales anzuerkennen, da seine militärischen Kräfte im Kampf gegen Irland gebunden waren. – Um dieselbe Zeit rang der Geistliche und Gelehrte Giraldus Cambrensis (1146-1222) um einen walisischen Primat, also um die Unabhängigkeit der walisischen Kirche vom Erzbistum Canterbury und damit von England. Es gelang ihm nicht, sich durchzusetzen; erst im zwanzigsten Jahrhundert wurde Wales Erzbistum. Giraldus gab uns in seiner ›Beschreibung von Wales‹ »*ein lebhaftes Bild des zeitgenössischen Walisers mit seiner Liebe zum Gesang und zur Instrumentalmusik; seiner Empfindlichkeit und seinem Familienstolz, seinem raschen Witz im Gespräch und seinem Geschick im Geschichtenerzählen, seiner tiefen Frömmigkeit, seinem frugalen Geschmack im Essen und in der Gewandung; selbst solche Details wie die Besorgnis um die Zähne, die männliche Mode von Schnurrbärten bei rasiertem Kinn und die von beiden Geschlechtern bevorzugte Pagenfrisur finden Erwähnung. Er erzählt uns, wie der Bauer sein Coracle (ein kleines Boot) zum Fischen baut und schildert ihn, wie er singend hinter seinem von einem Gespann Ochsen gezogenen Pflug herwandert …*« (aus A.H. Dodd, ›A Short History of Wales‹).

Die Kreuzzüge, die lange Abwesenheit des Königs Richard Löwenherz aus England, der Tod des Lord Rhys, die umstrittene Herrschaft von Johann Ohneland stürzten auch Wales erneut in Unruhen. In Gwynedd, dem Fürstentum, das seit Rhodri Mawr immer die Führungsrolle in Wales übernommen hatte, herrschte seit 1194 Llywelyn ab Iorwerth mit dem Beinamen Mawr, der Große, ein Enkel Owains. Er eroberte zu seinem Erbe Powys hinzu, das er seinem Rivalen, König Gruffydd ap Gwenwynwyn (gestorben 1216), abgejagt hatte. Er vermählte sich mit Joan, einer Tochter König Johanns, überwarf sich aber bald darauf mit seinem machthungrigen Schwiegervater und stellte sich im Kampf um die Magna Charta, die erste englische Verfassung, auf die Seite der Barone. Um diese Zeit ließ sich Llywelyn von England außerdem die Herrschaft über Deheubarth (Südwales) zusprechen. 1216 starb sein Schwiegervater; Regent für dessen unmündigen Sohn, König Heinrich III., wurde einer der Marcherlords, William Marshall, Graf Pembroke (1160-1219). Pembroke gab im folgenden Jahr der Magna Charta ihre endgültige Form, in der sie 1225 bestätigt wurde. Zwei Jahre darauf, 1227, übernahm König Heinrich selbst die Regierung.

Nach einem weiteren Jahrzehnt weiser Regierungstätigkeit zog sich Llywelyn Mawr 1238 in das Kloster von Aberconwy zurück, wo er 1240 hochgeehrt starb. Er war nicht nur einer der wenigen Fürsten, denen es über einen längeren Zeitraum gelang, Wales zu befrieden, sondern auch ein großer Förderer der Wissenschaften und der Kunst gewesen, dessen Ruhm die Barden verkündeten, und ein Pfleger der walisischen Rechtsprechung, ein Schutzherr der Kirchen und Klöster. Wales war damals eine Hochburg des Ordens der Zisterzienser; sie überzogen das ganze Land mit ihren schlichten gotischen Bauten und brachten für die Landwirtschaft durch ihre verfeinerten Methoden in der Viehzucht wie im Getreide- und Obstanbau einen beträchtlichen Aufschwung. – Llywelyns Sohn Dafydd versuchte verzweifelt, das Erreichte in einer Zeit, die immer wieder durch innere und äußere Unruhen erschüttert wurde, zu erhalten. 1246 übernahm Llywelyns Enkel, Llywelyn ap Gruffydd, später zubenannt der Letzte, die Macht. Als er die Herrschaft antrat, hatte sich die Lage in England gefährlich zugespitzt. Heinrich III. steckte wegen seiner dynastischen Feldzüge in Geldschwierigkeiten; zudem mußte er aufgrund eines von seinem Vater abgeschlossenen Vertrages ein Drittel der englischen Staatseinnahmen an Rom abführen. Eine Anzahl von Mißernten verschlimmerte die Wirtschaftslage dramatisch. 1257 wurde Heinrichs Bruder Richard von Cornwall zum deutschen König gewählt; fünfzehn Jahre lang, bis zu seinem Tode 1272, kämpfte er mit dem Gegenkönig Alfons von Kastilien um die Krone; die rechtlose Zeit des Interregnum im Heiligen Römischen Reich.

1258 gelang es den englischen Baronen unter Führung von Simon de Montfort, Graf von Leicester (1200-1265), die Oxforder

Provisionen, die die Magna Charta stützen und die Rechte des Königs weiter einschränken sollten, durchzusetzen. Äußerer Anlaß war die Verärgerung über die hohen Romtribute. Llywelyn, der seit dem Tode seines Onkels Dafydd seine Macht in Wales ständig ausweitete, schloß sich der Montfort-Partei an. 1264 wurden im Spruch von Amiens die Oxforder Provisionen für ungültig erklärt; daraufhin kam es in England zum Bürgerkrieg. Montfort schlug den König bei Lewes in Sussex und nahm Prinz Eduard, den Kronprinzen, gefangen. Eduard besaß damals bereits den Großteil der walisischen Grenzgebiete. 1265 berief Montfort ein umfassendes Parlament ein; dieses Ereignis gilt als Geburtsstunde des britischen Unterhauses. Damals konnte sich Llywelyn bereits als Herrn von Wales betrachten. Das änderte sich auch nicht, als Montfort in der Schlacht von Evesham im selben Jahre fiel; die Kräfte des Königs waren so ausgehöhlt, daß er mit Llywelyn einen Vertrag schloß, in dem er ihn als Fürsten von Wales anerkannte; Llywelyn sollte seinerseits dem König Huldigung und Tribut schuldig sein.

1272 starb der alte König, und sein Nachfolger, Eduard I., begab sich auf einen Kreuzzug. Alle Aufforderungen des Regenten an Llywelyn, den Huldigungseid zu leisten und den Tribut zu senden, wurden von dem Fürsten ignoriert. Statt dessen begann er, sich um die in Frankreich im Exil lebende Tochter Simon de Montforts zu bemühen, in der Hoffnung, die alte Partei gegen den König wiederzubeleben. 1274 kehrte Eduard nach England zurück, doch auch jetzt blieb Llywelyn bei seiner Weigerung. Er schloß den Heiratsvertrag mit den Montforts ab, aber das Schiff, das seine Braut bringen sollte, wurde von der königlichen Flotte gekapert und die junge Gräfin nach Windsor gebracht. 1276 erklärte der erboste Eduard I. Llywelyn den Krieg. Llywelyn floh in die Berge Snowdonias, wo er wie ein Vogelfreier leben mußte. Im Herbst blieb ihm nichts mehr übrig, als sich zu ergeben. Im Vertrag von Conwy wurde er fast aller seiner Ländereien für verlustig erklärt; ihm blieb Anglesey, wo er in Aberffraw seinen eleganten Hof hatte, und Snowdonia, dazu der jetzt leere Titel eines Fürsten von Wales. 1277 kam er zur Huldigung nach London und vermählte sich 1278 in Worcester mit Eleanor von Montfort.

Im Januar 1282 starb Eleanor bei der Geburt ihres ersten Kindes, einer Tochter. Im Frühling desselben Jahres versöhnte sich Llywelyn mit seinem jüngeren Bruder Dafydd, mit dem er viele

Jahre im Streit gelebt hatte, und erhob sich mit ihm gegen England; gleichzeitig brach auch in Südwales unter Fürst Gruffydd ap Maredudd erneut der Widerstand gegen den König aus. Eduard I. kam mit einem gewaltigen Heer und mit seiner Flotte, diesmal entschlossen, Llywelyn zu bedingungsloser Unterwerfung zu zwingen. Llywelyn wandte sich zuerst wieder nach Snowdonia, aber als sich der Krieg hinzog und Waffenstillstandsverhandlungen sich zerschlugen, zog er an der Spitze einer kleinen Macht nach Westen, um nicht erneut durch Kälte und Hunger zur Kapitulation gezwungen zu werden. Er kam in die Marken, wo sich ihm viele walisische Bewohner mit großem Jubel anschlossen; doch im Dezember wurde er erschlagen. Die einen sagen in der Schlacht, die anderen durch Verrat, und eine Quelle berichtet, er habe sich in einem kleinen Dorf zum Trinken über einen Brunnen geneigt, als er hinterrücks von einem englischen Soldaten erstochen wurde, der nicht einmal ahnte, wer sein Opfer war. Wie dem auch sei, Mönche der nahen, von ihm reich unterstützten Cwmhir Abtei holten seinen Leichnam und trugen ihn über die verschneiten Wege ins Kloster, wo er die letzte Ruhe fand: Llywelyn ap Gruffydd, letzter unabhängiger Fürst von Wales. Sein Bruder Dafydd wurde wenig später gefangen und grausam hingerichtet; seine Tochter starb in einem Kloster.

1284 diktierte der König, nachdem er allen Widerstand im Lande gebrochen hatte, einen bitteren Frieden, die Statuten von Rhuddlan. Er blieb mehrere Jahre in Wales, um den Bau eines von ihm geplanten Zwinggürtels steinerner Burgen zu überwachen: Flint, Conwy, Caernarfon, Harlech, Beaumaris, Cardigan, um die wichtigsten zu nennen. Zusammen mit den Burgen entstanden kleine Städte, die ausschließlich mit anglonormannischen Bürgern besiedelt wurden. 1301 hatte sich die Lage soweit beruhigt, daß der König seinen kleinen Sohn Eduard – der damals noch nicht Kronprinz war – zum Fürsten von Wales proklamieren konnte, ein Titel, der später häufig den englischen Thronfolgern verliehen wurde, aber ein leerer Titel, da kein Landbesitz mit ihm verbunden war. Das einst von Llywelyn beherrschte Gebiet – Gwynedd, Flint, Pembroke und einige andere Landesteile, das sogenannte ›Principality‹, Fürstentum, fiel an die Krone; den Rest des Landes teilten sich die Marcherlords mit ein paar walisischen Kleinfürsten. Doch der Titel war mit einer Reihe von Verwaltungsobliegenheiten verbunden; zum Beispiel brauchten sich die Waliser in Rechtsfragen nicht an den König von England zu wenden, sondern konnten ihren eigenen Fürsten konsultieren. So war die Einsetzung englischer Prinzen als Fürsten von Wales gleichzeitig ein Akt politischen Taktes wie auch staatsmännischer Klugheit: Ein künftiger König von England würde im allgemeinen wenig Interesse daran haben, sein Fürstentum gegen die Krone aufzuwiegeln, wie es jeder eingeborene Fürst wieder und wieder versuchen müßte.

Während des vierzehnten Jahrhunderts lernten Engländer und Waliser, miteinander auszukommen. Die Lords beider Nationen regierten weiter nebeneinander her, und in den Kronländern setzte sich nach und nach englische Rechtsprechung durch. – 1326 floh der unselige Eduard II., der seinem Vater Eduard I. 1307 auf den Thron gefolgt war, vor der Partei seiner Gemahlin Isabella (1292 bis 1377) zu seinen Günstlingen in Wales; ein Jahr später wurden der König und seine Freunde gestürzt, gefangengenommen und auf abscheulichste Weise umgebracht. Auch ihr Mörder war ein walisischer Lord, Roger Mortimer, Graf von March (1287-1330), der Geliebte der Königin. Er regierte England mit harter Hand, bis der Sohn des Ermordeten, Eduard III. (1312-1377), seit dem Tode Eduards II. nominell König, 1330 die Herrschaft selbst übernahm und seinen Vater rächte. Die Geschichte Eduards II. ist den Engländern durch Christopher Marlowes (1564-1593) großes Drama vertraut, das in unserem Jahrhundert Bert Brecht und Lion Feuchtwanger ins Deutsche übertrugen.

Unter Eduard III. lebten Engländer und Waliser in gutem Einvernehmen, ja es waren die Langbogenschützen aus Wales, die in dem 1337 vom König begonnenen Hundertjährigen Krieg gegen Frankreich in der Schlacht bei Crécy die Franzosen 1346 vernichtend schlugen und damit für Jahrzehnte die Vormachtstellung Englands gegenüber dem Hause Valois sicherten. Während dieser Zeit erholten sich die Wirtschaft, vor allem dank des Aufschwungs des Woll- und Tuchhandels, und die Künste. In England war es das Zeitalter Chaucers (1340-1400), und in Wales blühte noch einmal die Kunst der Barden, der Hofdichter und fahrenden Sänger.

1376 starb der Fürst von Wales, Eduard, der Schwarze Prinz. Er galt nicht nur als Zierde der Ritterschaft, auf ihn waren die Hoffnungen aller Aufrechten im Lande gerichtet, da er versuchte, die weit verbreitete Korruption, an der selbst Mitglieder der königlichen Familie beteiligt waren, zu bekämpfen. Mit seinem Tod wurden die Schatten dunkler über dem Land. Die Söhne Eduards III. waren untereinander zerstritten; Pestepidemien entvölkerten wieder und wieder ganze Dörfer, die Landwirtschaft litt unter dem Bevölkerungsmangel, die Preise stiegen, während der nicht endenwollende Krieg mit Frankreich Geld fraß und zu immer höherer Besteuerung zwang. Nach dem Tode des alten Königs bestieg 1377 Richard II. den Thron, ein begabtes, aber verwöhntes zehnjähriges Kind. Seine Herrschaft sah die Zwietracht seiner Onkel, den Bauernaufstand Wat Tylers, der 1381 blutig niedergeschlagen wurde wie die Ausbreitung der Lehren John Wyclifs (1320-1384) mit ihrer harschen Kritik am Zustand des Klerus; sie wurden vom Papst mehrfach mit Bannbullen belegt. Für den jungen Richard führte lange sein Onkel John of Gaunt, Herzog von Lancaster, die Regentschaft. Gaunt besaß durch Erbschaft große Ländereien in Wales; dieser Besitz wurde durch die Heirat seines Sohnes Heinrich Bolingbroke, Graf von Derby, mit Maria Bohun noch ausgedehnter. Bolingbrokes ältester Sohn Heinrich wurde 1387 in Monmouth in Wales geboren; er wuchs zweisprachig auf und war nach der Absetzung des unfähigen Richards II. durch seinen Vater, der 1399 als Heinrich IV. den Thron bestieg, der erste Fürst von Wales und bis in unser Jahrhundert der einzige englische Träger dieses Titels, der die Sprache seiner Untertanen verstand. Das kam ihm bald zugute, denn mit dem Beginn des neuen Jahrhunderts begann auch für Wales ein neues Kapitel seiner Geschichte: die Revolte Owain Glyndwrs, oder Owen Glendowers, wie Shakespeare ihn schrieb.

Das vierzehnte Jahrhundert hatte, wie beschrieben, die Aussöhnung der beiden Völker gesehen. Die walisischen Adeligen und Kleinfürsten schickten ihre Söhne nach Oxford und hatten auch gelernt, sich wie Engländer zu kleiden und einzurichten – natürlich viel prächtiger, denn sie liebten leuchtende Farben und schimmernde Stoffe. Man lebte nebeneinander her, besuchte einander, vertrug sich miteinander. Längst waren die Zwingfesten Eduards I. in elegante Wohnschlösser umgewandelt oder verlassen worden. Auch Owain Glyndwr (1354?-1416?) aus dem Geschlecht der Tewdwrs (Tudors) hatte auf seinem großen Hof in den Marken lange so gelebt. Er war ein Landedelmann, in England erzogen, mit einer Engländerin vermählt. Er war gescheit, gelehrt, eitel und begabt mit einer ungezügelten Phantasie, aber auch dem Wissen um die richtige Stunde, ein Mann von starker persönlicher Autorität, der Menschen an sich zu fesseln wußte, von einem so starken Glauben an sich selbst erfüllt, daß er sich damit brüstete, er könne Wind und Wetter seinen Wünschen gefügig machen.

Glyndwr, diese seltsamste aller walisischen Heldengestalten, wurde zum Auslöser und Führer einer nationalen Erhebung aus Anlässen, die so banal sind, daß sie nicht geschildert werden sollen; ein bißchen Pferdediebstahl und Selbstjustiz. Das waren an sich alltägliche Delikte im Grenzland, keine Gründe, einen Krieg auszulösen. Doch gerade um diese Zeit prophezeite einer der großen walisischen Barden, Glyndwrs Hofdichter Iolo Goch (1320 bis 1398), auf dem Totenbett seinem Herrn, er würde die Engländer besiegen und König von Wales werden. Der Sage nach übergab er ihm dabei das alte Schwert der Fürsten von Powys, deren Kronreif Glyndwr, da ihr Blut in seinen Adern floß, in vertrautem Kreise bereits zu tragen pflegte. Nun schien die Zeit zum Handeln tatsächlich günstig: Nach der Absetzung Richards II. wurde England durch Frankreich und die Schotten an seinen Grenzen bedroht und von inneren Unruhen, wie der Auseinandersetzung zwischen den mächtigen Bettelorden und den Anhängern der Lehre Wyclifs, den Lollarden, geschüttelt; der neue König hatte leere Kassen vorgefunden, und konnte die, die ihn auf den Thron gebracht hatten, nicht nach deren Erwartung belohnen, so daß sich 1400 ein Teil der nördlichen Grafschaften gegen ihn erhob. Im selben Jahr ließ sich Glyndwr von einer Reihe unzufriedener walisischer Herren zum ›rechtmäßigen König von Wales‹ ausrufen; er zog mit seiner kleinen Streitmacht gegen Ruthin, eroberte die Burg und ließ die Stadt in Flammen aufgehen. Das wurde zum Fanal für seine Erhebung, der nun aus ganz Wales die Menschen zuströmten. Der König warf einen Teil seiner Truppen nach Wales, die von Henry Percy, genannt Hotspur, dem Erben Northumberlands, geführt wurden. Percy errang ansehnliche Anfangserfolge; daraufhin wurden neue Gesetze, die die Rechte Wales' einschränken sollten, durchs Parlament gepeitscht. Aber sie erreichten nur, daß Wales sich jetzt wirklich geschlossen zu dem neuen ›König‹ Glyndwr bekannte. 1402 kam der König selbst mit einem Invasionsheer Percy zu Hilfe, aber das Wetter war gegen ihn; er blieb mit seinen Truppen im aufgeweichten Moorboden stecken. Jetzt kam zu Owains Ruf als Helden auch der eines Zauberers, konnte er nicht wirklich dem Wetter befehlen? Der mächtigste der

Markherren, Edmund Mortimer, ein Schwager Percys, fiel in die Hände der Waliser. Als der König sich weigerte, Mortimer auszulösen, wandte sich Hotspur von ihm ab und vereinigte sich mit Glyndwr, der wiederum seine Tochter dem nützlichen Gefangenen zur Frau und diesem die Freiheit gab. Wieder einmal hatte geschickte Heiratspolitik zu einem walisisch-englischen Bündnis gegen die Krone geführt. Das Bündnis mit Mortimer hatte noch einen wichtigen Hintergrund: Er war der Onkel eines Knaben, des Grafen von March, in dem die Gegner des Königs den legitimen Erben Richards II. sahen. Das Kind war für die Verbündeten eine Art Geheimwaffe: Wer immer den Sturz König Heinrichs IV. wollte, war gut beraten, sich den legalen Erben der Krone zu sichern. 1403 begann sich das Glück der Verbündeten zu wenden. In der Schlacht von Shrewsbury nahe der walisischen Grenze wurde das Heer Glyndwrs, der sich schon als König ganz Englands sah, geschlagen, und Percy fiel. Doch noch war Wales unbesiegt. Glyndwr eroberte eine der englischen Burgen in Wales nach der anderen und machte Harlech zu einer seiner Residenzen; er berief Parlamente ein und plante tausend Dinge. Er schickte Botschaften an die Könige von Schottland und Frankreich, und eine französische Flotte landete mit einem Hilfsheer. Und doch scheiterte die Erhebung. Nicht an einem Tag, nicht durch eine Schlacht. So, wie der König in England den Widerstand seiner Barone nach und nach brach, so eroberte sein Sohn, der junge Heinrich von Monmouth, in Wales eine Burg nach der anderen langsam zurück. Der Mißerfolg lag zum Teil in Glyndwrs Persönlichkeit begründet: Er konnte mitreißen, aber er konnte Errungenes nicht festigen oder halten. Er hatte sich mit seiner Familie umgeben, mit Barden, Weissagern, Priestern und Zauberern; mit Bauernführern und Gelehrten, er setzte die Lollarden für sein politisches Spiel ebenso ein wie die Franziskaner, die noch immer Richard II. nachtrauerten, der ihnen große Rechte eingeräumt hatte, und hing doch im tiefsten Innern den alten keltischen Mythen an. Er hatte den aufrichtigen Wunsch, einen unabhängigen walisischen Staat mit eigenem Parlament, eigener Rechtsprechung, eigener Sprache und eigener Universität zu schaffen, aber auf dem Wege dahin war ihm jedes Mittel recht, und das wurde ihm zum Verderben. Er brandschatzte Städte für Verbrechen, die dort vor über hundert Jahren von Engländern begangen worden waren. Er lehnte den Begriff der Gnade ab und versuchte nie, Ausschreitungen seiner Truppen zu verhindern. Er verließ sich völlig auf seine Propheten und sein Charisma. Hatte nicht Myrddin (Merlin) den Sieg des Roten Drachen der Briten über den Weißen Drachen der Sachsen vorausgesagt?

Glyndwrs Aufstand brach um 1408 zusammen; er selbst mußte in die Höhlen Snowdonias fliehen, wo er noch acht Jahre als Vogelfreier lebte; niemand verriet ihn. Als Heinrich v. nach dem Tode seines Vaters 1413 den Thron bestieg und dem Verschwundenen Pardon anbot, erhielt er kein Echo. Ob Owain je davon erfuhr, ob er die Gnade aus freiem Willen ausschlug – man weiß es nicht. Glyndwr ist der letzte der Könige, die nach dem Glauben des Volkes schlafend in einem Berg sitzen, um einst zurückzukehren und ihr Volk zu befreien, wie bei uns Barbarossa: ›The last prince of the unknown grave‹.

Heinrich v. mußte die schwere Aufgabe meistern, die Nationen, die unter Glyndwr erneut den Haß gegeneinander gelernt hatten, wieder zu versöhnen. Es gelang ihm dadurch, daß er sich in Wales, das er liebte, maßvoll zeigte und keine Rachejustiz übte. Als er 1415 seine Heere gegen die Franzosen führte, um den immer noch schwelenden Krieg zwischen den beiden Staaten zu beenden, waren es in der Schlacht von Azincourt erneut die walisischen Langbogenschützen, die den Kampf für England entschieden. Doch nach dem allzufrühen Tode Heinrichs v. – sein Nachfolger, Heinrich vi., lag noch in der Wiege – begannen die Rosenkriege ihre Schatten vorauszuwerfen. In Wales interessierte man sich wenig für den langsamen Verlust der französischen Provinzen, aber man spürte, daß die Zeichen auf Sturm standen, und die Burgen und Festungsanlagen – Mauern, Wälle, Gräben – wurden emsig wieder hergerichtet, ja es entstand noch ein neuer großer Bau, das Castle von Raglan.

1455 brach der ›Rosenkrieg‹ aus, ein Kampf um die Krone zwischen den Häusern Lancaster – also des herrschenden Königs Heinrichs vi. – und York, das einen besseren Anspruch zu haben vorgab. Zwei Jahre später wurde auf Pembroke Castle Heinrich Tudor (Tewdwr) geboren. Er war der Enkel einer französischen Prinzessin, der Witwe Heinrichs v., und ihres zweiten Gemahls, Owain Tewdwr, der mit Glyndwr durch den Zweig der Familie, die auf Anglesey lebte, verwandt war; seine Mutter stammte dagegen in gerader Linie von Eduard iii. ab. Heinrichs Onkel Jasper Tudor (1431-1495) war Graf von Pembroke; er übernahm die Vormundschaft für den Jungen, als dessen Vater starb, und half ihm später auch, vor den Yorkisten, der Weißen Rose, nach Frankreich zu fliehen; er selber war der Führer der Roten Rose in Wales.

Wales wurde von diesem Adelskrieg nur wenig berührt; es lag zu abseits, und die Interessen der walisischen Lords wurden durch ihn kaum bedroht. Jeder versuchte sich mehr oder minder geschickt herauszuhalten. Das wurde erst anders, nachdem die Lancaster-Partei der Roten Rose Heinrich Tudor, der inzwischen durch Erbschaft Graf von Richmond geworden war, zu ihrem Thronprätendenten erklärt hatte – es war auch kaum noch ein anderer übriggeblieben nach diesem dreißigjährigen Gemetzel. Vielleicht hätte man den herrschenden York, Richard III., in Ruhe weiterregieren lassen – fast alle Greuel, die über ihn erzählt werden, sind Bestandteil der sogenannten ›Tudorlegende‹, einer bewiesenen Geschichtsklitterung –, doch er stärkte die Städte auf Kosten des Adels, und das konnte nicht ungerächt bleiben. Also warteten am 7. August 1485 bei Milford Haven ein walisisches und ein englisches Heer auf den Tudor, als er mit einer zweieinhalbtausend Mann starken Truppe heimlich landete. Ihm wurde gehuldigt, und erstmals seit Artus' Tagen marschierte wieder ein siegreiches Heer unter dem Roten Drachenbanner der Briten. Richard III. fiel im Kampf, und noch auf dem Schlachtfeld von Bosworth wurde Heinrich VII. zum König gekrönt. Merlins Prophezeiung war erfüllt, und für England und Wales kam mit dem Hause Tudor eine zwar nicht immer friedliche, aber zur wirtschaftlichen und kulturellen Blüte führende Zeit.

Angelsachsen und Normannen hatten sich damit begnügt, Wales tributpflichtig und abhängig zu halten. Die Tudorfürsten wollten etwas ganz anderes: die Vereinigung der beiden Reiche. 1536 wurden die Statuten von Wales, die Act of Union, gültig, die die Marken in echte Grafschaften umwandelte, mit den Vorrechten der Markbarone, die immer noch wie Kleinkönige geherrscht hatten, aufräumte und Wales insgesamt dem englischen Kirchen- und Zivilrecht stärker unterwarf. Endlich hatten auch die Waliser das Recht, Abgeordnete in das Parlament zu entsenden. Ein anderes, bereits unter Eduard IV. zur Zeit der Rosenkriege angewendetes Gesetz, die ›Act for Certain Ordinances‹, wurde bestätigt; sie sah die Konstituierung eines walisischen Rates und die Angleichung der Rechtsprechung vor. Anstelle des alten walisischen Erbrechts der Teilung, des ›Gavelkind‹, trat jetzt die Primogenitur.

1 L. S. LOWRY (1887-1976)
Ebbw Vale

Öl auf Leinwand, 1960

Herbert Art Gallery and Museum, Coventry

In dieser Zeit zogen viele fähige Waliser nach London: Soldaten, Dichter, Politiker. London lockte jeden Begabten an, das traf nicht nur für Wales zu, sondern ebenso für die englischen Provinzen. Neu war nur, daß auch die Waliser in London wieder ihre Hauptstadt sahen, wie vor der angelsächsischen Zeit, als Bran der Gesegnete dort der Sage nach Hof hielt.

Und doch geschah gerade in dieser Zeit des Ausgleichs und der Angleichung eine Reihe von Dingen, die das Überleben der walisischen Kultur ermöglichten: Die Reformation brachte das Kymrische als Sprache in die Kirchen; mit Hilfe der Krone wurde eine Bibelübersetzung geschaffen, die die alte Sprache, wie in Deutschland, festschrieb und wieder zur Hochsprache werden ließ. Nicht länger englische, sondern walisische Bischöfe wurden auf die freiwerdenden Sitze berufen. Und vom Schatzkanzler der Kathedrale von St David's wurde 1571 das nur für walisische Studenten bestimmte Jesus College in Oxford gegründet.

Unter den ersten Stuarts blieb alles beim alten. Doch dann kam der Bürgerkrieg (1642-1651), und dieses Mal lag Wales nicht im Windschatten. Es war bis auf wenige Ausnahmen royalistisch gesinnt, und Cromwell und seine Generäle mußten Burg um Burg und Stadt um Stadt belagern und erobern. Die Kriege all der vorherigen Jahrhunderte haben nicht einen Bruchteil des Schadens angerichtet. Nach der Zerstörung der Burgen unterwarf Cromwell Kathedralen und Kirchen seiner Reformpolitik; die Kirchenschätze wurden geplündert, viele Archive und Kunstwerke zerstört, wie die herrlichen geschnitzten Chor- und Altarschranken, die einst der Stolz der walisischen Dorfkirchen waren, und von denen sich nur in den einsamen Tälern von Ostwales noch einige erhalten haben; viele Priester verurteilt, manche einfach erschlagen. Walisische Künstler und Gelehrte, die in London unter den Stuarts zu Ruhm gelangt waren, zogen sich in die Abgeschiedenheit ihrer heimatlichen Bergtäler zurück, und selbst dort waren sie nicht vor Verfolgungen sicher. Bürgermeister, die ihre Städte gegen Cromwells Truppen, die ›Eisenseiten‹, verteidigt hatten, wurden ebenso wie viele Burgkomandanten nach der Eroberung hingerichtet. 1648 fiel die letzte der Burgen; der Widerstand war gebrochen.

1660 brachte das Ende des Protektorates und die Restauration der Stuarts. Zwanzig Jahre später schien noch einmal die Möglichkeit gegeben, daß ein Fürst englisch-walisischer Abstammung den Thron bestieg: Karls II. wahrscheinlich illegitimer Sohn James

Scott, Herzog von Monmouth (1649-1685), dessen Mutter, Lucy Walter, von den Fürsten von Powys und Gwynedd abstammte. Es war die Whig-Partei unter Führung von Anthony Baron Ashley-Cooper, 1. Graf von Shaftesbury (1621-1683), die in immer neuen Gesetzesvorlagen jahrelang darum kämpfte, daß der König nicht seinen katholischen Bruder Jakob, sondern seinen protestantisch-anglikanisch erzogenen Sohn als Nachfolger einsetzte. Es ging in diesem Kampf aber nicht nur um die Thronfolge, sondern um die Frage, ob Parlament oder Krone die Staatsgewalt ausüben. Shaftesbury scheiterte; er starb Ende 1683 im holländischen Exil. Doch noch gab die Opposition nicht auf. Nach dem Tode des Königs erhob sich die Anhängerschaft Monmouths unter Archibald Campbell, dem 9. Grafen von Argyll (1629-1685), gegen den neuen König Jakob II. Doch die Revolte scheiterte rasch; Argyll wurde am 30. Juni, Monmouth am 15. Juli desselben Jahres hingerichtet. Bis zur Glorreichen Revolution von 1688 blieben die Whigs nun praktisch von der Regierungsverantwortung ausgeschlossen.

Mit der Glorreichen Revolution kam 1689 ein Gesetz, das auf das Leben in Wales ganz entscheidenden Einfluß gewann: die Toleranzakte, die fast alle Beschränkungen für Dissenter, mit Ausnahme der Katholiken, aufhob. Als Dissenter galten alle Anhänger von Glaubensgemeinschaften, deren Lehre von der der anglikanischen Hochkirche abwich. Hatte man in Wales einst die sinnenfeindliche Lehre des Puritanismus heftig bekämpft, so entstand dort während des achtzehnten Jahrhunderts eine Hochburg der Dissenter aller Art: Viele der großen Familien in Ostwales, wie die Wynnes, hingen heimlich dem Katholizismus an und hatten ihre Hand in jedem Versuch, die im Exil lebenden Stuarts – Jakob II. und später dessen Nachkommen – auf den Thron zurückzuholen. Vor allem aber wurde Wales durch den Methodismus geprägt: Der ›Luther von Wales‹, Howel Harris (1713-1773), zog mit seinen glühenden Predigten die arme Landbevölkerung und die Arbeiter in den neu entstehenden Industriedörfern an; Pfarrer Griffith Jones (1683-1761) erfand ein auf die Bedürfnisse der ländlichen Bevölkerung zugeschnittenes System von Wanderschulen, um sie das Lesen zu lehren und ihnen dadurch die Bibel zugängig zu machen. Er war klug genug, sich dabei – anders als die meisten Sonntagsschulmeister – der kymrischen Sprache zu bedienen, denn das war oft die einzige, deren Hirten und Schafzüchter mächtig waren. So gingen in Wales kirchliche und Bildungsreformen immer Hand in Hand mit einem Wiedererwachen des Stolzes auf das eigene nationale Erbe, von Giraldus Cambrensis über die Reformation bis zu den Methodisten und den Bewegungen des letzten Jahrhunderts.

Bis um die Mitte des achtzehnten Jahrhunderts war Wales, mit Ausnahme von etwas Eisen- und Kupferindustrie, vor allem Agrarland, wobei das Schwergewicht entsprechend der Bodengestalt bei der Viehzucht, vor allem der Schafhaltung, lag. Mit dem Beginn der industriellen Revolution – Erfindung neuer Maschinen in der Textilherstellung, Ausnutzung der Dampfkraft in Bergbau und Verkehrswesen, dann auch in der erzverarbeitenden Industrie – begann ein gewaltiger Wandel. Die Weberstädte mit ihren schönen Fachwerkbauten in Ostwales verarmten rasch; die Weber verließen ihr ehrwürdiges Handwerk, mit dem sie nicht mehr ihr Brot verdienten, und wanderten in die mittelenglischen Textilindustriestädte ab. Die Schafbauern, deren Hauptprodukt, die Wolle, von der Konkurrenz der billigeren Baumwolle bedroht wurde, sandten ihre Kinder in die Kohlegruben in Süd- und Ostwales. Kohle wurde zum wichtigsten Rohstoff durch die Entdeckung der Dampfkraft, die in kurzer Zeit die alten Energie- und Verkehrsarten verdrängte. Sie trieb Förderwinden und Bohrwerke, Lokomotiven und Schiffe, Webstühle und Spinnmaschinen. Um das schwarze Gold immer noch schneller und billiger befördern zu können, entstanden in kurzer Zeit Kanäle, Eisenbahnen und Chausseen mit Brücken und Viadukten, die das Bild der Landschaft dramatisch veränderten. Der Chausseenbau führte in Wales zu schweren Unruhen: Chausseen waren Zollstraßen, und die auf ihnen erhobenen Gebühren waren für die Bauern, die sie mitzubenutzen gezwungen waren, folgten sie doch den Trassen der alten Landstraßen, viel zu hoch. Es bildeten sich Widerstandsgruppen, die – meist als Frauen verkleidet – nächtlich die Zollschranken zerstörten, die sogenannten Rebeccas. Von ihnen wird noch die Rede sein. Dörfer, durch die Jahrhunderte lang der Viehtrieb nach London gegangen war, verödeten, ihre schönen breiten Straßen hatten allen Sinn verloren, ihre Gasthöfe blieben leer, ihre Märkte waren keine Anziehungspunkte mehr, seit das Vieh mit der Bahn in die Hauptstadt geschickt wurde. Entlang der Kohlegruben im Osten und um die kupfer-, blei- und eisenverarbeitenden Fabriken in Süd- und Ostwales wuchsen fast über Nacht ärmliche Siedlungen aus der Erde, seelenlose Wohnmaschinen für möglichst wenig Geld und möglichst viele Menschen. Am trostlosesten waren die Grubendörfer; aus dem einst lieblichen Rhondda-Tal wurde das Tal der Tränen. Man machte sich bald nicht mehr die Mühe, den anfallenden Schutt, wie es das Gesetz vorsah, wieder in der Erde zu vergraben; schwarze Haldenberge wuchsen empor, breiteten sich aus, begruben wieder und wieder Häuser und ganze Dörfer unter sich. Um die Schieferbrüche in Snowdonia haben die Abraumhalden Geisterlandschaften geschaffen: kahle, graugrüne, im Nebel und Regen schwarz schillernde künstliche Felsen, zu ewiger Unfruchtbarkeit verdammt, denn auf ihnen kann kein Gras und kein Moos Wurzel fassen. Schiefer wurde als billiges Baumaterial für die Arbeitersiedlungen in großen Mengen gebraucht.

Um die Mitte des vorigen Jahrhunderts hatten die Zustände in den Industriestädten zu einem solchen Ausmaß der Verelendung geführt, daß die Politiker aufzumerken begannen. Es kam zu einer Reihe von Reformgesetzen, die sich mit so verschiedenen Dingen wie Wahlrechtsänderungen, Einschränkung der Arbeitszeit, vor allem für Frauen und Kinder, bis hin zu Hygienevorschriften, um den durch mangelhafte Kanalisation in den Städten immer wieder um sich greifenden Seuchen zu wehren, befaßten. In einigen Orten, wie in Cardiff und Newport, versuchten vorausschauende Familien, wie die Butes und die Morgans, das Gesicht ihrer Städte zu verschönern, den Einwohnern bessere Wohn- und Lebensbedingungen zu bereiten und Handel und Industrie durch die Schaffung besserer Verkehrsmöglichkeiten – Straßen, Hafenanlagen, Kanäle und ähnliches – zu fördern. Robert Owen gründete, um das Leben seiner Arbeiter zu erleichtern, die Co-operationsbewegung; er gehörte auch zu den Vorkämpfern der Chartistenbewegung, aus der sich die Gewerkschaften entwickeln sollten.

Um dieselbe Zeit suchte Wales verstärkt nach Wegen, seine eigene Kultur wiederzubeleben. 1858 wurde das National Eisteddfod, eine Art Bardenkrieg, eingesetzt, das jährlich neu ausgerufen wird. 1860 kam es zur Gründung einer walisischen Universität, zu Beginn unseres Jahrhunderts entstanden Nationalbibliothek und Nationalgalerie, die die Zeugnisse kymrischer Literatur und Kunst bergen sollten. 1880 gründete Lloyd George (1863-1945) eine ›Cymru Fydd‹, Wales' Zukunft, genannte Bewegung mit dem Ziel, ›Home Rule‹ für Wales zu erkämpfen; ein Plan, den er später, als er Englands Geschicke als Premierminister leitete und erkannte, daß Wales wirtschaftlich nicht für sich selbst bestehen können würde, wieder fallenließ.

Doch das eigene Erzbistum, um das einst Giraldus Cambrensis einen lebenslangen Kampf geführt hatte, wurde Wales nach dem Ersten Weltkrieg bewilligt; als erster Erzbischof wurde 1922 Alfred G. Edwards inthronisiert. Im selben Jahr rief der König den Irischen Freistaat aus.

Die Weltwirtschaftskrise traf die walisischen Grubendörfer besonders schwer. Die Arbeitslosigkeit überstieg in vielen Orten sechzig Prozent. Die Chöre der Bergarbeiter sangen auf den Straßen von London, um einen Lebensunterhalt zu erbetteln. Wie sich im achtzehnten und neunzehnten Jahrhundert die Sekten zu Mittelpunkten des Lebens in den Gemeinden entwickelten – mehr als achtzig Prozent der Waliser gehören Glaubensgemeinschaften außerhalb der anglikanischen Hochkirche an, finden ihre religiöse Heimat nicht in der *Church*, sondern in der *Chapel*, wie die Gotteshäuser der Sekten genannt werden –, so gewannen jetzt politische und gewerkschaftliche Clubs immer größere Bedeutung. Das hat auch mit dem Redetalent der Waliser zu tun, das sie durch die Jahrhunderte in Eisteddfods und als Laienprediger geschult hatten. In Zeiten wirtschaftlicher Not fanden sie ein neues Anwendungsgebiet dafür: Sie wurden zu politischen Agitoren.

Nach dem Zweiten Weltkrieg verschärfte sich die Lage wiederum, wurde gerade in den letzten Jahren noch hoffnungsloser. Je stärker neue Energien die Kohle und den Dampf ersetzen, je unrentabler die riesigen stahlverarbeitenden Fabriken, die einst die halbe Welt mit Eisenbahnschienen beliefert hatten, werden, desto aussichtsloser sieht die Lage der Arbeitslosen aus, deren Zahl mancherorts schon wieder die sechzig und siebzig Prozent überschritten hat. Die neu entstandenen Industrien, wie die Werften und Ölraffinerien in Südwestwales, die Kern- und Wasserkraftwerke in den Bergen, die holzverarbeitende und Leichtindustrie in Ostwales, können diese Heere von einstigen Berg- und Facharbeitern nicht aufsaugen.

Doch trotz dieser angespannten wirtschaftlichen Lage ging Wales seinen Weg zu mehr nationaler Eigenständigkeit weiter. 1956 wurde Cardiff mit seinen schönen Verwaltungsbauten Hauptstadt. In den meisten Schulen wird Kymrisch gelehrt; es gibt Verlage, Theater und Fernsehsender, die die eigene Sprache pflegen, die Ortsschilder zeigen kymrische Beschriftung. In St Fagans entstand ein großartiges Volkskunstmuseum. 1979 stimmten die Waliser zwar für die Beibehaltung der Union mit England, doch seit 1959 zeigen sie wieder ihre eigene Flagge: auf grünweißem Grund den Roten Drachen der alten Briten.

Kymrische Sprache und Dichtung

Wenn man einen armen, verdreckten Waliser, der aussieht, als ginge keiner seiner Gedanken über Bier und Brot hinaus, über die alten und neuen Dichter und die Dichtung seines Landes sprechen hört, dann ist das ein ebenso überraschendes wie beglückendes Erlebnis …

Wirt Sikes, ›Rambles and Studies in Old South Wales‹, 1881

Walisern ist Dichtung kein totes ›Bildungsgut‹, sondern ein Gebrauchsgegenstand; sie sind mit ihren großen Dichtern so vertraut wie mit der Bibel, den herrschenden politischen Doktrinen oder den Rugbyregeln. Schon der Dichter George Borrow (1803-1881), einer des besten Kenner des Landes, zeigte sich darüber immer wieder erstaunt und begeistert. In seinem ›Wild Wales‹ beschreibt er eine Szene, in der ein Jüngling in einem Wirtshaus kymrische Verse deklamiert. Der Junge ist völlig betrunken, kann nur noch stammeln, und da er Dialekt spricht, bittet Borrow seinen mit diesem Dialekt vertrauten Begleiter, die Verse für ihn zu notieren, in der Hoffnung, sie dann identifizieren zu können. *»Es fand eine seltsame Szene statt: Der Junge schluckaufte Verse, und Jones kritzelte sie nieder … Eine Szene in einer Kneipe, ja! Aber in einer walisischen Kneipe! Stellen sie sich mal einen Suffolker Säufer vor, der Totenbettlyrik eines großen Dichters deklamiert: Es ist schon ein gewaltiger Unterschied zwischen Kelten und Angelsachsen!«*

Ein Unterschied, der sich vor allem in den beiden verschiedenen Sprachen erhalten hat. Walisisch ist nicht, wie Deutsche und andere Ausländer oft glauben, ein englischer Dialekt, sondern eine völlig andere, eben eine keltische Sprache. Die inselkeltischen Sprachen zerfallen dabei wieder in zwei Gruppen: das Gälische, das in Irland, Schottland und als Manx auf der Insel Man gesprochen wird, und das Brythonische, zu dem man Bretonisch, Walisisch oder Kymrisch und Kornisch rechnet. Kornisch ist ganz ausgestorben; Bretonisch wird in Frankreich noch an den Oberschulen gelehrt und zur Zeit von einigen Tausend Schülern als Fremdsprache belegt, und das Kymrische ist zwar heute neben Englisch in ganz Wales Amtssprache, wird aber auch dort nur von einem Bruchteil der Bevölkerung als einzige Sprache gesprochen. Die Kenntnis des Englischen ist für einen jungen Waliser fast lebensnotwendig, wenn er sich auf dem Stellenmarkt bewerben will, denn in seiner eigenen Heimat sind die Arbeitsplätze sehr dünn gesät, und selbst dort ist Englisch oft Voraussetzung, so in der Industrie oder im Gaststättengewerbe. Kymrisch ist die Sprache der Hirten und Fischer; man hört sie im Gottesdienst und bei den Schieferbrechern, auf den Dörfern, an Schulen. Dichter und Harfner beherrschen sie noch, Universitätsprofessoren und Pfarrer, Lehrer und Rundfunksprecher, Chorsänger und Taxifahrer. In den bevölkerungsarmen Teilen des Landes ist Kymrisch noch Erstsprache, auch an den Schulen; in den Großstädten und Industriegebieten herrscht dagegen Englisch vor.

Die Mutter des Kymrischen oder Walisischen ist das Brythonische. Es wurde spätestens seit der Zeit der römischen Invasion in ganz Britannien und dann auch in Nordfrankreich gesprochen. Aus dem Brythonischen wurde etwa im späten sechsten Jahrhundert das Altkymrische, das um das Jahr 800 endgültig Gestalt annahm. Vom dreizehnten bis zum sechzehnten Jahrhundert herrschte das Mittelkymrisch; das moderne Kymrisch entstand wie das Hochdeutsch während der auch in Wales verspätet einsetzenden Renaissance und wurde festgeschrieben durch die Übersetzung der Bibel.

Bis in die Mitte des sechzehnten Jahrhunderts, als Wales und England sich im Vereinigten Königreich zusammenschlossen, war Wales fast einsprachig, mit vereinzelten englischen und französischen Sprachinseln entlang der Grenze, in den normannischen Städten und in Südpembrokeshire. Nach der Vereinigung setzte sich Englisch als Gerichtssprache durch und wurde so zur Sprache der besitzenden Stände. Damals schickten die Waliser ihre Söhne nach England auf die Universität oder kauften sie in die Armee ein; durch den Vieh- und Wollhandel wurde Englisch dann auch Handelssprache, und schließlich zog es im Gefolge der industriellen Revolution ein in Gruben und Hüttenwerke; dort war es oft das einzige soziale Band zwischen den Armen aus aller Welt, diesem bunten Völkergemisch, das dort Arbeit und Brot suchte.

So, wie Wales zweisprachig wurde, wurde es auch die walisische

Literatur. Die brythonischen Dichter wie Taliesin und Aneurin im sechsten Jahrhundert bedienten sich noch allein des Walisischen; lateinisch schrieben später Gelehrte wie Giraldus Cambrensis, Nennius, Geoffrey of Monmouth und wahrscheinlich auch Thomas Malory. Die rein walisischsprachige Dichtung blieb aus Mangel an adäquaten Übertragungen im Ausland fast unbekannt, mit Ausnahme einiger weniger Hauptwerke, so dem ›Mabinogion‹. Anders verhielt es sich mit der auf Englisch verfaßten Dichtung; ihre Schöpfer gingen in die Weltliteratur ein, wie John Donne, die Brüder Herbert, Thomas Traherne, die Brüder Vaughan und John Dyer; dazu kamen in der Moderne etwa Wilfred Owen, Saunders Lewis, Dylan Thomas, Vernon Watkins, Edward Thomas, John Cowper Powys und David Jones, die zumindest in der angelsächsischen Welt weithin bekannt sind. Dann gibt es noch jene Engländer, die in Wales eine Art Wahlheimat gefunden hatten und sich deshalb den Regeln und der Formensprache seiner Literatur zu unterwerfen wünschten oder deren Themenkreise zu den ihren machten; genannt seien Thomas Love Peacock oder Gerald Manley Hopkins.

So ist die walisische Literatur nicht homogen, sondern aus einem Nebeneinander verschiedener Sprach- und Kultureinflüsse gewebt. Die ›echte‹ kymrische Literatur wurzelte in der Kunst der Barden, der Sänger, die einst an den Höfen lebten oder von Dorf zu Dorf zogen. Bis tief ins Mittelalter hinein überlieferten die Barden ihre Dichtung nur mündlich, ähnlich wie noch bis in unser Jahrhundert die arabische Märchendichtung nur erzählend weitergegeben werden durfte. Die ersten Aufzeichnungen wurden in den Klöstern gefertigt; Zisterziensermönche bemühten sich, die alten Mythen und Dichtungen zu bewahren und vermischten dabei auf seltsame Weise keltische und christliche Überlieferung.

Die Barden nahmen eine hohe Stellung ein, wie aus den Gesetzbüchern Hywel Ddas abzulesen ist. Sie waren praktisch an die Stelle der von den Römern ausgerotteten Druiden getreten; sie vermittelten nicht nur die alten Gesänge und Mythen, sondern beteiligten sich durch ihre Dichtungen an der politischen Meinungsbildung und der Wertung historischer Ereignisse; ja, sie waren oft das Gewissen ihrer Nation. Erst unter Eduard I. (1272-1307) wurden ihre Privilegien stark eingeschränkt; der Sage nach soll er unter ihnen ein ähnliches Massaker veranstaltet haben wie einst die Römer unter den Druiden, doch gibt es dafür nicht den geringsten historischen Beweis. Thomas Gray verwandte dieses Sagenmotiv im achtzehnten Jahrhundert für eine aufwühlende Ballade, und seitdem wurde es immer wieder von Malern und Dichtern aufgegriffen.

Das Bardensystem war wie das der Druiden durch ein Meister-Schüler-Verhältnis geprägt; daneben gab es eine streng hierarchische Ordnung. Der oberste Sänger war der *Pencerdd*, der sich präzise an die traditionellen Vers- und Strophenmaße zu halten hatte und nur zum Lobpreis Gottes, seines Fürsten oder Lords und dessen Taten singen durfte. Eine Stufe niedriger stand der *Teulu*, den man vielleicht mit den höfischen Minnesängern vergleichen kann: Auch er war an die traditionellen Formen gebunden, aber sein Lob galt den Waffentaten der Gefährten seines Herren und dem Ruhm schöner Frauen, er durfte von Liebe singen und die Schönheit der Natur preisen. Beide, Pancerdd wie Teulu, nahmen als Sänger meistens den Standpunkt eines einsamen Betrachters an; sie schilderten das Geschehen in ihren Liedern meist, als wären sie der letzte Überlebende nach einer großen Schlacht oder hätten sich aus Liebeskummer in eine Waldesklause oder in die Wildnis der Berge geflüchtet. Der Grundton aller ihrer Dichtung ist elegisch, die verbreitetste Strophenform das *Englyn*. Ein Englyn besteht aus einem Vierzeiler mit dreißig Silben, die dem *Cynghanedd* unterworfen sind. Unter Cynghanedd versteht man eine streng symmetrische Anordnung von Stabreimen innerhalb der vorgeschriebenen Silben, verbunden mit End- und Binnenreim nach einem mathematischen Muster. Diese komplizierte Form läßt sich kaum in andere Sprachen übertragen; sie ist im Kymrischen auch nur möglich durch die weite Palette von Vokalen, die die Skala der Reimmöglichkeiten erweitert. Beim Englyn und verwandten Formen spricht man von silbischer Dichtung; in seiner Gewähltheit kann man es vielleicht am ehesten dem japanischen Haiku vergleichen. Die spielerische Beherrschung der Regeln und Vorschriften in der Motivwahl waren für einen erfolgreichen Barden handwerkliche Voraussetzung; aber eine solche Kunst brauchte auch ein kennerisches Publikum. »Die Beziehungen zwischen Dichter und Mäzen waren von einer Art, wie sie außerhalb der keltischen Länder kaum vorstellbar ist«, schrieb Gerald Morgan 1968 in ›This World of Wales‹, »und die kunstvolle Technik, die untrennbar mit der Komposition eines walisischen Gedichtes verbunden ist, kann innerhalb der europäischen Literaturen als einzigartig gelten.« Die Barden waren so hochgeachtet wie die Inhaber höchster Hofämter; ihr Amt war erblich, und sie genossen, wie bereits berichtet, eine Reihe gesetzlich festgelegter Privilegien und Freiheiten, die sie fast unangreifbar machten.

Die beiden ersten Bardengruppen wogen in ihren Liedern Taten und Ruhm der Fürsten und ihrer Gefolgsleute; die dritte Gruppe, die *Cerddorion*, waren die Sänger des Volkes. Sie waren Minstrels, Gaukler, Zauberer, Possenreißer, Balladensänger, Nachrichtenüberbringer und Märchenerzähler. Ihr Repertoire war weitgespannt und ihr Publikum buntgewürfelt: Soldaten und Knappen lauschten ihnen, Bauern, Hirten und Fischer, Mägde und Huren, ehrenwerte Handwerker und Vagabunden. Sie waren wandernde Sänger, nicht an einen einzelnen Herrn oder Fürstenhof gebunden. Sie spielten zu Hochzeit und Taufe, Kirchweih und Beerdigungen auf, heute hier und morgen da. Und sie waren es, die die Prosaerzählungen und Volksepen, die *Cyvarwddyd*, lernten und überlieferten, bis sie endlich im zwölften Jahrhundert von den Mönchen aufgezeichnet wurden.

Man nimmt an, daß es einen festen Vorrat dieser Cyvarwddyd gab, den jeder Bardenschüler oder Mabinogi lernen mußte, um ihn dann je nach Begabung und Gelegenheit in improvisierter Nacherzählung vortragen zu können. Zu den Cyvarwddyd gehört jenes walisische Dichtwerk, das erst im vorigen Jahrhundert weltweit bekannt wurde: Das ›Mabinogion‹, wie es fälschlich genannt wird. ›Die vier Zweige des Mabinogi‹ wurde 1838 von Lady Charlotte Guest wiederentdeckt und ins Englische übertragen. Ihre Übertragung, die noch viele Fehler aufwies, die teils auf dem Zustand des Manuskriptes, teils auf falscher Auslegung schwer verständlicher Passagen beruhten, wurde seitdem ständig überprüft und inzwischen durch bessere Übersetzungen abgelöst; aber sie hat das Verdienst, die Aufmerksamkeit der Welt auf die alte walisische Literatur gelenkt und ihre wissenschaftliche Erforschung recht eigentlich eingeleitet zu haben.

Das ›Mabinogion‹ besteht aus vier Kernerzählungen mit dem gemeinsamen Helden Pryderi. Diese bilden einen Zyklus von der Geburt bis zum Tode der Zentralgestalt und handeln außer von seinen Taten von den Geschicken jener, die ihm zum Schicksal werden, wie Fürst Pywell, die schöne Branwen, Math der Uralte, dem die Winde die Geheimnisse seines Landes und die Gedanken seiner Untertanen zutragen, Mawyddan, dem Zauberer und Sänger und vielen anderen. Diese vier Zweige muß man verstehen als Stecken, mit deren Hilfe sich die Bardenschüler, die Mabinogi, ins Reich der Mythen und Dichtung vortasten sollten. Dazu kommen drei Geschichten, die auch in der Bretagne durch Troubadoure verbreitet wurden, ›Paredur‹ (auch Perceval, Parsifal, bei Wolfram später Parzival), ›Die Dame vom Brunnen‹ und ›Geraint‹. Mit irischen Mythen und mit Motiven aus dem Artuskreis spielen in märchenhafter Form ›Culhwch und Olwen‹, ›Der Traum von Rhonabury‹ sowie ›Lludd und Llevelys‹. ›Der Traum des Macsen Wledig‹ behandelt dagegen in einer phantastischen Traumerzählung mit fast surrealen Zügen Aufstieg und Fall des römischen Feldherrn Magnus Maximus, der sich in Wales zum Kaiser wählen ließ und als Macsen Wledig in die walisische Geschichte einging. Das ›Hanes Taliesin‹ schildert die Geschichte des großen Barden der Frühzeit, von dem sich nur wenige Lieder erhalten haben; auch diese Geschichte weist mythische und märchenhafte Züge auf. Die meisten der Handschriften, die diese Texte bewahren, befinden sich heute in der walisischen Nationalbibliothek in Aberystwyth, mit Ausnahme des in Oxford gehüteten ›Red Book of Hergest‹.

Stilistisch läßt sich die Kunst der Barden in drei große Stilepochen unterteilen: Die Zeit der frühen, archaischen Dichter, der *Cynfeirdd*, lief im zehnten Jahrhundert aus; von da an rechnet man die Zeit der Klassiker oder *Gogynfeordd*. Das vierzehnte bis fünfzehnte Jahrhundert wird die Zeit der *Cywydd*, deren Kunst sich noch bis ins siebzehnte Jahrhundert epigonenhaft fortsetzte.

Die Dichtung der Cynfeirdd ist nur bruchstückhaft überliefert; wir kennen die Namen der frühesten Dichter durch den Historiker Nennius, der sie in seiner um 796 entstandenen ›Historia Britonum‹ nannte: »Damals [als sich im sechsten Jahrhundert die Briten tapfer gegen die Angeln verteidigten] gewann Talhern Tad Awen, Vater der Muse, Ruhm als Poet, und zu gleicher Zeit pries man als Dichter der Briten Aneurin und Taliesin, Blwchfardd und Cian, den man den Weizen des Gesanges (?) nannte.« Die Dichtung jener Zeit war heroisch, hatte vor allem Fehde und Kampf zum Inhalt. In dem Aneurin zugeschriebenen ›Gododdin‹ brüstet sich der Dichter stolz: »Die Barden der Welt richten über die Tapferen.«

Zu den Klassikern gehören Meister wie Meilor Brydydd, Meilyr der Dichter (1100-1137), der dichtende Fürst Hywel ab Owain Gwynedd (gestorben 1170) und Cynddelw Brydydd Mawr, Cynddelw, der Große Dichter (um 1155-1200), zu dessen Mäzenen die mächtigen Fürsten Rhys ap Gruffydd und Owain ap Cadwgan gehörten.

Um die Mitte des vierzehnten Jahrhunderts kam es zum Bruch mit den strengen Traditionen. Die nach ihrer Lieblingsstrophe benannten Cywydd handhabten die alten Formen sorgloser und führten neue ein; Natur und Liebe verdrängten als Themen immer mehr das Preislied. Der berühmteste unter ihnen war der 1330 in Dyfed geborene Dafydd ap Gwilym, dem man die Erfindung des Cywydd, eines Paarreims mit wenig Alliteration, zuschreibt. Er lebte meistens am Hofe seines Mäzens, des Fürsten Ivor Hael von Morgannwg. Sein Hauptverdienst war neben der Einführung neuer Strophen die Abkehr von einer streng archaisierenden Wortwahl und vom poetischen Klischee. Er war, wie viele Gebildete seiner Zeit, mehrsprachig aufgewachsen, beherrschte neben dem Walisischen auch Französisch und übernahm die Liedformen der Troubadoure, wie Aubade, Serenade, Tenson und Pastourelle. Dafydd gilt den Kennern als einer der Großen unter den Liebeslyrikern der Weltliteratur; er zeichnete sich aber auch als äußerst sensibler und aufmerksamer Darsteller der Natur aus, wie schon aus den Eingangszeilen seines großen Gedichts über die Seemöve deutlich wird: *»Mit Anmut schmückt sie die hitzige Flut, diese Möve / die Schneegleiche, Mondebenbürtige, Sonnenschuppe / dieser Panzerhandschuh der See, / treibt dahin in makelloser Lieblichkeit; / die Gefiederte, fischgesättigt, tanzt / voll Stolz auf den Wogen / und bietet den Brechern ihre Brust.«*

Am Ende der Reformationszeit waren England und Wales friedlich vereint; die Pflege der walisischen Sprache beschäftigte jetzt besonders die gebildeten Stände, vor allem die Geistlichen. Die Bibelübersetzung, ein walisischer Psalter in poetischer Nachdichtung, ein walisisches Gebetbuch entstanden; in den Kirchen wurde Walisisch gesungen, gebetet und gepredigt, und auch die Schrift wurde auf Walisisch verlesen. An den Höfen der walisisch-gebürtigen Landbesitzer gab es noch immer Harfner und Sänger, die die alte Sprache pflegten und beherrschten. Dichter wie Edmund Prys (1541?-1624?), Hew Llwyd (1568-1630) und etwas später Geronwy Owen (1622-1709) trugen die alten Formen in die Neuzeit und korrespondierten mit Gleichgesinnten über die Kultur und Sprache ihres Landes.

Daneben entstand eine andere Elite: Dichter meist walisischer Abstammung oder Herkunft, die in London eine neue Schule, den

Hermetismus, begründeten. Sie leiteten den Namen ihrer Schule von Hermes Trismegistos, dem ägyptischen Gott der Weisheit und der Schrift, ab. Diese Dichter, zu denen John Donne, die Brüder Herbert, John Traherne und die Vaughans gehörten, benutzten Metaphern, um den tieferen, metaphysischen Sinn ihrer ›dunklen‹ Gedichte zu verschleiern, ihn nur für die Eingeweihten, die Gebildeten und Gelehrten, ganz durchschaubar zu machen, wie etwa Donne in seinem ›Garten‹: *»Doch ich, mich selbst verratend, bring / Die Spinne Liebe mit, Mehltau der Welt / Die noch das Manna uns vergällt ...«* (übersetzt von Hennecke).

Nach der kurzen Periode des Puritanismus, der den Walisern noch weniger zusagte als den Engländern, wurde der Methodismus zur prägenden Kraft. Er führte in Wales zur Überwindung des Analphabetentums, zur Wiederentdeckung der walisischen, also kymrischen Sprache als Literatursprache und zu einer nie gekannten Blüte des Kirchenliedes, der geistlichen Hymne. Deren Hauptvertreter war ohne Zweifel William Williams, genannt Pantycelyn (1717-1791), der seinem Volk mehrere Hundert heute noch gesungener Lieder schenkte; an Glaubenskraft ein Luther, an Volkstümlichkeit nur Paul Gerhardt zu vergleichen, auch in seiner inbrünstigen Freude an der Schöpfung diesem nahe verwandt.

Den Gipfel erreichte die Bewegung, die sich der eigenständigen walisischen Literatur annahm, in der Zeit der Romantiker, als eine Welle der Begeisterung für nationale ›gotische‹ Literatur ganz Europa erfaßt hatte. Diese Bewegung führte zur Wiederentdekkung uralter walisischer Literaturdenkmale, wie dem ›Mabinogion‹, aber auch, in der zweiten Hälfte des neunzehnten Jahrhunderts, zur Einsetzung des National Eisteddfod, des Bardenwettstreits, das seither einmal jährlich, abwechselnd in Nord- und Südwales, stattfindet, präsidiert vom ›Hof der Barden‹. Es wird ein Jahr und einen Tag (eine Redewendung, die sich noch auf das Dreizehn-Monde-Jahr bezog) vor seiner nächsten Abhaltung ausgerufen und meistens innerhalb eines der vorgeschichtlichen Steinkreise zelebriert. Daneben gibt es das Internationale Eisteddfod in Llangollen, das ebenfalls einmal im Jahr Mitwirkende aus aller Welt anzieht, und die vielen örtlichen oder berufsgebundenen Eisteddfodau, die oft Ausscheidungscharakter für das Nationale oder Internationale Eisteddfod haben. Dem Sieger des Nationalen Eisteddfod winkt der Bardenthron.

Zur selben Zeit, als die Pflege der dichterischen Tradition durch die Eisteddfodau wieder auflebte, entwickelte sich auch die moderne walisische Lyrik. Zu ihren Vätern gehört Edward Thomas (1878-1917), der zwar in London geboren wurde, aber walisische Eltern hatte und Wales zu einem Hauptthema seiner wunderbar schlichten Lyrik und Prosa machte, ein Wales, das er erreist und erwandert hat. In seinen Werken lebt noch das Gefühl der Einheit von Mensch und Natur, das sich immer wie ein roter Faden durch die große walisische Dichtung zog. Er hat die modernen Dichter der nächsten Generation alle mehr oder minder stark beeinflußt.

Das zwanzigste Jahrhundert zeigt, wie stark die Waliser ihrer Sprache, dem Kymrischen, entsagt haben. Fast alle großen Werke wurden englisch geschrieben. Das größte Genie der modernen walisischen Literatur, Dylan Thomas, schrieb nur Englisch; er lehnte es bewußt ab, sich einer Sprache zu bedienen, die nur von einem zahlenmäßig sehr kleinen Publikum verstanden wird und die ihn von Laune und Fähigkeit eines Übersetzers abhängig gemacht hätte. »*Zu viele Künstler in Wales*«, schrieb er, »*verbringen zuviel Zeit mit Debatten über die Stellung des Künstlers in Wales. Es gibt nur eine Stellung für einen Künstler, ganz gleich wo: aufrecht!*«, und: »*Was zählt, ist die Dichtung, geschrieben in der Sprache, die für den Dichter die natürlichste ist, und nicht sein Erdteil, Land, Insel, Rasse, Klasse oder politische Überzeugung!*« (übersetzt von Erich Fried)

Der Dichter des Ersten Weltkriegs wurde nicht nur für die walisische, sondern für die europäische Welt Wilfred Owen (1893 bis 1918), der Sänger der Menschlichkeit der Krieger und der Unmenschlichkeit des Krieges. W.H. Davies (1871-1940) nannte man den ›Tramp Poet‹; er war ein Globetrotter und Vagant voll herber Selbstkritik, ein Schüler des François Villon: »*Ich bin der Sänger Davies, William, / Ich sünd'ge ohne Reu und Scham, / Leb um zu essen und / Steh auch im Saufen meinen Mann ...*«.

Doch das ist nur eine Seite von Davies' Lyrik; daneben stehen fein beobachtete Naturszenen und heimwehschwere Lieder: »*Kann ich vergessen die süßen vergangenen Tage / Die Dörfer so grün wo ich lebt' ohne Plage: / Llantarman, Magor, Malpas und Llanwern, / Liswery, Alt-Caerleon und Alteryn?*« – Vernon Watkins (1906-1967) dagegen verbrachte sein Leben als kleiner Bankangestellter in Swansea, bis er ein Jahr vor seinem Tode einen Ruf an eine Universität in den USA als Professor für englische Sprache erhielt. Er weigerte sich jedoch wie Davies, in seinem dichterischen

Werk eine Quelle des Broterwerbs zu sehen. In seinen Gedichten setzte er sich mit Wales und den Walisern auseinander; er liebte die Literatur wie die Natur, und beide wurden zu Themen seiner immer überraschend frisch und ernsthaft um einen neuen Blickwinkel bemühten Lyrik. Alun Lewis (1915-1944) war sowohl durch die Welt der walisischen Bergarbeiter als auch durch sein indisches Kriegserlebnis beeinflußt; seine Gedichte sind persönliche, tastende Auseinandersetzungen mit dem Leben beider Hemisphären.

Politische Überzeugungen prägten stets die Prosaliteratur der Kymrer. Das beginnt mit Geoffrey of Monmouth und seiner ›Geschichte der britischen Könige‹, in der zum ersten Male die Helden der späteren Artus-Epen als handelnde Personen auftraten. Es setzte sich fort in den Aufzeichnungen und Tagebüchern von Giraldus Cambrensis (Gerald de Barry): »Er war der größte lateinische Autor, den Wales je hervorbrachte« (Michael Richter). Der nächste große Text, der in die Weltliteratur einging, entstand im fünfzehnten Jahrhundert: Thomas Malorys (1408-1471) ›Morte Darthur‹. Es ist das Werk eines Mannes, dessen Reputation nicht weniger zweifelhaft ist als die Villons. Ob er aber ein Viehdieb, Räuber, Mörder, Frauenschänder war, oder ob er nur wie alle Grenzherren sein Recht auf Kleinkrieg und Rachefeldzüge wahrgenommen hat, wird sich wohl nie mehr klären lassen. Was bleibt, ist sein großer Ritterroman ›Morte Darthur‹, dessen Text uns nicht nur durch den zeitgenössischen Druck, sondern auch durch sein eigenes, erst in unserem Jahrhundert wiederentdecktes und viel lebendigeres Manuskript vertraut ist. *»Kein Buch für den Historiker«*, schreibt der große englische Dichter und Gelehrte C.S. Lewis in seinen ›Studies in Medieval and Renaissance Literature‹, *»aber das Buch Miltons, das Buch Tennysons, das Buch von Morris, geheiligtes und zentrales Besitztum aller jener, die der englischen Sprache mächtig sind ...«*

Alle diese Schriften vermittelten neben der Verherrlichung britischer Tradition und Kultur stets auch die Kritik an der walisischen Uneinigkeit, dem schlechten Regiment der stets untereinander zerstrittenen Fürsten und der Unfähigkeit der Nation, sich der einstigen Größe bewußt zu werden und sie zurückzuerringen. Dieses Thema verlor an Reiz während der glücklichen Jahrhunderte unter den Tudors und Stuarts. Die Renaissance brachte gelehrten Briefwechsel und Essays neben geistlichen Traktaten, was sich bis zum

Beginn der industriellen Revolution fortsetzte. Die Romanliteratur entfaltete sich nur zögernd; in die Weltliteratur ging Daniel Owen ein als ›Dickens von Wales‹, und in unserem Jahrhundert errang John Cowper Powys das Lob der strengsten Kritiker. So schrieb Priestley: *»Ich erkläre, daß John Cowper Powys einer der wenigen, der ganz wenigen englischen Romanciers der letzten fünfzig Jahre ist, dem man nicht nur Talent, sondern Genie zusprechen muß«*, während George Steiner seinen wichtigsten Wales-Roman mit den Worten rühmte: *»Durch seine an Shakespeare gemahnende Weitgespanntheit des in ihm eingefangenen Lebens wirken fast alle anderen historischen Romane neben ihm wie bloße Charaden.«* – Über die Grenzen seines Landes bekannt wurde der sozialkritische Autor Richard Llewellyn durch seinen autobiographischen Bergarbeiterroman ›So grün war mein Tal‹, der mehrfach verfilmt wurde. – Auch in unserem Jahrhundert blieb aber die kleine Form, neben Essay und Predigt zunehmend die Kurzgeschichte, für Wales bezeichnender.

Auch ein walisisches Drama ist erst im Entstehen begriffen. Bis ins achtzehnte Jahrhundert hatte sich noch das ›Interlude‹ erhalten, eine Art Minstrel-Spiel im Stegreifton, als dessen bedeutendster Vertreter sich zumindest Thomas Edwards selber sah, der es schätzte, als ›Shakespeare von Wales‹ apostrophiert zu werden. Das war er freilich nicht; in Wales wurde der Boden für ein eigenständiges Drama erst vor kurzem reif. Auch die walisischen Schauspieler, von den Kembles bis zu Burton, haben ja immer im Ausland ihr Glück gemacht. Das erste walisische Drama, das Weltbühnen eroberte, war das als Hörspiel konzipierte ›Unter dem Milchwald‹ von Dylan Thomas, ein Werk voller Humor, Mythen und Poesie, wie das Land selbst. *»Der plötzlich vom Winde gerüttelte Wald erwacht zum zweiten dunklen Male an diesem einen Frühlingstag«*, und so erwachte in unserem Jahrhundert eine zweite kymrisch (-englischsprachige) Literatur zu neuer schöner Blüte, deren Früchte es noch zu ernten gilt.

Walisische Gastlichkeit

»Erlaube nun, daß ich – vom romantischen zum vielleicht weniger feinen, aber auch keineswegs zu verachtendem Sinnengenuß zurückkehrend – mich nach inwärts wende, das heißt, nach der Stube, wo mein durch die Bergluft ungemein vermehrter Appetit mit nicht geringem Wohlbehagen auf dem schön geblümten irländischen Damasttuch dampfenden Kaffee, frische Perlhuhneier, dunkelgelbe Gebirgsbutter, dicken Rahm, Toast, Muffins [eine Art Milchbrötchen] und zuletzt frisch gefangene Forellen mit zierlichen roten Flecken erblickte – ein Frühstück, das Walter Scotts Helden in den Highlands nicht besser von diesem großen Maler menschlicher Notdurft erhalten können!« schrieb Fürst Hermann zu Pückler-Muskau am 15. Juli 1828 an seine geschiedene Frau, seine ›allerliebste Schnucke‹. Ein ähnlich schlemmerhaftes Frühstück schildert George Borrow in ›Wild Wales‹ – ich werde es Ihnen im Laufe der Reise noch servieren. Nicht überall war oder ist der Tisch des Morgens so reichlich gedeckt, aber in den alten Landgasthöfen erhält man auch heute noch ein echtes englisches Frühstück mit allem, was dazu gehört, und in manchen der kleinen Pensionen, die ein ›Bed and Breakfast‹-Schild im Fenster hängen haben, ist das Brot noch frisch von der Hausfrau gebacken, sind die Marmeladen eigenhändig eingekocht.

Wales ist ein Land, das verzweifelt gegen den Verfall seiner Küche kämpft. Es war keine große kulinarische Küche wie die chinesische oder französische, aber es war eine einfallsreiche Küche der Hirten und Fischer mit vielen Zügen, die sie mit der bretonischen Küche teilt, was auf ein gemeinsames keltisches Erbe auch auf diesem Gebiet schließen läßt. Es gibt heute in Wales über fünfhundert Restaurants und Teestuben, die sich der Pflege der traditionellen Küche verschrieben und ›Blas ar cymru‹ oder ›A Taste of Wales‹ auf ihre Fahnen und Speisekarten geschrieben haben. Sie sind eine Liebhaberreise wert: Muschelpastete; Glamorgan Sausages, ein Käsegericht; Lauch- und Lebertorte; Swansea-Kartoffelkuchen; Caerfili-Käse und alle Arten walisischer Kuchen und Brote, meistens nach Rezepten aus dem achtzehnten und neunzehnten Jahrhundert.

Was eigentlich für jedes Land gilt, nur in dem dünn besiedelten Wales schwerer zu befolgen ist: Meiden Sie grundsätzlich alle auf den ersten Blick erkennbaren Touristenrestaurants; auch ein AA-Zeichen bietet keine Sicherheit für gepflegte Küche. Weit besser ißt man einen kleinen Lunch in einem der vielen Weinhäuser, die jetzt überall aus dem Boden schießen und meistens mit einem einfallsreichen warmen und kalten Buffett mit wenigen, aber frisch zubereiteten und schmackhaften Gerichten aufzuwarten wissen. Noch besser, man läßt sich in eine walisische Familie einladen, wenn man einen Eindruck von walisischer Gastlichkeit gewinnen möchte, und am besten auf einen Bauernhof, wo die Frau selber backt und die Lämmer aus eigener Zucht den Braten liefern.

Die Waliser sind immer ein armes Volk gewesen; auf ihren Äckern wollte Weizen nicht wachsen, mit Ausnahme der Insel Mona, und Gemüse gedeiht fast nur in den großen Flußtälern des Südens. Man mußte also nehmen, was das Land hergab: Lamm- und Hammelfleisch, Fische, Muscheln, Austern, Krabben, Krebse, Äpfel, Poree, Pilze aller Art, Lavendel, Thymian, Rosmarin, Kresse, Gänse, Moorhühner, Schnepfen, Hühner, Eier, Butter aus der Milch der schwarzen walisischen Rinder, des Black Welsh Cattle, und Speck und Schinken, Honig und wilde Beeren. Die Waliser sind aber auch ein sinnenfrohes Volk, gutem Essen und Trinken so geneigt wie der Poesie, dem Singen oder den Freuden der Liebe. In den Gedichten der Barden des Mittelalters ist das alles untrennbar vermischt; man rühmte die Tapferkeit der Fürsten, aber auch die Güte ihrer Weinkeller, die Unermüdlichkeit ihrer Köche und ihre Bereitschaft, diese guten Gaben zu teilen. Gastlichkeit ist die Haupttugend jedes echten Walisers, sei er nun bettelarm oder steinreich. George Borrow berichtete von seinem Eintritt in ein armes Haus: »*Ich betrat das Haus, die Küche oder Halle oder was immer es sein mochte, ein hübscher kleiner Raum mit einem Schieferboden. Sie boten mir einen Platz am Tisch beim Fenster. Der Tisch war schon für die Mahlzeit gedeckt. Ein sauberes Tuch war über ihn gebreitet, darauf standen Teekanne, Tassen und Frühstücksteller, eine große Platte mit Butterbroten und eine mit sehr dünnen Scheiben eines wässerigen bräunlichen Käses. Meine Freunde setzten sich; die Hausfrau schenkte den Tee ein und ihr Mann bot uns Brot mit Butter und Käse und nahm sich selbst zuletzt. Ehe ich noch den Tee kosten konnte, schien sich die Frau an etwas zu erinnern, stürzte zum Schrank und brachte mir eine Schale mit reinweißem Stückenzucker, mir den Löffel aus der Hand nehmend, füllte sie die beiden größten Klumpen in meine*

Tasse, jedoch ohne sich selbst oder ihren Mann auch zu bedienen: Die Zuckerdose wurde offensichtlich für große Gelegenheiten gehütet. Meine Augen füllten sich mit Tränen – in meinem ganzen Leben hatte ich noch nie so echte Gastlichkeit erlebt!«

Angetan hatte es Borrow auch, was die Feinschmecker noch heute zu schätzen wissen: walisisches Lamm- und Hammelfleisch, das seine Würze aus den Bergkräutern bezieht, die die Herden grasen. »*Zum Dinner*«, berichtet er, »*hatten wir Lachs und Hammelkeule. Der Lachs kam aus dem Dee und die Keule aus dem benachbarten Berwyn. Der Lachs war sehr gut, doch hatte ich schon besseren gegessen. Aber die Hammelkeule war in Wahrheit wunderbar: Nie aß ich ähnliches in Form einer Hammelkeule! Walisische Hammelkeulen schlagen alle anderen Hammelkeulen anderer Länder, und es war meine erste! Bestimmt werde ich diese erste walisische Hammelkeule meines Lebens nie vergessen: fett, aber zart, voller Saft, angereichert mit den aromatischen Kräutern des edlen Berwyn, à point gekocht und etwa drei Pfund schwer. Laß jedermann, der eine vollkommene Hammelkeule verspeisen möchte, nach Wales pilgern!*«

Neben den Hammeln waren es walisische Enten und Gänse, die seit je von Gourmets geschätzt wurden. Den ganzen Dezember über pflegten die Bäuerinnen Gänse für den englischen Markt zu schlachten und zu rupfen, dabei halfen sie sich untereinander. Vor der Erfindung der Eisenbahn wurden die Gänse sogar in Herden nach London getrieben; sie erhielten zu diesem Zweck kleine Metall- oder Lederschuhe, um den weiten Weg zu überstehen. »*Wenn eine Gans gerupft war, wurde das untere Ende der Flügel mit den unverletzten Federn abgeschnitten und als Besen sorgfältig aufbewahrt, denn sie sind unübertrefflich beim Auffegen von Rußflocken oder dem feinen Staub der Torffeuer. Die in kochendes Wasser getauchten und geschälten Schnäbel waren so hell wie Apfelsinenschalen, und die ebenfalls eingeweichten und enthäuteten Flossen erschienen wie Hände, die noch mit keiner Arbeit in Berührung gekommen waren. Der fette Abdomensaum, Blatt genannt, wurde über den Magen zurückgefaltet; die Innereien durch einen der Flügel gewunden und der glattgerupfte Hals mit dem Kopf seitlich gedreht und festgesteckt. Zum Abschluß wurde über den Unterleib eine netzartige innere Haut gestreift: Ein Ritus das alles, weitergegeben immer wieder von Mutter zu Tochter …*«, beschreibt Elizabeth Clarke diese aufwendige Zeremonie in ihrem

Erinnerungsbuch ›The Valley‹. Doch Weihnachten waren alle Mühen vergessen, *»dann liefen wir in die Küche, wo Sian, nachdem sie das Feuer kräftig angefacht hatte, eine scharfe Gabel nahm und die Haut der Gans anstach, damit das Fett in kleinen Bächen brutzelnd über die Brust rinnen und sie braun und krosch machen konnte«.* – Die gepökelte ›Salzente‹ ist eine alte walisische Spezialität.

Ein Abendessen auf einem Edelhof im sechzehnten Jahrhundert schildert der Historiker Lynn Hughes in ›Hawksmoor‹: *»Die Fischsuppe war exzellent. Sie wurde mit Trauben, Stachelbeeren und Sevillaorangen serviert ... Ein schön zubereiteter Karpfen wurde Sir John zur Begutachtung vorgelegt. Der Silberteller, auf dem er lag, glitzerte von blauem und grünem Aspik, das den Fisch garnierte, der mit Krabben und roten Johannisbeeren dekoriert war. Weitere Gerichte wurden von den Dienern in die Halle getragen: Pochierter Lachs mit Petersiliensauce, Neunaugenpastete, an Spießen geröstete Aale, Hechte mit Austern und eine Platte Forellen, umgeben von Meeresfrüchten, Obst und Blumen. Es wurde kein Fleisch serviert, denn es war Fastenzeit. Twm nahm feingeschnittene Scheiben von Neunaugen auf Weißbrot, das in Sirup und Weißwein eingelegt gewesen war: Ein Gericht gut genug für die Tafel eines jeden Königs wie als Henkersmahlzeit für den frechsten Schurken! ›Mehr Wein und Musik! Johane, meine Liebe, etwas Heiteres!‹«*

Doch wie aß damals das ›gemeine Volk‹? Auch nicht schlecht, wie Hughes weiß: *»Jakobsmuscheln brachte sie ihm. Eine Muschelsuppe mit Petersilie und braunem Brot und gesalzener Butter; darauf folgte eine fette Forelle aus dem Teifi, in einer irdenen Form mit Schinkenspeck gebacken. Dann gab es frischen Schafskäse und Wein, soviel Wein wie gute Laune. Die Bauern saßen mit ihrem Ale am Feuer und spielten Schach.«*

Fisch spielt auch heute noch in der guten walisischen Küche eine wichtige Rolle, kein Wunder bei dem Reichtum der Flüsse, Seen und Küstengewässer. Karpfen hielten schon die Zisterzienser in Fischteichen; alle anderen Arten gibt es noch im Überfluß in Bach und Fluß, im Meer und in Seen. Das ist zum Teil der Versandung der Flußläufe zu verdanken: Da sie seit langem nicht mehr schiffbar sind, konnten sie zu wahren Fischreservaten werden. Forellen ißt man frisch geräuchert oder mit Speck und Pilzen gebraten, wie in der Bretagne; es gibt in Wein pochierten oder geräucherten Lachs, Muschelsuppen und Aalpasteten, gebackenen Seefisch, Heringsauflauf mit Äpfeln und Kartoffeln, Jakobsmuscheln, Austern, Hummer und Krabben aller Art. Eine Spezialität zur Frühlingszeit sind Glasaale, die jungen Aale, die aus dem Sargasso-Meer kommen und in großen, floßähnlichen Schwärmen den Severn hinaufdrängen. Es ist die einzige Fischbrut, deren Fang nicht gesetzlich verboten ist. Man nennt die Schwärme ›eel-fares‹, Aalflöße, und verballhornt wurde das zu ›Elvers‹, wie die Winzlinge im Volksmund genannt werden. Elvers-Fischer sind mit einer Laterne, einem Aalkorb und einem feinmaschigen Netz ausgerüstet; sie warten in Frühlingsnächten bei Ebbe auf ihre Beute, die mit dem Gezeitenwechsel in den Severn treibt.

Man kauft die durchsichtigen Fischlein am besten in einem Leinenbeutel, in dem man sie dann mit einer Handvoll Salz unter fließendem Wasser mehrfach wäscht und kräftig ausdrückt, um den Schleim von der Haut zu spülen. Dann werden die gut trockengeschüttelten Elvers in ausgelassenem Speck gebraten, bis sie ihre Durchsichtigkeit verlieren und milchig weiß schimmern. Man gibt ein paar geschlagene Eier darüber und läßt diese stocken. Dann würzt man mit Pfeffer, Salz, ein paar Tropfen Zitrone oder Essig und serviert alles mit gebratenem Schinken.

Ganz ähnlich wird das ausgefallenste Gemüse des Landes oft bereitet, das Laverbread. Laver ist ein eßbarer Seetang, Purpurtang, den man meist schon in vorgekochter Form auf den Fischmärkten der südwestlichen Küstenstädte kaufen kann; er wird vor allem in der Bucht von Carmarthen gesammelt. Laverbread sind kleine, mit Speck gebackene Küchlein aus Laver und Hafermehl, die mit Zitrone zu gebratenem Schinken oder Mixed Grill gereicht werden. Pikanter ist Laver als Sauce, in Butter, Apfelsinen- oder Zitronensaft gargeschmort. Diese dunkelgrüne Delikatesse wird gerne mit Orangenschnitzen verziert und zu Hummer, Lammbraten oder heißem gekochten Schinken serviert. Einer der berühmtesten Küchenchefs im England des vorigen Jahrhunderts, Alexis Soyer, hatte eine Vorliebe für Laver, das man wegen seines Geschmacks auch Austerngemüse nennt.

Der bekannteste walisische Käse war Caerfili. Er wird gegenwärtig nur in England produziert, soll aber auch wieder in seinem Ursprungsort, in Caerfili, hergestellt werden. Dieser aromatische helle, etwas krümelige Käse war einst die Hauptnahrung der Kumpel untertage. Carmarthen und Double Carmarthen sind hellgelbe kräftige Schnittkäse. Schafskäse und Quark werden auf den meisten Bauernhöfen selbst gemacht; es gibt auch noch Gehöfte, auf denen gebuttert wird. Die Waliser kochen gern mit reichlich Butter und oft mit Käse; man findet ihn in Saucen, Suppen, Aufläufen und Gebäck. Das im Ausland bekannteste walisische Gericht ist wohl das Welsh Rarebit, eine Creme aus geschmolzenem Käse, meist Chester, geschmeidig gemacht mit Bier, Eiern und Rahm, abgeschmeckt mit Sherry oder Port, Pfeffer und Salz. Die duftende Masse wird heute meist auf Toast verteilt und unter dem Grill kurz überbacken, aber ursprünglich kam diese Köstlichkeit in einem irdenen Topf auf den Tisch, und jeder tunkte sein Brot ein: Wie bei der schweizerischen Schwester, der Fondue Neuenburg, nur daß hier Bier und Port die Rolle von Wein und Kirschwasser spielen. Manchmal wird diese ›Seltener Bissen‹ geheißene Leckerei auch ›Rabbit‹ genannt, was natürlich eine Verballhornung ist, denn wenn es etwas im Überfluß gab in den Heiden und Wäldern von Wales, waren es Rabbits, Kaninchen, und das Wildern gehörte in jenem Landstrich immer zum guten Ton.

Käse und Brot sind eine Götterspeise für den Hungrigen wie für den Schlemmer. Waliser sind gute Bäcker; es gibt einen kaum übersehbaren Reichtum an *Bara* und *Teisen*, Brot und Kuchen. Es sind keine komplizierten Torten und verspieltes Gebäck, aber jene vielen eher bäuerlichen Sorten vom Rosinenbrot bis zum Zuckerkuchen, die eine Hausfrau zwischen Mittag und Teezeit leicht im Ofen mitbacken kann, und deren guter Duft dann das ganze Haus durchströmt. »*Was ist das gut, den Weizen mit eigener Hand zu ernten, mit dem Eichenflegel auf dunstiger Tenne zu dreschen, mit dem Korn zur Mühle zu reiten und, während es gemahlen wird, die letzte Forelle des Jahres zu fangen. Dann frisch aus dem Ofen das Brot ohne Butterverzierung zu essen! Es gibt nichts besseres, es sei denn, seine Forelle dazu zu verspeisen mit jenem frischerwachten Appetit, den man während des Fanges entwickelte. Doch bei der Feldarbeit wären wir entzückt gewesen über das nach meiner Meinung einfachste Mahl für einen hungrigen Mann, Gerstenbrot mit blassem Doppel-Carmarthen-Käse, den man mit der Axt anschneidet, nachdem man ihn zuvor auf dem Boden aufprallen ließ, um festzustellen, ob es echter Doppel ist … Doch wenn wir heimkehrten, war es zu einem Mahl aus Weizenbrot und Haferkuchen und Käse und Zwiebeln und Gurke, während die ersten Sterne in bebendem Glanz schienen, als wären auch sie tauübersät wie der Ginster ...«* erzählt Edward Thomas in seinem ›Beautiful Wales‹ 1905.

Da die Waliser auch zur See fuhren, gehörten schon früh Südfrüchte und feurige Gewürze zu ihrer Küche. Seit dem Mittelalter lief bereits ein guter Teil des britischen Weinimports über die zollbegünstigten Häfen in den walisischen Marken. Bier und Cider wurden auf den Höfen selbst gebraut. Menna Gallie erzählt vom Gwaun Valley in Dyfed: »*... das hausgebraute Bier dort, besonders das für Hen Galan (das am 13. Januar gefeierte Silvester), ist etwas Gesegnetes, Verhextes ... Wenn Sie sich Honig und Heide und Rausch und Freundschaft und vertraute Lieder in einem Halbliterkrug gemischt vorstellen können, dann wissen Sie, wie Gwaun-Valley-Bier schmeckt. Aber was ich nicht beschreiben kann, ist der Schlaf danach: Tief. Vollkommen. Traumlos. Doch nur die Wissenden können es machen, darum glaube ich an Zauberei.*« (aus ›Little England's other Half‹) Auch Wein aus allerlei Kräutern und Früchten wurde selbst gekeltert, und aus Honigmet – Wales ist für seinen Heidehonig berühmt – wurde und wird ein köstlicher Likör destilliert. Zum Winteralltag gehörten Punsch und Glühweine, um die Kälte, der die Schafzüchter und Hirten in der anstrengenden Lammzeit ausgesetzt waren, nach der Arbeit aus dem Leib zu treiben. Doch das eigentliche Nationalgetränk ist seit dem letzten Jahrhundert Tee, Tee, der zu allen Mahlzeiten getrunken wird, und auch noch immer dann, wenn sich eine Pause, eine Gelegenheit ergibt.

In ihrer Küche haben die Waliser immer Bier und Wein als Zutaten zu schätzen gewußt, aber auch starke geistige Getränke, wie in der berühmten Branntweinsuppe, deren Rezept ich nicht vorenthalten möchte. Für diese Königin aller walisischen Suppen füllt man ein zartes Huhn mit Salbei und Thymian und brät es mit etwas Butter an. Man löscht mit einem Glas Braunbier ab und mit zwei Eßlöffeln Kognak, packt das Huhn mit einem Stück magerem Lammfleisch und einer dicken Scheibe Schinken sowie einem Markknochen in einen irdenen Topf und füllt mit Milch auf, bis alles Fleisch bedeckt ist. Auf ganz kleiner Flamme muß es garziehen, und alle Viertelstunde füllt man zwei Eßlöffel Brandy nach, bis das Fleisch zart ist. Eine halbe Stunde vor diesem Zeitpunkt kommen noch feingewürfelte Möhren, Teltower Rübchen und Kartoffeln hinzu. Und zum Schluß wird mit verquirltem Eigelb,

Sahne und Forellenrogen legiert. Man ißt erst die Suppe und dann das Fleisch. Dies ist übrigens kein Chefkochrezept, sondern eine Art Allheilmittel bei Krankheit und nach großen Strapazen. Die Branntweinsuppe enthält all das, was in guten Zeiten in jeder Bergarbeiterhütte vorhanden war: das selbstgezogene Huhn und dessen Eier, Schinken, meist vom eigenen Schwein, als eiserne Reserve für Notzeiten, oft selbst gesalzen und geräuchert, Hammelfleisch, das es immer im Überfluß gab, Rogen von Forellen, von denen jeder Bach wimmelte. Woher kamen Tee und Kognak? Natürlich aus dem Schmuggel, der an diesen Küsten immer ohne alle Scham betrieben wurde. Die ›Freibeuter‹, wie man die Schmugglerkapitäne hier nannte, waren die Helden der kleinen Leute, und die Bewohner der Fischerdörfer wurden für ihr Schweigen reichlich mit allem versorgt, was sie sonst nie hätten erwerben können.

Das zwanzigste Jahrhundert hat es nur zu Anfang, zur Zeit des Kohlebooms, gut gemeint mit Wales. Seit Schlachtfleisch von einem Tag zum nächsten mühelos mit der Bahn nach London gebracht werden kann, haben die großen Viehtrecks aufgehört, die jahrhundertelang das Bild der Dörfer in Wales belebten und Geld in die kleinen Orte brachten. Seit das Öl die Kohle verdrängte, hat sich in den eintönigen Bergarbeiterstädtchen mit ihren Reihenhäusern und ummauerten Gärtchen Schmalhans als Küchenmeister eingestellt. *»Denkst du noch an 1926?«* fragt der Dichter Idris Davies (1905-1953) in einem seiner Gedichte, *»jenen Sommer der Suppen und großen Reden? ... Und mehr als all dies, die Tapferkeit der kleinen gutgläubigen Leute? ... Wir werden an 1926 denken, solange das Blut in unseren Adern noch fließt!«* 1926 war nicht das einzige Notjahr, in dem ›Suppe‹ das Mittagsmahl und Abendessen ersetzen mußte. Und was für Suppen: ein Rest Fett, zwei Eßlöffel Brotkrumen, zwei Eßlöffel Hafermehl und viel viel Wasser ... Es waren Zeiten, in denen die Kinder wie Fliegen starben, weil sie diesen Entbehrungen am wenigsten gewachsen waren, und in denen die Eltern kein Geld für einen Sarg auftreiben konnten. Grimmige Erinnerungen in einer Zeit, in der die Arbeitslosenrate in diesen selben Städten zum Teil wieder bei über siebzig Prozent liegt. Wer sich an diesen Orten über schlechte Küche beschweren will, sollte das vor Augen haben.

Denn ursprünglich wurde in den Bergarbeiterstädtchen gut gekocht, vor allem in den walisischen Familien. Die Frauen hatten auf dem Lande kochen und wirtschaften gelernt, bevor sie von ihren künftigen Ehemännern in die neuen Arbeitersiedlungen gebracht wurden. Dort versuchten sie, das Samstagsmahl zum Fest werden zu lassen, wenn die ganze Familie beisammen war. Am Sonntag wurde einfach gegessen, da die Frauen in diesen meist methodistischen Familien dann nicht kochen durften. Aber der Samstag, der wurde genossen! »*Wenn wir uns am Samstagmittag zum Essen setzten, dann war es schon ein Vergnügen, den Tisch anzusehen. Auf den Schüsseln, die vor Vaters Platz standen, gab es immer einen mächtigen Rinderbraten oder eine Hammelkeule, und daneben stand das Geflügel, gekocht oder gebraten, Huhn, Ente, Truthahn oder Gans je nach Jahreszeit. Dazu gab es Pellkartoffeln und gebackene Kartoffeln oder Kartoffelmus, Wirsing- oder Rosenkohl und Erbsen oder Bohnen, und manchmal, wenn im Garten recht viel wuchs, auch alle Gemüse auf einmal. Zuerst wurde gebetet … Dann schöpfte mein Vater aus dem großen Kessel die Suppe mit Gemüse und einem Stück Schinken … Jetzt noch spüre ich den Duft dieser Suppe, mit ihren gerade aus der Erde gezogenen frischen Kräutern. So friedlich roch sie, nach einem Zuhause und glücklichen Menschen. Wenn das Glück einen Geruch hat, so kenne ich ihn gut: In der Küche war er immer ganz leise zu spüren, und in alten Tagen war das ganze Haus voll davon.*« (Richard Llewellyn, ›So grün war mein Tal‹, 1950)

DIE MARKEN

The best way into Wales is the way you choose,
provided that you care …
Edward Thomas, aus ›Beautiful Wales‹, 1905

I

Die Stadt an der Biegung des Flusses: Chepstow

Chepstow breitet sich am Fuße eines Berges aus, in dessen Nachbarschaft sich die holde Wye dem edlen Severn vermählt ...
George Borrow (1803-1881), aus ›Wild Wales‹

Fliederfarben, dann wieder rauchblau oder nachtdunkel zeichnen sich für den Reisenden, der aus England kommt, schon von weitem die weichgerundeten Kuppen der Höhenzüge von Ostwales gegen Abend vom Horizont ab: Die Schwarzen Berge von Wales. Um sie zu erreichen, muß man das Goldene Tal durchqueren oder die breite Mündung des mächtigen Grenzflusses Severn überwinden.

Als Fürst Pückler nach Wales reiste, mußte er sich noch mit einer Fähre übersetzen lassen; heute wird der Severn von einer wunderschönen Brücke überspannt, der Severn Bridge, die zwischen 1961 und 1966 errichtet wurde. Sie besteht aus zwei schmalen, hundertfünfzig Meter hohen Pylonen, die sich aus dem Fluß erheben und an Stahlkabeln die über einen Kilometer lange Brücke tragen. Man zahlt einen Brückenzoll, als müsse man sich den Eintritt in eine fremde Welt erkaufen, die Welt, die mit zweisprachigen Schildern jenseits der Brücke beginnt: Wales.

Der Severn ist hier fast einen Kilometer breit und seine Mündung erweitert sich noch, je mehr man ihm zum Meer hin folgt. Die Ufer sind völlig versumpft, denn jedes Frühjahr tritt der Fluß über seine Ufer, wenn das Eis in den Bergen schmilzt. Der Severn mit seinen hier sehr flachen Ufern und breiten Sandbänken ist bis Chepstow den Gezeiten unterworfen; bei Ebbe liegen Ufermarsch und Bänke rötlich schimmernd oder blaßgrau in silbriger Feuchte. Reiher brüten hier, gelbe Bachstelzen, Kiebitze, und seltene Sumpfvögel wie der Regenpfeifer, kommen zum Überwintern. Glasaale, junge Aale, die gerade ihren Atlantiktrip hinter sich haben, wandern den Fluß hinauf und gewinnen dabei nach und nach Farbe und Fleisch; auf den fetten Uferweiden grasen Wildgänse in Scharen. Das Mündungsgebiet des Severn ist ein Paradies der Fischer; die Aale werden in Netzen gefangen, welche man an langen Stöcken über der Schulter trägt, Lachse dagegen in reusenähnlichen langen Wei-

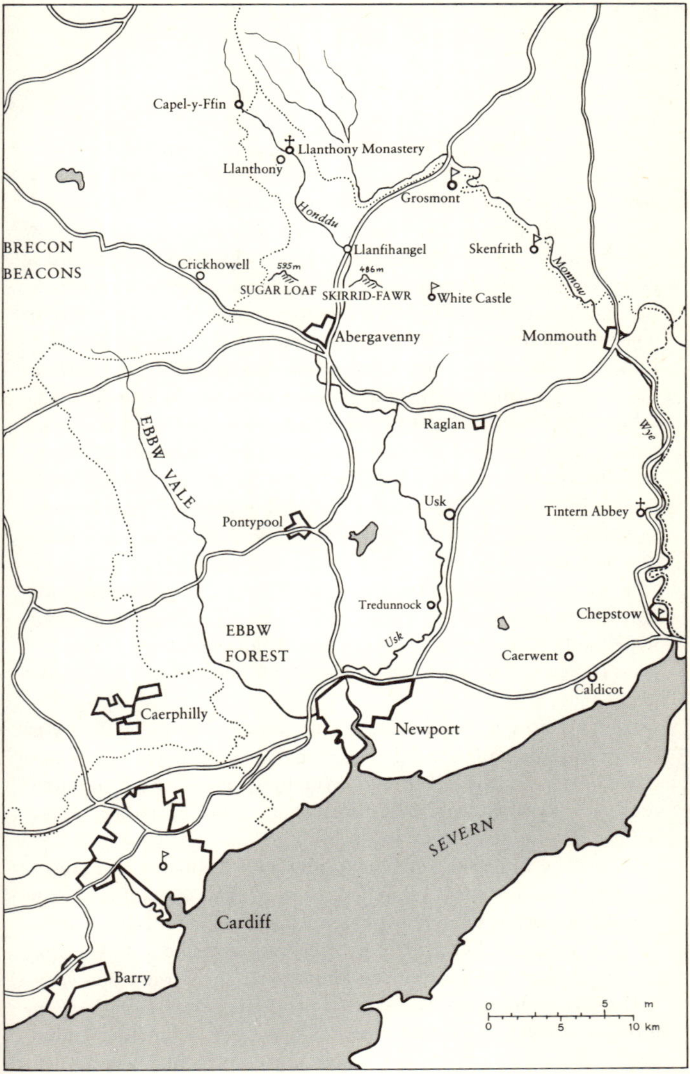
Capel-y-Ffin
Llanthony Monastery
Llanthony
Grosmont
Honddu
Llanfihangel
Skenfrith
BRECON
BEACONS
Crickhowell
595m
SUGAR LOAF
486m
SKIRRID-FAWR
White Castle
Monnow
Abergavenny
Monmouth
Raglan
EBBW VALE
Wye
Usk
Tintern Abbey
Pontypool
Tredunnock
Chepstow
EBBW
FOREST
Usk
Caerwent
Caldicot
Caerphilly
Newport
SEVERN
Cardiff
Barry
0 5 m
0 5 10 km

denkörben, sogenannten ›Putchers‹. Ähnlich sehen auch die ›Kypes‹ für den Krabbenfang aus: geflochtene Füllhörner, aber engmaschiger als die Lachsreusen, die übrigens zur Schonzeit der leckeren roten Fische noch zusätzlich gesichert werden, damit sich deren junge Brut nicht in den Maschen verfängt. Der Fischreichtum des Severn hat es dem Otter ermöglicht, zu überleben; man findet ihn vor allem noch im südlichen Mündungsgebiet.

Die Bauern haben gelernt, aus den ständigen Überschwemmungen ihren Vorteil zu ziehen; im Winter fluten sie ihre Weiden und Felder mehr oder minder kräftig. Der Schlamm, der nach Abfluß des Wassers im Frühling zurückbleibt, ist ein vorzüglicher natürlicher Dünger. Im Winter leuchten die Wiesen in der klaren Frostluft wie Seen; hier und da erhebt sich über dem Wasserspiegel ein einsamer Baum oder Strauch und sieht seine kahlen Äste von der Flut zurückgeworfen oder wirft scharfe Schatten auf die vereisten Flächen. Wo nur leicht geflutet wird, sieht man die Feuchte zwischen dem Grün der Gräser wie Diamanten funkeln; Entwässerungsgräben, oft gesäumt von Hagedorn, an dessen roten Beeren sich Drosseln und Finken laben, ziehen sich wie Silberbänder durch das Grün. Auf den feuchten Weiden und in den Gräben tummeln sich Krick- und Pfeifenten, und auch der wilde Schwan segelt würdevoll vorüber.

Sowie wir nach dem Überqueren der Severn Bridge jedoch landeinwärts nach Westen fahren, ändert sich das Bild: Das Land hügelt auf und empfängt den Gast mit Wäldern und hohen buschigen Hecken voller Singvögel und wilder Blumen.

CHEPSTOW kuschelt sich in die letzte große Schleife der Wye vor ihrem Zusammenfluß mit dem Severn. Der altbritische Name des Ortes, Aberwye, bedeutet Wye-Mündung; die Sachsen nannten den Ort Chepstow, was Marktflecken heißt. Ein Cheap oder Markt befand sich hier bereits zu keltischer Zeit.

Chepstow bildet als Ort einen hübschen Anblick. Die Häuser drängen sich in steilen, schmalen, verwinkelten Gassen rund um den Burgberg mit seiner gewaltigen Ruine: normannische Türme und ein ragender Bergfried oder Keep aus rötlichem, teils grüngrau verwittertem Sandstein, gerahmt vom Laub der in jeden Winkel vordringenden Büsche und Bäume, gespiegelt von der Wye in ihrem rostroten Altsandsteinbett. Über ihren schnellfließenden Lauf wölbt sich in fünf weißen, zur Mitte hin breiter werdenden

Bogen eine spitzenartige Gußeisenkonstruktion, eine der ersten Eisenbrücken. John Rennie (1762-1821) hat sie 1816 entworfen. Sie bildet noch heute die wichtigste Verbindung zwischen Chepstow und dem englischen Ufer, das sich mit den grünen Höhen der Cotswolds gegenüber erhebt.

Bridge Street führt in einem weichen Schwung vom Ufer fort. Sie wird von schmalbrüstigen, oft nur ein oder zwei Fenster breiten, doch meist dreigeschossigen Häusern begleitet, die in verschossenen Pastelltönen getüncht sind: rosa, blaßblau, ocker, sepia, schilf oder oliv, doch Türen, Erkergitter und Balkönchen leuchten in postkutschengelben, schwarzen oder kobaltblauen Lackschattierungen. Alles trägt einen leisen Zug von Verwahrlosung und läßt an die Provence denken. Entstanden sind die meisten der Häuschen zur Zeit des Regency, um 1800 bis etwa 1830; manche, wie das Powys-Spittel, stammen aus der zweiten Hälfte des 18. Jahrhunderts. Die Montague Alms Houses, auch sie hell getüncht, stehen in der nahen Upper Church Street; wie ihre malerisch geschwungenen vielen Giebel verraten, wurden sie schon um 1630, in der jakobinischen Epoche, erbaut.

Alms Houses oder Spittelhäuser findet man noch in vielen englischen Städten. Seit dem Mittelalter oblag die Armen-, Alten- und Krankenpflege weitgehend den Gemeinden; für kleine Orte war das oft eine harte Belastung. So stifteten wohlhabende Bürger, Adelige oder Kirchenfürsten eigene Häuser zu diesem Zweck und statteten sie mit so viel Kapital aus, daß von den Zinsen die Insassen erhalten und gepflegt werden konnten. Das gab ihnen den Namen: Almshouse bedeutet wörtlich übersetzt Almosenhaus. Je nach der Großzügigkeit der Spender und Großherzigkeit der Verwalter konnten diese Einrichtungen Himmel, aber auch Hölle bedeuten, aber sie boten den Verlassenen, den Ausgestoßenen und Krüppeln zumindest ein Dach über dem Kopf, regelmäßige, wenn auch oft karge Mahlzeiten und ärztliche Betreuung.

Das Wye-Tal besaß seit altersher als wichtige Verkehrsader strategische Bedeutung. Früher besaß der Fluß genügend Tiefgang, um auch große Schiffe zu tragen, so daß Chepstow als sicherem und geschütztem Hafen eine große Bedeutung zukam. Als mit Wilhelm dem Eroberer die Normannen kamen und sich die Insel unterwarfen, wurde Chepstow sogleich zu einem wichtigen Stützpunkt der neuen Herren, die von hier aus sowohl das noch kaum unterworfene Gebiet östlich des Severn schützen als auch ihre

Eroberungen gen Westen fortsetzen wollten. Die Herren der großen Geschlechter, die von Chepstow aus praktisch ganz Südostwales kontrollierten, spielten in der walisischen wie in der englischen Geschichte eine kaum zu überschätzende Rolle. Ihren Namen werden wir in Ost und Süd des Landes immer wieder begegnen: Sie bauten Burgen und Klöster und Städte und verheirateten ihre Erben mit englischen Prinzen und walisischen Fürsten, bis sie mit allen großen Familien verschwägert und versippt waren und ihr Einfluß die Politik der Länder mitbestimmte.

Die erste Burg in Chepstow errichtete William FitzOsbern um 1067. Er war mit König Wilhelm I. ins Land gekommen und wurde von diesem zum Grafen einer der westlichsten englischen Grafschaften, Hereford, erhoben. Von seiner Burg ist nur der untere Teil des Großen Turmes geblieben. Als William 1071 starb, hatte er zu der Grafschaft Hereford fast das gesamte Gwent, ein südostwalisisches Fürstentum, die heutige Grafschaft Gwent, hinzuerobert, wobei ihm Chepstow mit seinem sicheren Hafen als militärische Basis gute Dienste geleistet hatte. Sein Sohn und Erbe Roger besaß weder den Verstand noch die Vorsicht des Vaters; er schloß sich 1075 einer von vornherein aussichtslosen Empörung gegen den Eroberer an, was zum Entzug aller seiner Güter führte und ihm ›ewige Gefangenschaft‹ einbrachte. Bis 1115 blieben Grafschaft und Stadt bei der Krone.

Erst Heinrich I. gab ein Gebiet, das ungefähr die späteren Grafschaften Monmouth und Gloucester umfaßte, an Walter FitzRichard de Clare, einen Sohn des 1090 verstorbenen Richard FitzGilbert of Clare, der dem König als Lord-Oberrichter gedient hatte. Dieses Gebiet erhielt den alten walisischen Namen von Chepstow, Strigu(e)il, was etwa bedeutet: ›an der Biegung des Flusses‹. Es sollte eine Marklordschaft bilden, eine Grenzprovinz. Walter starb ohne eigene Nachkommen; nach seinem Tode fiel Striguil an seinen Neffen Gilbert FitzRichard de Clare, der von seinem eigenen Vater noch Cardiganshire in Südwales dazuerbte und 1138 zum Grafen von Pembroke erhoben wurde. Seine hervorragenden militärischen Fähigkeiten brachten ihm den Namen ›Strongbow‹ ein,

Strata Florida Abbey, Dyfed. Detail des Westportals

Plas Newydd in Llangollen, Clwyd. Von den ›Ladies von Llangollen‹ zum Landsitz umgebautes altes Bauernhaus.

Tintern Abbey, Gwent. Kirchenruine, Seitenschiff.

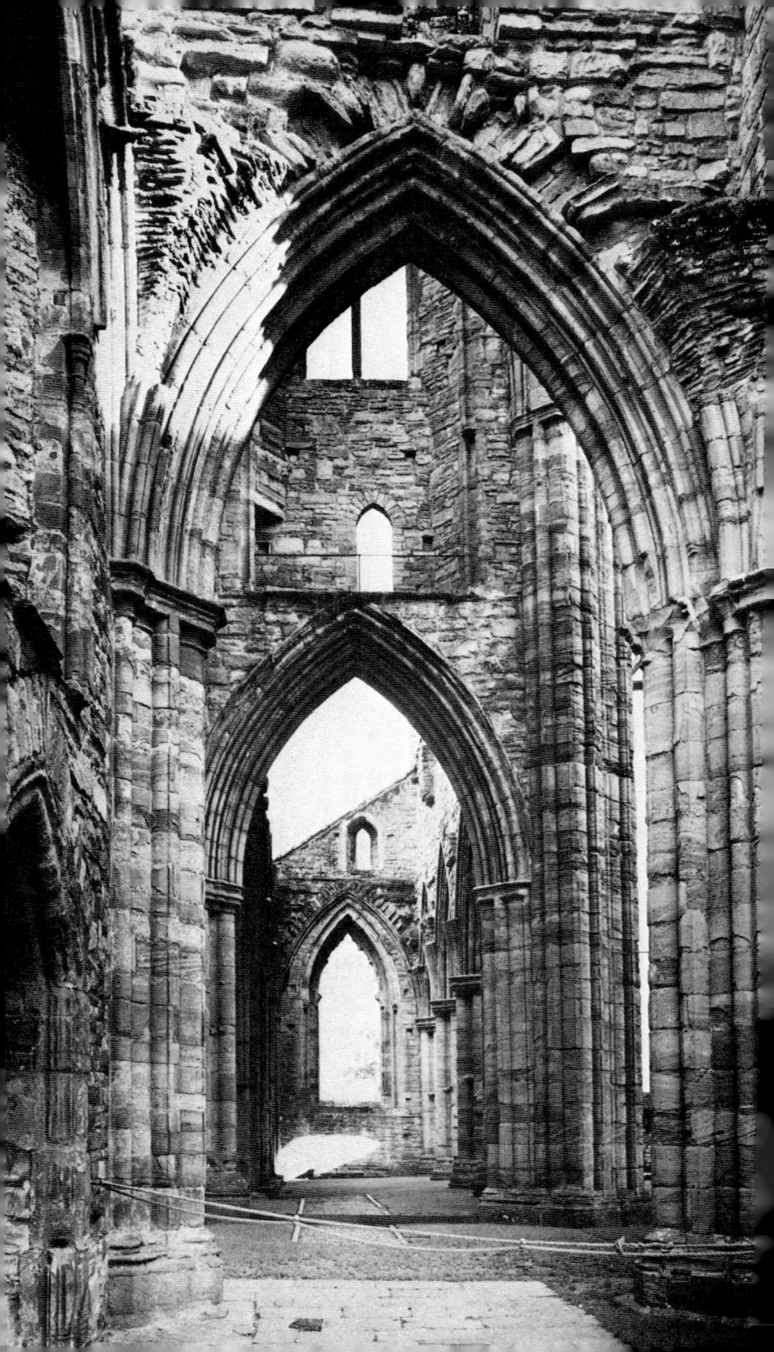

Starker Bogen, den er zusammen mit seinem riesigen Besitz an seinen Sohn Richard weitergab.

Um jene Zeit kämpften in Irland die keltischen Kleinkönige unablässig gegeneinander. Der damalige König von Leinster, Dermot MacMurrough, rief, von Feinden bedroht, den tapferen jungen Richard ins Land, und versprach ihm als Dank für seine Hilfe die Hand seiner Tochter und Erbin Eva. Richard konnte die Feinde des irischen Fürsten besiegen, mußte dann aber die Hilfe seines Monarchen anrufen, um die befreiten Landesteile weiter gegen sie zu schützen. Nun war aber Heinrich II. Plantagenet gar nicht erfreut über den Machtzuwachs, den der Besitz Leinsters für den ohnehin mächtigen Grafen bedeutete; außerdem hatte er genug Sorgen an den eigenen Grenzen. Um Strongbow auf seinen Platz zu verweisen, entzog er ihm den Besitz seiner kymrischen Burgen; allerdings nicht für lange, denn es gärte bereits in Wales, und als sich 1173 der südwalisische Fürst Hywel ab Iorwerth gegen England erhob, war der König gezwungen, Strongbow zum Schutz der Westgrenze wieder in seine alten Rechte einzusetzen.

Doch lange konnte der Herr der reichsten Mark sich seiner Güter nicht mehr erfreuen; er starb 1176 und hinterließ seinen ganzen Besitz seiner kleinen Tochter Isabella. Die junge Gräfin residierte als königliches Mündel auf Chepstow unter dem Schutz eines königlichen Befehlshabers, eines Kaplans, eines Sekretärs und vierzig Bewaffneter, dazu kamen Torwächter, Degen, Bogenschützen. Sie wurde 1189 mit William Marshall vermählt, der dadurch zum Grafen von Pembroke aufstieg. Es war eine gute Wahl; der Graf kümmerte sich tatkräftig um das Erbe, ließ die Burgen wiederherstellen und verwaltete den Besitz gewissenhaft. In die Zeit seiner Herrschaft fällt die Errichtung des Mittleren Hofes der Burg.

Man muß sich die normannischen Burgen in den walisischen Grenzgebieten wie Inseln vorstellen: das Land blieb walisisch, die Bevölkerung ihren angestammten Fürsten in Treue verbunden; die Normannen blieben die Eindringlinge. Die Eroberer lebten fast ausschließlich auf ihren Festen; sie erhielten von der Bevölkerung Naturalsteuern, ließen sie aber sonst unbehelligt; die kymrischen Fürsten regierten neben den Marcher Lords, wie man sie nannte, ohne daß einer in die Befugnisse des anderen eingriff; manchmal verbündeten sie sich sogar gemeinsam gegen die Krone, und allmählich heirateten sie auch untereinander. Die Macht der Markherren beruhte denn auch zum Teil auf dem walisischen Erbge-

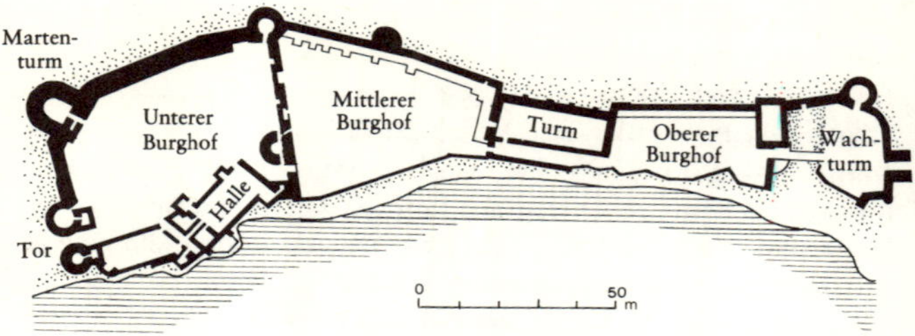

Chepstow Castle

setz, durch das große Besitzungen immer weiter aufgesplittert wurden: eine Tatsache, die die Fremden durch eine geschickte Heiratspolitik für sich auszunutzen verstanden. So gelangten sie gewaltlos in den Besitz immer größerer Güter und Ländereien. In wenigen Generationen hatten sie gelernt, auf ihren Grenzexklaven, die dem englischen Recht nur bedingt unterstanden, wie kleine Könige zu regieren und fühlten sich bald den Gesetzen des eroberten Landes inniger verpflichtet als der anglonormannischen, weitgehend am Römischen Recht orientierten Jurisdiktion.

Zu den Geschlechtern, die stets auf seiten der machtgierigen Barone gegen den Anspruch der Krone standen, gehörten immer die Herren von Chepstow, erst die Marshalls und dann deren Erben, die Bigods, obgleich gerade sie als Erbmarschälle und Erboberhofmeister zur absoluten Lehenstreue verpflichtet gewesen wären. Isabella und William Marshall hatten fünf Söhne, die einer nach dem anderen die Erbfolge antraten und alle in jungen Jahren ohne Leibeserben starben; nach dem Tode des letzten, Anselm, wurde der Besitz unter den fünf Töchtern aufgeteilt.

Chepstow fiel mit allen Ländereien im Süden an die Älteste, Maud oder Margarete, die Gemahlin Hugh Bigods, des dritten Grafen von Norfolk. Ihr Sohn Roger kümmerte sich überhaupt nicht um das walisische Erbe, kämpfte aber auf Seiten Simons von Montfort gegen Heinrich III. und handelte die sogenannten Oxforder Provisionen mit aus, die Grundlage der Magna Charta von 1215. Er vermählte sich mit Isabella von Schottland, einer Tochter Wilhelms des Löwen. Sein Erbe war ein anderer Roger, der Sohn seines Bruders, und dieser war ein geborener Markherr: ein tapferer Soldat, stets im Kampf um die Rechte der Barone, ein großzügiger Bauherr und dabei ein höchst eigenwilliger Charakter. 1279 befahl ihm König Eduard I., eine Armee nach Frankreich zu führen; er verweigerte den Gehorsam mit dem Hinweis auf ein Gesetz, das ihn zur Schwertfolge im Ausland nur im Beisein des Königs verpflichtete. Eduard rief erbittert aus: »Bei Gott, Graf, Ihr geht oder Ihr werdet hängen!« Worauf jener gelassen erwiderte: »Bei Eurem Eid, mein König, ich werde weder gehen noch hängen!« Eduard rückte nun selbst ins Feld, woraufhin ihm die erbosten Barone die finanzielle Unterstützung entzogen, um ihn zur Bestätigung der unter Heinrich III. durchgesetzten Rechte zu zwingen: Der Marschall von England hatte den König von England in die Knie gezwungen.

Roger kümmerte sich eingehend um seine walisischen Besitzungen; zu seiner Zeit erhielt Chepstow eine Stadtmauer, und die Burg wurde nach den neuesten militärischen Erfordernissen umgebaut. Es entstand der Untere Hof mit seinen ausgedehnten Wirtschaftsgebäuden im Osten und ein neues Vorwerk im Westen. Der Große Turm wurde aufgestockt, und der Kleine Turm, später Marten's Tower genannt, neu errichtet. Außerdem stiftete der Graf für die einst von Walter de Clare gegründete Tintern-Abtei eine neue Kirche.

Der Graf hatte keine Kinder; sein Bruder John war ein Höfling und Verschwender. So hinterließ er sein Erbe Eduard I. Der neue König, Eduard II., verteilte es auf seine beiden Brüder Thomas, Graf Norfolk, und Edmund, Graf Lancaster. In Chepstow setzte er einen seiner Günstlinge ein, Hugh le Despenser, der mit Eleanor de Clare, einer Enkelin Eduards I., vermählt war, aber einen schlechten Ruf genoß, nicht nur, weil er das Bett des Herrschers teilte, sondern auch als Landräuber und Unterdrücker. Von 1310 bis 1323 residierten die jungen Brüder des Königs auf der Burg; dann konnte der Despenser sie erwerben und damit seinen südwalisischen Besitz abrunden. Er hatte nicht mehr lange Freude daran; 1326 mußte er vor den Feinden seines königlichen Gönners fliehen, und bald darauf wurde er gefangengenommen und grausam hingerichtet.

1399 fielen Burg und Stadt an den grimmigen, machtgierigen und ungehobelten Thomas Mowbray, Herzog von Norfolk, der sich wenig später mit den Feinden des Königs, Mortimer und dem walisischen Rebellen Owain Glyndwr, verbündete, aber schon 1405 gefangengenommen und wegen Hochverrats hingerichtet wurde. Es dauerte gut ein halbes Jahrhundert, ehe neues Leben auf der Burg einzog. 1468 wurde sie William Herbert, Lord von Raglan und Grafen von Pembroke, zugesprochen. Seine Erbin und Enkelin heiratete Charles Somerset, 1. Grafen von Worcester, und in dieser Familie blieb die Burg bis ins letzte Jahrhundert. Während der für Wales friedlichen Zeiten unter den Tudors und Stuarts ließ man die Befestigungen verfallen und sorgte sich nur um die Verschönerung der Innenräume. Der Bürgerkrieg traf Chepstow so unvorbereitet wie ein Wintergewitter; dennoch gelang es Henry Somerset, dem 5. Grafen und 1. Marquis von Worcester, Stadt und Burg bis 1645 für Karl I. zu halten; dann mußte er sich Cromwells Truppen ergeben.

Während des Zweiten Bürgerkrieges belagerte Cromwell selbst die Stadt. Ihr Verteidiger Sir Nicholas Keneys hielt mit seinen hundertundzwanzig Mann tapfer gegen ihn aus. Cromwell zog wütend weiter nach Westen, ließ aber ein Belagerungsheer zurück. Doch erst als alle Vorräte aufgezehrt und die Mauern von Kugeln buchstäblich durchlöchert waren, gab Keneys auf; er fand wahrscheinlich beim letzten Ausfall den Tod. Cromwell ließ die wichtige Grenzburg nicht schleifen, sondern wiederherstellen und machte sie zur Garnison. Der Mauerring wurde so verstärkt, daß er Kanonen tragen und Beschuß standhalten konnte; als Baumaterial benutzte man Steine vom oberen Teil des Großen Turmes und von den Mauern der inneren Höfe.

Nach der Restauration der Stuarts setzte Karl II. den Sohn des letzten royalistischen Eigentümers, Lord Herbert, als Kustos ein; Chepstow blieb Garnison und wurde Staatsgefängnis. Berühmtester Gefangener war zwanzig Jahre lang ein Henry Marten, dem man in dem nach ihm benannten Turm ein recht luxuriöses Leben zu führen gestattete. Er starb 1680.

1690 sollten die Befestigungen aufgrund eines königlichen Befehls geschleift und die Garnison nach Chester verlegt werden; dabei stellte sich dann heraus, daß sich die Truppe längst aufgelöst und in alle Winde zerstreut hatte. Niemand zeigte große Lust, dem Zerstörungsbefehl Folge zu leisten; es war dann auch nicht menschliche Gewalt, sondern schiere Vernachlässigung, die den herrlichen Normannenbau zur Ruine werden ließ. 1914 verkaufte die Familie Worcester sie an einen Privatmann, und seit 1953 steht sie unter dem Schutz des Department of Environment, des englischen Denkmalschutzamtes.

Die Stadt führte neben der Burg eine Art Eigenleben. Die keltischen Marktrechte wurden von den Plantagenetkönigen bestätigt; seit 1294 darf Chepstow Wochenmarkt abhalten. Der kleine Hafen erlangte vor allem als Einfuhrplatz für französische Weine landesweite Bedeutung; das hing damit zusammen, daß die Zölle in den Marklordschaften niedriger waren als im sonstigen Königreich. Ausführen konnte Chepstow dank des Waldreichtums seines Umlandes Holz und Eichenrinde für die Lohgerberei; schon früh baute es auf seiner kleinen Werft Schiffe. Als 1850 Isambard Brunel (1806-1859) mit dem Bau einer Eisenbahnlinie von London nach Holyhead begann, der ersten, die England mit Wales und dem wichtigsten Fährhafen für Irland verbinden sollte, erhielt Chepstow seine hübsche Eisenbahnbrücke. Die Firma, die die nötigen Bauarbeiten für Brunel auszuführen hatte, siedelte sich in der kleinen Stadt an, und dort baut sie noch heute Schiffe und Brükken.

Wer sich noch mehr in die Geschichte der Stadt vertiefen möchte, findet dazu im Chepstow-Museum Gelegenheit; es war früher in einem ehemaligen Stadttor untergebracht, befindet sich aber heute in den Räumen einer nicht mehr benutzten Schule in Bridge Street. Dort stehen die dickbauchigen ockergelben Tonkrüge, in denen der französische Rotsporn ins Land gebracht wurde, dort sieht man Urkunden und Ansichten der Stadt aus allen Jahrhunderten und natürlich all den großen und kleinen Trödel, der im Alltag der Menschen einst eine Rolle gespielt hat; daneben eine Anzahl Vogelnester und Gelege aus den Brutkolonien der Severnmündung und anderes mehr. Die Sammlungen sind noch recht jung, werden aber liebevoll gepflegt und ansprechend und informativ zur Schau gestellt.

Wie alle Markt- und Hafenstädte ist auch das kleine Chepstow reich an gemütlichen Inns und Pubs, Gasthöfen und Schenken, und ihre schönen farbenfrohen Schilder erzählen wiederum ein Stück Stadtgeschichte, wenn man sie nur zu lesen weiß. Gern wird sich hier der Gast an altem Sherry oder spritzigem Apfelwein, dem Cider, laben.

Chepstows Geschichte habe ich so ausführlich erzählt, weil sie gewissermaßen stellvertretend für die der anderen Markt- und Grenzstädte stehen könnte, durch die wir jetzt fahren werden: fast alle hervorgegangen aus keltischen Handelsplätzen oder Hirtensiedlungen, denen die Normannen ihre Burgen aufzwangen, Orte, durch die jahrhundertelang der Grenzkrieg zwischen England und Wales hin- und herwogte, Orte, die aus diesem Grunde nur selten ein einheitliches Stadtbild entwickelten und in denen sich walisisches, angelsächsisches und normannisches Erbe spröde durchdrangen.

2

Lichteste Gotik: Tintern Abbey

Ich denke an die Abtei – & was für eine Abtei! die lichteste Gotik – von Efeu überrankt & aus einem Dschungel von Obstgärten aufsteigend – & wie eine Gemme in die Falten waldiger Berge gesetzt ...
Samuel Palmer, 1835 an George Richmond

Als der Maler Palmer diese Worte an seinen Freund und Künstlerkollegen schrieb, lag die romantische Mode der Ruinen- und Kirchhofsschwärmerei schon in den letzten Zügen, aber Tintern hatte noch nicht aufgehört, Wallfahrtsziel aller Dichter und Künstler zu sein. Seit der Mitte des achtzehnten Jahrhunderts galt es als Inbegriff eines Schönheitsideals, das Zufälligkeit, Unregelmäßigkeit und Überraschung als das ›Pittoreske‹, das Malerische schlechthin, feierte und sich von allem Ebenmaß und geometrischer Strenge losgesagt hatte. In Tintern wurde ein von Menschenhand errichteter Bau von der Natur zurückerobert und ihr aufs anmutigste anverwandelt: In ihrem großen grünen Garten war der einstige Riesendom nur noch ein Ornament und wirkte doch zugleich tragisch durch den seinen Zerfall überdauernden Adel der Form. Seit der zweiten Hälfte des 18. Jahrhunderts zog das Wye-Tal Touristen an, und 1782 erschien ein Reiseführer, der zum Bestseller wurde: William Gilpins ›Observations on the River Wye, and Several Parts of South Wales‹. Zur selben Zeit wurden Reisen nach Frankreich und in die von Frankreich besetzten Länder unmöglich, und so kamen jetzt Bewunderer aus allen Ständen nach Wales. Auf Booten ließen sie sich, reich mit Proviant und allen Annehmlichkeiten des Lebens versehen, durch das Wye-Tal rudern, und Höhepunkt dieser Ausflüge in eine zutiefst ›romantische‹ Landschaft wurde die Abtei Tintern.

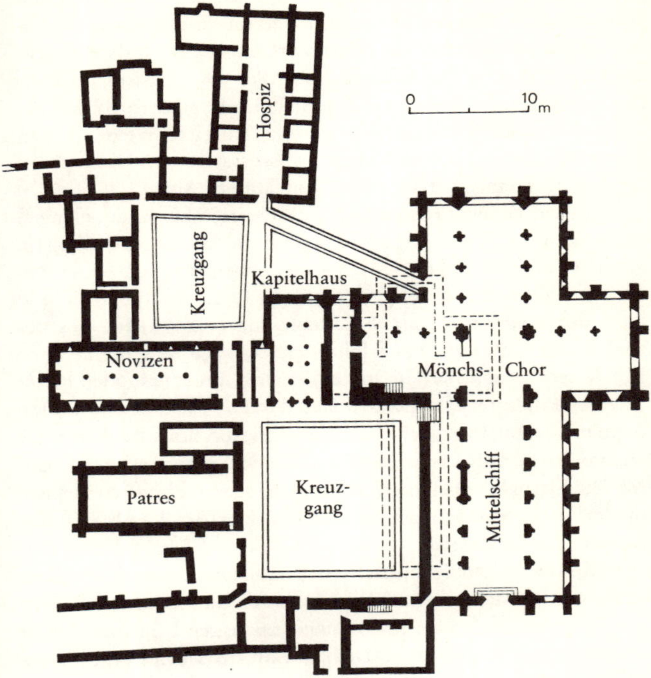

Tintern Abbey

Es kamen nicht nur müßige Gaffer und motivsüchtige Kupferstecher; es kamen bald schon die Großen jener Zeit; 1792 zog es den damals noch blutjungen englischen Maler Joseph Mallord William Turner nach Tintern; er kam 1795 und dann 1798 wieder hierher zurück und füllte ganze Skizzenbücher mit Ansichten der Abtei, die damals, wie ja auch noch zu Palmers Zeiten, ganz in Efeu gekleidet dalag, und des Wye-Tales. Viele dieser Skizzen hat er später im Auftrag reicher Mäzene in Aquarell und Öl ausgeführt;

einer seiner Auftraggeber war seit 1795 der Liebhaberarchäologe Sir Richard Colt-Hoare. Colt hatte seine junge Frau verloren und versuchte, den Schmerz über ihren Tod auf Studienreisen zu betäuben. Er wurde dabei von seinem Freund begleitet, dem Pfarrer und Historiker William Coxe, der 1801 ›An Historical Tour through Monmouthshire‹ veröffentlichte, eine gelehrte Studie, die mit Zeichnungen Colts und Karten und Grundrissen eines jungen Landvermessers, Thomas Morrice, ausgestattet war. Dieser Band enthielt auch einen genauen Plan von Tintern Abbey.

Noch ein anderer Reisender, der einst zu Weltruhm gelangen sollte, kam in diesen Jahren nach Tintern; der Dichter William Wordsworth. Auch ihn trieb bei seiner ersten, 1793 unternommenen Reise der Liebeskummer; er war aus Frankreich geflohen und hatte dort seine französische Geliebte und beider kleine Tochter zurücklassen müssen. Fünf Jahre später, 1798, brachte er seine Schwester in das stille Tal, in dem er einst Trost gefunden hatte; zu Fuß wanderten die Geschwister durchs Wye-Tal und fuhren dann mit einem Boot nach Bristol zurück. Auf dieser zweiten Reise entstanden Wordsworth' berühmte ›Zeilen, geschrieben ein paar Meilen oberhalb von Tintern Abtei‹, eine seiner schönsten Elegien, in der er die grüne, pastorale Lieblichkeit der Landschaft beschwört.

Tintern war damals eine richtige ›Touristenattraktion‹, mit einer Schar von selbsternannten Führern, die den staunenden Reisenden den Bau des Nachts bei Fackelschein zu zeigen beliebten. Besser als sie hatte der walisische Dichter Edward Davies (1719-1789) den besonderen Zauber des Ortes erkannt; er beschrieb ihn ausführlich in einem langen Gedicht, ›Tintern-Abtei im Jahr 1784‹:

> Die alten Fenster, Wände, Bögen stehen einig schön,
> Den Sinn mit Rührung und Begeist'rung füllend,
> Die Größe der Ruinen läßt noch seh'n,
> Wie der entweihte Ort einst mocht' die Seelen stillen.
> Sieh, wie sich um die alten Mauern Efeu hängt,
> Den stets es zu gestürzter Größe drängt:
> Er schließt die Wankende in seine Arme dicht,
> Legt eine Maske grün ihr aufs gefurchte Angesicht,
> Und hält so aufrecht sie ...

Genau das konnten die Efeuranken natürlich nicht, im Gegenteil, sie zerstörten den Stein von innen her und mußten deshalb vor einigen Jahren auf Beschluß der für den Denkmalsschutz Verantwortlichen entfernt werden. Doch das Tal, in dem die Ruine steht, ist so grün und frisch wie zu Zeiten von Wordsworth und Turner, und ganz besonders im Frühling, zur Zeit der Baumblüte, von einer paradiesisch anmutenden Schönheit, so daß man auf die Ranken leicht verzichten kann. Grün sind ja noch immer die Rasen um und in der Ruine, grün dämmert das Licht durch die Arkaden der einstigen Kirche.

Tintern-Abtei ist die erste Zisterziensergründung auf walisischem Boden gewesen. 1098 wurde in Frankreich, in Cîteaux in Burgund, ein Kloster gegründet, dessen Mönche sich einer strengeren Regel unterwerfen wollten, als sie damals in den Häusern der Benediktiner üblich war. Die Benediktiner bildeten keinen eigentlichen Orden, folgten aber mehr oder minder getreu seit etwa 700 den vom heiligen Benedikt um 540 aufgestellten Grundregeln des klösterlichen Lebens.

Die Regel, die sich die nach ihrem ersten Kloster benannten Zisterzienser gaben, die Charta Caritatis, wurde 1119 aufgezeichnet, als der englische Abt St Stephan Harding in Cîteaux amtierte. Sie lehnte sich eng an die Grundsätze des heiligen Benedikt an, verschärfte und läuterte sie aber. Vor allem legte sie großes Gewicht auf körperliche Arbeit: Die Klöster sollten zu sich selbst versorgenden Gemeinschaften werden und ihre Mission in den entlegensten Gegenden aufnehmen. Praktisch sah das so aus, daß die eigentlichen Klosteranlagen von Wirtschaftsgebäuden umringt waren; darum herum lagen dann noch Pachthöfe verschiedener Größe. Diese Pachthöfe wurden von Laien, den Conversi, bewirtschaftet. In England hießen sie Grange, im Kymrischen ›Cwrt‹, was Court bedeutet, Hof.

Jedes Zisterzienserkloster sollte nach genau festgelegten Bedingungen seinerseits Tochterklöster gründen; das allen gemeinsame Mutterhaus blieb aber Cîteaux, wo sich die Abgesandten aller anderen Häuser einmal im Jahr zu einer gemeinsamen Beratung, dem Generalkapitel, versammelten. Nur diese Versammlung konnte für den ganzen Orden geltende Regeln erlassen. Die Äbte aller Gründerhäuser mußten sich verpflichten, ihre Tochterklöster wenigstens einmal im Jahr zu visitieren. Der Orden verbreitete sich mit erstaunlicher Schnelligkeit; 1155 gab es bereits über dreihundert Zisterzienserklöster, davon standen sechs in Wales. 1226 hatte Wales dann schon vierzehn Abteien und drei Nonnenklöster. Tintern, die erste dieser Gründungen, entstand 1131 als ein

Tochterhaus von l'Aumone. Walter FitzRichard de Clare stattete die junge Abtei mit reichen Ländereien aus. Bei der Planung hatte man an etwa zwanzig Mönche und fünfzig Laienbrüder gedacht, aber schon 1220 waren Erweiterungen und Anbauten nötig, weil sich die Bruderschaft rasch vergrößert hatte. Damals erhielt auch die Kirche ihre endgültige Gestalt.

Der Plan des Klosters läßt sich aus den Ruinen ganz gut ablesen; die Kirche ist nur ihres Daches und schönen Fliesenbodens beraubt, aber sonst recht gut erhalten. Sie war dreischiffig; der Mönchschor war in der Vierung untergebracht, und das ebenfalls dreischiffige Presbyterium beherbergte den Hochaltar. Ein Altar für die Laienbrüder stand am Westende des Schiffes; dort hatten sie auch einen eigenen Chor. Entlang der Ostwand des Presbyteriums standen vier weitere Altäre, und an den Ostwänden der doppelschiffigen Transepte je zwei. Diese vielen Altäre waren nötig, um es den Mönchen im Priesterstand zu ermöglichen, täglich die ihnen vorgeschriebene Anzahl von Messen zu lesen. Die Kirche war über siebzig Meter lang, aber wie alle Zisterzienserkirchen äußerst schlicht. Doch die Schönheit der erhaltenen Arkaden und das feine Maßwerk der hohen gotischen Spitzbogenfenster lassen ahnen, wie überwältigend einst der Raumeindruck dieser kathedralengleichen Kirche in einer grünen Wildnis gewesen sein muß.

Vom Südende des Presbyteriums aus führte ein gedeckter Gang zum Hospiz, wo alte, kranke oder gebrechliche Mönche unter leichteren Bedingungen lebten und die nötige Pflege erfuhren. Vor diesem Saalbau befand sich ein Kreuzgang, der im Süden von Mönchszellen und Wirtschaftsgebäuden und im Westen von den Räumen der Novizen sowie einem oblongen Kapitelhaus, dem Versammlungsort der Chorherren, begrenzt wurde. Es öffnete sich auf einen zweiten Kreuzgang, dessen Nordflügel an das Schiff der Kirche stieß. Im Westen lagen die Zellen und Sprechzimmer der Laienbrüder, im Süden die Küche, die sowohl Mönche als Laien versorgte, daneben der Speisesaal der Mönche und der Warmraum. Vom südlichen Querhaus der Kirche aus waren Bibliothek und Sakristei zu erreichen, die wiederum an das Kapitelhaus grenzten.

Neben der Abtei liegt ein modernes, sehr gepflegtes und gut beleuchtetes Museum, das den Besucher in die Geschichte des Bauwerks einzuführen versucht. Die meisten Ausstellungsstücke sind jedoch Repliken, die Originale befinden sich zum größten Teil im Nationalmuseum in Cardiff: Abtsiegel, Rechnungsbücher, Töpferwaren, Fliesen und ähnliches, unter anderem auch eine arg mitgenommene kleine gotische Madonna aus Stein, die mit dem Kloster gemeinsam hat, daß sie noch im Zerfall Adel und Liebreiz besitzt.

3
Geoffreys Stadt: Monmouth

Dein Königreich hat sich gegen sich selbst gerichtet,
das Wüten des Bürgerkrieges und die Wolke des Neides
seinen Sinn verdüstert, sein Stolz hat ihm verboten,
nur einem Herrn zu gehorchen. Daher mußt Du nun zusehen, wie Dein Land verwüstet wird ...

Geoffrey of Monmouth, aus der ›Historia Regum Britanniae‹,
XI. Buch, 9. Kapitel, um 1135

MONMOUTH ist eine sehr schöne Stadt, vielleicht die schönste von Wales in ihrer Mischung von bürgerlicher Behäbigkeit und höfischer Eleganz, Gelassenheit und Sensibilität, in ihrer Gepflegtheit, die keine Gelecktheit ist, mit einer Kraft zu bewahren, die aber zugleich für das Neue aufgeschlossen ist. Die gleiche Tendenz drückt sich auch in ihrer Geschichte aus. Immer wieder wurde sie zum Brennpunkt politischer Spannungen, fixierte sich in ihr, wenn auch oft nur für einen kurzen entscheidenden Moment, das Schicksal der Nation: Nirgendwo spürt man besser die Bedeutung von Offa's Dyke, fühlt man sich dem Erfinder einer ganzen Sagenwelt, Geoffrey of Monmouth, näher, versteht blitzartig Englands Heldenkönig Heinrich v. und seinen Widersacher, Owain Glyndwr, beide von Shakespeare in den Königsdramen gefeiert. Hier hielt Nelson seine feurige Rede über den Widerstand des englischen Volkes im Falle der damals drohenden napoleonischen Invasion, und hier lebte Charles S. Rolls, der Konstrukteur des nobelsten Autos der Welt.

Ein Lager hatten hier bereits die Römer, und schon sie priesen den Fischreichtum der Wye in ihrem nun dunkelroten Sandsteinbett: fette Lachse und Forellen. Wir haben den oft geschlängelten

Lauf der Wye auf unserer Fahrt von Tintern immer wieder links oder rechts neben der Straße verfolgen können, und hier und da zwischen den Bäumen der dicht bewaldeten Ufer Reste von Offa's Dyke, diesem gigantischen frühmittelalterlichen Erdwerk, erspäht. Wer die Reise zu Fuß macht, kann vom Severn-Ufer bis zum Clwyd im Norden dem Verlauf des Deiches auf einem ausgeschilderten Wanderweg folgen.

König Offa, den auch wir aus der Heldensage kennen, herrschte im siebenten Jahrhundert über Mercia, ein mittelenglisches, von Angeln besiedeltes Königreich, das an allen seinen Grenzen bedroht war: im Norden von den schottischen Pikten, im Nordosten von dänischen Wikingern, im Südosten von den in Kent siedelnden Jüten, im Süden von den Sachsen und im Westen von den hier zusammengedrängten Briten, den Kymrern, die von den angelsächsischen Eindringlingen verächtlich ›Welshmen‹, Waliser, genannt wurden, ein Wort, in dem der Begriff ›Rommietlinge‹ mitschwang.

Offa wollte wenigstens an seiner Westgrenze Ruhe haben, und handelte darum mit den walisischen Fürsten eine für beide Parteien annehmbare Linie aus. Es war eine Zeit, in der es keine Landvermesser und keine gedruckten Karten gab; über gemalte Karten verfügten höchstens Klöster und Fürsten, aber nicht die Bauern links und rechts der neuen Grenze. Um deren Verlauf für jeden verständlich zu kennzeichnen, ließ Offa den hohen Wall aufschütten; eine strategische Bedeutung, wie Hadrian's Wall in Nordengland, hat er aller Wahrscheinlichkeit nach nie besessen.

Auch nach der Errichtung des Walles gab es natürlich noch Raubzüge herüber und hinüber, aber dabei wußten die handelnden Parteien dann ganz genau, daß eine Grenzverletzung vorlag, was die Rechtslage sehr vereinfachte. Daß er im allgemeinen jedoch respektiert wurde, geht schon daraus hervor, daß er bis heute auf weite Strecken Grenzwall ist.

Wie Chepstow den Zusammenfluß von Severn und Wye bewacht, so Monmouth den von Wye und Monnow. Monmouth heißt ja nichts weiter als Mündung des Monnow. In seiner Lage zwischen den Hochmooren im Westen und den fruchtbaren Tälern im Osten nahm es früh eine wichtige Stellung ein: Wer Monmouth besaß, konnte letztlich auch die Severn-Mündung kontrollieren. Doch erst nach der Ankunft der Normannen begann der Ort wirklich aufzublühen. Zwischen 1067 und 1068 baute hier William

FitzOsbern, Graf von Hereford, den wir schon aus Chepstow kennen, eine Burg, die nach dem mißlungenen Aufstand seines Sohnes Roger an einen Waliser namens Withenoc fiel. Dieser errichtete die Burgkapelle und stiftete eine Benediktiner-Priorei, die früher zu Füßen der Burg am Ufer des Flusses lag.

Nach dem Tode des einzigen walisischen Fürsten, der je über das ganze Land geherrscht hat, Llywelyn ap Gruffydd oder Llywelyn des Letzten, begann sein Gegner Eduard I., die walisischen Marklordschaften neu zu ordnen. Er löste das einstige Fürstentum Gwent aus der Markherrschaft Striguil heraus und machte es zu einer englischen Grafschaft namens Monmouthshire, was es dann bis zur großen Gebietsreform von 1974 bleiben sollte; in jenem Jahr kehrte es unter seinem alten Namen Gwent an Wales zurück.

Monmouth war fast siebenhundert Jahre lang Grafschaftsstadt, das heißt, gesellschaftlicher, kultureller und Verwaltungs-Mittelpunkt des ganzen Umlandes, und das hat seinen Charakter entscheidend geprägt: den Charakter einer Stadt am Schnittpunkt zweier Kulturen, der englischen und der walisischen. 1256 erhielt Monmouth Marktrecht und andere Privilegien, und 1399, unter der Regierung Heinrichs IV. von Lancaster, fiel sie durch Erbschaft an die Krone. 1447 erhielt sie eine Charter und einen Bürgermeister, und damit städtische Selbstverwaltung. 1549 wurde sie zu einem königlichen Borough erhoben, konnte jetzt also einen eigenen Abgeordneten in das Parlament entsenden.

Monmouth liegt fast wie eine Insel eingeschlossen vom Lauf der Wye im Osten und einer großen Schleife des Monnow, die es im Westen und Süden umschlingt. Wenn wir die Stadtgrenze erreichen, biegen wir gleich am Ufer des Monnow in die Cinderhill Street ein, um unseren Einzug in die Stadt über die alte Monnow Bridge aus dem Jahre 1270 halten zu können, einem Juwel mit dem einzigen befestigten Brückentor in England und Wales. Das Tor erhebt sich in der Mitte der steinernen Bogenkonstruktion; es besteht aus zwei Türmen über halbrundem Grundriß, die in der Mitte durch einen befestigten Bogen zusammengehalten werden; über dem Ganzen wölbt sich ein kurios geformtes Zeltdach.

Am Südufer des Monnow steht vor der Brücke die St Thomas-Kirche. Sie wurde dem heiligen Thomas a Becket bald nach seiner Ermordung im Jahr 1170 geweiht. Eine Renovierung von 1833 bescherte dem Bau eine pseudonormannische Westfront und eine

Galerie und störte die klaren Proportionen des alten Schiffes empfindlich. Aber das Nordportal, der riesige Chorbogen und der Taufstein beeindrucken mit ihren ruhevollen Linien.

Wir folgen jetzt der Monnow Street am anderen Ufer des Flusses. Sie wird vom Burgberg überragt. Geprägt ist sie durch stille, breite Häuser aus dem achtzehnten Jahrhundert, zwischen denen noch ein paar Zeugen aus dem Mittelalter stehen, wie die Robin Hood Inn mit ihrem Tor aus dem 15. Jahrhundert, Chippenham House, Cornwall House, in dem die Statthalter der Herzöge von Bedfort residierten, und der vornehme georgianische Bau der heutigen Lloyds Bank, in dessen Gartenlaube sich einst Nelson bei seinem Besuch in der Stadt erholte. Bis zu Lloyds ist die Straße sehr breit, weil in ihr seit altersher Markt gehalten wurde; danach wird sie schmäler, weil sie sich dem leider abgerissenen St Stephen's-Tor anpassen mußte. Hier wechselt sie den Namen und heißt jetzt nach dem größten Sieg Heinrichs V. Agincourt Street. Linker Hand erhebt sich die Burgruine. Sie bildete ein Glied in der Verteidigungskette zwischen Chepstow und Hay-on-Wye. Erhalten haben sich von ihr nur einige Teile ihres großen Turms aus der Mitte des 12. Jahrhunderts; seine oberen Geschosse wurden um 1340 errichtet und in der Mitte des 14. Jahrhunderts durch Herzog John of Lancaster, Shakespeares John of Gaunt, renoviert und verschönert. Am 16. September 1387 wurde hier Johns ältester Enkel geboren, Harry of Monmouth, der spätere Heinrich V. Heinrich war noch ein Kind, als sein Vater, Heinrich Bolingbroke, Graf von Hereford, vom König in die Verbannung geschickt wurde. Der kleine Heinrich gehörte damals zur Pagerie des Königs, des eleganten und hochgebildeten Richards II., und dort blieb er auch: eine verwöhnte Geisel, aber eben doch eine Geisel. Vierzehn Jahre war er erst alt, als sein Vater ungerufen aus der Verbannung heimkehrte und das vom König konfiszierte Erbe des verstorbenen Gaunt verlangte. Richard II. hatte sich mit seiner Verschwendungssucht, seinem Hang zur Selbstüberhöhung und seiner Unfähigkeit, das Königreich zu regieren, in den vorausgegangenen Jahren so allgemein verhaßt gemacht, daß er zur Abdankung gezwungen werden konnte; Harrys Vater bestieg als Heinrich IV. den freigewordenen Thron.

Er übernahm von seinem Vorgänger leere Kassen und Unruhen in allen Provinzen und an allen Grenzen. Heinrich IV. sah sich außerstande, die Gier all jener zu befriedigen, die ihm zur Krone verholfen hatten, deren Last er allzubald zu spüren begann. Schnell waren aus alten Freunden Feinde geworden, und wirklich verläßliche Verbündete fand der neue Herr von England nur in seinen Stiefbrüdern und seinen jungen Söhnen, die er mit dem Oberbefehl über die gefährdeten Grenzen betraute: Der zwölfjährige Thomas ging als sein Stellvertreter nach Irland, der kleine John erhielt den Oberbefehl an der schottischen Grenze, und der fünfzehnjährige Heinrich wurde gleich nach den Krönungsfeierlichkeiten zum Fürsten von Wales erhoben und beauftragt, die Westgrenze zu befrieden. Zwar wurden den Kindern erprobte Lehrer und Kommandanten zur Seite gestellt, aber sie hatten die volle Verantwortung für die ihnen übertragenen Aufgaben zu übernehmen, was sie trotz ständigen Geldmangels erstaunlich gut bewerkstelligten.

Heinrich von Monmouth war der geborene Soldat; anspruchslos, unermüdlich, von zäher Gesundheit. Durch seine Rücksichtslosigkeit gegen sich selbst und seinen jungenhaften Charme gewann er die Herzen seiner Soldaten und nach und nach auch die seiner rebellierenden walisischen Untertanen. Er war der einzige englische Fürst von Wales, der je fließend Walisisch sprach. Das half ihm bei seiner fast unlösbaren Aufgabe, die Truppe nahezu ohne Sold bei Laune zu halten und zugleich die Rebellen Owain Glyndwr und dessen Schwiegersohn Mortimer zu bekämpfen. Ziel dieser war es, mit Hilfe anderer habgieriger englischer Fürsten den Neffen Mortimers, der einen besseren Erbanspruch auf den Thron besaß als Heinrichs Vater, zum König zu machen und das Land dann unter sich zu teilen. Der Kampf dauerte über ein Jahrzehnt, wurde aber zugunsten der Krone entschieden. Der junge Heinrich schonte seine geschlagenen Feinde und machte so aus ihnen treue Freunde: Es waren die walisischen Langbogenschützen, die in der Schlacht von Agincourt im Herbst 1415 durch ihre Meisterschaft im Umgang mit dieser in Frankreich noch kaum bekannten Waffe den Sieg für England entschieden. Shakespeare hat den vertrauten Umgang Heinrichs V. mit den Walisern in seinem gleichnamigen Drama in einer sehr witzigen und zugleich rührenden Szene beschrieben.

Im Bürgerkrieg wurde das befestigte Monmouth bis zum August 1646 durch Edward Somerset, 2. Marquis von Worcester, für den König gehalten; dann mußte es sich ergeben. Henry Somerset, 3. Marquis von Worcester (1626-1700), wurde 1682 für die Dienste, die er und sein Vater den Stuarts geleistet hatten, zum Herzog von

11 WILLIAM TURNER (1775-1851)
Die Abtei Llanthony

Bleistift und Aquarell, 1794
British Museum, London

Beaufort ernannt. Er baute 1673 auf dem Burgberg ein schönes Landhaus für seine Schwiegertochter, *»damit sie mit ihrem ersten Kinde nahe der Erde und der Luft niederkomme, wo unser großer Held Heinrich* V. *geboren wurde«!* Dieses Haus steht noch, ein nobler Bau mit hohen breiten Fenstern und risalitartig vorspringenden Seitenflügeln unter hohen, gaubengeschmückten Zeltdächern. Portal und Mittelfenster zeigen Pilaster und Vasenschmuck. Die Betonung der einzelnen Geschosse mittels kräftiger durchgehender Friese entspricht der von Inigo Jones in England verbreiteten Formensprache des Palladianismus. Im Innern bestechen reich ornamentierte Stuckdecken, barocke Kamine und geschnitzte Täfelungen. Das Haus gehört dem Denkmalsschutzamt, wird aber von den ›MR Engineers‹ benutzt und ist daher leider meistens nur an Sommernachmittagen zu besichtigen.

Rechts von Agincourt Street liegt der alte Marktplatz, Agincourt Square. Früher stand dort eines der Außenwerke der Burg. Die Grafschaftshalle von 1724 ersetzte die alte elisabethanische Markthalle. Es ist ein Bau im Stil des Neupalladianismus; seine Fassade zeigt im Erdgeschoß Arkaden und im Hauptgeschoß paarig angeordnete Rundbogenfenster; sie wird von sechs ionischen Pilastern in Monumentalordnung gegliedert, deren beide mittlere einen flachen Dreiecksgiebel tragen. Die Statue über dem Eingang stellt Heinrich V. dar. In der Halle fanden bis 1939 die Schwurgerichtssitzungen der Grafschaft statt. Einige der hübschesten Häuser von Monmouth wurden für Richter und Anwälte gebaut. – Das Bronzedenkmal vor der Grafschaftshalle zeigt die Statue des Auto-, Ballon- und Flugzeugpioniers Charles Stewart Rolls (1877-1910), der in Monmouth geboren wurde. Links der Shire Hall liegt ein Gasthof aus der Postkutschenzeit, ›Beaufort Arms‹ oder Wappen der Beauforts, in dem 1802 Lord Nelson abgestiegen ist. Zur Rechten steht eine noch ältere Inn mit einer schönen Stuckdecke, ›King's Head‹; sie wurde im neunzehnten Jahrhundert erweitert. Ein anderer historischer Gasthof ist der ›White Swan‹, der zur Zeit Nelsons das Haus des Buchhändlers Heath war; man findet ihn in der Priory Street, die links vom Agincourt Square abzweigt. Ihr gegenüber erhebt sich der moderne, leicht klassizistische Kalksteinbau des Nelson-Museums, von dessen Obergeschoß aus man einen schönen Blick auf die rötlichen Fluten des Monnow hat.

Als Lord Nelson 1802 nach Monmouth kam, war er ein vom Volk gefeierter Seeheld, aber ein Admiral ohne Kommando, ein

Lord ohne Geld und Besitz. Der Sieger von Kopenhagen und vom Nil hatte des rechte Auge und den rechten Arm verloren, er hinkte leicht, Stirn, Bauch und Rücken waren von entsetzlichen Narben zerrissen: ein Mann mit schmalem Kopf und dem zarten Körper eines Knaben, vierundvierzig Jahre alt, das entstellte Gesicht von wirren weißen Locken umrahmt. Er reiste in Begleitung des vormaligen Botschafters Lord William Hamilton und dessen schöner Frau, die Nelson ein Jahr zuvor eine Tochter geschenkt hatte, seines Bruders und seiner Schwägerin. Man hatte die Reise unternommen, weil Hamilton seine walisischen Besitzungen inspizieren wollte, und wurde von den Vorbereitungen der Stadt, ihren Ehrenbürger Nelson zu feiern, überrascht; erst bei der Rückreise konnte die Stadt dem Admiral zeigen, was zu seiner und seiner Mitstreiter Ehre errichtet worden war: der Naval Temple, der Tempel der Flotte. Mit mehreren Kutschen ging es zum Kymin Hill, wo der kleine klassizistische Bau sich erhebt, und hier, vor den Ehrentafeln von sechzehn Admirälen und einem Panorama seiner Nilschlacht, fühlte sich Nelson ehrlich ergriffen: *»Dieser Tempel«*, sagte er, *»ist das einzige Monument dieser Art im ganzen Königreich, das nur für die Flotte bestimmt ist. Seit langem sammelt die Nation zwar Geld für ein eindrucksvolles Denkmal, aber ohne es zu verwirklichen. Doch dies in Kymin genügt, und die Admiräle, derer Dienste hier gedacht wurde, sind der Stadt zu Dank verpflichtet.«* Der Tempel, in dem Nelson jene flammende Rede hielt, mit der er für den Fall einer französischen Invasion zum Widerstand der ganzen Bevölkerung aufrief, steht noch und gehört heute dem National Trust. – Am Nachmittag fuhr die ganze Gesellschaft Nelsons weiter nach Ross. Es war drei Jahre vor Trafalgar …

Man könnte Nelsons Besuch vielleicht vergessen, wäre da nicht das Vermächtnis von Lady Llangattock, der Mutter von C.S. Rolls. Vor der Stadt liegt der Hof Hendre, ein überrankter verwinkelter Bau im elisabethanischen Stil mit Giebeln und Fenstererkern, Dachreitern, ganzen Galerien von Schornsteinen, mit gestutzten Eibenhecken und bunten Rosenbüschen. Das ist der Sitz der Familie Rolls. John Allen Rolls war von 1880-1885 Parlamentsabgeordneter und 1896-1897 Bürgermeister von Monmouth. 1892 wurde er zum Lord Llangattock of Hendre erhoben. Der Lord und seine Gemahlin waren begeisterte Sammler, und Monmouth verdankt Lady Llangattock eine einzigartige Nelson-Kollektion. Der größte Schatz sind die Dokumente: alle Schriftstücke, die sich im Besitz von Lady Nelson und deren Nachkommen befanden, darunter 232 eigenhändige Briefe des Admirals, dann die Briefe und Logbücher, die Lady Hamilton erbte, und die Schriftstücke, die sich bei seinem Rechtsanwalt in Verwahrung befunden hatten. Darüber hinaus sein Säbel aus der Schlacht von Trafalgar, Bilder, Miniaturen, Bücher, Geräte aus Silber, Glas, Porzellan, die an ihn erinnern, Modelle seiner Schiffe und seiner Schlachten, Erinnerungen an seine Kapitäne und seine Gegner. Das Museum zeigt kein Kunterbunt; alle Gegenstände sind so ausgestellt, daß der Beschauer eine lebendige Vorstellung von den Abläufen und Bedingungen der Seeschlachten in der napoleonischen Ära bekommt und die Möglichkeit hat, sich ein Bild von der Persönlichkeit des Mannes zu machen, der ihr unbestrittener Heros war.

Auf Hendre wurde 1877 Charles Stewart Rolls geboren, der Autopionier, der zusammen mit Henry Royce die berühmten Werke gründete und die ersten Rolls-Royce entwickelte. Er ist 1910, bald nach einem Nonstop-Flug über den Ärmelkanal in beide Richtungen, den er als Erster gewagt hatte, tödlich abgestürzt. Sein Grab fand er in der kleinen Kirche von Llangattock.

Priory Street wurde zwischen 1837 und 1839 erbaut, als erste Erweiterung der Stadt seit 1450. Früher stand dort ein Benediktinerkloster aus dem 14. Jahrhundert, von dem sich nur das Haus des Priors erhalten hat; es dient seit 1770 als Schule. Ein der Straße zugekehrtes Fenster wird ›Geoffrey's Window‹ genannt, aber Geoffrey of Monmouth (1100?-1154) starb schon lange ehe der Grundstein für die Priorei gelegt wurde.

Geoffrey ist nicht nur der größte Sohn der Stadt, sondern vielleicht des ganzen Landes. Seine Lebensdaten sind unsicher, von seiner Biographie ist nicht viel mehr bekannt als von der Homers, aber wie der große Grieche hat auch er einem ganzen Kulturkreis für Jahrhunderte Stoff zu großen Dichtungen geschenkt: Seine vor 1135 entstandene ›Historia Regum Britanniae‹ war bis in die Gegenwart immer wieder für Dichter, Maler und Musiker eine schier unerschöpfliche Quelle, während die Wissenschaftler bis heute nicht müde geworden sind, über den Wahrheitsgehalt und den historischen Wert der ›Historia‹ zu streiten. Wer kennt nicht ihre Gestalten: Lear und Gorbuduc, Locrine und Cymbeline, Merlin und Uther Pendragon, vor allem aber König Artus selbst, die Tafelrunde, Guinevere. Man hat viel darüber gerätselt, ob und wieweit sich Geoffrey älterer Quellen bediente. Sicher hat er keltische Überlieferungen benutzt; da die kymrischen Dichtungen jahrhundertelang nur mündlich weitergegeben wurden, schlichen sich Fehler und Mißinterpretationen geradezu zwangsläufig ein. An schriftlichen Quellen kennt man vor der ›Historia‹ nur zwei oder drei, die Artus erwähnen, und sie berichten in trockenen Fakten von einem britischen Heerführer, Arthur oder Arturius genannt, der zur Zeit des Britenfürsten Vortigern die eindringenden Sachsen mehrmals entscheidend schlug und dadurch ihren weiteren Vormarsch für die nächsten Jahrzehnte aufhielt. Alles andere verdanken wir Geoffrey, gleichgültig, ob er sich längst verschollener Quellen bediente oder mündlicher Überlieferung folgte, oder ob er aus künstlerischen, vielleicht auch aus politischen Beweggründen ein großartiges Phantasiegebilde schuf. Durch eine englische Verserzählung aus den Tagen Heinrichs II. und seiner von Troubadouren umgebenen Gemahlin Eleonore von Aquitanien wurde die ›Historia‹ in Windeseile populär, und Eleonores fahrende Sänger trugen sie zurück auf den Kontinent, nach Frankreich und weiter durch ganz Europa. Immer neue Nachdichtungen und Umdeutungen entstanden, während der Kreuzzüge vermischten sich die Sagen um Artus mit Gralslegenden und der Tristanidylle. In knapp zweihundert Jahren entstand ein gewaltiger Mythos, ein riesiger Baum, von dessen Früchten man heute noch zehrt, aber dessen Wurzeln kein Lebender kennt.

Von der Priorei aus können wir über den Friedhof St Mary erreichen, die Pfarrkirche, deren stolzer Turm aus dem 14. Jahrhundert sich fast siebzig Meter hoch über die Stadt erhebt. Eine Kirche stand hier schon seit 1102; ihr Chor wurde von den Benediktinern benutzt, das Schiff von den Bürgern. Im 18. Jahrhundert trat ein klassizistischer Bau an ihre Stelle, der aber wieder abgerissen wurde, um 1882 einer neugotischen Kirche nach Plänen von G. E. Street Platz zu machen. Die Glocken wurden 1766 gegossen.

Wenn wir St Mary verlassen, geraten wir in die White Cross und Church Street. Dort, an der Ecke gegenüber St Mary, steht eine uralte Taverne, ›The Angel‹, im Mittelalter das Brauhaus der Mönche. Wenn wir St Mary Street weiter verfolgen, gelangen wir an die Ufer der Wye; der Weg über die Brücke führt zu dem fast vier Kilometer entfernten Kymin Hill mit dem Naval Temple, von wo aus wir einen letzten Blick auf Burg und Dächer von Monmouth werfen und von seinen Helden, denen mit dem Schwert und denen mit der Feder oder dem Zeichenstift, Abschied nehmen wollen.

4

Das Trilateral: Skenfrith – Grosmont – Llanthony – Capel-y-Ffin Llanthony Monastery – White Castle

Hier sehen die Mönche, wenn sie im Kreuzgang sitzen und ihre Blicke zum Horizont schweifen lassen, während sie sich an der frischen Luft laben, Berggipfel so hoch, daß sie den Himmel zu streifen scheinen, und darauf Herden wilden Rehwilds grasen.

Giraldus Cambrensis, 1146-1222,
›Itinerarium Cambriae‹, 1191

Das ›Trilateral‹ ist ein Burgendreieck, welches Monmouth nach Norden wie ein breiter Schild abschirmt. Es bewachte sowohl den Eingang zum ob seiner Fruchtbarkeit Golden Valley genannten Tal als auch das Vorland der Black Mountains im Westen. Langsam wird das Land der Kymrer zu ›Wild Wales‹: unendlich scheinende Weidematten und Hochmoore voll Heide und Thymian, Ginster und Farn; fast unbegrenzt kann der Blick über die sonst kahlen Hügelketten schweifen; im Westen türmen sich höher und höher die Massive der Black Mountains, im Osten verschwimmen in der Ferne türkisblau die weichen Linien der englischen Mittelgebirge. Jede Wegschleife eröffnet dem Auge neue Panoramen. Hinreißend ist diese Landschaft im Vorfrühling, wenn in den Bergspalten hell der Schnee schimmert und die neugeborenen Lämmer zu Tausenden auf ihren noch ungeschickten Beinchen einen fast burlesken Ton in die sonst so karge Landschaft bringen. Zäune und Trockenmauern können sie keineswegs davon abhalten, sich immer wieder mal auf die Straße zu verirren, wo sie dann erbärmlich blökend nach der Mutter schreien, die oft am Zaun hilflos lockend hin und herläuft. Manchesmal aber wagen die Mutterschafe auch den Sprung über eine Mauer, um ihre vorwitzigen Jungen zu schützen. Für den Autofahrer bedeutet das: nur in gedrosseltem Tempo fahren! Durch die Hecken und entlang der locker geschichteten Natursteinmauern drängen sich erste dichte Büschel wilder Schneeglöckchen, Primeln, Himmelsschlüssel und Narzissen; die Moore leuchten noch fuchsfarben vom Farn des vergangenen Jahres.

Urweltlich wie diese Landschaft wirken die drei Burgruinen, die ihr den Namen gaben; sie liegen abseits der Hauptstraßen, und man braucht schon eine gute Landkarte, am besten ein Meßtischblatt, um sie mühelos zu finden. Vertrauen Sie nicht unbedingt den Straßenschildern: ein Wintersturm dreht diese Holzdinger schon mal in die falsche Richtung, und die Farmer haben ganz andere Sorgen, als sich um die Ortsschilder zu kümmern, vor allem im Winter und Vorfrühling, der Lammzeit.

SKENFRITH liegt am Westufer des Monnow, und die Straße, auf der man es erreicht, war schon seit dem frühen Mittelalter eine Hauptverbindungsader zwischen England und Wales. Die Burg wurde wahrscheinlich durch Hubert de Burgh, Lordoberrichter von England unter Heinrich III., Anfang des dreizehnten Jahrhunderts erbaut. Um 1205 schon wurden alle drei Burgen William de Braose, von dem wir noch hören werden, übertragen; doch hat Burgh wohl noch jahrelang mit Braose um den Besitz gerungen. Er war Gutsherr von Skenfrith, und sicher paßte es ihm überhaupt nicht, daß man ihm in seinem eigenen Dorf auf seiner eigenen Burg einen fremden Ritter vor die Nase gesetzt hatte. 1235 gingen die Burgen des Trilateral in den Besitz der Krone über.

Von Skenfrith' einstiger Herrlichkeit hat sich nicht viel erhalten: Auf den Mauerresten des Bergfrieds, eines hochaufragenden Gesellen, wächst seit langem Gras und Moos, und zu Füßen des letzten der fünf Mauertürme weiden weißlockige Schafe. Der Bergfried stand auf einem Motte, einem künstlichen Burghügel; schon dadurch ist sein Stumpf noch weithin sichtbar; der Bering wurde früher durch fünf kräftige normannische Türme verstärkt, und das hohe Torhaus führte zu einer Zugbrücke und war mit zwei Ecktürmen befestigt. Um die Mauern zog sich ein breiter Graben; außerdem gab es ein Vorwerk.

Als Gutsherr des Dorfes war wahrscheinlich de Burgh für den Bau der frühgotischen Kirche verantwortlich. Sie ist St Bridget geweiht, einer keltischen Heiligen, die von einem Legendenkranz umwoben ist. Möglicherweise ging diesem Bau ein älterer keltischer voraus, wie man aus dem Namen schließen könnte; sicher ist es nicht, denn die Verehrung der Äbtissin von Kildare in Irland nahm in der keltischen Welt von Jahrhundert zu Jahrhundert zu.

Wie dem auch sei, für das Gotteshaus, das wir heute sehen, kann man einen Baubeginn um 1207 ansetzen. Aus dieser Zeit stammt das lichte, einschiffige Langhaus, das stark den alten hohen Sachsen- und Keltenkirchen gleicht, der steinerne Altar, der winzige Chor und die kurzen Querschiffe, die eher sächsischen als gotischen

Querhäusern ähneln ... Tief ist das Satteldach herabgezogen, dick sind die Mauern, in denen die später eingelassenen Perpendicularfenster seltsam fremd wirken. Noch ungewöhnlicher erscheint der zu schwere fünfeckige, untersetzte Turm mit dem flach ansteigenden doppelt angesetzten Ziegeldach, dessen pagodenartig versetzten Geschosse durch ein schmales Fensterband mit winzigen Öffnungen getrennt sind. Der Fremde wird sich verwundert nach dem Sinn einer solchen Konstruktion fragen, der Kenner wird ihn sogleich zu deuten wissen: die Haube von Skenfrith' Kirchturm war – keine Seltenheit in den Marken – ein Taubenschlag!

Die kleinen Kirchen der Marken waren ja nicht nur Stätten der Anbetung, sondern auch Wehrbauten. Dort suchte die Bevölkerung in den häufigen Notzeiten – Krieg, Plünderungen, Überfälle – Schutz: Man floh beim ersten Alarm mit Sack und Pack, Kind und Kegel, Korn und Vieh in die befestigten Kirchtürme. Es kam aber durchaus vor, daß bei einer Belagerung oder einem zu plötzlichen Angriff die Vorräte rar wurden. Dann mußten die Tauben ihre Rolle spielen: als Braten- und Eierlieferanten, und manchesmal auch als fliegende Boten. Tauben und Glocken waren ein Teil des mittelalterlichen SOS-Systems der Grenzbewohner.

Am Altar der Kirche findet sich eine schlichte Piscina aus der Mitte des 13. Jahrhunderts. Eine Piscina ist in christlichen Kirchen das Altarbassin, in dem das Abendmahlsgerät gewaschen wurde; Piscina heißt Fischbecken, und das Symbol Christi war ein Fisch. – Rührend ist die Geschichte des Ostfensters: Es wurde irgendwann im Lauf der Zeit zerstört, aber die Scherben leuchtenden Crown-Glases bewahrten im Kirchhof zerstreut trotz Wind und Wetter ihren Glanz. Ein Pfarrer des Kirchleins begeisterte sich für die im Grase wie Edelsteine auf alten gotischen Gemälden schimmernden Splitter und sammelte sie jahrelang geduldig ein, so wie sie zum Vorschein kamen. Als er endlich genug beisammen hatte, ließ er sie auf eigene Rechnung neu fassen und in das gotische Maßwerk einpassen, um dem Chor sein alten Regenbogenlicht wiederzugeben.

Das Lesepult ist ein Teil der einstigen Altarschranke, die Schaulöcher besaß, durch welche die Gläubigen die heiligen Handlungen am Altar verfolgen konnten. Die St Bridget-Kanzel ist jungen Datums, aber fast alle anderen Schnitzwerke der Kirche stammen aus der ersten Hälfte des 17. Jahrhunderts. Ein Prunkstück ist der Morgan-Sarkophag. John Morgan war der letzte Gouverneur des Trilateral und Haushofmeister der Herzöge von Lancaster, zu deren persönlichem Besitz Skenfrith seit den Zeiten John of Gaunts gehörte; außerdem vertrat Morgan Monmouth im Parlament. Der Sarkophag ist ungewöhnlich reich skulptiert: er zeigt Relieffiguren von Morgan und seiner Frau Ann; an den Seiten knien einmal vier Männer, einmal vier Frauen oder Mädchen, wahrscheinlich die Kinder, alle im üppigen Hofkostüm jener Zeit, das in allen Details dargestellt ist. Den Inschriften nach zu schließen, wurde das Grab in den achtziger Jahren des sechzehnten Jahrhunderts von den Kindern Morgans errichtet.

Eine weitere Kostbarkeit ist das ›Skenfrith Cope‹, ein gestickter Chormantel aus dem 15. Jahrhundert, ausgestellt in einer Glasvitrine im nördlichen Seitenschiff. Er zeigt auf seinem Halbrund die Jungfrau Maria, von drei Engeln getragen und von Fleur-de-lis, Granatäpfeln und Doppeladlern umgeben. Die Geschichte des Stückes ist ungeklärt, aber die unerhört feine Handarbeit – auf Samt applizierte Gold- und Silberstickerei – läßt auf fürstliche Herkunft schließen, was durch die Heraldik bestätigt scheint: Die Fleur-de-lis waren die Wappenblumen der Fürsten von Gwent, die später als drei Federbüsche mißverstanden und so zum Wappen der Fürsten von Wales wurden; das Granatapfelmuster könnte durch John of Gaunts zweite Gemahlin, die kastilische Infantin Constanze, nach Skenfrith gelangt sein.

Im Friedhof der kleinen, altersgebückten Kirche stehen hohe dunkle Eiben, uralte Rosenstöcke und wildwuchernde Trauerweiden.

Von Skenfrith aus folgen wir der Straße erst in westlicher Richtung, biegen dann aber bald nach Norden ab, um auf den Weg nach Grosmont zu gelangen.

GROSMONT bildete die Spitze des Trilateral. Die Burg wurde zwischen 1070 und der Mitte des dreizehnten Jahrhunderts errichtet. Erhalten haben sich die Reste eines gewaltigen Saalbaues mit einem selbst für damalige Verhältnisse riesigen polygonalen Kamin, zwei runde Mauertürme und das Torhaus des inneren Hofes, alle natürlich als Ruinen.

In der Geschichte spielte Grosmont zweimal eine Rolle. Zur Zeit der Erhebung Fürst Llywelyns des Großen gegen Heinrich III. bezog der König hier Quartier; es gelang ihm, von der Burg aus Verbindung zu den Markherren aufzunehmen und deren Unterstützung gegen den Waliser zu gewinnen. Dann jedoch mußte er einem Überraschungsangriff seines Gegners weichen und mit seinem Hof bei Nacht und Nebel gen Westen in das unwirtliche Hochland fliehen. – 1410 wiederholte sich dies Spiel, aber mit vertauschten Rollen: Diesmal hatte sich Owain Glyndwr der Feste bemächtigt und mit einem seiner Getreuen, Rhys Gettin, besetzt, und der Sohn des englischen Königs, der spätere Heinrich V., schlug die Burgbesatzung in die Flucht.

LLANTHONY kann man zu Fuß über einen Wanderweg im Gebirge erreichen; der Autofahrer muß mehrmals die Richtung wechseln und ein Stück dem immer stärker geschlängelten Lauf des Monnow folgen, um dorthin zu gelangen. Llanthony Priory liegt am Saum der Schwarzen Berge, der Black Mountains. Diese Ruine hat nichts von der ragenden, feingliedrigen Anmut Tinterns; schwer lasten die normannischen Westtürme, die Arkaden des Langhauses und die geschlossene, fast schon verschlossen anmutende Vierungswand auf dem von Schafen hell gesprenkelten Rasengrund.

Die Geschichte der Entstehung der Priorei jedoch übertrifft an legendenhaftem Zauber die aller anderen walisischen Klöster – und doch ist sie durchaus nicht unwirklich, sondern dokumentarisch gut belegt. Die Ruine steht im Vale of Ewyas, durch das der Honddu fließt, in der großen Stille der umgebenden Moorhöhen, auf denen Schaf und wildes Pony weiden, wo das Haselhuhn brütet, der Rabe in greisen Bäumen sein kunstloses Nest baut und der Merlin, ein kleiner Falke, über den von Farn und Heide bewachsenen Berggipfeln kreist. Das Tal war einst, wie fast ganz Wales, dicht bewaldet. Zur Zeit Heinrichs I. tobten hier erbitterte Grenzkämpfe zwischen Walisern und Normannen. Dabei geriet einer der mächtigsten Barone des jungen anglonormannischen Reiches, William de Lacy, Lord of Hereford, während eines Rachezuges in dieses Tal. Was hier mit dem stolzen, jähzornigen Mann vor sich ging, weiß man nicht; sicher ist, daß er blieb, sich eine Klause baute und hinfort ›William the anchorite‹, der Einsiedler, nannte. – Der Hof mochte sich mit seinem überraschenden Entschluß so wenig abfinden wie der skeptische Leser. Im Jahre 1103 schickte ihm der König seinen eigenen Kaplan, den hochgelehrten Ernisius, um ihn von seinem Entschluß abzubringen und ihn aus der selbstgewählten Einsamkeit fortzulocken. Aber das Unbegreifliche wiederholte sich: Auch Ernisius konnte sich dem Zauber des Waldtales nicht entziehen, und statt de Lacy zurückzubringen, baute er mit ihm zusammen eine Priorei für rund vierzig Chorherren. Die mildtätige und fromme Gemahlin König Heinrichs, Maud oder Margarete von Schottland, eine Enkelin des Sachsenkönigs Edmund Eisenseite, nahm das Kloster unter ihren Schutz.

Im Jahr 1128 erging an den Bischof von Llandaff der Ruf, die erste Kirche zu weihen. Schon sieben Jahre später standen die meisten der notwendigen Klosterbauten. Und immer noch zog es große Herren nach Llanthony: Es kam Walter de Gloucester, Graf von Hereford und Oberbefehlshaber des normannischen Heeres, um einen Frieden zu suchen, den ihm die Welt nicht geben konnte; Robert de Béthune aus einer großen französischen Familie, der Fürsten und Troubadoure entstammten, wurde Prior, auch er vom Ruf der Wildnis bei einem Besuch bezwungen. Unter ihm wurde am Anfang des dreizehnten Jahrhunderts der Neubau der Kirche begonnen und das zweigeschossige Torhaus, dessen Reste wir noch heute sehen.

Die Mönche lebten weiter in ihrer ›grünen Hölle‹, wie es die Zeitgenossen nannten. Giraldus Cambrensis, selber Kirchenfürst und Topograph des mittelalterlichen Wales, erzählt, daß sich die Chorherren weigerten, die Wälder der Umgebung zu roden, weil sie nichts von ihrer Einsamkeit opfern wollten. Die Zeiten waren nicht leicht, wie elegant das Leben am Hofe der prachtliebenden Angoviner auch sein mochte, und die meisten der in Llanthony versammelten Großen waren des Streites und der Eitelkeit der Welt von Herzen müde. Aber die Welt fand sie in ihrem Märchental. Die Priorei war durch großzügige Schenkungen rasch reich geworden, und ihr Ruf hatte sich im ganzen Grenzland verbreitet. So wurde sie immer häufiger zum Ziel desperater Plünderer, und endlich nistete sich eine ganze Bande walisischer Viehdiebe in ihren Mauern ein und zwang die armen Chorherren zur Flucht nach Gloucester. Zurück blieb lediglich der Prior mit vier Kanonikern. Den endgültigen Verfall brachte dann die Aufhebung der Klöster unter Heinrich VIII.

Jahrhunderte zogen ins Land, ehe sich wieder ein Exzentriker hierher verirrte; kein Ritter diesmal, denn man schrieb das neunzehnte Jahrhundert, sondern ein junger Dichter aus dem Wordsworth-Kreis der Seedichter: Walter Savage Landor (1775-1864). Der Arztsohn war in Oxford als ›verrückter Jakobiner‹ relegiert worden; 1807 entdeckte er das Klostertal; 1808 führte er ein auf eigene Kosten angeworbenes Korps gegen Napoleon in Spanien. Nach seiner Rückkehr erwarb er Llanthony, das ihm nicht mehr aus dem Sinn gegangen war, für zweitausend englische Pfund, damals etwa vierzigtausend Goldmark, eine sehr stattliche Summe. Er logierte sich in der nahen ›Half Moon Inn‹ ein und begann, die Bauten wieder instandzusetzen und die inzwischen kahlgeschlagenen Berge aufzuforsten. Während dieser Zeit schrieb er seine bedeutendsten Werke und 1811 heiratete er Julia Thuillier. Inzwischen begannen aber die Bauern, die sich angewöhnt hatten, auf den lange herrenlosen Hügeln ihre Schafe weiden zu lassen und sich durch die neuentstehenden Forsten beeinträchtigt fühlten, ihm das Leben schwer zu machen. Für sie war der Dichter kein Nachbar, sondern nur ein unerwünschter Eindringling, den sie mit erfindungsreichen Bosheiten schließlich verdrängten. Landor hatte sein ganzes Vermögen in das Unternehmen gesteckt und war praktisch ruiniert. Er ging nach Italien, wo er sich nach der Scheidung von seiner Frau endgültig niederließ. Seine Gedichte wie auch seine streng klassischen Formen folgende Prosa wurden von so unterschiedlichen Größen wie Wordsworth und Dickens gleichermaßen bewundert und gewannen ihm die Freundschaft des Dichters Robert Southey (1774-1843). In Deutschland wurde er vor allem durch seine ›Erfundenen Gespräche‹ bekannt; doch ist sein bedeutendstes Werk vielleicht die Aufforstung dieses Tales gewesen, das dank seines ihm zu Lebzeiten ungelohnten Opfers heute mit mächtigen Kastanien, lichten Buchen und ernsten Föhren prunken kann.

Von Llanthony aus führt uns nun wirklich nur noch ein schmaler Bergpfad weiter nach Nordwesten. Nach knapp vier Kilometern mit immer neuen überraschenden Ausblicken über die dunklen Berghänge und im Sonnenlicht goldgrün aufleuchtenden Täler stoßen wir auf Capel-y-Ffin.

CAPEL-Y-FFIN bedeutet Kapelle am Ende, Grenzkapelle. In dem sehr armen Weiler steht eine kleine Kapelle, die Pfarrer Francis Kilvert (1840-1872) in seinem Tagebuch, das zu einem Volksbuch der Waliser geworden ist, liebevoll beschrieb: *»Die alte Kapelle, kurz, gedrungen, unbeholfen, verschachtelt, mit einem winzigen Glockenturm, erinnert mich an einen Kauz. Der stille Kirchhof wird von feierlichen Eiben überschattet ... ein Bach, von einer steinernen Fußbrücke überwölbt, kreuzt die Straße.«* Diese geweißelte Andachtsstätte der walisischen Nonkonformisten, einer sehr alten

Sekte, ist eigentlich nur eine Hütte mit hohem Satteldach und vorgeschobenem Seitenportal unter schiefem Giebel, in seiner asketischen Einfachheit den frühkeltischen Kirchen nicht unähnlich.

Kilvert hatte schon einen langen Fußmarsch hinter sich, als er auf seiner Wanderung durch Capel-y-Ffin kam, und hier ärgerte er sich über die Mönche und Nonnen, die gemeinsam in der warmen Aprilsonne lachend ihre Wäsche im kühlen Wasser des Baches wuschen. Sie gehörten zur Llanthony Monastery.

LLANTHONY MONASTERY darf nicht mit der Priorei verwechselt werden. Ihre kleine Gemeinschaft wurde 1870 von dem Anglikaner Joseph Leycester Lyne gegründet und nahm sowohl männliche als weibliche Mitglieder auf, die der anglikanischen Benediktinerbewegung angehörten, den prüden Viktorianern natürlich ein Dorn im Auge. Nach dem Tode von Lyne schloß sich die Gemeinschaft den anglikanischen Benediktinern von Caldy an, die sich aber bald darauf wegen eines Zerwürfnisses mit der englischen Hochkirche dem katholischen Bekenntnis zuwandten. Das bedeutete für die Monastery das Ende; ihre großgeplante Kirche wurde nie vollendet. Aber verfallende Klöster scheinen nun einmal auf Künstler einen unwiderstehlichen Reiz auszuüben, und auch für Llanthony fand sich ein Liebhaber: der englische Bildhauer und Gründer einer Künstlergilde Eric Gill. Gill war auf der Suche nach einem neuen Domizil für seine Künstler, als er hörte, daß das Kloster leerstand. Er sprach in seinen Briefen von der Besichtigung als einem »hexenhaft aufregenden Ereignis«: »*Wir erreichten es um Mitternacht in tiefem Schnee, nachdem wir in Abergavenny, fünfzehn Meilen entfernt, mit Not und Mühe ein Auto mieten konnten. Es schien, als ob Gott allein den Weg wissen könne, den wir einschlagen müßten, wenn er überhaupt irgendwohin führen sollte. Meilen und Meilen hatten wir langsam fahrend einen gefährlich engen und sehr rauhen Bergpfad verfolgt, und dann trafen wir an einem dunklen, unbewohnten und wohl kaum bewohnbaren Orte ein.*«

Schon eine Woche später schrieb er voller Begeisterung an die Gemeinschaft: »*Wir ALLE können umziehen!*«

An einem Regentag im August 1924 traf Gill mit seiner eigenen und zwei befreundeten Familien in Llanthony ein. Die anderen Mitglieder der Ditchling Guild hatte er nicht zum Umzug überreden können. Für ihn gab es nur die Wahl London oder die Wildnis. In der Einsamkeit, ja Isoliertheit ihres neuen Domizils – *»Der Arzt kommt einmal die Woche aus Hay-on-Wye herübergeritten, der Postbote einmal am Tag«* – bedeutete jeder Besucher ein Erlebnis. Unter ihnen war ein alter Freund, der Deutsche Harry Graf Kessler, der Gills Erscheinung in seinem Tagebuch festhielt: *»Tolstoihaft aussehend, in einem Kittel und Mantel, die halb bäuerisch, halb mönchisch anmuteten.«* Kessler war von der Einsamkeit des Tales berührt: *»Wir fuhren in ein schönes, aber einsames Tal zwischen Wiesen und Hecken auf einem schmalen Landweg hinauf, der in der Tat in die Wildnis zu führen schien ... Er [Gill] und seine Frau, auch die Kinder (was merkwürdiger ist) fühlen sich, wie sie sagen, in der Einöde in der mönchischen Atmosphäre wohl. Ditchling ist zu kleinbürgerlich gewesen ... Sie haben keinerlei Bedienung, machen alles selbst, kochen ihr Essen am offenen Herdfeuer ... und sie sind dabei vergnügt und wunschlos zufrieden ... Gill meinte, für ihn und seine Freunde sei ... die Kunst jetzt in zweite Linie gerückt. Das Hauptziel sei jetzt [nach dem Ersten Weltkrieg] die Erneuerung des Lebens ...«*

Im Dezember 1924 kam ein alter Freund aus der Ditchling-Zeit, der Waliser David Jones, ein Malerdichter von Rang. Jones blieb und malte während der nächsten Jahre eine Anzahl von Berglandschaften. Später schrieb er über diese Zeit: *»Es war im Vale of Ewyas und auf Caldey Island, daß ich begann, eine Vorstellung von dem, was ich von einem Bild fordern mußte, in mir zu formen und ich glaube, nach 1926 gab es wohl eine erkennbare Richtung in meinem Werk ...«*. Die Landschaft um Capel-y-Ffin gab ihm unter anderem die Anregungen für seine Illustrationen zu den Sagen des Artus-Kreises und zu vielen seiner Gedichte.

Für Gill und seine Künstler, zu denen sich auch der Drucker René Hague gesellte, war das Leben in dem Tal nicht einfach. 1928 mußte er den Versuch abbrechen, nachdem ihn einige Familien verlassen hatten. Doch er kehrte immer wieder an diesen Ort zurück, an dem er sich glücklich gefühlt hatte, und hier schrieb er, während eines längeren Besuchs, bei dem ihn seine Tochter begleitete, den größten Teil seiner Autobiographie, voller glücklicher Erinnerungen: *»Wir badeten alle nackt zusammen in den Gebirgsseen oder unter den Wasserfällen. Und wir hatten himmlische Picknicks bei Nant-y-buch in kleinen, abgeschiedenen, sonnigen Paradiesen, oder kletterten auf die grünen Berge und rochen den Duft einer Welt, unberührt von Menschen und Geschäften.«*

Gill hatte sofort erkannt, daß es seiner Gemeinschaft nie gelingen würde, die Kirche zu vollenden, aber er baute in dem einstigen Kreuzgang eine der Gottesmutter und Dewi Sant, dem walisischen Nationalheiligen David, geweihte Kapelle, die er mit eigenen Arbeiten, vor allem Schrifttafeln, und über dem schlichten Altar mit einem Altargemälde von David Jones ausstattete. Der bewohnbare Teil des Klosters ist heute Jugendherberge, aber die Ruinen und die Gill-Kapelle können besichtigt werden.

Um wieder auf eine Straße zu kommen, die uns weiterbringt, müssen wir jetzt leider bis Llanfihangel zurückfahren; dann halten wir uns bis Abergavenny südlich, zu unserer Linken die großartige Kulisse des über 500 Meter hohen Skirrid-fawr, und biegen dann nach Osten ab. Skirrid oder Ysgyryd bedeutet rauh, fawr heißt groß. Wenn wir den Rücken des ›großen Rauhen‹ überwunden haben, zweigen rechts der Straße mehrere Landwege ab; der dritte bringt uns nach White Castle.

WHITE CASTLE, die dritte der Burgen des Trilateral, wird urkundlich erstmals unter Heinrich II. Plantagenet erwähnt, unter dem Namen Llantilio Castle. Es ist eine der besterhaltenen östlichen Grenzburgen; die Gruppe ihrer massigen Rundtürme bildet auch heute noch einen dramatischen Anblick. Bei schönem Wetter spiegelt sie sich im Wasser des Burggrabens. Die Anlage ging aus einem viereckigen Bergfried mit Wall und Graben und einem sichelförmigen Vorwerk hervor. Der Bergfried war trotz einer inzwischen gezogenen Steinmauer schon Anfang des 13. Jahrhunderts zerstört worden und mußte durch dicke Mauertürme ersetzt werden. Der Bering verlief anfangs eiförmig, bis am spitzen Ende zwischen zwei Türmen ein neues Torhaus entstand. Ein zweites Vorwerk zur anderen Seite des Grabens schloß die Befestigungen ab.

1235 kam das ganze Trilateral, wie schon erwähnt, an die Krone; damals wurde die Burg geweißelt und hieß bald überall nur noch White Castle. Als die Engländer 1282 das weiter westlich gelegene Abergavenny Castle von den Walisern eroberten, verlor White Castle seine strategische Bedeutung und man ließ es nach und nach verfallen. Heute steht die Ruine unter der Obhut der englischen Denkmalsschutzbehörden.

Um nach Llantilio zu gelangen, können wir auf derselben Straße bleiben.

LLANTILIO ist ein Bergweiler mit einer sehr schönen gotischen Kirche, deren Spitzturm weit im Land sichtbar ist. Der Bau wurde, wie die Querschiffe mit ihren hohen, schlanken Lanzettfenstern erkennen lassen, im 13. Jahrhundert im frühenglischen Stil errichtet, aber danach mehrfach umgebaut. Der Chor ist hochgotisch, die Fenster des Langhauses wurden zur Zeit des Perpendicular vergrößert, um das Licht voll durch den schönen Raum strömen zu lassen; damals liebten die Engländer helle, großfenstrige Räume über alles. Aus derselben Zeit stammen auch die kunstvoll skulptierten Schlußsteine des Gewölbes. Die Grabmäler sind fast alle aus der Zeit der Stuartkönige, und unter der letzten Herrscherin aus diesem Geschlecht, Queen Anne, erhielt Llantilio sein Geläut von sechs aufeinander abgestimmten Glocken, deren Stimmen weit ins Land dringen. Damals waren Glocken nicht mehr in erster Linie Notsignal und Alarmruf, sondern ihr Klang regelte das tägliche Leben der Bergbauern, eine weithin vernehmbare Uhr, die die Mahlzeiten anzeigte, Feierabend ausrief und Feiertag, Gottesdienst und Vespergebet.

5

Zwischen Usk und Hondda: Raglan – Usk – Abergavenny – Crickhowell – Tretower

Wo sind die Türme, die Stadt wo?
Die vielen Höfe, die Harfner ...
Der Braten, der Koch, der ihn auftischt?
Wohin Wein und die Vögel wo? . . .
Der Weinkeller? Die Küche im Keller,
Die großen sanftmütigen Bracken, die edlen?
Die Flotte der Schwäne, die Hengste, wohin?
Und die Schränke, mit Roben gefüllt bis zum Rand ...

Siôn Cent, um 1400-1430,
aus ›Die Eitelkeit der Welt‹

RAGLAN, ein winziges Städtchen, erreichen wir über Bergwege, wenn wir uns südlich halten. Es wird völlig überragt, ja überschattet von seiner Burgruine. Auch dem ungeübten Auge werden sogleich die Unterschiede zu den wie urweltlich in ihrer Bergeinsamkeit mit der Natur verwachsenen Resten des Trilateral mit diesen noch im Verfall pompösen und gebieterischen Steinmassen auffallen. Das liegt daran, daß Raglan eine sehr späte Gründung ist und erst zwischen dem späten 14. und frühen 15. Jahrhundert Gestalt annahm, aber auch daran, daß Raglan von allem Anfang an nicht nur als Feste, sondern als Wohnburg geplant war. So kann man in ihren leeren Mauern heute noch dem ganzen Kosmos mittelalterlichen Burglebens nachspüren: Hinter der Ringmauer lagen nicht nur die Staatsgemächer und die Kapelle, sondern auch Kemenaten, Wirtschafts- und Verwaltungsbauten, Küchenturm, Molkerei und Vorratsräume sowie ein sanitären Zwecken dienender Turm. Im Fountain Court sprudelte eine hohe Fontäne Wasser in ein breites weißes Marmorbecken; sie wurde das ›Weiße Pferd‹ genannt, vielleicht, weil ihr gischtender Strahl im Licht an die flatternde Mähne eines Schimmels denken ließ. Über das Kopfsteinpflaster des ›Pitched Stone Court‹ klapperten die Hufe der Zelter, sprangen die Bracken und Hofhunde bei Ausritt und Heimkehr. Ein nobles Torhaus mit achteckigen zinnengezierten Türmen gab den Weg in die Burganlage frei. Der schönste Raum war der Saal, die ›Hall‹, mit einem Riesenkamin und ›Mullions‹ genannten steinernen Fensterkreuzen. Es ist leicht, sich vorzustellen, wie schön dieser Raum gewesen sein muß, als noch durch farbige Scheiben gefiltertes Licht wie roter und gelber Wein über den blanken Fliesenboden floß und sich mit dem Flackern des Holzfeuers mischte, als sich die eichene Stichbalkendecke, aufsteigend aus feingemeißelten, zum Teil erhaltenen Tragsteinen, über allem wölbte. Hier fanden sich Burgleute und Gäste zu Festmählern und Trinkgelagen, zu Reigen und Mummenschanz zusammen, von Gauklern, Bärenführern, Harfnern und Troubadouren unterhalten oder ernste Beratung pflegend.

Über sechseckigem Grundriß erhob sich damals noch ›Melin y Gwent‹, der Gelbe Turm von Gwent. Er steht außerhalb der Ringmauer, nur durch zwei Zugbrücken mit ihr verbunden. Seine Wände waren gut drei Meter dick, und mit fünf Geschossen reckte er sich hoch über Stadt und Land; nach den Schätzungen einiger Forscher dürfte er zu seiner Zeit der höchste Turm von England und Wales gewesen sein. Heute gleicht sein gespaltener, ockerfarbiger Kalksteinstumpf einer vom Blitz getroffenen Eiche.

Die Berichte über die Baugeschichte von Raglan sind nicht eindeutig. Wahrscheinlich gab es hier im 12. Jahrhundert schon eine kleine Hofburg, deren Fundamente man in den um 1430 begonnenen Neubau einbezogen haben mag. Bauherr der neuen Burg war William Herbert, Graf von Pembroke, zur Zeit der Rosenkriege ein glühender Anhänger des Hauses York. Eine Zeitlang hielt er für York den jungen Grafen von Richmond, Henry Tudor, auf Raglan gefangen, ehe diesem mit Hilfe seines Onkels die Flucht nach Frankreich gelang. Graf Pembroke wurde im Auf und Ab der Rosenkriege von Anhängern der Roten Rose, des Hauses Lancaster, hingerichtet, Richmond hingegen bestieg nach seiner Rückkehr 1485 als Heinrich VII. den Thron. Er war der erste englische König aus walisischem Geschlecht.

Im 17. Jahrhundert gehörte Raglan den Grafen von Worcester, der Familie Somerset. Sie ließen die Innenräume mit verschwenderischer Pracht austatten. Der Graf war ein Freund und häufiger Gastgeber König Karls I. Als 1642 der Bürgerkrieg ausbrach, stellte sich Worcester und mit ihm fast ganz Wales sofort auf die Seite des Königs. Nach der verlorenen Schlacht von Naseby bewirtete er den Monarchen auf seiner Flucht noch einmal mit allem höfischen Zeremoniell. Im Jahr 1646 bot er zehn Wochen lang dem dreieinhalbtausend Mann starken Belagerungsheer von Cromwells Waffengefährten Sir Thomas Fairfax Trotz. Raglan war die letzte Feste im Süden, die sich den Puritanern ergab. Cromwell ließ die Befestigungen von Raglan schleifen und den Gelben Turm sprengen. Doch am Ende des Bürgerkrieges wurde der Besitz dem Sohn des zum Marquis erhobenen königstreuen Verteidigers, Edward Somerset, zurückgegeben. Edward war ein begeisterter Erfinder; er arbeitete mit Dampf- und Wasserkraft bei seinen Experimenten und entwickelte eine Maschine, aus der die erste Dampfpumpe hervorging. Seine Versuche, von der eigenen Umgebung wie auch den Bergbauern voller Argwohn betrachtet, führten zu einem ganzen Schwarm wilder Sagen und Gerüchte. Raglan untersteht heute dem englischen Denkmalsschutzamt.

USK am Ufer des Usk ist ein sehr altes Städtchen, eingebettet in grünes Weide- und Gartenland. Die ersten Siedler waren wahrscheinlich Römer; sie nannten den Ort Burrinum. Im 12. Jahrhundert errichteten die de Clares hier eine kleine Burg, die 1233 und noch einmal 1265 von den Walisern erobert wurde. Erst danach wurde die anfänglich nur aus einem Bergfried bestehende Anlage durch dicke Ringmauern und zinnengekrönte Tore sowie einen Rundturm besser befestigt. Während der Rebellion Glyndwrs und zur Zeit der Rosenkriege wurden noch weitere Vorwerke errichtet. Im 17. Jahrhundert waren die Befestigungen noch so gut instand, daß die Burg lange für den König gegen die Puritaner gehalten werden konnte; wie alle Festen, die sich ihm nur widerwillig ergeben hatten, ließ Cromwell sie schleifen. Heute befindet sich die eindrucksvolle Ruine aus dunkelrotem Sandstein, über deren teils wieder bewohnbaren Resten sich grünes Laub rankt, in Privatbesitz.

In der Stadt errichteten Benediktiner während des Mittelalters ein Kloster, dessen Kirche heute als Pfarrkirche dient. Ihr größter Schatz ist eine reich geschnitzte Chorschranke; Nord- und Westportal mit schwingenden Kielbogen und feiner Kriechblumenornamentik zeigen den spätgotischen Stil des Perpendicular. In fast allen Kirchen der näheren Umgebung kann man übrigens besonders schöne Schnitzarbeiten entdecken, so nordwestlich von Usk in Betwys Newydd, was soviel bedeutet wie Neues Bethaus, im Osten in Gwernesney und in Langwm Uchaf; letztere Kirche besitzt die prächtigste Chorschranke der ganzen Grafschaft.

Von Usk aus folgen wir nun der Straße, die uns flußaufwärts durch das Usk-Tal führt. »Wysg oder Usk ist ein brythonisches Wort und bedeutet einfach Wasser«, erklärt George Borrow in ›Wild Wales‹, und zieht dann Parallelen zum irischen Whisky, was ebenfalls nur Wasser heißt. Der Usk mit seinen oft dicht ans Ufer tretenden bebuschten oder weidenbestandenen Hängen, seinen alten, ausgetretenen, buckligen Steinbrücken und seinen Laubwäldern fließt durch eines der lieblichsten Täler des Landes.

Etwas abseits der Straße findet man nach einigen Kilometern TREDUNNOCK: nur eine Handvoll schiefer Häuschen, ein paar behagliche Inns am Fluß, ein alterskrummes Kirchlein. Der Weiler gilt als Anglerparadies; der von Weiden grünüberschatttete Usk in seinem rostroten Sandsteinbett ist immer noch reich an gesunden Lachsen und Forellen. Im Schiff der Kirche steht ein alter römischer Grabstein mit gemeißelter Inschrift. – Um das nächste Ziel zu erreichen, fährt man am besten zurück bis Usk und schlägt dort die Hauptstraße nach Abergavenny ein.

ABERGAVENNY in der Tiefe des Usk-Tales ist rings von hohen Bergen wie von Schildwachen umgeben, so dem Sugar Loaf oder Zuckerhut (um 700 Meter) oder dem uns schon vertrauten Skirrid-fawr. Der Skirrid hieß einst Llan Fihangel, dem heiligen Michael geweiht; diesen Namen tragen viele Dörfer in dieser Gegend. Die Talmulde ist von samtigen, heckenumrahmten Weiden und herrlichem Mischwald mit allen Schattierungen von Grün erfüllt. Bewaldet ist auch der Burgberg, der sich hoch über den Ort erhebt und stolz seine efeuumrankten Ruinen zur Schau stellt: Torhaus, Bering, Wälle und die Grundmauern des Bergfrieds. Weihnachten 1176 waren sie der Schauplatz eines grausigen Ereignisses: William de Braose, einer der mächtigsten unter den normannischen Markherren, hatte die Prinzen von Gwent und ihr Gefolge zum Bankett geladen. Selbstverständlich legten die Gäste, ehe sie sich zu Wein und Met niederließen, wie es die Sitte befahl, Schwerter und Degen, ja selbst die Dolche ab. Als das Gelage seinen Höhepunkt erreichte, die eifrigsten Zecher schon zu Boden gesunken waren, ließ Braose die Türen schließen und seine wehrlosen Zechgenossen von Bewaffneten seines Gefolges bis zum letzten Mann niedermachen: die Blüte des walisischen Gwent. Doch selbst diese ruchlose Tat war nicht das Schlimmste, das man diesem selbst für seine Zeit ungewöhnlich grausamen, skrupellosen und blutdürstigen Mann zur Last legen kann, und wir werden noch Ärgeres von ihm hören. – Im 15. Jahrhundert gelangte die Burg in den Besitz der Nevilles, einer der großen aufsteigenden Familien Englands; die Herren der Burg waren zugleich Barone von Abergavenny.

Am Fluß Gavenny, der hier in den Usk mündet und der Stadt den Namen gab, träumen im Schatten von Ahorn und Kastanie die Reste einer von Hamelin de Balun im frühen Mittelalter gegründeten Benediktinerpriorei. Das Wohnhaus des Priors ist nur noch Ruine, aber eine große Zehentscheuer hat sich erhalten. In diesen großen Scheunen wurde der Zehnt gesammelt, die Kirchensteuer: Die Bauern mußten in Naturalien zehn Prozent aller ihrer Erträge an die Kirche abführen. Diese Steuer war genauso verhaßt, wie jede andere der Welt auch; man darf aber nicht vergessen, daß alles, was wir heute so großartig das ›Netz sozialer Sicherung‹ nennen, damals in den Aufgabenbereich der Kirche fiel: Armen- und Krankenpflege, Erziehung, Schutz in Kriegszeiten und bei Überfällen, Bewahrung des kulturellen Erbes durch schriftliche Aufzeichnung von Texten und Noten, dazu alles das, was wir heute vielleicht als ökologische Experimente bezeichnen würden: die Weiterentwicklung der Feldbestellung, der Vieh- und Fischzucht, der Forstwirtschaft, wie auch vieler Handwerkstechniken. Die Klöster besaßen gute Winzer, Brauer, Küfer, Tischler, Sattler, Gerber,

Färber, Glasmacher, Maurer, Stellmacher, Zimmerleute; Männer, die sich aufs Roden von Urwald so gut verstanden wie auf das Anlegen von Karpfenteichen, Blumengärten, Obstplantagen oder auf das Entwässern von Sümpfen und Mooren. Alle diese Kenntnisse kamen der gesamten Gesellschaft zugute, da die Mönche auf ihren Mustergütern ja immer viele Laien beschäftigten, meist landlose Bauern, die sonst hätten betteln gehen müssen. Diese gaben das Wissen weiter an ihre lernbereiten Nachbarn. Erst als mit Ablauf des Mittelalters sich durch das aufstrebende Bürgertum neue Lebensformen entwickelten, begannen die Klöster, ihrer wichtigsten Aufgaben weitgehend beraubt, zu entarten.

Die Priorei in Abergavenny wurde im 15. Jahrhundert von Owain Glyndwr überfallen und ausgeraubt und 1534 aufgehoben; Heinrich VIII. ließ aus dem Klostervermögen in der Stadt eine Lateinschule errichten; die St Marien geweihte Kirche dient noch heute der Gemeinde. St Mary's kräftiger Wehrturm stammt aus dem 14. Jahrhundert, wie auch das schön geschnitzte Chorgestühl mit vierundzwanzig erhaltenen Sitzen und der Rest eines geschnitzten Jessebaumes in der Lewis-Kapelle im Chorhaus: die Holzfigur eines schlafenden Mannes, der einen aus seinem Leib emporgewachsenen Baum mit den Händen umklammert hält. Die Westfassade der Kirche wurde 1882 erneuert; damals wurde auch die fünfbogige Nordarkade eingezogen.

Ruhm gewann die Kirche vor allem aber als Grablege der großen Familien Hastings und Herbert, Geschlechter, die Feldherren, Fürsten und Poeten hervorgebracht haben. Die meisten ihrer Gräber findet man in der Herbert-Kapelle; nur Christian Herbert, der schon 1307 starb, ruht im Langhaus, wo auch Eva de Braose, die Gemahlin des grausamen Lords, begraben wurde. Die Lewis-Kapelle wurde zu Ehren von Dr. David Lewis errichtet, einem Gelehrten und dem ersten Rektor des 1571 für walisische Studenten gegründeten Jesus College in Oxford.

Abergavennys High Street gibt einen guten Überblick über die englische Stilentwicklung von der frühen Tudorzeit bis in die edwardianische Ära. Die Stadthalle ist ein Backsteinbau mit Kupferdach im neugotischen Stil der auslaufenden viktorianischen Epoche, kein besonders erfreulicher Anblick. Kultureller Mittelpunkt des Ortes war im vorigen Jahrhundert jahrelang die ›Sun Inn‹, wo sich unter Vorsitz von Lord und Lady Llanover die literarische Gesellschaft ›Cymreig yddion y Fenni‹ traf. Sie veranstaltete alljährlich ein berühmt gewordenes Eisteddfod, einen Dichterwettbewerb. Zu ihren Preisträgern gehörte mehrfach Thomas Stephans; sein 1848 ausgezeichnetes ›Ein Essay über walisische Literatur‹ gilt noch heute als Standardwerk. Lady Llanover (1802-1896), die im südlich der Stadt gelegenen Abergavenny House lebte, muß ein Original gewesen sein, ein Blaustrumpf, wie er im Buche steht. Sie sammelte Märchen, Sagen und Legenden von Wales, schrieb und veröffentlichte mehrere Bücher, gründete die ›Welsh Manuscript Society‹ und überall im Lande Teestuben, die die Leute aus den Kneipen fernhalten sollten. ›Teatotaller‹ nannte man Mäßigkeitsapostel, die nicht mit dem Höllenfeuer drohten, sondern mit hübschen warmen Räumen und süßem schwarzen Tee lockten. Zu den bleibenden Werken der Lady gehört eine Reihe zartfarbener Grafiken, eine Bestandsaufnahme der walisischen Trachten des ganzen Landes. Sie zeigen die Waliserin vieler Stände und Orte, in Arbeitstracht oder geschmückt für den Kirchgang oder geputzt für eine besondere Feier. Fast all diesen weiblichen Trachten gemeinsam ist jener seltsame Kopfputz, der schon im Mittelalter bei Fremden Aufsehen erregte: eine Art dunkler, meist schwarzer Zylinder. Bald gerade, bald mit schmalem geschwungenen Rand, bald mit großer Schute oder spitz zulaufend, hie und da auch mit verengter Mitte wie bei den Dandies des Regency, wurde er überall und immer getragen, manchmal ganz niedrig, nur noch durch den Rand beherrscht, manchmal mit breiten Stoffstreifen umwunden, daß er an die Gebände der burgundischen Hoftracht erinnert, immer aber über ein feines, das Haar umschließendes Häubchen gestülpt. Erhalten hat sich bis heute vor allem die hohe, randlose Form, die in den westwalisischen Gebirgsdörfern noch getragen wird, auch außerhalb der Eisteddfods.

Das Museum von Abergavenny wurde auf dem Burggelände in einem Jagdschloß aus dem 18. Jahrhundert eingerichtet und später durch einen Anbau erweitert. Zu seinen Hauptanziehungspunkten gehören eine walisische Küche mit Tellerschrank und offenem Herd, eine Sattlerei, alte Kostüme und Gerätschaften.

In der Nähe von Abergavenny liegen zwei schöne alte Tudorhöfe, LLANFAIR COURT an der Straße nach Usk in einem großen Rosen- und Staudengarten mit Volieren, eingerichtet mit alten italienischen und spanischen Möbeln, sowie LLANFIHANGEL COURT mit einer Einrichtung im Stil der elisabethanischen und der Stuartperiode und einem üppig geschnitzten Eibenholztreppenhaus. Da beide Häuser nur beschränkt Einlaß gewähren, empfiehlt es sich, von Abergavenny aus vor einem Besuch einen Termin abzusprechen.

Die Straße nach Crickhowell oder Crucywel – der Name bedeutet Hügel des Howell – folgt dem Usk und gibt immer wieder den Blick auf die Black Mountains im Nordosten und die Brecon Beacons im Westen frei: blauschwarze Schatten auf den hohen Bergflanken und darunter grün das Flußtal mit dem dunklen Muster seiner Hecken zwischen den helleren Weiden, die von grasenden Schafen weiß gesprenkelt sind.

CRICKHOWELL hat seinen Namen vom Hausberg, dem Crug Hywel; Crug heißt Hügel, aber welcher Held oder Fürst Hywel gemeint ist, weiß man nicht mehr. In Crickhowell spannt sich eine besonders schöne Steinbrücke über den Usk: Dreizehn Bogen reihen sich aneinander, um fast hundertdreißig Meter zu überspannen. Meist ist der aus dem 16. Jahrhundert stammende Bau viel breiter als der darunter hinfließende Fluß, aber bei Hochwasser begreift man, daß die Baumeister sehr wohl wußten, welche Aufgabe sie zu lösen hatten. Und trotzdem konnte eine besonders schwere Flut 1808 die Brücke zum Einsturz bringen. Die grünüberwucherte Burgruine stammt aus dem 13. Jahrhundert; sie wurde 1403 von Owain Glyndwr in Schutt und Asche gelegt.

Crickhowell ist besonders bei Wanderern als Ferienziel beliebt, weil es sich sowohl für Wanderungen in die Black Mountains als auch in die Brecon Beacons eignet. – Nahe dem Ort liegt, etwas abseits der Hauptstraße, Tretower; der Weg, der dorthin führt, biegt von der Straße nach Talgarth ab und ist ausgeschildert.

TRETOWER COURT war Generationen hindurch das Haus der Familie Vaughan. Es ist ein ehrwürdiger mittelalterlicher Herrensitz, der heute leider nicht mehr bewohnt wird, aber recht gut erhalten ist. Er wurde im 15. Jahrhundert errichtet, um einen normannischen, allzuoft überfallenen Bergfried zu ersetzen. Man war kriegsmüde nach der Rebellion Owain Glyndwrs und wollte zwar sicher, aber doch auch etwas bequemer leben als auf der engen alten Burg. So entstand, gruppiert um einen fast quadratischen Innenhof, ein befestigtes Haus: An zwei Seiten läuft um den Hof eine hohe steinerne Mauer mit Wehrgang, die nur durch ein mächtiges steinernes Torhaus betreten werden kann. Gegenüber liegt der Hauptflügel mit einer hohen Halle mit Stichbalkendecke und gotischem Söller; sein schlichtes Hauptportal mit steinernen Simsen und schwerer Eichentür ist schon deutlich von Renaissancevorbildern beeinflußt. An den Hauptflügel schloß sich zur Rechten ein weiterer Wohnflügel an; auch seine Räume zeigen schöne offene Dachstühle. Das Torhaus war mit dem Rest des Hauses auf der Mauerseite durch einen Innengang in der Höhe des Obergeschosses und durch einen hölzernen, überdachten Balkon, eine Art offener Galerie, entlang dem kleineren Wohnflügel verbunden.

Das malerische Nebeneinander von bleiverglasten Fenstern, verblichenem Eichenfachwerk und kaum behauenem ockerfarbigen Kalkstein, von gotischen Formen und Renaissancedetails läßt ein Ensemble von hohem Reiz entstehen.

Das zu dem einstigen Herrenhof gehörige Gut wird noch bewirtschaftet, und von den Fenstern des Mauerganges aus kann man auf die umliegenden Weiden mit ihren friedlich grasenden Lämmern blicken. Seinen Namen erhielt Tretower nach dem Turm, den es ersetzen sollte; das Wort bedeutet: Platz des Turmes. – Zurück auf der Hauptstraße fährt man am besten bis Bwlch und dann auf der gleichen Straße weiter nach Llansanffraid.

LLANSANFFRAID heißt St Bridget's Kirche des Ortes; der Name wird auch oft Llansantffraed geschrieben. In der Dorfkirche findet man die Gräber der beiden bedeutendsten Vaughans: Henry und Thomas, Zwillingsbrüder, geboren am 17. April 1621 im nahen Newton St Bridget – da haben wir den englischen Namen der Heiligen. Henry ist, wenn auch nur um ein weniges, älter und er ist der bedeutendere der Brüder. Er sollte in London die Rechte studieren, wandte sich aber stattdessen der Medizin zu und ließ sich erst in Brecon und später in Scethrog als Landarzt nieder. 1646 heiratete er Catherine Wise, und zur selben Zeit veröffentlichte er seinen ersten Lyrikband: ›Gedichte, mit der Zehnten Satire des Juvenal auf Englisch‹. Am Bürgerkrieg nahmen er und sein Bruder als gute Royalisten auf seiten der Stuarts teil. ›Olor Iscanus‹, Schwan des Usk, erschien 1651; diesen Band gab sein Bruder ohne sein Wissen und gegen seinen Willen heraus, denn Henry, von den Wirren der Zeit erschüttert und gerade von einer lebensbedrohenden Krankheit genesen, wollte von weltlicher Dichtung nichts mehr wissen. ›Schwan des Usk‹ nannten ihn seine Zeitgenossen, was wohl den Bruder dazu brachte, das Buch so zu benennen; Vaughan selbst

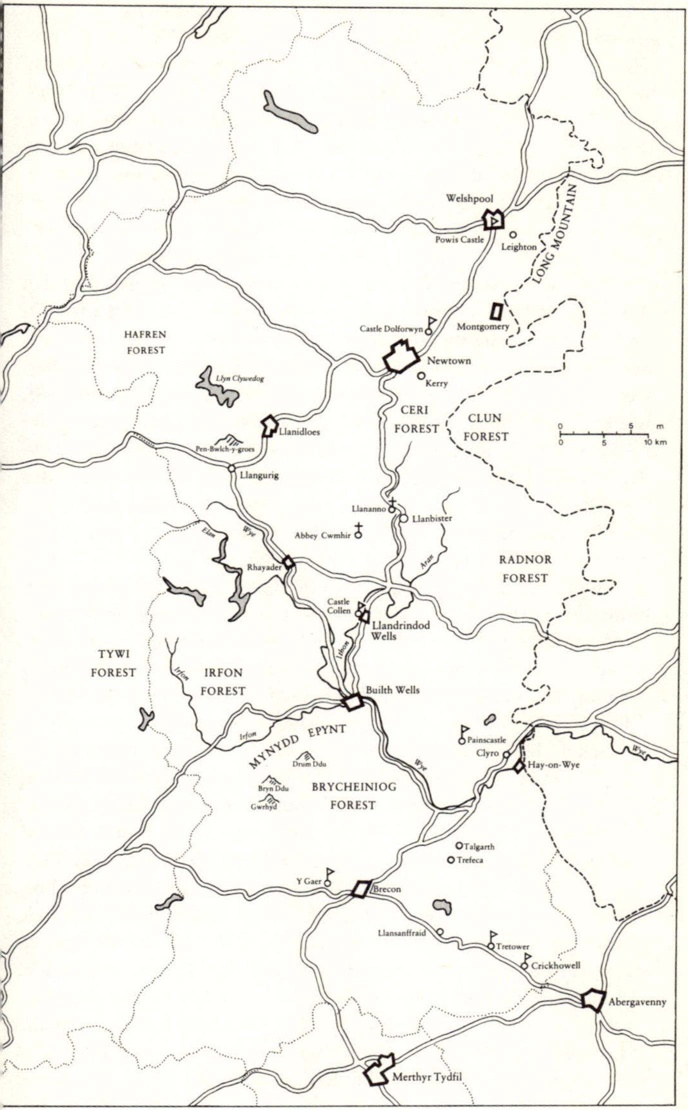
Welshpool
Powis Castle
Leighton
LONG MOUNTAIN
Castle Dolforwyn
Montgomery
HAFREN FOREST
Newtown
Kerry
Llyn Clywedog
CERI FOREST
CLUN FOREST
0 5 m
0 5 10 km
Llanidloes
Pen-Bwlch-y-groes
Llangurig
Llananno
Llanbister
Abbey Cwmhir
Elan
Wye
Rhayader
Aran
RADNOR FOREST
Castle Collen
Llandrindod Wells
Ithon
TYWI FOREST
Irfon
IRFON FOREST
Builth Wells
Irfon
MYNYDD EPYNT
Painscastle
Clyro
Wye
Hay-on-Wye
Drum Ddu
Wye
Bryn Ddu
Gwrhyd
BRYCHEINIOG FOREST
Talgarth
Trefeca
Y Gaer
Brecon
Llansanffraid
Tretower
Crickhowell
Abergavenny
Merthyr Tydfil

bezeichnete sich als ›der Silurer‹, nach dem Keltenstamm, der in grauer Vorzeit hier gesiedelt hatte. In der Folge erschienen aus seiner Feder eine Anzahl von Bänden mit tiefen religiösen Versen im Stil der Hermetiker, der ›Dunklen Schule‹ von John Donne und George Herbert, die Vaughan ebenso beeinflußte wie die mystischen und magischen Studien seines Bruders. 1678 gab er mit diesem einen Band mit beider Gedichten und einer Anzahl kleinerer Übersetzungen heraus unter dem Titel ›Thalia Rediviva. Die Vergnügungen und Zerstreuungen einer Dorfmuse‹. Henry Vaughan starb am 23. April 1695 im 75. Lebensjahr in Scethrog.

An seinen Gedichten entzückt das unverstellt Walisische, das durch keine Übersetzung wiederzugeben ist. Er schrieb zwar englisch, aber er bediente sich dieser Sprache wie ein Ausländer, eben als Waliser. So benützte er anstelle des obligatorischen sächlichen weiter die weiblichen und männlichen Artikel für Gegenstände, wie er es gewohnt war. Oder er setzte ›weiß‹ nicht nur ein, um die Farbe zu bezeichnen, sondern wie im Kymrischen auch als Ausdruck für Glorie, Gnade. Er bediente sich mit Kennerschaft der komplizierten walisischen Reim- und Versformen und poetischen Regeln, schreckte auch vor dem in dieser Sprache gestatteten Halbreim nicht zurück, bei dem sich nicht der letzte Vokal und Konsonant gleichen müssen, sondern nur der letzte Laut überhaupt, man kann also hart auf wert oder lasch auf Fisch reimen. Seine Naturbilder, auch darin ist er ein echter Waliser, sind von großer Anschaulichkeit und Frische und zeugen von liebevoller Beobachtung der Umwelt; in den reifen Gedichten weiten sie sich wie bei Donne oder Herbert zu metaphysischer Sicht.

Verlief Henry Vaughans Leben ziemlich gradlinig, liest sich das von Thomas wie ein barocker Abenteurerroman. Geboren als Edelmann in einem armen walisischen Dorf, zusammen mit seinem Zwillingsbruder beim Dorfpfarrer erzogen, kam er nach Oxford auf das Jesus College, das damals als Brutstätte heillosen Aberglaubens verschrien, aber auch als Ort tiefgründiger Forschung hochberühmt war. Er machte seine Examen als Theologe und lehrte noch einige Jahre am Jesus College, während er gleichzeitig die Pfarre von Llansanffraid, eine Pfründe seiner Familie, innehatte. Die letzten Jahre seiner Amtszeit hat er aber anscheinend tatsächlich in Wales verbracht; jedenfalls setzten ihm die Puritaner 1649 den Stuhl vor die Tür. ›Trunksucht und Unmoral‹ warf man ihm vor, und mochte wohl auch nicht vergessen, daß er den Degen für König Karl I. gezogen hatte. Nach seiner Entlassung ging er zeitweise nach London, wo er seine alchimistischen Studien wieder aufnahm, zeitweise weilte er in Newton St Bridget, wo er den Hof des Bruders verwaltete. 1651 nahm er eine Frau, die er aber bald wieder durch den Tod verlor. Als 1665 der Schwarze Tod in London wütete, floh er mit einem Gönner, Sir Robert Murray, dem Gründer und Präsidenten der Royal Society, nach Oxford, wo er ein Jahr später bei einem seiner Experimente von einer Quecksilbervergiftung hinweggerafft wurde.

Auch Thomas Vaughan hinterließ ein reiches Oeuvre; seine schriftstellerischen Arbeiten sind teils naturwissenschaftlichen, teils magischen Fragen gewidmet. Unter ihnen befindet sich eine vielbeachtete Abhandlung, ›Das Schicksal und Bekenntnis der Bruderschaft der R.C.‹, die 1652 erstmals erschien; nach eigener Versicherung gehörte aber Vaughan dem Bund der Rosenkreuzer selbst nicht an.

6

In den Brecon Beacons: Brecon – Talgarth – Builth Wells – Llandrindod Wells

Ach daß der Streit mich fand, dem ich nicht wehrte!
Doch war es menschlich, daß ich sie begehrte,
Die apfelblütenschöne Nest in Trotz und Bangen,
Sie, meiner Sünde Herz, mein güldenes Verlangen.
Hywel ab Owain Gwynedd (gest. 1170),
aus ›The Poet's Loves‹

BRECON heißt bei den Walisern Aber Honddu, da hier der Honddu in den Usk mündet. Das Wort Brecon ist eine Verballhornung von Brycheiniog, ›von Brychein beherrschtes Land‹. Brychein war einer der Söhne König Cuneddas, der nach der Sage einen Aufstand der Briten gegen die Sachsen im fünften Jahrhundert anführte und bei seinem Tode sein Reich unter seine vierundzwanzig Töchter und zwölf Söhne aufteilte.

Brecon ist eine gemächliche, hübsch gelegene Stadt, eine typische Normannensiedlung mit Burg, Brücke und Priorei, eine Gründung Bernards de Neufmarché, eines Bastards Wilhelms des Eroberers. Die Mönche der Benediktinerabtei kamen aus Battle in Sussex, dem Ort, wo die Schlacht von Hastings geschlagen wurde. Die Burg ist zum Teil Ruine; im ehemaligen Ely-Turm hat der Bischof seine Residenz, die anderen bewohnbaren Teile sind zu einem Luxus-Hotel ausgebaut worden. Die Stadtmauern wurden während des Bürgerkrieges von der Bevölkerung selbst abgetragen, weil sie den Schrecken einer Belagerung entgehen wollte. Von der Priorei steht nur noch die Kirche, die seit 1923 Kathedrale ist.

St John ist ein rötlich-grauer Sandsteinbau in Kreuzform, der sich über der Böschung des Honddu-Ufers erhebt, von Rasen und Bäumen umgeben; im Frühjahr leuchten Tausende von Narzissen im Kirchhof. Auf dem kurzen, aber mächtigen normannischen Vierungsturm dreht sich ein goldener Wetterhahn. Das Langhaus wurde in der Gotik umgebaut; der schöne kleine Chor und das Querhaus stammen aus dem frühen 13. Jahrhundert und zeigen mit ihren klaren Linien und edlen Lanzettfenstern den Stil der englischen Frühgotik; die steinernen Kreuzrippengewölbe und die schweren Pfeiler sprechen noch die Sprache der Romanik in ihrer lastenden Kraft. Der normannische Taufstein ist mit ungefügem Relief geschmückt. Die Seitenkapellen tragen die Namen der Zünfte, von denen sie einst errichtet worden waren; eine ist auch Battle gewidmet, dem Mutterhaus der Benediktiner von Brecon, und eine drolligerweise den ›Männern mit den roten Haaren‹, den normannischen Eroberern. Ungewöhnlich ist der ›Cresset Stove‹, ein Lichterofen, der größte erhaltene des Landes, dessen dreißig hohe Kerzen einst den ganzen Kirchenraum erhellten.

Mit St John ist einer der nobelsten walisischen Namen verbunden: Gerald de Barry, besser bekannt als Giraldus Cambrensis, wurde als sehr junger Mann 1175 Erzdiakonikus von St John. Er war der Sohn eines normannischen Barons und einer walisischen Prinzessin; sein Leben war durch diese Tatsache, die ihn zwischen beide Kulturen stellte, verdunkelt. Sein Kampf um ein walisisches Erzbistum, den er jahrzehntelang führte, wird uns noch ausführlich beschäftigen. Doch Gerald ist mit Brecon nicht nur durch sein Amt verknüpft, sondern auch durch seine Großmutter Nesta, die walisische Helena, die hier geboren wurde.

Nest oder Nesta war die Tochter des südwalisischen Fürsten Rhys ap Tewdwr (Tudor), mit dessen Tod der Widerstand gegen die Normannen in seinem Herrschaftsbereich zusammenbrach.

Als fürstliche Waise kam Nest nach damaligem Recht unter die Hand des Königs, Heinrichs I., der an seinem Mündel etwas zu großes Gefallen fand, denn sie gebar ihm einen Sohn, Robert, der später zum Grafen von Gloucester erhoben wurde und sich als unermüdlicher Streiter für die Rechte seiner Halbschwester Mathilda, der Witwe des deutschen Kaisers Heinrichs V., und als Förderer Geoffreys of Monmouth hervortat. Nest wurde bald nach der Geburt des kleinen Bastardprinzen mit einem der Getreuen des Königs, Graf Gerald von Windsor, vermählt, der die Burg von Pembroke für den König hielt und seine Frau dorthin mitnahm.

In Pembroke hielten Gerald und Nest, die zwei Kinder hatten, gute Nachbarschaft mit den Herren der umliegenden Burgen und den walisischen Fürsten. Weihnachten im Jahre 1106 wurden sie von Cadwgan, Fürsten von Powys und Ceredigion (Cardiganshire) zu einem großen Sängerwettstreit, einem Eisteddfod, geladen; bei dieser Gelegenheit sah Cadwgans Sohn Owain die Prinzessin zum ersten Mal und verliebte sich sofort in sie. Wenige Tage später verschaffte er sich Zutritt zu Geralds Landhaus in Cenarth, steckte es in Brand, entführte die Frau aus den Armen ihres noch schlaftrunkenen, nackten und daher wehrlosen Mannes und floh mit ihr auf sein Bergschloß Plas Eglwseg. Owain liebte mit der Raserei des verzogenen Knaben, der keine Rücksicht und kein Recht kennt, keine Vernunft und kein Hindernis. Die Gefühle Nestas kennen wir nicht, aber ihr Gemahl, ein an sich gutmütiger Zeitgenosse, war starr vor Grimm, und auch den König ergriff Zorn über die Schmach, die man seinem Lehnsmann angetan hatte. Er stellte Cadwgan ein schroffes Ultimatum, und der tat sein Bestes, den Sohn zur Herausgabe der schönen Beute zu bewegen, doch vergeblich. So stand also Wales wieder einmal in Flammen. Das Heer Heinrichs war siegreich, und Cadwgan verlor ganz Powys. Owain gab die Kinder Nestas zurück, wollte sich aber nicht dazu verstehen, die Geraubte selbst wieder herzugeben. Sie floh heim und wanderte zu Fuß nach Pembroke, nachdem ihr Räuber in Irland Zuflucht gesucht hatte. Ihr Mann nahm sie in Ehren wieder auf und setzte sie erneut in alle Rechte als seine Gemahlin ein.

Einige Jahre später kehrte Owain an der Spitze eines irischen Heeres zurück, um gegen die Normannen zu kämpfen. Als er jedoch sah, daß sie sich inzwischen mit den Walisern gegen ihn verbündet hatten, wechselte er die Seite, um nicht gegen seine eigenen Landsleute das Schwert ziehen zu müssen. Während der Schlacht wurde er jedoch von seinem alten Widersacher erkannt und in ritterlichem Zweikampf, der von beiden Seiten mit größter Erbitterung geführt wurde, erschlagen.

Als Gerald einige Jahre später starb, muß Nesta trotz ihrer Abenteuer noch immer begehrenswert gewesen sein, denn die Barden sangen nach wie vor das Lob ihrer Schönheit. Sie wurde die Geliebte des Sheriffs von Pembroke, und später des Kommandeurs von Caernarfon, Stephen, mit dem sie vielleicht auch verheiratet war. Man weiß, daß sie von beiden Männern mehrere Söhne hatte. Das ›Geschlecht der Nesta‹ verbreitete sich über ganz Südwales bis nach Irland und Westengland: All die FitzHenrys und FitzGeralds, die De Barrys und Carwes, schließlich die FitzStephens leiten ihre Abkunft von der Helena von Wales her.

Brecon blieb auch in den Jahrhunderten nach Nesta und Giraldus politischer und geistiger Mittelpunkt der kleinen Grafschaft, so daß sich in der Stadt zunehmend gutbetuchte Handwerker niederließen und Adelige, die sich ein Stadthaus leisten konnten. Im sechzehnten Jahrhundert setzte hier Sir John Price eine berühmte Petition auf, in der er um Gleichbehandlung von Walisern und Engländern vor Gericht nachkam, was ihm Heinrich VIII. auch gewährte. Ein knappes Jahrhundert später lebte John Aubrey, Gutsherr und ›königlicher Antiquar‹, in Brecon. Er hat sich um die Erhaltung und Wiederherstellung der englischen und walisischen Megalithdenkmäler hohe Verdienste erworben, er war einer der ersten, die ihren Wert erkannten. Mit Henry Vaughan, einem entfernten Verwandten, stand er in regem Briefwechsel; die beiden Herren korrespondierten vor allem über Fragen der walisischen Sprache und Bardenlyrik. – Im achtzehnten Jahrhundert erblickten in der ›Shoulder of Mutton-Inn‹, 7 High Street, Charles Kemble und seine Schwester Sarah, die spätere Mrs Siddons, das Licht der Welt; die beiden sollten England durch ihre Schauspielkunst in einen wahren Theatertaumel stürzen. Mrs Siddons, eine von den Malern ihrer Epoche häufig portraitierte Schönheit, war eine der ersten Heroinen, denen es gelang, sich auch in der Gesellschaft einen Platz zu erkämpfen, da sie in einem eher frivolen Jahrhundert einen makellosen Lebenswandel führte.

Um die platzartige High Street mit schönen alten Steinhäusern aus dem 17. bis 19. Jahrhundert, von denen eine Anzahl heute Läden beherbergen, und ihren ein bißchen schäbig gewordenen einstigen Postkutschengasthöfen ziehen sich die paar Straßen zwischen Burg und Fluß mit lässiger Anmut. St Mary, die Pfarrkirche am einen Ende der High Street, ist ein rostfarbener, rosa und grau verwitterter Sandsteinbau, ursprünglich normannisch, aber mehrfach umgebaut. Reizvoll ist das Maßwerk der hohen Fenster im Decorated Style der englischen Hochgotik.

Das Grafschaftsmuseum in Brecknock Street ist ein imposanter Bau, eines der reinsten Beispiele des sogenannten ›Greek Revival‹, also der klassizistischen englischen Baukunst. Der Portikus, zu dem eine Stufenflucht emporführt, besteht aus sechs Säulen und trägt ein schlichtes Tympanon. Die Rückseite hat die Form einer polygonalen Apsis. Der sehr schlichte symmetrische Bau wurde 1842 von Thomas H. Wyatt (1807-1880) ursprünglich als Grafschaftshalle entworfen.

Das Museum ist in vier Abteilungen untergliedert: ›Arbeit in Brecon‹ zeigt Maschinen und landwirtschaftliches Gerät, aber auch eine Küche und eine Wäscherei. ›Menschen in Brecon‹ ist der geschichtlichen Entwicklung von der Römerzeit an gewidmet; ›Natural History‹ zeigt die üblichen heimatkundlichen Sammlungen, und ›Arts, Crafts, and Social Live‹ Möbel, Kostüme, Spielzeug und vor allem eine große Sammlung von ›Love Spoons‹ bis zurück ins siebzehnte Jahrhundert. Jeder Wales-Reisende kennt diese Löffel aus Andenkenläden oder Kunstgewerbegeschäften, allerdings lohnt es sich nur selten, die dort angebotenen Stücke zu kaufen.

Ein Love-Spoon war eine sehr private Sache. Wenn ein Junge ein Mädchen liebte, schnitzte er ihr einen Löffel. Nahm sie diesen Löffel an, so durfte er um sie werben. Die ersten Löffel aus dem frühen siebzehnten Jahrhundert waren noch ganz einfache Gebrauchsgegenstände. Dann begann wohl eine Art Wettstreit unter den jungen Männern einerseits und bei den Mädchen andererseits: jeder wollte den schönsten Löffel schnitzen, und jede ihn haben. Es entstanden nun im Laufe der Jahrhunderte immer kompliziertere Gebilde, sie zeigen durchbrochene Muster, Herzen, Ringe, Schlüssel, Initialen, Daten und anderes mehr, auch geometrische Ornamente, teils mit farbigem Siegelwachs ausgelegt. Wichtig war nur, daß das ganze Gerät aus einem einzigen Holzstück geschnitzt wurde. Besonders komplizierte Löffel haben lange hölzerne Ketten oder ausgehöhlte Stiele, in denen kleine Holzkugeln hin und her fahren; es heißt, der Schnitzer wollte mit der Zahl der Kugeln andeuten, wie viele Kinder er sich nach der Heirat wünsche.

III THOMAS JONES (1743-1803)
Aussicht von Penkerrig
Öl auf Papier, 1772
City Museums and Art Gallery, Birmingham

Bergwanderer, die tiefer in den Nationalpark der Brecon Beacons vordringen wollen, ohne sich den Hals zu brechen, sollten sich zuvor im ›National Park Information Centre‹, 6 Glamorgan Street, beraten lassen; man erhält dort sorgfältig ausgearbeitete Wandervorschläge durch den Park.

Es wird den Fremden immer wieder überraschen, wie klein all die walisischen Städte sind. Brecon, das immerhin Kathedral-, Markt-, ehemalige Grafschaftsstadt und Garnison ist, auch ein ziemlich großes Angebot an Schulen hat, sich also einiger Bedeutung rühmen kann, hat nicht mehr als etwas über sechstausend Einwohner.

Y GAER liegt rund fünf Kilometer westlich von Brecon; es ist das einstige Römerlager Cicutium. Die II. Legion hat es rund 75 nach Christi Geburt errichtet, um ein wichtiges Straßenkreuz zu bewachen; später wurde spanische Reiterei hierhin verlegt. Die Ausgrabungen wurden zwischen 1924 und 1925 von Sir Mortimer Wheeler geleitet; die Fundamente des einstigen Castrums konnten dabei weitgehend freigelegt werden. Die Reste der Tore erheben sich zum Teil noch einige Meter hoch über der Stätte. Die hellen Ruinen liegen in grünes Weideland gebettet abseits der Straße, von Schafen umweidet; es fällt schwer, sich dieses Idyll von Waffenlärm und militärischem Leben erfüllt vorzustellen.

Wir kehren nach Brecon zurück und verlassen dort das Usk-Tal, um uns nach Norden zu wenden. Wer Zeit hat, sollte die etwas südlich der Hauptautostraße liegende Route wählen, sie führt durch das Tal des Afon Llynfi. Beide Wege bringen uns nach Talgarth.

TALGARTH bildet zusammen mit TREFECA das Herzgebiet des walisischen calvinistischen Methodismus; sein Luther, Howel Harris (1714-1773), wurde hier geboren, hat hier gewirkt und ist hier gestorben. Harris war der geistige Führer der Bewegung, aber ihm zur Seite stand ein Dichter, der den Methodismus durch seine walisischen Hymnen und Lieder volkstümlich machte, William Williamson (1717-1791).

Williamson fand zu den Methodisten, nachdem er Howel Harris in der kleinen Hügelkirche von Talgarth predigen gehört hatte. Er veröffentlichte zu Lebzeiten rund neunzig Bände mit geistlicher Lyrik, und seine über achthundert Hymnen sind dem Waliser so vertraut wie einem deutschen Protestanten etwa die Lieder von Luther und Paul Gerhardt. Ihnen ähnelt Williamson auch in seiner stark persönlichen Gottesbindung, in der fast schmerzhaften Intensität, mit der er dieser tiefen Beziehung immer neu, bald von Qualen des Zweifels zerrissen, bald in jubelnder Freude, Ausdruck zu geben wußte. Er hielt sich dabei nicht an die starren traditionellen Formen, sondern schuf sich eigene Regeln. All seinen Liedern ist gemeinsam, daß sie leicht ins Ohr gehen und nach altbekannten Weisen zu singen waren; auch das verbindet ihn mit Luther. Waliser ist er in seinem ungebrochenen Entzücken an der Natur, die er in nie ermüdender Begeisterung schildert, so, wenn er in seiner Idylle von 1756, ›Golwg ar Dayrnas Crist‹, ›Ein Blick auf das Königreich Christi‹, die Hochzeit im Garten Eden darstellt und dabei das Bild eines irdischen Frühlings beschwört:

Am Himmelszelt die Sternenwelt schimmert so licht und klar,
Und süße Wonne träuft herab von droben wunderbar.
Die Erde sagt frohlockend mit Freudenfahnen Dank,
Und alle Saiten rührt Natur zu heitrem Klang und Sang.
Es mischen nun die Blumen und Früchte ihren Duft,
Der steiget auf in leichtem Hauch und schwebet durch die Luft.
Und von den hellen Bäumen treibt ein junger Zephyr leis
Die Blütenblätter tausendfarb durchs Gartenparadeis ...

In anderen Liedern zeigt er sich ganz klar und einfach; viele wurden zu Volksliedern, so sein ›Führ mich, oh du Herr Jehova‹. Williamson trug den Beinamen Pantycelyn nach einem schönen Langhaushof bei Llandovery, den seine Frau mit in die Ehe gebracht haben soll.

Talgarth ist ein sehr walisisches Dorf, müde, grau, verwinkelt, tief in die Landschaft geduckt, und seine kleine Kirche ist genau so grau und verwinkelt wie das Dorf, auf ihrem steilen Hügel von hohen Bäumen umdrängt. Der normannische, in der Gotik stark veränderte Bau besteht aus einem Doppelschiff, einem in die Ecke gekauerten, gedrungenen Turm und einem narthexähnlichen, übergiebelten Südportal. Vier Arkadenbögen trennen die beiden Schiffe, ein breiterer den Doppelchor. Das nördliche Schiff wird von einer hölzernen Tonne überspannt, das Holzgewölbe des Südschiffes ist geschnitzt. In einer Ecke träumt eine alte, blaßblau bemalte Orgel, die dem Raum eine eigene Poesie verleiht und mich unwillkürlich an Else Lasker-Schülers ›Blaues Klavier‹ denken ließ: *»Es steht im Dunkel der Kellertür, seitdem die Welt verrohte.«* In dieser Kirche, in der er so oft die Herzen der Menschen mit seinen Predigten aufgerührt hatte, liegt Harris begraben.

Der walisische Methodismus entwickelte sich gleichzeitig mit dem englischen, jedoch ziemlich unabhängig von ihm. Seine Wurzeln lagen nicht nur im Religiösen, sondern auch in einer Bewegung, die damals ganz Wales zu erfüllen begann: die Wiederbelebung des Kymrischen. Weder kirchliche noch nationale Erneuerung waren jedoch möglich, solange neunzig Prozent der Bevölkerung weder lesen noch schreiben konnte, und so gehörte der Kampf gegen das Analphabetentum zu den ersten Zielen. Dieser Kampf hatte begonnen, als Harris noch ein Kind war. Damals lebte in dem Weiler Llanddowror der Pfarrherr Griffith Jones, ein Mann, der das Wort Gottes tödlich ernst nahm und sich ihm als Diener verpflichtet fühlte. Bei einer Epidemie verlor er die Mehrzahl seiner Gemeindemitglieder: Menschen, die starben, ohne je in der Bibel gelesen zu haben. Jones empfand das als Schuld, und von Gewissensbissen gequält, beschloß er, die Kinder seiner Pfarre ebenso wie die Erwachsenen in der Kunst des Lesens zu unterrichten. Als er damit unerwartet guten Erfolg hatte, plante er Größeres: Er warb junge Männer an, die sich jeweils während der Monate zwischen Ernte und Saat in einem Dorf aufhalten sollten, um dort Groß und Klein Lesen, Schreiben und Rechnen beizubringen, und zwar in den Abend- und Feiertagsstunden, denn zu anderen Zeiten hatten die Dörfler keine Muße. Dieser Plan wurde, im Gegensatz zu allen anderen gleichzeitigen Bemühungen, deshalb so erfolgreich, weil Jones ein Praktiker war und sich ganz bewußt dem Lebensrhythmus der Bauern unterordnete mit seinen Bestrebungen. Und weil er in Walisisch unterrichten ließ!

Schon eine Generation später gab es kaum noch ein Dorf in Wales, in dem nicht jeder wenigstens lesen und schreiben konnte. Damit war die Grundvoraussetzung für einen Sieg des Methodismus geschaffen, der ja auf der Mitarbeit aller Gemeindemitglieder aufbaut.

Einer der Hilfs- und Wanderlehrer, die Jones anwarb, war Harris. Damals wurde Jones durch die Amtskriche bereits befehdet, und Harris konnte als sein Anhänger trotz eines abgeschlossenen Theologiestudiums nicht ordiniert werden. Das störte den fest im Glauben ruhenden Mann nicht im geringsten. Er hatte von den Wanderpredigten Wesleys, des englischen Methodistenführers, gehört, und begann nun selbst, kreuz und quer durch Wales zu reisen und dort, wo man ihm die Kirchentüren versperrte, unter offenem Himmel das Evangelium zu verkünden. Er war ein enthusiastischer, wortgewaltiger Prediger, und es war ihm ein Leichtes, immer größere Menschenmassen anzuziehen. Die Bauern kamen meilenweit, nur um ihm zuzuhören, ihre Sonntagsschuhe in der Hand, um sie erst in der Kirche anzuziehen. Er kannte seine Farmer und Hirten, Viehtreiber und Bergarbeiter und wußte, wie man sich in ihre Herzen hineinreden konnte, und sie hingen ergeben an den Lippen des Mannes mit den strengen Zügen und den großen lodernden Augen, von dessen Wort eine solche Kraft, ein solcher Trost ausgingen. Im Gegensatz zu Wesley nahm er den calvinistischen Glaubenssatz der Vorherbestimmung in seine Lehre auf, und Wesley war klug genug, ihm bei der Evangelisation der Waliser freie Hand zu lassen. Aber gerade sein ungeheurer Erfolg wurde der Bewegung zur Gefahr. Die Methodisten waren vielen suspekt: Die weltliche Macht fürchtete, daß von ihren großen öffentlichen Versammlungen Aufruhr ausgehen könne, und die kirchliche sah Steuern und Autorität bedroht; die Bürger und das Landvolk zitterten noch immer vor einer Wiederkehr puritanischer Herrschaft und Willkür. So wurde der Methodismus zwangsläufig zu einer Religion der Armen, der Ausgestoßenen, der Randgruppen, die sich in der anglikanischen Hochkirche immer nur wie unerwünschte Gäste gefühlt und die feiertägliche Langeweile im Wirtshaus zu ertränken versucht hatten. Auch der Kampf gegen die Trunksucht gehörte zu den Zielen der Methodisten, und sie fanden Gehör bei ihren Gläubigen, weil sie mit den Menschen in ihrer eigenen Sprache redeten und Lieder sangen, die diese verstehen und mitsingen konnten. Sie kümmerten sich noch über die Predigt hinaus um sie, und auch das band die Armen an die Bewegung, gab ihnen ihre Würde und ihren Stolz zurück. Unterstützung kam aber auch aus dem aufgeklärten Adel. So pachtete Gräfin Selina von Huntingdon für Harris den Tredustan Court bei Trefeca und stellte ihm Mittel zur Verfügung, um den Hof in ein theologisches College umzubauen; dieses existierte noch bis 1964.

Nach Trefeca zog sich Harris zurück, als ihm immer größere Schwierigkeiten bei seinen Predigtwanderungen in den Weg gelegt wurden. Hier gründete er eine kleine methodistische Mustergemeinde. Die Familien lebten in fast klösterlicher Abgeschlossenheit in dem kleinen Bergdorf als Bauern und Handwerker. Über sechzig verschiedene Handwerke und bäuerliche Künste übten sie regelmäßig aus; selbst eine eigene Druckerpresse wurde eingerichtet. Der ersten Gemeinde folgten überall in Wales weitere; sie unterstanden jeweils einer frei gewählten geistlichen Führung, ähnlich wie die Presbyterianer, und einem Laien, dem Cynghorwr. In dem kleinen Museum bei der Gedächtniskapelle für Harris kann man sich ein recht gutes Bild vom Leben in dieser Gemeinschaft machen.

HAY-ON-WYE ist ein sehr hübscher kleiner Ort mit winkligen steilen und engen Gassen voller schwarzweißer Fachwerkhäuser und den grünüberwachsenen Resten einer Rotsandsteinburg. Es liegt südlich der Wye, von England nur durch einen kleinen Bach getrennt. Hay ist, wie der Name verrät, normannischen Ursprungs. La Haie ist das normannische Wort für Hecke, Einfriedung, Haag; die Waliser sagen Y Gelly, Wald.

Eine erste Siedlung errichtete hier um 1120 William Revell. Von der Kirche St Mary, die durch einen tiefen Graben von der Stadt getrennt ist, steht nur noch der alte Wehrturm aus dem zwölften Jahrhundert; alle anderen Teile wurden im 19. Jahrhundert neu errichtet und sind das Anschauen kaum wert.

Um 1150 ließ Roger, Graf von Hereford und Lord of Breconshire, die Stadt mit einem Mauerring umgeben und vergrößerte die Burg, doch auch von ihr blieb nichts. Erst die Feste, die dann um 1175 der verhaßte, aber mächtige William de Braose errichtete, war stark genug, den zahlreichen Belagerungen der nächsten Jahrhunderte standzuhalten, denn über Hay ging der Grenzkrieg gnadenlos immer wieder hin und her. Williams Frau Maud war im Gegensatz zu ihrem Mann beim Volk sehr beliebt; sie wurde aber als Hexe angeklagt, weil sie König Johann Ohneland des Mordes an seinem Neffen Arthur, dem rechtmäßigen Thronerben, bezichtigt hatte. Sie wurde nach Corfe Castle in Südengland verschleppt, und dort, wie die Sage wissen will, ist sie elend verhungert.

Die Hauptstraße von Wye ist Church Street mit dem hübschen ›Swan-Hotel‹. Wo die vom Fluß aufsteigenden Stadtmauern sie berühren, ändert sie den Namen in Castle Street. An ihr liegen rechter Hand die Burgruine und die methodistische Kirche. Dann gabelt sie sich in Belmont Road mit einem presbyterianischen Versammlungshaus und in Broad Street mit dem gepflegten ›Crown Hotel‹ und der apostolischen Kirche; die Kapelle der Baptisten findet man hinter der Burg. Dieser Aufzählung einiger der wichtigsten Gotteshäuser Hays mag einen kleinen Einblick in das komplizierte religiöse Leben in Wales geben: In manchen Dörfern gibt es bis zu fünfzig verschiedene Kapellen und Versammlungshäuser. Daraus entstehen Situationen, die nur der Außenstehende als heillos komisch empfinden wird: Es gibt Dörfer, in denen sich die Anhänger verschiedener Sekten nicht nur nicht grüßen, sondern sich auch boykottieren oder beim Kirchgang behindern, wo Familienmitglieder einander verleugnen, falls sie verschiedenen Sekten angehören, oder wo die gesamte Familie aus Loyalität in bis zu drei verschiedene Gottesdienste geht. In Wales haben alle Dinge noch ihre feste Reihenfolge: erst der Glaube, dann die Poesie und Musik, dann Rugby, und alles andere weit dahinter.

Hay verfügt über eine Attraktion einmaliger Art: einen selbsternannten König, Richard Booth. Booth hat am 1. April 1977 die ›Unabhängigkeit Hays‹ proklamiert und sich zum König gekrönt, seine Zechbrüder zu Ministern ernannt und sich dies alles durch ein Plebiszit der anderthalbtausend Einwohner seines ›Reiches‹ bestätigen lassen, nicht zur reinen Freude der Behörden. Zu den wichtigsten Taten seiner Regierung gehörte die Einführung von ›verzehrbarem‹, auf Reispapier gedrucktem Geld, der Austritt aus der Europäischen Gemeinschaft (noch vor dem Eintritt) und der rege Verkauf von Adelstiteln. Ein Exzentriker typisch walisischer Art? Ja und nein. Denn Richard Booth ist weniger berühmt als König denn als Narr, und zwar als Büchernarr: Er besitzt in dem winzigen Ort das größte Antiquariat der Welt. Zur Zeit schätzt man die Bestände seiner Bücherlager auf anderthalb Millionen. Er kauft ganze Schloß- und Collegebibliotheken und bezieht aus Amerika die Bücher schiffsladungsweise; mit ebensoviel Umsicht bringt er seine Ware wieder an den Mann. Er ist in der Lage, in wenigen Tagen neue Bibliotheken einzurichten.

Eigentlich ist die ganze Stadt nichts anderes als ein großes Antiquariat, und die Läden bleiben auch am Wochenende geöffnet, um den Liebhabern aus anderen Städten und Ländern den Einkauf zu ermöglichen. Der erste, niedrige Laden in der Hauptstraße ist längst zu klein geworden; heute findet man die Werkausgaben und bibliophilen Kostbarkeiten in einem umgebauten jakobinischen Herrenhaus neben der Burgruine, illustrierte Bücher und schöngebundene Ausgaben in Lyon Street, in Castle Street britische Typographie und Sportbücher, in Castle Drive Romane und in einem nicht mehr benutzten ›Filmpalast‹ Bände zur Kunst, Kultur- und Literaturgeschichte, Theologie, Bücher über Garten und Haus. Um es kurz zu machen: König Richards Reich ist ein Paradies und eine Falle für Bibliomanen.

CLYRO liegt einige Kilometer nordwestlich von Hay, ein altes, klitzekleines Dorf, von dessen Normannenburg sich nur Graben und Motte erhalten haben, sowie Reste der Fundamente. Zwischen Clyro und Hay lag am Wye-Ufer einst ein Römerlager, das als Versorgungsbasis für die nahen Silber- und Bleigruben diente. Das umliegende Bergland ist rotes Altsandsteingebirge; seine Kuppen sind bewaldet, die Täler grüne Weidemulden oder Moore, die im Sommer dunkel, im Herbst und Winter sepiabraun daliegen, von Farn und Heide bedeckt. Das elisabethanische Herrenhaus in Clyro ist vor Jahren abgebrannt, erhalten hat sich ein zinnenbewehrtes Torhaus. In diesem Ort begann im vorigen Jahrhundert der junge Pfarrer Francis Kilvert (1840-1879) mit der Niederschrift seiner Tagebücher, die in Wales zu einem Volksbuch wurden. Mit viel Humor schildert er darin seine kleine Gemeinde, und die Landschaft, die er in langen Fußmärschen durchstreifte. Er war einer von sechs Söhnen eines Pfarrers in Wiltshire in England, wurde zu Hause erzogen und studierte in Oxford Theologie. Er war arm für seinen Stand, arbeitete sieben Jahre als Kurat des Vikars von Clyro. Dies war, wie aus seinen Tagebüchern abzulesen ist, eine sehr glückliche Zeit. Von 1872 bis 1876 war er Kurat bei seinem Vater, und kehrte dann nach Wales zurück; 1877 erhielt er die Pfarre von Bredwardine bei Clyro, in Herefordshire, also in England. Zwei Jahre später ehelichte er Elizabeth Anne Rowland (1846-1911), die Tochter eines Landedelmannes. Ihr Glück dauerte nur sechs Wochen, dann starb Kilvert ganz plötzlich an Bauchfellentzündung. Seine Frau, die nie wieder heiratete, erbte seine Tagebücher, zerstörte aber leider die späten Bände, die wohl die Zeit der Werbung und Ehe zum Inhalt hatten. Veröffentlicht wurden die ›Diaries‹ erst in unserem Jahrhundert. Sie zeigen mehr als nur die Landschaften und Menschen, die Kilvert in ihnen beschrieb: Zwischen den Zeilen verbirgt sich das Porträt des Autors selbst, eines gütigen, bescheidenen und humorvollen Mannes, der schöne Frauen und Kinder liebte und den Armen ohne Pathos beizustehen wußte; ein Mann, der sich wohl darüber im klaren war, daß es außerhalb des heiteren Lebens seiner Klasse Not, Einsamkeit, Verbrechen und Hunger gab, und der versuchte, diesem zu steuern, soweit es in seiner Macht lag, durch Verständnis und praktische Hilfe. Für die Waliser ist die Gegend um Clyro ›Kilvert-Land‹.

PAINSCASTLE erreicht man über eine Art Feldweg. Es ist ein seltsam verloren wirkendes Dorf mit den Resten einer Burg, in deren Mauern sich eines der beschämendsten Kapitel der walisischen Geschichte zugetragen hat. Einen Bergfried ließ wahrscheinlich schon Bernard de Neufmarché errichten; er setzte Payen de Fitz-Jehan, einen seiner Lehnsleute, als Kommandanten ein. Die Burgruine, die wir heute sehen, wurde aber erst zu Zeiten der unglücklichen Maud de Braose errichtet; sie wurde nach ihr Castrum Matildis oder Maud's Castle genannt.

Mauds Gemahl, William de Braose, setzte seine ganze Macht und List ein, um die gerade erfolgte Annäherung der walisischen Stammesfürsten von Deheubarth, Powys und Gwynedd (Süd-, Ost- und Nordwales) durch Verrat wieder zu erschüttern. Zuerst schüchterte er den Süden ein, wo er, wie wir schon hörten, die Edlen bei einem Bankett niedermetzeln ließ; ein paar Jahre später brachte er durch Täuschung den Prinzen Trahaearn Fychan von Brycheiniog, einen Neffen des Dichterkönigs Owain Cyfeiliog von Powys, in seine Gewalt und ließ ihn, an den Schwanz seines eigenen Pferdes gebunden, durch die Gassen von Brecon schleifen, ehe er ihn 1197 enthaupten ließ. Owains Sohn Prinz Gwenwynwyn schwor, seinen Vetter blutig zu rächen. Er sammelte seine Mannen und belagerte William in dessen Trutzburg Painscastle. Doch die Mauern hielten stand, und es gelang dem Herren der Mark, Botschaft an Deheubarth zu senden. Dort war man seit längerem eifersüchtig geworden auf den wachsenden Ruhm Owains und zudem fürchtete man die Niedertracht von de Braose. Und so sahen sich die walisischen Belagerer plötzlich von der Kriegsmacht der Südwaliser umringt; diesen Augenblick, auf den er gewartet hatte, nutzte Braose zu einem Ausfall. Die überraschten Degen von Powys wurden zwischen den beiden Fronten bis zum letzten Mann niedergemacht. Mit diesem erneuten Ausbruch von Feindseligkeiten war der Traum von der walisischen Einheit abermals vertan.

Von Painscastle aus halten wir uns nach Westen, bis unsere Straße wieder die Wye erreicht. Am Zusammenfluß von Irfon und Wye, über die sich eine elegante Bogenbrücke aus dem achtzehnten Jahrhundert spannt, finden wir Builth Wells.

BUILTH WELLS, walisisch Buallt, heißt Kuhweide-Quelle. Von der Brücke aus haben wir einen guten Blick auf den hübschen altmodischen Ort zwischen seinen beiden Flüssen, eingebettet in hohe Berge. Die Stadt hatte das Unglück, kurz vor dem Weihnachtsfest 1691 völlig niederzubrennen. Mit Ausnahme der Kirche St Mary blieb nicht ein einziges Haus verschont. Diese Katastrophe löste in ganz England, das gerade die Schrecken des Bürgerkrieges und des Brandes von London zu überwinden begann, eine Welle der Bestürzung und des Mitgefühls aus; Spenden kamen aus allen Orten des Königreiches, um den Wiederaufbau des damals als Umschlagplatz für Zuchtherden weitberühmten Ortes zu ermöglichen.

Im nächsten Jahrhundert schon wurde Builth Wells ›fashionable‹; es war jene Zeit, als man überall in Europa den Segen natürlicher Quellen wiederentdeckte und die Bäder zu Treffpunkten einer überfütterten, an Gicht und anderen Beschwerden leidenden Gesellschaft wurden. Damals erhielt Builth seine hübschen Hotels und ein Kurhaus.

1808 kam ein berühmter Gast nach Builth, Lady Hester Stanhope (1776-1839), die Enkelin Pitts des Älteren. Nach einem Zerwürfnis mit Lord Stanhope, ihrem exzentrischen Vater, floh sie in das Haus ihrer Großmutter mütterlicherseits und führte dann ihrem unverheirateten Onkel, dem Premierminister William Pitt dem Jüngeren, den Haushalt. Sie wurde zu einer der großen politischen Gastgeberinnen ihrer Epoche, geschätzt wegen ihres scharfen Verstandes, gefürchtet wegen ihrer noch schärferen Zunge. Nach dem Tode ihres Onkels setzte ihr die Nation eine Rente aus. Als sie sich 1808 in Builth erholen wollte, fand sie in ›Glan Irfon‹, Irfon-Ufer, ein Haus, das ihren Vorstellungen von einem Heim entsprach. Nach dem tragischen Tod ihres Geliebten, des Generals Sir John Moore, der in Spanien im Kampf gegen napoleonische Truppen mit ihrem Namen auf den Lippen fiel, zog sie sich eine Weile nach Glan Irfon zurück. Hier wurde sie wegen ihrer Großzügigkeit und offenen Hand bald überall verehrt. Sie sammelte einen Kreis junger Intellektueller um sich, mit denen sie weite Ponyritte in die riesigen Forsten der umliegenden Gebirge unternahm. Unter ihnen war auch der Dichter und Sprachgelehrte John Price. 1810 reiste Lady Hester in den Libanon, wo sie anfänglich großen politischen Einfluß ausübte, aber nach und nach dem ererbten Wahnsinn verfiel. Als sie starb, verscharrten ihre eingeborenen Diener sie in einem Winkel des Parks und raubten das Haus aus. Zurück blieben ihre Tagebücher und Reiseaufzeichnungen, die posthum erschienen und zu einem literarischen Triumph wurden.

Builth Wells liegt eingeschlossen von der herrlichsten Landschaft: von Radnor Forest im Nordosten, Brycheiniog Forest im Südosten, im Westen von den Forsten von Irfon und Tywi. Im Süden erhebt Mynydd Epynt – Mynydd heißt Berg und Epynt Zuflucht der Ponies – seinen breiten Rücken; seine drei Gipfel, Drum Ddu (Schwarzer Grat), Bryn Ddu (Schwarzer Berg) und Gwrhyd recken sich alle über fünfhundert Meter hoch. Die Wye ist bei Builth noch ein junger Fluß und wimmelt auch heute noch, wie zu Zeiten von Giraldus Cambrensis, von Lachsen, die hier eine enge Stromschnelle zu überwinden haben, kein Problem für die eleganten silberroten Springer. Wer sich die Landschaft um Builth vorstellen möchte, sollte sich Thomas Jones' (1742-1803) herrliches Bild ›Aussicht von Penkerrig‹ in der Birmingham City and Art Gallery anschauen. Penkerrig oder Pen Cerrig ist der kleine helle Landsitz inmitten der Weite der Bergweiden, die vom Geflecht dunklerer Hecken malerisch belebt werden. Kein Bild könnte besser die Einsamkeit des walisischen Dorfes zwischen den großartig getürmten Wolken- und Bergmassen darstellen, die Verlorenheit des Menschen unter endlosen Himmeln. (Farbtafel S. 116/17)

Jones wurde im nahen Llandrindod Wells geboren, das damals schon ein berühmter Badeort war. *»Die Zahl der Kranken, der Reichen, der Lasterhaften, der Faulen und der Ausschweifung-Suchenden war, wie in den meisten Bädern, so groß, daß es in der Nachbarschaft zu einem nicht mehr tolerierbaren Ärgernis wurde«*, schrieb Jones über den Ort seiner Kindheit. Sein Vater zog die Konsequenzen und erwarb den einsamen Hof Penkerrig bei Builth; dorthin zog die ganze Familie um. Jones war nach eigener Bekundung ein scheues, wildem Spiel abholdes Kind, dessen größtes Vergnügen darin bestand, Bilder zu betrachten. Er erhielt eine gründliche Bildung in Oxford und wurde in London und durch Richard Wilson zum Maler ausgebildet. Er vervollkommnete sich bei einem siebenjährigen Italienaufenthalt. Wann immer er Penkerrig besuchte, malte er kleine Landschaften in der Umgebung; er gehört zu den frühesten Plein-Air-Malern. Berühmt wurde er durch sein Bild ›Der Barde‹ von 1774 (in der Nationalgalerie von

Cardiff), eine großartige Landschaftskomposition mit der heroischen Figur des ›letzten Barden‹, einem Lieblingssujet der Maler seiner Zeit, nachdem Thomas Gray die Ballade von der Niedermetzelung der walisischen Barden durch Eduard I. verfaßt hatte.

1787 erbte Thomas Penkerrig von seinem Bruder; vier Jahre später wurde er High Sheriff, also oberster Verwaltungsbeamter von Radnorshire. Fünf Jahre vor seinem Tode schrieb er: *»Von damals bis heute war mein Leben eine gleichförmige Folge von Szenen zurückgezogener Häuslichkeit; natürlich erheiterte ich mich zuweilen an meiner geliebten Kunst.«* – Penkerrig wurde nach seinem Tode neu errichtet und beherbergt heute ein Hotel.

LLANDRINDOD WELLS liegt am Zusammenfluß von Aran und Ithon; Llandrindod bedeutet Heilige Dreifaltigkeit, und so heißt die hübsche mittelalterliche Hügelkirche, um die herum das Dorf wuchs. Wells bedeutet Quellen; an den über dreißig Schwefel- und Solequellen labten sich jahrhundertelang kranke Bauern und Hirten, ehe im 18. Jahrhundert ein großes Kurhaus errichtet wurde, das nun mit seinen eleganten Speise-, Ball- und Spielsälen vor allem wohlhabende Engländer anzog, denen Bath zu steif und Tunbridge zu wenig vornehm war. Die Waliser, die auch weiter ihre Skrofeln und ihr Zipperlein hier heilen wollten, blickten scheel auf das mondäne Treiben; sie nannten die luxuriösen Establishments, in denen bei Faro und Picquet leicht über Nacht ein Vermögen den Besitzer wechseln konnte, mit ungeschminkter Mißbilligung »verhurte Lasterhöhlen«. Das Spiel, dem sich heute die Kurgäste hier am liebsten hingeben, ist harmloserer Art: Golf. Der Ort besitzt einen der schönsten Golfplätze auf den Britischen Inseln mit immer wieder wechselnden Ausblicken in das waldreiche Bergland.

Seinem Charakter nach ist Llandrindod durch die vielen scharlach- bis purpurroten Backsteinhäuser mit Kupfertürmchen, Kuppelchen und Erkerchen ganz neunzehntes Jahrhundert. In der ›Temple Gallery‹ stellen Waliser Künstler aus, und im Stadtmuseum werden Römerfunde aus dem nahen Castrum CASTLE COLLEN oder Haselstrauchlager aufbewahrt. Angenehme Wanderwege führen an den Flußufern entlang oder in die Berge hinein. Die hohen Felssteine, die man überall aufragen sieht, dienten seit altersher als Wegzeichen für Hirten und Viehtreiber. Wegen der reichen Flora, die sich in ihren Höhlen und Ritzen angesiedelt hat, nennt man sie seit dem Mittelalter ›Teufelsgärten‹.

7

Hirten und Weber: Rhayader – Cwmhir – Llananno – Llangurig Llanidloes – Newtown – Montgomery

Und mein größter Stolz ist es, meine Schafe grasen,
Meine Lämmer saugen zu sehen ...
William Shakespeare (1564-1616),
aus ›Ein Wintermärchen‹

RHAYADER: Der Name ist eine Verballhornung von Rhaidr Gwy, Fälle der Wye, doch findet man hier schon seit langem keine Wye-Fälle mehr. Rhayader bildet das Tor zum Elan Valley, einem wildromantischen Tal, dessen Reiz im 18. Jahrhundert entdeckt wurde und seither unzählige Reisende angezogen hat. Wälder, Wasserfälle, Moore und Seen vor dem großartigen Hintergrund der fast immer in Schnee gehüllten Gebirge Snowdonias: das ganze Szenarium der Romantik. Um 1810 errichtete sich hier Thomas Groves, ein Verwandter Shelleys, im Tal ein Landhaus, ›Cwm Elan‹, und forstete das Gebiet ringsum mit schönen und seltenen Bäumen auf. Ein Jahr später fand Shelley hier Zuflucht, als er sich von seiner Familie verlassen sah, weil man ihn aufgrund seiner atheistischen Schriften vom University College in Oxford relegiert hatte. Die Knabenstreiche des blutjungen Dichters und Denkers, mit denen er versuchte, der erzwungenen Langeweile Herr zu werden, lieferten der Nachbarschaft auf Jahre hinaus Gesprächsstoff. Zu den harmloseren gehörte, daß er eine Katze in einem Papierboot auf dem Elan aussetzte; das Schiffchen war mit Segeln aus Fünf-Pfund-Noten getakelt, wenn man der Überlieferung Glauben schenken darf: bei Shelleys chronischer Geldnot eine wirkliche Tollheit. Im nächsten Jahr brachte er seine Kindfrau Harriet nach einer skandalerregenden Entführung ins Elan-Tal und wohnte mit ihr auf dem Hof Nantgwllt. Er plante damals, sich mit seinen Philosophenfreunden im nahen Claerwen-Tal niederzulassen, aber schließlich trieb es diesen rastlosen Geist, den die Gesellschaft ächtete und die Freunde anbeteten, doch wieder weiter.

Beide Höfe, Groves' wie auch Nantgwllt, mußten in diesem Jahrhundert den Stauseen weichen. Entlang des Elan zieht sich nämlich über Kilometer eine Kette künstlicher Wasserreservoire hin, am Fluß aufgereiht wie Edelsteine an einem Silberband. Der erste Damm wurde 1892 errichtet, der letzte 1952. Die Seen sind inzwischen völlig mit der Landschaft verschmolzen, über die Schleusen rauscht das Wasser so lustig wie über die steilen Felswände, von denen hier Wasserfälle ohne Zahl zu Tale rinnen. Die Wälder des Elan, darunter selten gewordener Eichenhochwald, sind noch reich an Tieren; hier kreisen Weih und Zwergfalke, den die Waliser Merlin nennen, über den Wipfeln, hier brüten auf den Mooren Birkhuhn und Lerche, ruft aus den Hecken der Kuckuck, und an den Rändern der kleinen schwarzen Moorweiher kann man mit etwas Geduld seltene Sumpfvögel beobachten.

Rhayader selbst ist eine gemächliche Marktstadt; sie hat etwas von der selbstsicheren Behäbigkeit alter englischer Marktflecken. Von weither kommen die Viehzüchter zu riesigen Schafauktionen. Angler nehmen gern Quartier, um in der Wye oder im Elan Lachse und Forellen zu fangen, Reisende suchen die Stauseen auf, und Ornithologen, Botaniker und Geologen schätzen die stillen Nachbartäler als lohnende Beobachtungs- und Fundorte.

CWMHIR ABBEY erreicht man über einen Landweg, der in nördliche Richtung führt. Sie wurde 1143 von Zisterziensern gegründet und 1401 von Owain Glyndwr bei einem seiner Beutezüge verwüstet. *»Das ganze Haus«*, klagte John Leland schon 1530, *»wurde von Owain Glyndwr verdorben und zerstört!«* Doch noch bis ins letzte Jahrhundert diente es gierigen Restauratoren als eine Art Schatzhaus, das sie nach verborgenen Kunstwerken und Bauteilen durchwühlten, um mit den erbeuteten Schätzen andere Kirchen zu schmücken. Cwmhirs eigene Kirche wurde nie vollendet; ihr Langhaus maß über siebzig Meter, und sie sollte nach dem Willen der Erbauer die schönste von Wales werden. Die Mönche trieben Schaf- und Fischzucht im großen Stil, wie es bei den Zisterziensern üblich war; Reste der ausgedehnten Karpfenteiche kann man in der Nähe der Ruine noch ausmachen. Sonst schlummern nur niedrige Mauerreste und Säulenbasen zwischen Hagedorn, Wildblumen und Klee; keine Spur findet sich mehr vom Grabe Llywelyns des Letzten, den seine Getreuen nach seiner Ermordung am 11. Dezember 1282 durch den eisigen Bergwinter von Cwm Llywelyn bei Builth Wells hierher getragen hatten, damit er ein würdiges Grab fände. – Von der Abtei ausgehend folgen wir dem Landweg noch ein Stück in südwestlicher Richtung, bis wir auf die Hauptstraße nach Llananno stoßen.

LLANANNO ist ein kleines altes Dorf mit einer alten kleinen Kirche; aber diese Kirche besitzt die kunstvollste Altarschranke von Wales. Als im vorigen Jahrhundert durch die Begeisterung für die wiederentdeckte Gotik die große Kirchenrenovierung über England und Wales hereinbrach, zerstörten die Puristen in falsch verstandener ›Denkmalspflege‹ fast überall in Wales die mittelalterlichen Schnitzereien, vor allem Altarschranken, Galerien und Triumphkreuze, weil sie des Glaubens waren, daß sie den Raumeindruck beeinträchtigten. So wanderten denn unzählige dieser höchst kunstvollen Werke in die Kamine und Herde der Pfarrhäuser. Llananno gehört zu den wenigen Ausnahmen; man nimmt aber an, daß das besonders kostbare Stück aus Cwmhir stammt. Der Kenner mag Stunden damit verbringen, die Fülle der Details zu studieren: die Gesichter und Gewänder der Figuren, die Blätter und Blüten. Die Figuren stehen in kleinen Nischen unter Laubbaldachinen; über und unter ihnen ziehen sich nach keltischer Art verschlungene Ranken mit Früchten und Blumen hin: Weinlaub und Trauben, Rosen, Granatäpfel und anderes mehr in leicht stilisierter Form.

Um das nächste Ziel zu erreichen, müssen wir über Llanbister zurück nach Rhayader fahren und dann dem Lauf der Wye durch die Moorberge in ihrer feinabgestuften Farbigkeit, die sich an nebligen Tagen mit dem Himmel zu vereinen scheinen, folgen.

LLANGURIG liegt zu den Füßen des rund fünfhundert Meter hohen Pen-Bwlch-y-groes, zu deutsch Kopf oder Vorgebirge des Passes vom Kreuz, in einer ganz verlassenen Landschaft von wunderbarer Stille. Seit Jahrtausenden weiden hier Schafe, kreist der Bussard im wolkigen Himmel, der nur dann und wann herabstößt, um Beute zu schlagen; im Vorfrühling vielleicht hie und da ein verirrtes oder krankes Lamm, einen jungen Hasen oder ein kleines Kaninchen; sonst, was ihm der Zufall schenkt an den kleinen Tieren, die in den Hochmooren zwischen Heide und Farn ihr Leben fristen. In Llangurig wurde im achtzehnten Jahrhundert Blei geschürft, wobei man entdeckte, daß es schon zur Römerzeit Stollen gegeben hat. Das Institut für industrielle Archäologie hat die verlassenen Minen gekauft und bemüht sich, die alten Bergwerke der Öffentlichkeit als industrielles Denkmal zugänglich zu machen.

Der Mann, der die Bleistollen im 18. Jahrhundert leitete und erforschte, war ein Sonderling, der sich selbst ›Meister aller Künste und Wissenschaften‹ nannte. Wenn dieser Titel auch zum Teil einer halb ironischen Selbstüberschätzung entsprang, so muß man der Gerechtigkeit halber doch gestehen, daß Lewis Morris (1700 bis 1765) in der Tat ein hervorragender Bergwerksingenieur, Altertumsforscher, Geschäftsmann und Dichter war. Er tat sich hervor als Mitbegründer der ersten walisischen Akademie für Sprache und Dichtung. Am Tage ritt er auf einem kleinen kräftigen Pony über die Moore und leitete die Grabungen und Bohrungen; des Nachts saß er über seinen Büchern und schrieb Essays und zahllose Briefe. Er gehörte zu den ersten, die erkannten, daß eine enge Beziehung zwischen den Kulturen Roms, Griechenlands und der Kelten bestand, und daß Europa es auch dem Widerstand der Brythonen verdankt, daß sich die römische Zivilisation durch die dunklen Jahrhunderte der Völkerwanderung ins christliche Mittelalter hinein erhalten konnte, wenn auch vor allem im rauhen Bergland von Wales, Cornwall und der Bretagne. Die kymrische Kultur als Bindeglied zwischen Antike und der mittelalterlichen Wiedergeburt des Abendlandes aus dem Dunkel der Barbarei: das war sein eigentliches Thema.

Bei Llangurig verlassen wir endgültig die Wye, bleiben aber auf derselben Straße, die uns entlang der hohen kambrischen Gebirge im Westen nach Llanidloes bringt.

LLANIDLOES ist eine wirklich malerische Stadt mittelalterlichen Gepräges, geformt von den reichen Wollenwebern der Tudorzeit, die hier, in einem der großen Schafzuchtgebiete, ihrem Handwerk nachgingen. Die gotische Kirche prunkt mit einer schön geschnitzten Stichbalkendecke, die wohlproportionierte Nordarkade stammt aus dem 13. Jahrhundert. Das Marktkreuz aus den Tagen Elisabeths I. gilt als das hübscheste von Wales: ein langgestreckter schwarzweißer Fachwerkbau mit gemauerter Stirnfront, das geziegelte Satteldach mit einem achteckigen Dachreiter geschmückt. Das Grundgeschoß, das auf hölzernen Arkaden ruht, ist ringsum offen. Solche Markt- oder Butterkreuze, wie sie auch oft genannt werden, findet man noch in vielen englischen Marktflecken; in den Arkaden wurden gemeinhin verderbliche Waren wie Butter und Milchprodukte vor der Sonne geschützt feilgeboten. Das obere Geschoß diente als Versammlungsraum und wenn das ›Cross‹ groß genug war, oft sogar als Rats- und Gerichtsstube. Den Namen hat es möglicherweise von seinem Standort; es nahm meistens den Platz der alten keltischen Hochkreuze ein, die aus frühmittelalterlicher Zeit stammten. Im ›Cross‹ von Llanidloes ist heute ein Stadtmuseum untergebracht, das vor allem durch die Dokumente über den Chartistenaufstand von 1839 äußerst interessant ist.

Die Chartistenbewegung gehört zu den Vorläufern gewerkschaftlicher Organisation; sie kämpfte für bessere Lebens- und Arbeitsbedingungen der verelendeten Industriearbeiter und Weber. Llanidloes, in dem die Lage der Weber durch die Industrialisierung besonders trostlos war, gehörte zu den Zentren der Chartisten. Die Handweber hatten keine Möglichkeit, mit den Maschinenwebern zu konkurrieren; wer nicht zu Kreuze kroch und in die Fabrik ging, mußte buchstäblich am Hungertuch nagen. Aber gerade in Orten mit einer so alten Webertradition fiel es den bis dahin freien und auf ihre Kunst stolzen Handwerkern sehr schwer, sich den Demütigungen der Lohnarbeit auszusetzen. Man sagte den Webern von Llanidloes nach, daß sie politische Themen wie Parlamentarier zu diskutieren wüßten. Die Männer ohne Arbeit schlossen sich zusammen und probten Protestmärsche, wodurch sie die Polizei verunsicherten, die heimlich die Miliz anforderte. Ein Weber, der mit geschultertem Spaten auf dem Weg zu seinem Gärtchen war, brachte das Faß zum Überlaufen: Man verhaftete den ›gefährlich Bewaffneten‹ unter Aufbietung der Reiterei, und das Chaos brach los. Der unfreiwillige ›Aufstand‹ endete mit einem Prozeß und der Deportation von fünfzehn ›Rädelsführern‹ nach Australien.

Im Nordwesten des Ortes liegt ein schöner, buchtenreicher See, Llyn Clywedog, aber wir wenden uns jetzt nach Nordosten, um Newtown, von den Walisern Y Drenewydd genannt, was ebenfalls ›neue Stadt‹ bedeutet, zu erreichen.

NEWTOWN war neu, als sich 1273 Llywelyn der Letzte entschied, hier eine Burg zu bauen, um die Mündung des Mule in den Severn bewachen zu können. Sein großer Widersacher, König Eduard I., ließ die kaum vollendete Burg schleifen; mit ihr fiel ein Stück der walisischen Unabhängigkeit.

Newtown hieß anfangs Llanfair oder St Marien; erst seit dem sechzehnten Jahrhundert taucht es mit seinem schachbrettartigen, normannischen Straßenmuster auf zeitgenössischen Karten als ›Nova Villa‹ auf. Um diese Zeit entwickelten sich, ähnlich wie in Llanidloes, Wollweberei und Wollhandel. Tweed und Flanell waren die Hauptumschlagsgüter. Heute ist es vor allem ein landwirtschaftlicher Mittelpunkt, in dem sich noch immer viele Straßen kreuzen. In der Commercial Street steht Newtowns reich ausgestattetes Textilmuseum mit Spinnrädern und -rocken, Handwebstühlen, Spinnmaschinen und Räumen, die zeigen, wie es bei den Handwerkern aussah; dazu kommen alte Ladenfronten und Schaufenster und reizvolle Kostüme. Eine interessante Ergänzung bietet das Robert Owen Memorial Museum in Broad Street, das dem größten Sohn der Stadt als Gründer der ›Cooperative‹-Bewegung gewidmet ist; es enthält Dokumente, Manuskripte und Bücher, die über sein Werk und sein Leben Aufschluß geben.

Robert Owen wurde am 14. Mai 1771 als Sohn eines Sattlers in Newtown geboren und durfte bis zum zehnten Lebensjahr die Schule besuchen, ehe ihn sein Vater in die Lehre gab. Das Land war im Umbruch, die industrielle Revolution warf ihre Schatten voraus, während sich in Frankreich unter gelegentlichem Donnergrollen das Weltgewitter zusammenzog, dessen erste Blitze sich mit dem Amerikanischen Unabhängigkeitskrieg entluden, das in der Großen Revolution gipfelte und dann in der Zeit der Napoleonischen Kriege die alten europäischen Ordnungen stürzte. Das ist das Panorama, vor dem man das Werk Owens sich entwickeln sehen muß.

Der junge Mann ging als Tuchhändler nach Manchester und wurde mit noch nicht zwanzig Jahren Geschäftsführer der damals größten britischen Baumwollspinnerei, in der er sofort eine Reihe wichtiger technischer und kaufmännischer Verbesserungen einführte. Doch das genügte ihm nicht: Er wollte auch die sozialen Bedingungen ändern und menschenwürdig gestalten.

Als erstes brachte er seine Firma dazu, die New Lanark Mills zu kaufen; er verliebte sich in die Tochter des früheren Eigentümers und nahm sie zur Frau. Zusammen mit dieser Spinnerei beschäftigte die Firma jetzt zweitausend Menschen, und davon waren fünfhundert Kinder – keine Halbwüchsigen, sondern kleine Kinder. Was uns heute so entsetzlich an Kinderarbeit erscheint, sah man damals in einem völlig anderen Licht: Fast alle Kinder mußten ja auf irgendeine Weise zum Lebensunterhalt der Familien beitragen, und sicher war die Arbeit auf dem Felde, im Haus, bei den

Herden und vor allem im Bergwerk sehr viel härter als in den Fabriken. Dies wenigstens, was die rein physische Belastung anlangt, denn in den Fabriken hatte der Fortschritt ja jene Maschinen entwickelt, deren Bedienung ›kinderleicht‹ erschien und wirklich von Kindern übernommen werden sollte. Aber in den Fabriken arbeiteten die Kinder nicht wie sonst im Familienverbund, der ihnen ein Gefühl von Behütetsein und Partnerschaft geben konnte, sondern waren den ganzen Tag auf sich selbst gestellt und der geisttötenden Monotonie der Maschine überlassen. Sie arbeiteten in großen Sälen, von Fremden beaufsichtigt, wo sie sich schutzlos und verloren vorkommen mußten. Sie arbeiteten oft zu nachtschlafender Zeit, weil gerade dann die Löhne für die Erwachsenen, dank erster Schutzgesetze, am höchsten waren; Kinderarbeit galt immer gleich. Alles das erscheint uns gräßlich; aber den Menschen jener Zeit war das größte Übel der Kinderarbeit die Tatsache, daß sie die Erwachsenen brotlos machte! Es gab Fälle, in denen ein achtjähriges Kind für eine mehrköpfige Familie aufkommen mußte, und sie waren nicht einmal selten. Das konnte bei den Kleinen Stolz und Verantwortung wecken, vorausgesetzt, die Familie war gesund; öfter aber Verachtung für die Älteren und Zügellosigkeit. Immer mehr Kinder nahmen anstelle des Vaters den Platz als Erhalter ihrer Familien ein, denn warum sollte ein Fabrikherr einen Mann für vollen Lohn einstellen, wenn ein Kind dessen Arbeit schneller, mit zarten Fingern geschickter, williger und für den halben oder viertel Lohn ausführte?

Owen war einer der ersten, die erkannten, wie sich dadurch in den Familien der Arbeiterklasse zunehmend Verzweiflung, Not und Laster ausbreiteten. Aber er kritisierte nicht einfach, er begann, nach Wegen zu suchen, um diese Übel abzustellen, der Zerrüttung der Familien und damit der Gesellschaft Einhalt zu gebieten. Damals *»fing der nachherige Stifter des englischen Sozialismus, Fabrikant in Neu-Lanark, Robert Owen, an, durch Petitionen und Denkschriften der vollziehenden Gewalt die Notwendigkeit gesetzlicher Garantien für die Gesundheit der Arbeiter, besonders der Kinder, vorzuhalten«*, schrieb Friedrich Engels in ›Die Lage der arbeitenden Klasse in England‹ 1845.

Dale, Owens Schwiegervater, war keineswegs der Typ des brutalen Ausbeuters gewesen; dennoch fand Owen für die Industriearbeiter Bedingungen vor, die heute höllisch erscheinen: Laster jeder Art, Seuchen und Kriminalität bestimmten ihren Alltag, geboren aus unvorstellbarer Armut und Hoffnungslosigkeit. Die meisten Wohnungen waren um ein Vielfaches überbelegt; es gab keine Kanalisation, alle anderen hygienischen Bedingungen stanken zum Himmel und lösten oft Seuchen aus; das Essen war teuer, abwechslungslos und ungesund. Die meisten Arbeiter konnten, im Gegensatz zu den Dorfbewohnern, weder lesen noch schreiben, oft auch nicht einmal so viel rechnen, um ihren Lohn nachzuzählen. Die einzige Möglichkeit der Erholung war das Wirtshaus, wo man, wenn man es sich gerade leisten konnte, die Misere im Rausch zu vergessen suchte, und der Trunk führte zu weiterer geistiger und körperlicher Schwächung, nicht zuletzt bei den Kindern, und zur Brutalisierung.

Owen wußte, daß diese Bedingungen nur schrittweise verändert werden konnten. Zuerst zwang er seine Angestellten durch rigorose Verordnungen und sein Beispiel zu größerer Sauberkeit und Ordnung. Er kümmerte sich um die Sanierung der Wohnungen. Dann tat er, was ihm vor allem am Herzen lag: Er richtete in der Fabrik Schulen für Erwachsene und Kinder ein, und endlich Kleinkinderschulen, die ersten in England, für die er erfahrene Pädagogen berief. Alle diese Experimente verschlangen viel Geld; dennoch warf die Firma unter seiner Leitung höhere Gewinne ab als zuvor. Doch seinen Partnern blieb er unheimlich, und 1815 sagte er sich von ihnen los, um eine unabhängige Firma zu gründen. Gleichzeitig erschien seine Schrift ›New Society. Essays on the Formation of Character‹. Die Ideen, die er darin entwickelte, wollte er in die Tat umsetzen. Sein Ziel war nicht der totale Umsturz, sondern die moralische Erneuerung der ganzen Gesellschaft von innen heraus, die damit beginnen sollte und mußte, den Abhängigen menschliche Lebensumstände zu sichern, und das nicht in irgendeiner nebelhaften Zukunft, sondern auf der Stelle. Owen war Menschen- und Kinderfreund; sein Antrieb war weder politischer noch philosophischer Ehrgeiz, sondern Mitleid und Liebe. Nach seinen Vorstellungen sollte der Wettbewerb nach und nach durch Kooperative ersetzt werden, die Kapitalgewinne wollte er einschränken, und die Profite aus Arbeit in Form sozialer Verbesserungen den Arbeitenden wieder zufließen lassen. In seinem eigenen Unternehmen wußte er diese Grundsätze mit Erfolg und, allen Schwarzsehern zum Trotz, auch mit Gewinn anzuwenden.

Nach dem Wiener Kongreß litt Europa, hervorgerufen durch die allgemeine Kriegsverschuldung, unter einer schweren Wirtschaftskrise. Sie wurde verstärkt durch die inzwischen eingetretene Ausweitung der maschinellen Produktion und die Auflösung der Heere, die Tausende von Arbeitskräften freisetzte und das Land mit Bettlern und Vagabunden überschwemmen mußte. Owen erkannte, daß diesem Elend nur beizukommen war, indem man ganz neue Wege beschritt. Er gründete seine ersten ›Villages of Cooperation‹, Genossenschaftssiedlungen nach dem Grundsatz der gegenseitigen Unterstützung, für das Strandgut des Krieges. Hier fanden die Menschen, statt betteln zu müssen, Arbeit, Unterkunft und ein kleines Einkommen. Owen baute fest darauf, daß die Kraft gegenseitiger Hilfe stark genug sein würde, nicht nur die Lebensbedingungen, sondern auch den Charakter der Menschen zu bessern. Sein bedeutendster Versuch in dieser Richtung, die Mustersiedlung New Harmony im befreiten Amerika, scheiterte vor allem an äußeren Unzulänglichkeiten; bei diesem Fehlschlag verlor er vier Fünftel seines Vermögens. Um eine Illusion ärmer kehrte er 1828 nach England zurück.

Dort hatten sich inzwischen, nicht zuletzt aufgrund seiner Ideen und Anschauungen, die bei den jungen Arbeitern ein begeistertes Echo fanden, Anfänge gewerkschaftlicher Zusammenschlüsse gebildet, zu deren Leitstern er werden sollte. Er regte unter anderem die gewerkschaftseigenen Lehrwerkstätten an und die ›Equitable Labour Exchange‹, eine Art Waren- und Dienstleistungsbörse, die sich aber bei dem herrschenden Währungssystem nicht durchsetzen konnte. 1833 kam es endlich zur Gründung der ›Grand National Consolidated Trade Unions‹, dem ersten nationalen Zusammenschluß aller Einzelgewerkschaften, der aber von der Regierung zu Owens tiefer Enttäuschung aufgehoben wurde.

Eine andere große Sorge bereitete Owen die blutige Niederschlagung der Chartistenbewegung. Dennoch gab er nicht auf, im Gegenteil. In seinen Schriften dehnte er sein Interesse jetzt auch auf Ehe und Familie aus und ritt weiter sein Lieblingssteckenpferd der allgemeinen Schulpflicht, deren Notwendigkeit allmählich auch Parlament und Regierung erkannten. Er starb 81jährig bei einem Besuch in seiner Vaterstadt Newtown am 17. November 1858, als er dort einen Plan für die Neugestaltung des Schulwesens ausarbeiten sollte. Der im ganzen Land hochverehrte Greis fand sein Grab auf dem kleinen Friedhof der Kirche unter Webern und Bauern.

Wir verlassen Newton in nordöstlicher Richtung und erblicken nach ein paar Kilometern zur Seite der Straße auf einem Kliff die

Reste eines gotischen Rundturmes: CASTLE DOLFORWYN. Es war eine der wenigen rein walisischen Burgen des Landes; Llywelyn der Letzte ließ sie als Trutzfeste gegen England Ende des 13. Jahrhunderts errichten. Nach seinem Tode gab Eduard I. sie Roger Mortimer zu Lehen. Sie war einst von einer rechteckigen Mauer umgeben; ob diese Türme trug, läßt sich nicht mehr sagen. Etwa auf der Höhe von Dolforwyn zweigt die Straße nach Großbritanniens einst kleinster Grafschaftsstadt ab, Montgomery.

MONTGOMERY liegt sehr reizvoll in einem tiefen Tal; im Osten erheben sich die hohen englischen Mittelgebirge Long Mynd und Wenlock Edge mit ihren markanten Konturen wie Schattenrisse vor dem stets wechselnden Himmel; im Südosten liegt Clun Forest, ein Hochmoor mit gerundeten, windgepeitschten Bergkuppen und tiefeingeschnittenen Tälern, die reich an vorgeschichtlichen Denkmälern sind: Steinkreisen, Eisenzeitlagern, Römerwällen und Römerstraßen. Im Südwesten erstreckt sich Ceri Forest mit dem breitgeschwungenen Kerry Hill. Die Schafe aller dieser Wälder und Heidemoore sind edelste Hochlandzucht und sehr reich an Wolle: Die kurzbeinigen, untersetzten Tiere mit gefleckten Beinen und Gesichtern sind *Clun-*, die weißgesichtigen mit lackschwarzen Nasen und schwarzgeränderten Augen *Kerry-Schafe*. Für den Fremden, den Touristen vor allem, sind diese Schafe einfach ein bezaubernder friedlicher Anblick, wohl auch ein drolliger, wenn die Lämmer versuchen, auf ihren wackligen Beinen herumzustaksen oder mit den älteren zu tollen, und manchmal erregen sie Ärgernis als gefährliches Straßenhindernis. Eine stille Bergwelt, kein Mensch, kein Dorf weit und breit, nur über die mageren Weiden die wolligen Tiere verstreut, und über allem wölben sich Himmel wie von Constable und Turner erfunden. Aber die Idylle täuscht; die Arbeit der Züchter und Hirten ist ungewöhnlich hart und keineswegs einträglich. Ein zu harter Winter, ein zu nasser oder zu trockener Sommer kann zum Bankrott führen, auch wenn der Farmer noch so umsichtig und fleißig ist. Wenn sein Heu verregnet, wenn das Gras bei Dürre gar nicht erst wächst, so daß er im Winter den Hunger der Tiere nicht aus eigenen Vorräten stillen kann, hat er nur in den seltensten Fällen genug Kapital, um eine Herde von mehreren hundert Stück Vieh durch zugekauftes Futter zu erhalten, und wenn er sich nicht in der Hoffnung auf den nächsten Sommer tief verschulden will, muß er aufgeben. Doch das sind nur die großen Ängste, die kleinen, täglichen Sorgen sind gerade schlimm genug: »*Große Schneestürme brachten viel ermüdende Arbeit für Männer und Hunde. Wie gewöhnlich war der Anteil der Frauen vor allem angstvolles Warten. In vielen Hütten ließ man die Feuer nicht ausbrennen, die Lampen blieben ungelöscht, für eine Woche lang – Sturm und Dunkel kommen auf den Bergen zusammen zur Mittwinterzeit.*

Ich habe mit Eban gearbeitet. Wir suchten nach eingeschneiten Schafen, wenn die Mitternacht ein einziges Sturmgeheul war, und eine besorgte Frau auf ihren vom Wind gebeutelten Mann wartete ... Die Frau eines Schäfers muß zu jeder Stunde heißes Essen und heißen Trank bereithalten, denn solange der Sturm seinen teuflischen Griff nicht lockert, müssen Runden gegangen werden, um zu prüfen, ob die Schafe sicher sind. Eine bloße Richtungsänderung des Schneesturms konnte bedeuten, daß irgendwo hundert trächtige Mutterschafe umgeweht waren, oder daß eine bis dahin sichere Weide nun im wirbelnden Schnee versank. ›While Shepherds Watch‹ [›Während die Hirten wachen‹, ein englisches Weihnachtslied] ist weit mehr als eine weihnachtliche Sentimentalität«, schrieb William T. Palmer, ein Schriftsteller und erfahrener Bergführer, um 1946 in ›More Odd Corners in North Wales‹.

Doch die Frauen taten und tuen in Wahrheit viel mehr, als in diesem Zitat anklingt, vor allem zur Zeit des Lammens, die in den Spätwinter oder Vorfrühling fällt. »*Jede Nacht zur Lammzeit ging unser Vater als letzter und dann wieder als erster um zwei, drei Uhr morgens, um die Lämmer auf die Beine zu stellen, damit sie nicht erfrören, ehe ihre Mütter sie trockenlecken konnten. Wenn es schneite, mußte er die Herden jede Stunde hochscheuchen. Unsere Mutter ging nachts nach unten, um das Feuer wachzuhalten und um die schwachen Lämmer entgegenzunehmen, die er für einen lebensrettenden Trunk aus der warmen Milchflasche hereinbrachte, ehe er sie ihren Müttern zurückgab*«, erzählt Elizabeth Clarke in ihrem großartigen Buch ›The Valley‹. Lämmer, die ihre Mütter bei der Geburt verlieren, und Zwillingslämmer, für die ein Mutterschaf meistens nicht genug Milch hat, müssen mit der Flasche aufgezogen werden, eine mühselige Angelegenheit, denn davon gibt es in jedem Winter ein gutes Dutzend schon bei einer verhältnismäßig kleinen Herde von etwa hundert Schafen. Mutterschafe, die ein Lamm verlieren, kann man nur durch Betrug zur Annahme eines Waislings bringen: Er muß in das Fell ihres toten

Lammes eingenäht werden. Selbst dann bleibt es ein Risiko, da die Schafmutter, wenn sie etwas merkt, ehe das fremde Lamm getrunken hat, dieses ohne Überlegung tottreten wird. In jedem Fall bekommen gefährdete Lämmer erst einmal die Flasche: *»Die Lämmer kuschelten sich in einen Korb am Feuer, und auf den schürzenbedeckten Knien von Mutter stieß man einem Winzling so lange einen schwarzen Schnuller auf einer alten Limonenflasche ins Maul, bis er zu schlucken begann; er erfüllte die Luft mit dem ersehnten Laut, den wir schmatzen nennen. ›Die Himmel verkünden die Ehre Gottes‹, sagte unser Alter, wenn die Nacht sternklar war und er einen Schützling ablieferte oder kam, um sich selbst einen heißen Trunk zu holen. Im Schneesturm oder bei Regen fror es ihn zu sehr, um etwas zu sagen, und die Kälte stand um ihn, bis er dampfend wieder verschwand ...«* (Elizabeth Clarke).

Die Arbeit endet damit nicht. Die kleinen Lämmer müssen geimpft werden, denn Schafe sind sehr anfällig. Auch bei ihnen gibt es komplizierte Geburten, und oft begleiten die Frauen oder jungen Töchter der Farmer diese bei ihren nächtlichen Rundgängen, um bei schwierigen Lagen mit ihren kleineren Händen und empfindlicheren Fingern rasch Geburtshilfe leisten zu können. Man versucht ganz allgemein, einem Mutterschaf die Geburt durch etwas Nachhilfe möglichst zu erleichtern, damit es seine Kräfte bewahrt, um das Junge bei Kälte und Sturm möglichst schnell trokkenlegen und säugen zu können.

Im Spätfrühling werden die Schafe erstmals gebadet, getaucht, sagt man, um das Ungeziefer in ihrer Wolle zu ertränken, und dann nochmals am Tage vor der Schur. Die Schur ist eine Art Volksfest. Die Hirten und Frauen bilden Gruppen von zwanzig und mehr und ziehen von einem Hof zum anderen, um sich gegenseitig zu helfen. Die Frauen beginnen schon eine Woche vorher mit Brot- und Kuchenbacken, Schlachten und Braten, um all die zusätzlichen Mäuler stopfen zu können. Bei der Schur wird in drei Gruppen gearbeitet: Die einen treiben dem Scherer die Schafe zu und fesseln sie an den Beinen; die anderen nehmen mit sicheren Bewegungen das Vlies so ab, daß es ganz bleibt; es wird dann mit der hübschen hellen Brustwolle nach oben aufgewickelt. Die letzte Gruppe muß die Tiere mit Brandeisen und Farbe zeichnen, damit man verlaufene Schafe den rechtmäßigen Besitzern zurückbringen kann. Zur Essenszeit waschen sich die Männer in vor den Häusern bereitstehenden Eimern und Schüsseln den Schafsgestank ab, und dann beginnt das große Tafeln. Am nächsten Tag ist ein anderer Hof dran.

In ganz ähnlicher Weise arbeiten die Farmer auch bei der Heumahd zusammen. Das dürre, harte Berggras trocknet zum Glück am selben Tag und gibt ein sehr gutes und haltbares Winterfutter ab. Und auch das Schlachten und Rupfen der Martins- und Weihnachtsgänse für den Londoner Markt wird gemeinschaftlich besorgt, aber nur von den Frauen, zu deren Rechten und Obliegenheiten noch bis in unser Jahrhundert auf den Einödhöfen auch das Kerzenziehen gehörte, denn dort konnte man sich weder Gas noch Elektrizität leisten. An all das sollte man denken, wenn man die mutwilligen Tiere auf ihren Moorweiden herumhüpfen sieht und vielleicht Neid auf diese heile Welt in einem aufsteigt: Der Aufenthalt in diesen Paradiesen wird mit härtester Arbeit und unvorstellbarem Verzicht bezahlt.

Doch zurück nach Montgomery. Der Ort war schon in vorrömischer Zeit besiedelt. Roger de Montgomery, einer der wichtigsten Berater Wilhelms des Eroberers, errichtete hier eine hölzerne Feste, und nachdem er zum Grafen von Shrewsbury erhoben worden war, seine Hauptburg. Eine steinerne Burg entstand erst zur Zeit Heinrichs III., da der nach seinem Erbauer benannte Ort damals eine der wenigen brauchbaren Einfallsstraßen nach Wales bewachte; diese Burg hielt in Zukunft allen walisischen Angriffen stand und gab den oft belagerten Einwohnern der Siedlung Schutz. 1227 erhielt Montgomery Stadtrecht und 1279 wurde es von einem Graben und einer Mauer eingefaßt, von denen sich leider, ebenso wie von der Burg, nur spärliche Reste erhalten haben, denn beide wurden im Bürgerkrieg 1649 zerstört.

Im späten Mittelalter war Montgomery in den Besitz der Familie Herbert gelangt, und zwei der größten Söhne dieses berühmten Geschlechts wurden hier geboren: 1581 Edward Herbert, Lord Herbert of Cherbury, ein großer Diplomat und Gelehrter, und 1593 sein Bruder George Herbert, Pfarrer und Dichter. Herbert of Cherbury wurde in Oxford erzogen. Er war ein Reisender aus Leidenschaft und stellte sich während des Bürgerkrieges auf seiten des Parlaments gegen den König. Er wurde wegen seiner Philosophie, die er in seinem Hauptwerk ›De Veritate‹ um 1625 niederlegte, als ›Vater des Deismus‹ gefeiert. Seine Autobiographie ist eines der ersten Werke dieser Art in englischer Zunge, voll Geist und Witz, und seine Gedichte sind formvollendete kleine Meisterwerke. Dennoch sollte ihm auf diesem Gebiet sein jüngerer Bruder George den Rang ablaufen; seine in ›The Temple‹ zusammengefaßten lyrischen Arbeiten erschienen 1633, drei Jahre nach seinem Tode in der kleinen Pfarre von Bemerton, und sie lassen sich nur den besten Gedichten John Donnes vergleichen. Izaak Walton, der ›Angler‹, schrieb Ende des 17. Jahrhunderts eine kleine Biographie George Herberts, die zu den Gemmen dieser Literaturgattung zählt.

Montgomery ist eine Stadt, die trotz ihrer kriegerischen Vergangenheit tiefsten Frieden atmet; die Straßen sind gesäumt von schlichten frühgeorgianischen Häusern mit Erkern und Türklopfern, dazwischen stehen noch einige elisabethanische Fachwerkbauten. Die Kirche St Nicholas ist ein gotischer Kreuzbau mit einer freitragenden, von Eichenrippen gegliederten Holzdecke, die im Langhaus von farbig gefaßten Konsolen gestützt wird. Der Chor ist von einer hölzernen Tonne überfangen. Die geschnitzte Altarschranke stammt aus der aufgelösten Abtei von Cherbury und wurde im 16. Jahrhundert von den Herberts hierher gebracht. Die Farbfenster und der dunkle Fliesenboden sind Zutaten des neunzehnten Jahrhunderts.

Der größte Schatz der Kirche sind die Gräber der Herberts und der Mortimer-Sarkophag. Das Grab der Eltern der Dichterbrüder, Sir Richard und Magdalen Herbert of Montgomery, ist ein prächtiges Monument; Sir Richard liegt in voller Rüstung neben seiner Gemahlin in ihrem gestickten Staatsgewand auf einem durchbrochenen Scheinsarkophag mit einem künstlichen Gerippe, einem ›Cadaver‹ – memento mori einer von Krieg und Seuchen bedrohten Generation:

> Einzig die Seele ists, sie wird bestehn:
> Kein Brand, kein Sturz, kein Grab, das sie begräbt,
> Mag alle Welt in Staub und Schutt vergehn,
> Sie bleibt und lebt.
> (George Herbert, aus ›Die Seele‹, übersetzt von Flatter)

8

Im Herzen von Powys: Powys Castle – Welshpool – Leighton – Oswestry

Da werden immer Gärten sein, wo einer voller Laune
Mit grünem Daumen bannt die Jahreszeiten, wo
Die alten Blumen nie mit neuen streiten ...
Edmund Blunden (geb. 1896)
aus ›Belauscht‹, in ›New Poems‹, 1957

Powys ist der Name der mittelwalisischen neuen Grafschaft, die zusammengewachsen ist aus den einstigen Grafschaften Radnor, Brecon, Montgomery und Merioneth. Sie entspricht in etwa dem alten Fürstentum Powys, dessen Grenzen so oft wechselten wie die anderer walisischer Fürstentümer.

POWYS CASTLE liegt etwas südlich der Grafschaftsstadt Welshpool; im Mittelalter wurde es wegen des sepiafarbenen Sandsteines, aus dem es erbaut ist, auch Castell Coch oder Rotes Kastell genannt. Es liegt in einem herrlichen Park und ist eine der wenigen erhaltenen und noch bewohnten Grenzburgen.

Seine Anfänge gehen bis ins zwölfte Jahrhundert zurück; man nimmt an, daß es ursprünglich eine walisische Trutzburg war. Vielleicht war ihr erster Burgherr Fürst Cadragon, der um etwa 1109 mit der Errichtung begonnen haben könnte. 1191 eroberten die Normannen nach langer Belagerung Stadt und Burg, aber schon fünf Jahre danach waren beide wieder in walisischer Hand.

Um des lieben Friedens willen paktierten die Herren der Burg mit den Normannen und zogen sich so den Zorn Llywelyns des Letzten zu, der 1275 die Burg schleifen ließ. Eduard I. überließ die Ruine der ihm ergebenen Familie Gruffydds ap Gwenwynwyn aus dem Geschlecht der Fürsten von Powys. Sie vergrößerten die Anlage systematisch nach den damals neuesten Erkenntnissen der Festungsbaukunst: Hinter zwei Vorwerken erhob sich ein innerer Mauerring mit einem von Doppeltürmen bewachten Torhaus und einem runden Wohnturm dahinter. 1587 erwarb Sir Edward Herbert, ein Sohn des Grafen Pembroke, die Burg. Unter ihm begann aus der Feste ein Wohnschloß mit einer langen elisabethanischen Galerie zu werden. Doch schon die nächste Generation sah sich mit dem Bürgerkrieg konfrontiert, und abermals mußten die eigentlich zur Verschönerung bestimmten Gelder in Befestigungsarbeiten gesteckt werden. 1644 wurde Powys Castle von Sir Thomas Myddleton, der einen Trupp Puritaner anführte, angegriffen und mußte sich ergeben; doch Cromwell selber gab den Befehl, es nicht schleifen zu lassen, vielleicht, weil sich Herbert auf die Seite der Parlamentstruppen geschlagen hatte. 1667, nach der Restauration der Stuarts, begann William Herbert, 3. Baron Powys, dem der Familienbesitz zurückgegeben worden war, mit dem Ausbau der Staatsgemächer im prunkvollen, durch Versailles beeinflußten Stil Karls II. Er beauftragte den Architekten William Winde, den Südhang des Berges in einen Park nach französischem Geschmack umzuwandeln.

Herbert wurde wegen der Dienste, die er den Stuarts während der Revolutionswirren geleistet hatte, erst zum Grafen und 1687 zum Marquis erhoben. Seine Gemahlin war eine der Kammerfrauen der alternden Königin Maria von Modena. Als diese in den ersten Morgenstunden des 10. Juni 1688 einen Knaben, James Francis Edward Stuart, zur Welt brachte, wurde dieser sofort zum Prinzen von Wales ernannt. Sogleich erhob sich in London zorniges Raunen. Niemand mochte im Ernst an die Mutterschaft der zweiten Frau Jakobs II. glauben, man nahm an, es handele sich um ein untergeschobenes Kind, um die Thronfolge zu sichern. Genau das wurde dem König zum Verhängnis: Solange er nur zwei Töchter aus erster Ehe besaß, hatte man ihn, wenn auch unwillig, geduldet; aber die bloße Vorstellung, daß das kaum verhüllt dem katholischen Glauben anhängende Königspaar einen falschen Prinzen zum Thronfolger erziehen könnte, genügte, um Adel und Bürgertum in Harnisch zu bringen. Noch saßen die Wunden von fast hundertundfünfzig Jahren Religionswirren zu tief; niemand wollte ein neues Risiko eingehen, und so wies man dem ohnehin ungeliebten Monarchen die Tür. Die im Handstreich durchgeführte Absetzung ging als ›Glorreiche Revolution‹ von 1688 in die englische Geschichte ein. Jakob mußte mit der Königin bei Nacht und Nebel nach Frankreich fliehen und zusehen, wie seine Tochter statt seiner das Land regierte.

Bei der überstürzten Flucht war der kleine Fürst von Wales in London zurückgeblieben; es war die Marquise von Powys, die es auf sich nahm, das Baby unter Lebensgefahr übers Meer nach Versailles zu schmuggeln, wohin ihr bald verkleidet ihr dem

Stuart ergebener Gemahl folgte. Powys Castle wurde von dem neuen Herrscher, Wilhelm III., eingezogen und einem seiner Bastarde, dem Grafen von Rochford, zugesprochen. Rochford war ein ebenso leidenschaftlicher Bauherr wie sein Vorgänger und ließ in der Burg ein großartiges Treppenhaus errichten; zu seiner Zeit entstanden auch die übereinandergestaffelten Gartenterrassen. Als Georg I. aus dem Hause Hannover 1722 den Herberts ihren Besitz zurückgab, räumten die Rochfords alles aus, was nicht niet- und nagelfest war, einschließlich des Tafelsilbers und der historischen Dokumente. – 1784 vermählte sich die Tochter des letzten Marquis von Powys mit Edward Clive, dem Gouverneur von Madras und Sieger von Plessy, einem Sohn Clives of India. Er nahm mit Erlaubnis der Krone den Namen Herbert an und wurde 1804 zum Grafen Powys erhoben. Der 4. Graf dieser neuen Linie schenkte 1952 Powys dem National Trust unter der Bedingung, daß die Familie auch weiter dort leben dürfe. Zur Zeit residiert der 5. Graf auf der Burg.

Das Schloß ist trotz des Raubzuges der Rochfords eine Schatzkammer; dort hängen die Portraits der Herberts, gemalt von den größten englischen Malern, den Gainsborough, Reynolds und Romney. Da kann sich das Auge kaum sattsehen an den fürstlich ausgestatteten Staatsgemächern mit Gemälden von Belotto und barocken Gobelins, mit Täfelungen und Stuckdecken aus dem 16.-18. Jahrhundert, darunter Arbeiten von Grinling Gibbons (1648-1721), einem der berühmtesten Stukkateure seiner Epoche. Dazu kommen edle jakobinische und georgianische Möbel, Silberschmiedearbeiten, Limoges-Emaille, das Schwert der ›Marcher Lords‹ von Powys aus dem sechzehnten Jahrhundert und Kostbarkeiten aus der Beute Clives of India, ein erlesenes vielteiliges Sèvres-Service und tausend andere Dinge.

Doch das eigentliche Prunkstück ist der Park, an dem viele Generationen gearbeitet haben. Die vier übereinandergestaffelten Terrassen des hängenden Gartens sind alle ungefähr siebzig Meter lang; die beiden oberen werden schwungvoll von steinernen Balustraden mit Gartenvasen eingefaßt. Auf der breiten Brüstung der Hauptbalustrade unterhalb der Burg tanzen Schäfer und Schäferinnen aus Stein einen wilden, ausgelassenen Reigen; es mögen wohl Keltentänze sein, nach deren Tönen sie sich wiegen und winden. Hohe, formstreng gestutzte Eiben und dunkle Hecken begleiten das formale Spiel der symmetrischen Anlage. Entlang der Terrassenwege nicken hohe Dolden des Schmetterlingsflieders, duften Rosen in verschwenderischer Fülle neben den Arkaden des einstigen Vogelhauses, findet man Waldreben, Sykomoren, Caesalpina japonica, Granatapfelbäume, chinesischen Schneeball und Kletterrosen. Von den Terrassen aus, in deren Stützwände auch die ehemalige Orangerie eingebaut ist, kann der Blick weit über das grüne Bergland bis hin zu den blauen Gipfeln Snowdonias schweifen. Zum alten Teil des Parkes gehörte ein Küchengarten mit liebevoll beschnittenen Obstbäumen und rankenden Rosen, der heute in ummauerte Ziergärtchen aufgeteilt ist.

Unterhalb der Terrassen beginnt ein von Capability Brown angelegter Landschaftspark, der einen flämischen Wassergarten ersetzte. Hier breiten Roblé-Buchen ihr Gezweige über den Rasenteppich, wachsen herrliche Gruppen von Eschen, Eichen, Stechpalmen und seltenen Bäumen, wie einem Gingko Biloba, einem Taschentuchbaum, dessen Blütenflocken im Frühsommer wie Batisttüchlein in den Ästen hängen, auch Pinus ponderosa und Sequoia sempervirens, dazwischen Azaleen und Rhododendren in allen Farben, und der vermutlich höchste Baum in Großbritannien, eine Pseudotsuga menziesii. 1932 wurde ein Pinetum mit Abies alba, Abies delavayi und Abies georgei angelegt. Um einen Teich gruppieren sich anmutig Bambus, Gunnera und andere Sumpfpflanzen.

Bald hinter Powys Castle biegt die Straße in die Grafschaftsstadt Welshpool ein. Sie liegt westlich des Severn-Oberlaufes, geschützt zwischen dem walisischen Bergland und dem englischen Höhenzug Long Mountain, der sich über vierhundert Meter erhebt und meilenweit hinzieht. Das Severn-Tal ist hier, eingebettet zwischen den Bergen zu beiden Seiten, sehr feucht, und das drückt sich im walisischen Namen des Ortes, Y Trallwng oder Trallong aus, er bedeutet: die Marsch.

WELSHPOOL ist ein Treffpunkt der Landbevölkerung der Umgegend. Das Severn-Tal ist zwar feucht, aber fruchtbar, und seine Weiden sind fett. Schon seit dem siebten Jahrhundert fand hier jeden Montag der größte walisische Rindermarkt statt. Dennoch ist der Eindruck eher georgianisch als mittelalterlich, geprägt durch die breite Hauptstraße mit ihren Wohlstand verratenden Backsteinhäusern.

Die Kirche St Marien wurde um 1240 errichtet und 1866 mit brutaler Phantasielosigkeit renoviert. Aus dieser Zeit stammen die häßlichen Farbfenster. Erhalten haben sich die Grabmonumente der Grafen von Powys, ein flämischer Altaraufsatz aus dem 16. Jahrhundert und die schön geschnitzte Eichendecke, die ursprünglich die Klosterkirche von Strata Florida überspannte und erst nach Aufhebung der Klöster hierher gebracht wurde. Das Powysland Museum in der Salop Road wurde 1874 gegründet und zeigt vor allem Römerfunde und heimatkundliche Objekte. An der Stadtgrenze vorbei führt Offa's Dyke, hier bewachsen mit uralten Eichen und Dornhecken.

LEIGHTON, ein östlich von Welshpool gelegenes Dörfchen, besitzt ein 1851 errichtetes Herrenhaus. Es gehörte dem Liverpooler Bankier John Naylor; der Architekt war W. H. Gee, die Inneneinrichtung entwarf der Maler Grace, der auch einige der Wandgemälde im Londoner Parlamentsgebäude schuf.

Naylor ließ sich eine neugotische Kirche bauen, ein oktogonales Mausoleum für seine Familie und eine Anzahl von Musterhöfen. Dem Dorf bescherte er ein Gaswerk, ein halbes Jahrhundert ehe Gaslicht zu einer allgemeinen Einrichtung wurde, und eine wassergetriebene Turbine, die eine Mühle und eine ganze Anzahl landwirtschaftlicher Maschinen in Betrieb setzen konnte, einen Kanal mit eigenem Pumpwerk, der ihm vom Severn genügend Wasser für die diversen Experimente zuführte, und einen Tank für organischen flüssigen Dünger aus Guano und Knochenmehl. Eine kleine Privateisenbahn brachte die Rohstoffe zum Tank; das Knochenmehl wurde in einer eigenen Mühle gewonnen. Leider sind alle diese Anlagen verfallen, denn nach Naylors Tod wechselte das Gut viele Male den Besitzer. Doch noch heute wachsen auf den zum Severn hinabführenden Hängen die schönsten Rotfichten (Sequoia sempervirens) und andere Nadelbäume, die Naylor hatte aufforsten lassen. In seinem großangelegten Versuch, Schönes mit Angenehmen, Nützliches mit Skurrilem zu verbinden, war er ein typischer Waliser, wenn er auch aus Liverpool gebürtig war, und ebenso in seiner umsichtigen Sorge für alle, die von ihm abhängig waren, für alles, was ihm anvertraut war.

OSWESTRY ist eigentlich eine englische Stadt, zumindest liegt sie heute auf der anderen Seite der Grenze. Sie war seit Jahrhunderten Grenzstadt im tragischsten Sinn, immer umkämpft, immer wieder überfallen, immer wieder zerstört. Daß eine solche Stadt keine

IV WILLIAM TURNER (1775-1851)
Llangollen, Nordwales

Aquarell, um 1828-36

Privatsammlung

großartigen Reichtümer anhäufen noch mit noblen Bauten prunken kann, liegt auf der Hand. Besiedelt ist der Ort seit etwa 550 vor Christi Geburt; im Norden fand man Reste eines einstigen Eisenzeitlagers. Seit jenen Tagen hat die Erde hier viel Blut getrunken, sind Weiden und Wald an das Geklirr der Waffen und den Brandgeruch gewöhnt. Im Jahre 642 fand eine große Schlacht zwischen den Heeren Mercias und Northumbriens statt, als der heidnische Angelnfürst Penda gegen den Christenkönig der Sachsen, Oswald, focht. Die Sachsen erlitten eine furchtbare Niederlage, und der grausam gemarterte Leib Oswalds wurde von den siegreichen Merciern an einen Baum genagelt – eine Todesart, die an druidische Riten gemahnt. Der Legende nach hackte ein Adler ihm die Glieder ab und ließ sie im Fluge fallen; dort, wo sie den Boden berührten, entsprang eine wundertätige Quelle, die noch heute sprudelt und der Stadt den Namen gab.

1215 ließ Johann Ohneland in einem Grenzkrieg Oswestry niederbrennen, 1233 wurde sie von Llywelyn dem Großen und 1401 von Owain Glyndwr gebrandschatzt; zwischen 1542 und 1567 stand sie dreimal in Flammen, 1559 suchte der Schwarze Tod sie heim, die Pest; an diese Zeit erinnert das Croes-Wylan oder Tränenkreuz in Morda Road. In seiner steinernen Mulde sollen damals vor Marktbeginn die Münzen in Essig gewaschen worden sein, ein übliches Vorbeugungsmittel gegen die Ansteckungsgefahr.

Während des Bürgerkrieges ließ Cromwell die große, auf einer Moräne errichtete Burg schleifen; die Reste findet man im Stadtpark.

Erhalten hat sich eine Kirche aus dem 17. Jahrhundert; die Turmfundamente stammen noch aus normannischer Zeit. Leider wurde sie 1872-1873 von dem Restaurator George Edmund Street (1842-1881) blindwütig geschändet. Besser erging es der elisabethanischen Lateinschule und einem Fachwerkbau aus der jakobinischen Epoche mit schönen Maßwerkfenstern, ›Llwyd Mansion‹. Deutsche Besucher wird der habsburgische Doppeladler im Wappen der Familie verwirren: Sie darf ihn wegen der kühnen Taten eines Vorfahren zur Zeit der Kreuzzüge führen.

In Western Road steht ›Plas Wilmot‹. Eine Plakette erinnert an Wilfred Owen, der 1893 hier geboren wurde. Er war der Dichter des Ersten Weltkrieges. Arglos und enthusiastisch wie seine ganze Generation zog er in den Krieg, und wie kaum ein anderer hat er in seinen Gedichten Klage erhoben, das Leiden am Töten, das

Grauen der Schützengräben und die Hoffnungslosigkeit der Verwundeten und Verstümmelten zu beschreiben gewußt, aber auch die tiefen menschlichen Beziehungen, die sich zwischen Soldaten im Feld, Freund wie Feind, herstellen. Seine Verse erschütterten mit ihrer schonungslosen Offenheit damals nicht nur England, sondern das ganze kriegsmüde Europa. Owen fiel im letzten Kriegsjahr. *»Hätte er gelebt«*, schrieb Dylan Thomas, *»wäre die englische Dichtung nicht die gleiche.«*

Owen hat nicht nur den Krieg geschildert, sondern auch die Landschaft seiner Heimat, Bauern und Bergleute; eines seiner eindringlichsten Gedichte heißt ›Der Kumpel‹:

Da war ein Wispern in meinem Herde,
Ein Seufzen der Kohle,
Die, müde einer älteren Erde
Sich besann. Am Grund ihrer Sohle

Schon lauscht' ich Geschichten von Laub,
Schachtelhalmen und dem Geraune
Über zerquetschte Farnwälder, niedriges Leben,
listig, voll Raub,
Vor dem Zeitalter der Faune.

Ihr Feuer könnte Dampfphantome zeigen,
Aufsteigend aus Kronos' Kessel in Scharen,
Ehe noch Vögel Nester flochten in den Zweigen
Und Menschen Kinder gebaren.

Aber die Kohle murmelt von der Stollen Tiefen,
Dem Stöhnen all der verlorenen Knaben,
Die dort verrenkten Schlafes schliefen,
Den Männern, die um Luft gebettelt haben.

Jahrhunderte brennen in ihren Frachten,
Die wir unter Ächzen zu Tage brachten,
Ihre Wärme lullt träumende Lider ein
Bei summenden Sanges Ton,
Doch wer träumt bei Feuers Widerschein
Von uns dort unten schon? ...

9
Das Tal von Llangollen: Chirk – Llangollen – Plas Newydd – Valle Crucis

Das Tal von Llangollen ist ein wirkliches Tal zwischen Zügen großgeformter Berge, besonders das goldene Ginstermosaik auf den smaragdenen Matten über Valle Crucis ...
John Ruskin (1819-1900), aus ›Letters to Lord and Lady Mount-Temple‹, 1964

Im Tal des Ceiriog, eines Nebenflusses des Dee, liegt an die Uferhänge gekuschelt das Dorf CHIRK; durch den Park seiner alten Burg verläuft ein Stück von Offa's Dyke.

Diese Burg ist, ähnlich wie Castle Powys, eine der wenigen noch bewohnbaren Grenzburgen von Wales. Bei den Walisern heißt sie Castell-y-Waun oder Wiesenburg. Sie ist eine walisische Gründung und war noch bis kurz vor dem Tode Llywelyns des Letzten in walisischer Hand . Eduard I. ließ sie in eine Steinburg umwandeln, die er dem Markherren Roger III. Mortimer 1283 übertrug. Um 1310 wurde damit begonnen, diese neue Burg nach allen Regeln edwardianischer Befestigungskunst zu sichern und auszubauen. Die neue Anlage zeigt einen fast quadratischen Mauerring mit über rundem Grundriß errichteten Ecktürmen und Verstärkungstürmen, die jeweils in der Mitte der Mauerlängen halbkreisförmig vortreten. Zinnengekrönte Wehrgänge führten entlang der Mauern, breit genug, um zwei nebeneinander herschreitende Krieger patrouillieren lassen zu können. Der Innenhof maß etwa fünfundvierzig zu dreißig Meter; den Zugang bewachte ein Tor zwischen zwei Rundtürmen.

Die Maurer, die diese Burgen für Eduard I. bauten, wurden aus ganz England gezogen; jede Grafschaft mußte nach ihrer Größe und Bevölkerungsdichte eine bestimmte Anzahl von Männern stellen. Das erklärt, wie diese Burgen in der kurzen Spanne eines halben Jahrhunderts geplant und vollendet werden konnten.

Im Bürgerkrieg gewann die Geschichte von Chirk Castle leicht groteske Züge. Sie wurde 1595 von Thomas Myddleton erworben, einem reichen Bankherren, der 1613 Lord Mayor von London werden sollte. Sein Sohn, Sir Thomas, stellte sich wie fast der ganze ›Geldadel‹ während des Bürgerkrieges auf seiten des Parlaments und bildete in Wales zusammen mit dem Grafen von Pembroke die gesamte Cromwellsche Partei, denn Wales war bitterarm, und die Armen fochten überall im Reich für den König, der auch arm war, so arm jedenfalls, daß ihm Parlament und Heer diktieren zu können glaubten. Der englische Bürgerkrieg war ja nicht wie die Französische Revolution oder die russische Oktoberrevolution der Aufstand eines grausam unterdrückten Volkes, sondern die stolze Erhebung der reichgewordenen Bürgerstände und Bauern, die entsprechend ihrem wirtschaftlichen Einfluß um größere parlamentarische Freiheiten und kirchliche Selbstverwaltung rangen. In Chirk entstand nun folgende Situation: Als Sir Thomas unter Cromwells Banner mit seiner Abteilung Eisenseiten einlaßbegehrend vor seiner eigenen Burg aufmarschierte, blieben ihm die Tore verschlossen, denn seine Gefolgsleute hatten sich auf die Seite des verfolgten Stuart geschlagen und walisische Truppen zur Verteidigung von Castell-y-Waun zusammengerufen. Thomas war ein kluger Mann, aber beileibe kein Kriegsheld, und so blieb ihm, wollte er sein Eigentum nicht verscherzen, nichts als ein Parteienwechsel. Aber kaum hatte er sich zu Karl I. bekannt und die Burg besetzt, wurde er nun seinerseits von den Rundköpfen belagert. Nachdem sie seine Mauern mit Kanonenkugeln durchlöchert hatten und er hörte, Cromwell wolle die Burg schleifen lassen, ergab er sich General Lambert; Mars war ihm nun einmal nicht hold. Dies geschickte Taktieren zahlte sich aus, denn bald kehrte Friede ein, und der schöne Besitz blieb seinen Nachkommen erhalten, die noch heute dort residieren.

Das Innere von Castell-y-Waun gleicht eher einem Schloß als einer Burg. Die Staatsgemächer sind im Stuartstil ausgestattet mit üppigen Stuckdecken, eleganten Möbeln und schönen Gemälden. Eines der Bilder stellt eine echte Kuriosität dar: Ein ausländischer Künstler hatte den Auftrag, den Wasserfall Pistyll Rhaedr zu malen. Es gelang ihm wohl, doch vermißte man auf dem Bild Schafe, die überall die walisische Einsamkeit beleben. Die Auftraggeber bemühten sich, dem fremden Künstler ihre Wünsche verständlich zu machen, doch er beherrschte wohl die Sprache nicht so ganz. Immerhin, er tat sein Bestes, vielleicht mit dem Hintergedanken, daß eben alle Engländer einen kleinen Spleen hätten: Er malte auf die Berge entzückende Segler und Bootchen, betrogen von der Ähnlichkeit der Worte Schafe und Schiffe, sheeps und ships …

Die Lange Galerie ist ein getäfelter Raum aus jakobinischer Zeit; in der Großen Halle kann man neben mittelalterlichen Rüstungen auch Bürgerkriegserinnerungen betrachten, so die hohen, mit Eisenblech ausgekleideten Zylinder der Kanoniere: Sie waren durch ihre Form für den Träger völlig nutzlos, aber das einzige Zugeständnis, das die Feuerwerker, die sich mehr als Künstler denn als Soldaten fühlten, an den Krieg zu machen bereit waren; ein Helm hätte ihre Würde verletzt.

Um die von wildem Wein überrankte Burg breitet sich ein waldartiger Park, dessen Hänge einen weiten Blick ins Tal von Llangollen gestatten. *»Die schönste Wirklichkeit«*, schwärmt Fürst Hermann zu Pückler-Muskau in einem Brief an seine Frau vom 15.7.1828, *»erwartete mich heute früh in Wales. Der Traum aus Wolken schien im voraus die Herrlichkeit des Tales von Llangollen verkünden zu wollen, das nach meinem Urteil alle Schönheiten des Rheintales weit übertrifft und dabei eine ganz besondere Originalität in den ungewöhnlich geformten Spitzen und jähen Abhängen der Berge ausspricht.«*

Der größte Schatz dieses Parkes sind die kostbaren Schmiedeeisengitter, ein Werk der Geschwister Davies aus dem achtzehnten Jahrhundert.

Die Schmiede der Davies' lag bei Bersham auf dem halben Weg zwischen Ruabon und Wrexham an der Hauptstraße. ›Croes Foel‹, so der Name, der ›Kreuz am kahlen Hügel‹ bedeutet, wurde von dem Vater, Hugh Davies, gepachtet; die Schmiede selbst mußte einer Straßenerweiterung weichen, doch das alte Gehöft – nur die Nebengebäude stammen noch aus der Zeit der Davies' – trägt eine Erinnerungsplakette. Hugh und seine Frau Elizabeth hatten zehn Kinder, sechs Töchter und die Söhne Robert (1675-1748), das eigentliche Genie der Familie, Hugh, John und Thomas. Alle zehn wurden im Schmiedehandwerk ausgebildet, der Jüngste, Hugh, auf ausdrückliche testamentarische Weisung des Vaters von seinem Bruder Robert. Die Schmiede erbte, wie damals in diesem Handwerk üblich, nicht der älteste Sohn, sondern die Witwe.

Am 2. September 1702 wurde der alte Davies im Kirchhof von Wrexham beigesetzt, dessen Kirchenvorstand er in den letzten Lebensjahren angehört hatte, wie später auch sein Sohn Robert es tun sollte. Nach seinem Tod schufen die Geschwister, unter denen sich Robert und John besonders hervortaten, eine kaum überschaubare Flut von Meisterwerken; ein halbes Jahrhundert lang beschenkten sie Nordwales und Mittelwestengland mit ihrer unüberbietbaren Handwerkskunst und nimmermüden Phantasie. Auch Neffen und Nichten Roberts wurden noch in Croes Foel ausgebildet, doch bei seinem Tod war die große Zeit der Kunstschmiede vorüber, sie wurden verdrängt durch die neue Technik des Eisengusses. Wahrscheinlich arbeiteten die Familienmitglieder nach Roberts Tod für John Wilkinson in den Bersham-Eisenwerken, die durch ihre Präzisionsarbeiten – Dampfmaschinenteile für Boulton und Watt – internationalen Ruhm erlangten.

Zu den Arbeiten der Familie gehören neben den Parkgittern von Chirk die von Erddig, Leeswood Hall, Eaton Hall, Carden Hall, Abbey House in Shrewsbury, Newnham Paddoc in Warwickshire, Aldenham Park bei Bridgenorth, dazu die Kirchengitter in Hamner, Mold, Cilcain, Wrexham, Gwernafield und Eccleston Church in Chester, um nur die wichtigsten dokumentarisch belegten zu nennen. Leider sind nicht mehr alle in situ.

Die Gitter von Chirk zeigen – ein Stilelement der Davies' –, ein streng vertikales, rhythmisch gegliedertes Grundmuster, das an den Perpendicular-Stil, die englische Hochgotik, denken läßt; es wird aufgelockert durch zartes naturalistisches Rankenwerk, Blütengewinde und zierliche singende Vögel. An sonnigen Tagen malt sich das kunstvolle Gebilde spitzenhaft auf den lichten Rasengründen ein zweitesmal ab und bildet einen luftigen Gegensatz zu den fest geschlossenen, zu Pyramiden gestutzten Eiben in ihrer herbdunklen Feierlichkeit.

Im Dorf selbst steht eine gotische Kirche aus dem fünfzehnten Jahrhundert mit den Grabmälern der Myddletons und Trevors; die eine Familie stellte Politiker und Gelehrte, aus der anderen ging einer der größten Feldherren Englands hervor: Wellington, dessen Mutter eine geborene Trevor war. An die Gefallenen des Ersten Weltkrieges erinnert ein Denkmal von Eric Gill.

Etwa einen Kilometer südwestlich von Chirk erhebt sich der zwischen 1796 und 1805 errichtete ›Chirk-Aquädukt‹, den der große Ingenieur Thomas Telford (1757-1854) entwarf, um den Shropshire Union Canal, der Wales mit Shropshire verbinden sollte, über den Fluß Ceiriog zu führen. Der Aquädukt erhebt sich etwa dreißig Meter hoch mit zehn Sandsteinbögen über das Wildwasser und überbrückt eine Länge von fast zweihundertfünfzig Metern. Großartiger noch ist Pont-y-Cysylltau (1795-1805), etwa sechs Kilometer vor Llangollen. Auch dieser Aquädukt, eine über dreihundert Meter lange Gußeisenkonstruktion desselben Baumeisters, führt dem Shropshire Union Canal Wasser zu; in seiner Zeit galt er als eine der bedeutendsten Ingenieursleistungen und wurde von Walter Scott hoch gepriesen. Etwas weiter südlich findet sich ein weiteres Wahrzeichen der Landschaft, ein fast fünfhundert Meter breiter und fast fünfundvierzig Meter hoher Eisenbahnviadukt.

Von Chirk führt die Straße in nordwestlicher Richtung durch das Dee-Tal nach Llangollen.

LLANGOLLEN bezaubert die Reisenden schon seit Jahrhunderten. Hören wir noch einmal den Fürsten Pückler, diesen Kenner landschaftlicher Schönheit: *»Ein reißender Fluß, der Dee, windet sich in tausend phantastischen Krümmungen, von dichtem Laubholz überschattet, durch den Wiesengrund, woraus schroff auf beiden Seiten die hohen Berge emporsteigen, die bald mit uralten Ruinen, bald mit modernen Landhäusern, zuweilen auch mit Fabrikstädtchen, deren turmhohe Feueressen dicken Rauch emporwirbeln, gekrönt sind ... Das Bergstädtchen Llangollen gewährt nach einigen Stunden ein köstliches Ruheplätzchen und ist mit Recht seiner lieblichen Gegend wegen so häufig besucht. Die schönste Aussicht hat man von der Kirche ...«*

Llangollen breitet sich entlang des nördlichen Dee-Ufers aus. Über den Fluß, hier noch ein felsiger, strudelreicher, schäumender Wildbach, spannt sich die steinerne ›Bishop Trevor Bridge‹, die sich aus einer von diesem Bischof schon 1345 errichteten Brücke entwickelt hat. Unter Königin Elisabeth I. wurde sie zu einer prächtigen steinernen Bogenbrücke erweitert und 1873 wie auch 1969 noch einmal dem gewachsenen Verkehr angepaßt. Doch noch kann man in der breiten Brüstung an der einen Seite schmale dreieckige Nischen entdecken, gerade groß genug für ein Pferd oder einen Esel; sie stammen noch aus der Zeit, als die Brücke eben breit genug war, um ein Saumtier entlangtraben zu lassen; ein entgegenkommender Reiter mußte dann in die Nischen ausweichen. Wir überqueren die Brücke und wenden uns in westlicher Richtung zur Bridge Street, die bald in die Church Street übergeht. Diese Straße, die sich in malerischem Schwung am Fluß entlangzieht, war lange Zeit die Hauptstraße, wovon noch eine große Anzahl alter Postkutschengasthöfe erzählt. Llangollen war im 18./19. Jahrhundert Hauptstation für alle Nordwales- und Irland-

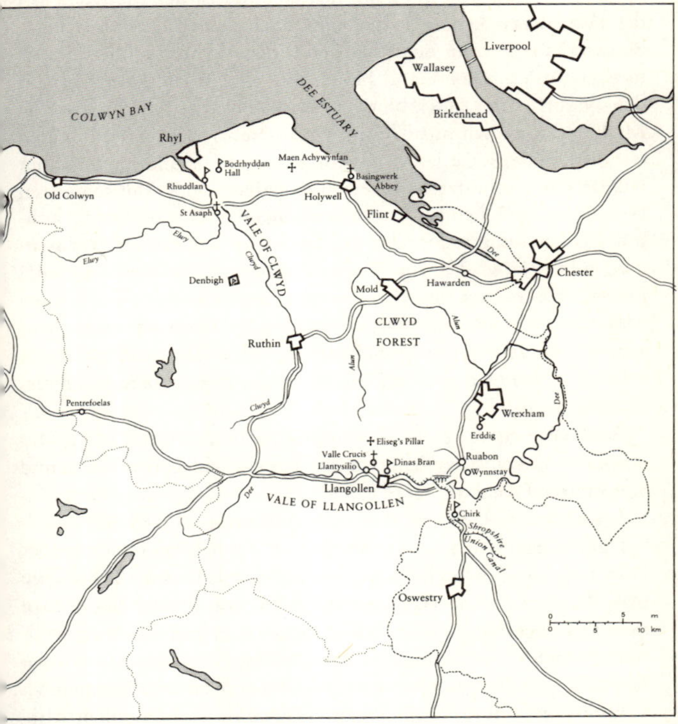
COLWYN BAY
DEE ESTUARY
Liverpool
Wallasey
Birkenhead
Rhyl
Bodrhyddan Hall
Maen Achywynfan
Basingwerk Abbey
Old Colwyn
Rhuddlan
Holywell
St Asaph
Flint
VALE OF CLWYD
Elwy
Clwyd
Dee
Chester
Denbigh
Hawarden
Mold
CLWYD FOREST
Alun
Ruthin
Pentrefoelas
Wrexham
Erddig
Eliseg's Pillar
Valle Crucis
Llantysilio
Dinas Bran
Ruabon
Wynnstay
Llangollen
VALE OF LLANGOLLEN
Chirk
Shropshire Union Canal
Oswestry
m
km

reisenden. Da ist gleich rechter Hand das ehemalige ›King's Head‹, das seit einem Besuch Königin Viktorias 1889 ›Royal Hotel‹ heißt, ein heiterer vielgiebeliger Bau in verwaschenem Blau und Weiß mit guter Küche und Blick auf den Dee; da ist der Fachwerkbau der ›Wynnstay Arms‹, so genannt nach einer Dynastie reicher Bergwerksbesitzer in der Umgegend, den Wynns; früher einmal hieß er ›Adler‹. Das ›Hand Hotel‹ mit seinem Ufergarten erhielt den Namen nach einer blutigen Hand im Wappen der Familie Myddleton, die wir aus Chirk kennen. Neben dem ›Hand‹ finden wir die Kirche, St Collens, eine normannische Gründung mit einer wunderbar geschnitzten gotischen Holzdecke, einer der schönsten von Wales. St Collen ist der Namenspatron des Ortes. Vom Kirchhof aus bewunderte Pückler das Tal: *»Die Vegetation ist durchgängig reich, und Berg und Tal voll hoher Bäume, deren mannigfache Farbschattierungen so unendlich viel zur Anmut und dem Malerischen einer Landschaft beitragen. In dieser üppigen Natur erhebt sich mit um so grandioserem Effekt eine einzige lange, schwarze, kahle Bergwand, nur mit dichtem, dunklem Heidekraut bedeckt.«*

In Regent Street steht die aus Granitblöcken errichtete Old Armoury, das einstige Zeughaus mit eisenbeschlagenen Türen und vergitterten Fenstern; heute beherbergt es das Büro des Internationalen Eisteddfod, das alljährlich im Juli veranstaltet wird.

Dann biegen wir in die Castle Street, die heutige Hauptstraße. Dort steht die Town Hall von 1870 mit den schlechten Proportionen, die man im spätviktorianischen Stil nur allzuoft findet. Auf ihrem tief herabgezogenen Dach hocken völlig unmotiviert zahlreiche Dachreiter; hinter den Arkaden im Erdgeschoß, wo einst Markt abgehalten wurde, verbirgt sich heute eine Ladenreihe.

Ende Castle und Parade Street liegt am Dee Llangollen Mill, eine Wassermühle aus dem achtzehnten Jahrhundert, die von den Webern der Stadt genutzt wird. Man kann dort die Kunsthandwerker bei ihrer schweren Arbeit an den großen Webstühlen beobachten, auch wenn man nicht vorhat, einen der typischen walisischen Stoffe zu kaufen. ›Tapestry‹ wird das doppelt gewebte Wollmaterial genannt, das uralte geometrische Muster in sanften erdigen oder strahlenden Pflanzentönen zeigt: Ocker, Sepia, Elfenbein, Veilchen, Flieder, Schilf, Oliv, Tanne, Zyklame und die ganze Skala der Hortensien, die in Wales überall in so üppiger Pracht aus den Gärten leuchten. Diese Tapestries werden zu all dem verarbeitet, was möglichst lange halten soll in den meist bäuerlichen Haushalten: Bettüberwürfe, Decken, Vorhänge, Capes, Röcke, Taschen und tausend Haushaltsdinge. Da sie aus mit Naturfarben eingefärbter neuer Wolle gewebt sind, zeigen sie sich sehr abweisend gegen Nässe, Schmutz und Druck.

Das Eisteddfod von Llangollen wird auf dem anderen Ufer des Dee abgehalten, gegenüber der St John's Church an der Straße nach Ruabon. Es wurde erst 1947 ins Leben gerufen, zieht aber inzwischen Musiker aus aller Welt an. Jedes Jahr im Juli strömen sie nach Llangollen: Orchestergruppen, Tänzer und Chöre, auch Solisten, und diesen folgt wiederum ein Kometenschweif von bis zu hundertsechzigtausend Zuschauern; auch das Publikum ist natürlich international. Bei den Wettkämpfen werden Preise über viele tausend Mark, aber auch internationale Trophäen vergeben. Wer das Eisteddfod erleben möchte, tut gut daran, sich schon viele Monate zuvor um Unterkunft und Eintrittskarten zu bemühen. Hier entsteht, fern aller staatlichen Gängelung, jedes Jahr für ein paar Wochen eine Atmosphäre echter Völkerfreundschaft, ein Musikfest, an dem die Bevölkerung der ganzen Provinz teilnimmt, das über die offiziellen Veranstaltungen hinaus die Stadt schon Wochen vorher mit Sang und Klang erfüllt, und auf das sie sich während des ganzen Jahres immer von neuem intensiv vorbereitet: *Byd gwyn fydd by gano, gwaraidd fydd ei gerddi fo!* lautet ihr Sinnspruch, was etwa bedeutet: Eine Welt, die singt, ist gesegnet, gesegnet sind ihre Weisen.

Wenn man den Hang am nördlichen Dee-Ufer emporsteigt, stößt man auf ein kleines Fachwerkhaus in einem wunderhübschen tiefen Garten: das ist Plays Newydd, Neuer Platz oder Neues Haus.

PLAS NEWYDD war der Wohnsitz zweier irischer Aristokratinnen, Sarah Ponsonby und Lady Eleanor Charlotte Butler. Es ist eines der wunderlichsten Häuser auf den Britischen Inseln, wie auch das Schicksal der beiden Frauen, die es schufen, zu den wunderlichsten des Rousseauschen Zeitalters gehört. *»Die Beziehung zwischen Sarah Ponsonby und ihrer weiblichen Gefährtin überdauerte fast fünfzig wolkenlose Jahre; sie waren offensichtlich fähig, sich ein friedvolles Eden fern der gewöhnlichen Welt zu schaffen«*, schrieb Simone de Beauvoir 1949 in ›Das andere Geschlecht‹. Aber es war ein schwerer Weg für die beiden Frauen von Irland bis Butler's Hill in Llangollen.

Rousseau hatte der Gesellschaft des achtzehnten Jahrhunderts mit seinen empfindsamen Romanen ein neues Ideal gegeben: den Rückzug aus der ›Welt‹, die Heimkehr zum ›natürlichen‹ Leben. Lady Eleanor Butler, Schwester des 17. Grafen von Ormonde, hatte eine erste Idee davon in dem Konvent empfangen, wo sie, jüngste Tochter eines verarmten Geschlechtes des irischen Hochadels, erzogen worden war. Sie wurde 1739 als jüngste von drei Schwestern geboren. Als sie die Waise Sarah Ponsonby kennenlernte, war sie eine schöne, ungewöhnlich belesene, hochfahrende Frau von fast dreißig Jahren, überall gefürchtet wegen ihrer scharfen Zunge, bewundert wegen ihrer federnden Energie. Sie nahm sich des vierzehnjährigen Mädchens, das auf der Schule von Kilkenny in der Nähe des väterlichen Schlosses lebte, aus Familienrücksichten an, fand aber bald Freude daran, das begabte Geschöpf, das hier erstmals so etwas wie Geborgenheit kennenlernte, zu fördern und zu unterrichten. Sarahs Familie stand an Vornehmheit der von Lady Eleanor nicht nach, aber ihr Stiefvater duldete sie nicht länger in seinem Hause. Nach der Schule wurde sie von einer Tante, die sie sehr liebte und mit der sie die Gartenleidenschaft teilte, aufgenommen; sie war glücklich, bis sie sich den Nachstellungen ihres Onkels ausgesetzt sah, der sich in den Kopf gesetzt hatte, das junge Mädchen nach dem Tode seiner kränkelnden Frau zu ehelichen. Sarah wandte sich heimlich brieflich um Rat an Lady Eleanor, wobei sich herausstellte, daß diese in ähnlich bedrängter Lage war: Ihre Familie wollte die junge Dame, nachdem alle Aussicht auf eine standesgemäße Ehe an deren Eigenwillen gescheitert war, in ein Kloster sperren. Mit großer Geduld und unter schweren finanziellen Opfern gelang es den beiden Frauen, die Einwilligung ihrer Familien für ein gemeinsames Leben im Ausland zu erwirken; man setzte ihnen eine äußerst karge Rente aus, in der Hoffnung, sie dadurch zur ›Vernunft‹ zu zwingen.

Im Mai 1778 kamen sie in Wales an, und sie bereisten einige Monate lang jeden Winkel des Landes, ehe sie sich entschlossen, sich in Llangollen in einer Hütte mit vier kleinen Räumen häuslich niederzulassen. Bei ihnen war ihre Dienerin Mary Carryl, die ihnen aus Irland gefolgt war.

Die ersten Jahre waren nicht leicht; oft wußten sie nicht, wo sie das Geld für die Pacht oder den Schlachter auftreiben sollten; aber ihre Erfindungsgabe und ihre Energie halfen ihnen, mit allen Schwierigkeiten fertig zu werden. Schon zehn Jahre später hatten sie die Hütte in ein kleines Herrenhaus von bezaubernder Eleganz umgewandelt; und aus der ersten Kuh war eine Herde von vieren geworden; sie hielten Hühner und bauten ihr eigenes Gemüse und Obst an. Mit den Dörflern lebten sie in bestem Einvernehmen, und nach und nach wurde ihr Haus, in dem jeder Trost und Hilfe finden konnte, zum gesellschaftlichen Mittelpunkt.

Während sie noch unermüdlich an der Verschönerung ihres Hauses arbeiteten, sprach sich die Kunde von den beiden Einsiedlerinnen herum, und bald ergoß sich ein nie abreißender Strom berühmter Gäste nach Plas Newydd: Scott und Sheridan, Mrs. Siddons, die große Schauspielerin, und Mme. de Genlis, eine berühmte französische Pädagogin, mit ihrer schönen Pflegetochter Pamela, der Schweizer Geologe de Luc und der deutsche Landschaftsgärtner Fürst Pückler, die Politiker Edmund Burke und Lord Castlereagh, der Herzog von Gloucester, ein Bruder des Prinzregenten, und der Herzog von Wellington kamen, dazu die großen Familien der Nachbarschaft, wie Sir Watkin Williams Wynn und die Myddletons von Chirk Castle; Wordsworth kam und der walisische Dichter Jonathan Hughes und auch Anna Seward, einer der berühmtesten Blaustrümpfe des achtzehnten Jahrhunderts, um nur einige Namen zu nennen.

Für alle Gäste, die die Ladies zum zweiten Mal besuchten, gab es eine Bedingung: Sie mußten als Gastgeschenk eine Holzschnitzerei oder ein Stück altes Farbglas mitbringen. Mit diesen Freundschaftsgaben täfelten die beiden ›Ladies von Llangollen‹, wie sie inzwischen genannt wurden, ein Zimmer nach dem anderen, füllten sie ein Fenster hier und ein Fenster da und schufen über der Tür zur Bibliothek eine raffinierte Lichtbogenanlage, eine Art prismatischer Laterne aus geschliffenem Glas, die von zwei eingebauten Lampen erhellt wurde. Die Eichenschnitzereien in der kleinen Eingangshalle gehen zurück bis auf das Jahr 1192; das Treppengeländer aus Ebenholz brachte erst ein späterer Besitzer, General Yorke, vor einem Besuch Königin Viktorias an.

Auch die hellgetünchten Außenwände des Hauses wurden durch Schnitzwerk aufgelockert: Das Südportal stammt aus der Zeit Karls I.; die großen Löwen links und rechts vom Hauptportal sind ein Geschenk des Herzogs von Wellington, und die Fensterrahmen zu beiden Seiten der Tür übersandte die Herzogin von St Albans. Im Untergeschoß findet man links einen kleinen Wohnraum mit alten Ledertapeten, rechts das Speisezimmer mit einfacher Täfelung, Stuckdecke und geprägten Juchtentapeten mit Blumenmuster. In dem großen Fenster zum Garten leuchten heraldische Farbscheiben; dadurch sollte der Küchenbau verdeckt werden. Der Kamin zeigt auf Delfter Kacheln spielende Kinder.

In der anschließenden Bibliothek sieht man über den eingebauten Vitrinen in neugotischem Geschmack eine Gobelinbespannung mit weißen, rosa und blaßblauen Blüten zwischen oliv- und teefarbenen Ranken auf elfenbeinernem Grund. Der Kamin mit blaugemusterten Blumenkacheln hat ein geschnitztes Kaminstück. An die Ladies erinnern Klavierzimbel und Harfe sowie eine Reihe von Bildern und Drucken, Briefen und Büchern und Zeitungsausschnitten, die in den Vitrinen ausgestellt sind.

Die Schlafzimmer der Damen lagen ebenso wie der für Besucher bestimmte ›Staatsraum‹ im ersten Stock; die Dienerin hatte ihre Kammern im darüberliegenden Dachgeschoß. Lady Eleanors Raum zeichnet sich durch einen Van-Dyck-Fries mit Grotesken aus; die Wände sind getüncht, der Kamin ist mit Delfter Kacheln geziert. In Sarahs Zimmer mit einem ›Puderkabinett‹ und einem runden Glasfenster zum Flur findet man ein barockes Kaminstück und im Gartenfenster neben anderen Glasmalereien einen weißen Hirsch mit goldenem Geweih. Beide Zimmer haben geschnitzte Erkerbänke. Im State Room, wo Wellington als junger Mann schlief, sieht man ähnliche Spitzbogenschränke wie in der Bibliothek und einen Renaissancekamin aus Ebenholz.

Seitlich vom Haus lag der in vier Abteilungen gegliederte Obst-, Kräuter-, Blumen- und Küchengarten, in dem die Ladies auch ihren eigenen Spargel zogen. Hinter dem Haus breitete sich ein großer Rasenplatz mit dem Blick auf den Dee und die gegenüberliegenden Berge aus, beschattet von Weiden, Buchen, Pappeln, duftenden Syringen und Goldregen, umrahmt von weißem Ginster, Lilien und seltenen Rosenarten, darunter die damals beliebte Rosa Mundi und die zarte ›Maiden's Blush‹, sowie Steingewächse wie Snowdon-Nelken und Enzian. Anna Seward, die sich mit den Ladies befreundete, beschrieb den Küchengarten entzückt als ein *»Muster an Zierlichkeit schlechthin«*, und lobte selbst Kuhstall und Milchkammer wegen ihrer ›Eleganz‹, hervorgerufen durch die *»weißen, schimmernden Gefäße für Milch, Butter und Sahne, so rein wie Schnee im Nordwind«*.

Die Liebe zu Haus und Garten spiegelte sich für den Besucher auch in der ungewöhnlich reichhaltigen Bibliothek, die neben allen wichtigen politischen, literarischen und geographischen Büchern der Epoche auch alle damals, zur Geburtsstunde des englischen Landschaftsparkes, erschienenen Gartenbücher enthielt, viele sogar in doppelter Ausführung.

Fast fünfzig Jahre lang lebten die Ladies hier in ihrer selbstgewählten und eisern verteidigten Einsamkeit. Langeweile kannten sie nicht: Sie versahen ja mit Hilfe nur einer Dienerin und später eines Gärtners die ganze Wirtschaft selbst, malten, lasen, stickten, musizierten, machten lange Fußmärsche in die Umgebung, bauten, pflanzten und führten Haushalts- und Tagebücher in Schönschrift wie kleine Kunstwerke, empfingen fast täglich Gäste und schrieben unzählige Briefe. Sie verschenkten Rezepte, Arzneien, Geheimmittelchen, seltene Blumen, Stecklinge und selbstgezogenes Obst und erhielten als Gegengaben Hasen und Eier, junge Katzen und junge Bäume, und manchmal schickte ihnen das ›Hand Hotel‹, in dem sie gerne Gäste unterbrachten, als Dank vornehme Menüs. Darauf legten sie nicht sehr viel Wert; sie hatten ihre eigene Vorstellung von der Bewirtung ihrer Besucher: *»Zum Frühstück sollen Sie sich ein paar frischgelegte Eier schmecken lassen, von unseren Jersey-Hennen, die die allerschönste Halbtrauer tragen, welche Sie jemals erblickten! Mit Federbüschen auf den Köpfen, die zu tragen sich die Herzogin von D… nicht zu schämen bräuchte. Ihr Mittagsmahl soll gekochte Kücken aus unserer eigenen Zucht sein. Spargel aus unserem Garten. Selbstgeräucherter Schinken, und Hammelbraten aus unserem Dorf. Und zum Supper bereiten wir Ihnen Stachelbeerpudding, Kronsbeertörtchen, gebratenes Geflügel und Sallat. Kann Sie solches nicht verführen?«*

1809 starb die Dienerin Mary Carryl, der sie auf dem Kirchhof von Llangollen einen schönen Grabstein setzen ließen. Mary, die sich immer geweigert hatte, ein Gehalt anzunehmen, aber von den Besuchern durch reiche Trinkgelder schadlos gehalten wurde, hatte heimlich ein von den Ladies gepachtetes Stück Land gekauft und hinterließ es ihnen in ihrem Testament; es war die Weide für die vier geliebten Kühe.

Zwanzig Jahre später verschied Lady Eleanor, und Sarah Ponsonby folgte ihr nach zehn Jahren. Beide wurden in der Kirche St Collen beigesetzt, wo man ihre Gräber noch sehen kann.

In ihrem Testament bedachte Sarah alle ihre Helfer; Haus und Einrichtung hinterließ sie ihren Neffen, die es weiterverkauften. 1786 wurde es von John Yorke aus der Familie der Yorkes auf

Schmack bewerkstelligen können. Im Spätsommer 1771 machte

der Sage nach soll ihm Iolo auf dem Totenbett das Datum genannt haben, an dem Owain sich selber krönte und seine Erhebung gegen England begann

waren sich selbst erhaltende, produzierende Gemeinschaften, die den Bevölkerungsüberschuß der armen, kaum entwicklungsfähigen Landschaft aufsaugten und den dritten Söhnen und Töchtern der Schafzüchter der Umgegend Arbeit und Brot und die Möglichkeit, sich zu qualifizieren, boten. Es waren Gemeinschaften, in denen jeder auf jeden angewiesen war, und in denen jeder die Entwicklung vom Samenkorn zum täglichen Brot, vom Ei zum bunten Geflügelhof, vom Flachssamen zum Tafellinnen, von der Eichel zum schön geschnitzten Möbel oder vom gebrannten Kalk zum Farmarbeiterhaus oder vom Flies zum Gobelin miterleben und mitgestalten konnte: Man verzehrte nicht nur, wie die Bürger in der Stadt, man produzierte selbst, was man verzehrte, und man verzehrte es gemeinsam.

Ehe wir uns einen Blick auf Erddigs Staatsgemächer gestatten, rasch noch einen Rundblick in die Räume des Souterrains mit der Servant's Hall, dem Dienstraum des Butlers, dem Vorratsraum, dem Büro des Verwalters, dem Lampenzimmer – wo die Lampen aufbewahrt und abends gefüllt und angezündet wurden –, dem kleinen Familienmuseum mit privaten Erinnerungen und dem ›Tribes Room‹, in dem man die Wappen der fürstlichen Familien von Wales, wie Philip I. sie erforscht hat, sehen kann. Die ›Neue Küche‹, unter Philip I. mit großen palladianischen Fenstern errichtet, liegt wegen der Brandgefahr außerhalb des eigentlichen Hauses. Abwaschküche, Wasch- und Plättstube gruppieren sich um den Wäschehof von 1770. Küche wie Waschküche sind mit Gerät aus ihrer Entstehungszeit eingerichtet, wie einer buchsernen Mangel, großen Kupferkesseln mit halbautomatischem Dampfabzug, Trockengestängen, Plissiereisen, Herd und Hackblock, Pfannen und Tiegeln. Im Gang zwischen der Küche und dem Eßsaal des Personals hängen Photographien und Daguerreotypen einstiger Angestellter.

In der Servant's Hall aus dem 18. Jahrhundert, einem großen hellen, geweißelten Raum mit blankgescheuertem Tisch und gedrechselten Stühlen verschiedener Form, darunter einem hübschen Windsorarmsessel, hängen die Gemälde der Leute aus dem 18. Jahrhundert; das älteste zeigt einen hübschen dunkelhäutigen Jungen in Livrée aus prächtigem Stoff: John Mellers Kutschjunge oder ›Tiger‹, wie es später hieß. In der Zeit, als immer leichtere, schnellere Kutschwagen aufkamen, war es dessen Aufgabe, auf dem Rücktritt über den hohen Hinterrädern des Gefährts den selbstkutschierenden Herrn zu begleiten, beim Ab- und Aufsteigen die Zügel zu übernehmen und vor jeder Zollschranke rechtzeitig ins Horn zu stoßen, um den Zöllner vor die Tür zu rufen, damit es keinen Zeitverlust gab. Diese Wagen wurden von besonders feurigen, schnellen Pferden gezogen und von den besten Stellmachern gefertigt; ein solches Gefährt und Gespann war ein Vermögen wert, und die Stellung des Tigers, der in den offenen Gefährten jedes Gespräch mit anhören konnte, eine ausgesprochene Vertrauensstellung; von seiner Geschicklichkeit und Behendigkeit hing zudem oft Gesundheit, ja Leben und manchmal, bei Wettfahrten, auch das Vermögen seines Herren mit ab. Ein Mann, der einen hochrädrigen Phaeton sicher und stilvoll zu fahren wußte, galt als ›Nonesuch‹, als Unvergleichlicher, und der Groom, der persönliche Stallknecht, eines Nonesuch konnte sich im Ruhm seines Arbeitgebers sonnen und stets Abwerbungsversuchen gewärtig sein.

Die meisten der anderen Gemälde wurden zur Zeit von Philip I. gemalt; besonders reizvoll ist das des Wildhüters Jack Henshaw, von seinen Hunden freudig umdrängt; im Hintergrund liegt unter einem gewaltigen Abendhimmel der helle Block des Schlosses auf seinem Hügel und scheint mit seinen vielhundert Fenstern in die Weite der sanft modellierten Berglandschaft zu starren. Oder das der Jane Ebbrell, einer alten Magd, die mit ruhevoll in den Schoß gelegten Händen vor ihrem kleinen Altershäuschen auf einer Bank sitzt; das charaktervolle Gesicht mit den großen beobachtenden Augen gezeichnet von einem langen arbeitsreichen Leben.

Die Staatsgemächer zeichnen sich durch Solidität und sicheren Geschmack aus; nur einige können hier Erwähnung finden. Da ist der 1826 von Thomas Hopper in einem strengen klassizistischen Stil mit Kassettendecke und Säulenfries umgebaute Speiseraum mit langem ovalen Ausziehtisch und Stühlen mit geschnitzten Lehnen aus derselben Zeit; rund sechzig Jahre älter sind die Besteckschränke mit Tafelsilber von 1791.

In diesem Raum hängen auch die Familienportraits der Yorkes und Meller, darunter ein hinreißendes Gemälde Philips I. von Gainsborough, und ein großes Stilleben von Frans Snyders. Der Salon ist seit langem berühmt wegen seiner ungewöhnlich reichen und gut erhaltenen Goldstukkaturen und alten Spiegel; die Boulle-Kabinette enthalten altes englisches und Meißner Porzellan und venezianische Glasarbeiten. Die Gobelins im ›Tapestry Room‹ kommen aus der Soho-Manufaktur und wurden um 1726 bestellt; aus derselben Zeit stammen die original versilberten Stühle mit weinfarbenen Damastbezügen. Der ›Chinese Room‹ ist mit handgemalten Tapeten, die chinesische Handwerker bei der Arbeit zeigen, und echtem alten Chinaporzellan ausgestattet. Das eleganteste aller Zimmer im Schloß ist jedoch zweifelsohne der ›State Bedroom‹, ein mit türkisfarbenen echten chinesischen Tapeten verkleideter Raum mit chinesischen und japanischen Möbeln und Lackarbeiten aus dem 18. und 19. Jahrhundert. Prunkstück ist das breite Himmelbett – der vergoldete und über und über mit winzigen Vögeln und Blumen bemalte Stuckhimmel ist wahrscheinlich ein Werk John Belchiers; die gestickten Vorhänge und der Bettüberwurf aus chinesischer Seide in feinem Teeton wiederholen dies Thema der Vögel und Blüten: eine Chinoiserie von höchster Kunstfertigkeit, vor kurzem aus dem Victoria and Albert Museum zurückgekehrt, wo man sie in jahrelanger Arbeit restauriert hat.

Nach dem Rundgang durch das Schloß wartet der Park; vor ein paar Jahren noch völlig verwildert, läßt er heute wieder erkennen, wie er einst ausgesehen haben mag, mit seinen Rasen und kunstvollen Rabatten; Lindenalleen kommen dazu, ein Wald von Trauerbuch im Clywedog-Tal, ein Moosweg, den Irische Eiben und Stechapfelhybriden säumen und überall majestätische Gruppen alter Bäume wie Eiche, Holzapfel, Esche und wilde Kirsche, deren Erhaltung schon Philip I. seinem Landschaftsgärtner William Emes – der auch für Chirk und Powys Castle gearbeitet hat – dringend ans Herz legte. Emes schuf für Erddig 1774 ein seltsames Wasserspiel, ›Cup and Saucer‹ genannt: Ein flaches Brunnenrund staut die Wasser eines Wiesenbaches und läßt sie dann über einen zylindrischen Schacht in seiner Mitte in die Tiefe stürzen; sie rinnen durch einen Tunnel und treten dann wieder hervor.

Gärten kann man kaum beschreiben: man muß sie fühlen, sehen, riechen, wenn die Sonne durchs Geäst fällt und grünliche Kringel auf die Wege malt oder die Samthaut der Pfirsiche sich röten läßt, wenn man über den Schatten dunkler Eibenhecken beglückt ist oder sich am Farbenspiel herbstlichen Laubes vor einem stürmischen Oktoberhimmel ergötzt; wenn die Teiche im Eis gefangen sind und die Zweige vor Reif glitzern, oder in einer Spätfrühlingsnacht, wenn die Vögel noch einmal aufzwitschern, ehe die Nachtigall ihr einsames Lied für den Mond und die ersten Rosen beginnt. Darum soll jetzt nur noch einmal Philip I. Yorke, der Mann, der

Erddig und seine Menschen am tiefsten geliebt hat, mit einem prosaischen Text das Wort haben, ehe wir den Garten, dessen Erhalt wir auch ihm verdanken, verlassen:

> Mr Yorke, der mit großen Kosten nach der Arbeit mancher Jahre Gartengrund und Waldwege um Erddig vollenden ließ, wünscht seinen Nachbarn kundzutun, daß sie äußerst willkommen sind, dorten zu ihrer Gesundheit und Kurzweil zu lustwandeln. Alles was er erbittet: Daß sie den Park nur von der Wiese her über die hölzerne Fußbrücke betreten und verlassen möchten; Daß sie sich an die Kieswege halten, um Gras und Rasen zu schonen; Daß sie keine Blumen abreißen und Bäume und Sträucher in Frieden lassen wollen. Mr Yorke ist zuversichtlich, daß alle Wohlmeinenden seinen Wünschen darin bereitwilligst nachkommen werden.

Von Erddig aus nehmen wir die Straße nach Nordwesten, die dem River Alun folgt. Östlich des Flusses bildet die Landschaft, das Mündungsgebiet von Mersey und Dee, eine riesige Tiefebene, aber im Westen erheben sich die braungrün gefleckten, sanften Häupter des Clwyd Forest. Der Alun, nachdem er einen kleinen Bogen geschlagen hat, kreuzt kurz vor Mold wieder unsere Straße und begleitet uns jetzt bis in die Stadt.

MOLD ist ein alter Marktflecken, wo sich seit altersher die Straßen kreuzten. Gesiedelt haben hier schon Kelten; ein kostbares goldenes rituelles Gewand wurde 1833 gefunden, das man heute im Britischen Museum in London bewundern kann. Der Name der Stadt entwickelte sich aus dem normannischen Mohault, hoher Berg. Von der Holzburg der Normannen hat sich nichts als der Burghügel erhalten. Die Pfarrkirche wurde im späten 15. Jahrhundert von den Stanleys aus dem nahen Chester errichtet; ihr hübscher Turm stammt aus dem 18. Jahrhundert. Im Innern begeistert die geschnitzte Holzdecke; die Arkadenbögen zeigen reichen Steinmetzschmuck. Auf dem Friedhof findet sich nördlich der Kirche das Grab von Wales' größtem Maler, Richard Wilson, der 1782 starb.

In der Earl Road liegt das Daniel Owen Centre, eine Mischung aus Museum, Ausstellungsgalerie und Gedenkstätte. Herzstück ist eine altväterische Schneiderwerkstatt, eingerichtet mit allem Werkzeug, Kamin, Öllampe, Teetischchen; zwei elegante Röcke hängen noch dort, der eine auf einer Schneiderpuppe: eigenhändige

›Werke‹ des Dickens von Wales, Daniel Owen, der hier am 20. Oktober 1836 geboren wurde und nach seinen theologischen Studien in Y Bala als biederer Schneidermeister zurückkehrte und am 22. Oktober 1895 starb. Owen hielt in seinen vielen realistischen Romanen seinen puritanischen Landsleuten einen kritischen, manchmal satirischen Spiegel vor. Besonderen Ruhm erlangte seine autobiographisch gefärbte Trilogie ›Rhys Lewis‹, ›Enor Huws‹ und ›Gwen Tomos‹, an der er von 1885 bis 1894 arbeitete. Mit Dickens verbindet ihn vor allem die Kunst, Menschen mit sprachlichen Mitteln zu charakterisieren, und sein sozialkritisches Engagement.

Mold besitzt ein großes modernes Theater mit drei Bühnen, Bar und Restaurant, das von der Grass Roots Theatre Company und einem festen Opernensemble – dem einzigen in Wales mit eigenem Haus – bespielt wird.

DER WILDE NORDEN

Im Geiste wanderte ich zurück durch die Jahrtausende ... und bevölkerte diese steilen Abgründe und Felsen mit Toten, den unbekannten und denen, die die Phantasie bewegen: Kriegern, Schäfern, Dichtern, Handelnden und Bewahrenden, die alle ihre kurze Spanne Zeit zwischen den kahlen Bergen leben und ihre Hoffnungen, ihre Träume und ihre allzu menschlichen Sehnsüchte mit in die murrende Erde nehmen ...

Gwyn Jones, aus ›A Prospect of Wales‹, 1948

II

An den Stränden des Dee: Hawarden – Flint – Holywell – Basingwerk Abbey

Die Flut kroch von Westen her über den Strand,
über und über den Sand,
rundum über den Sand,
so weit die Augen sehn;
Wogend schlug Nebel herab auf das Land,
Und um Hirtin und Herde war es geschehn ...
Charles Kingsley (1819-1875),
aus ›The Sands of the Dee‹

Der Dee, der im Tal von Edeyrnion entspringt, sich beharrlich seinen Weg durch das romantische Tal von Llangollen nach Osten sucht, dann auf seinem Weg nach Norden zum Meer eine Zeitlang die Grenze zu England bildet, wobei er sich kräuselt wie eine Rüsche aus Plissee, und dem schönen Chester in England einen Höflichkeitsbesuch abstattet – bis zu dieser Stadt war sein Lauf einst schiffbar –, weitet sich, sowie er die Grenze wieder überschritten hat, zu einem mächtigen, Ebbe und Flut unterworfenen Mündungstrichter, dem Dee Estuary. Zu beiden Seiten des Flusses haben sich hier im Lauf der letzten Jahrhunderte breite Salzmarschen gebildet. Wie verwitterte steinerne Terrassen tauchen hie und da Felsenriffe aus dem Wasser, umschwirrt und besetzt von Tausenden von Vögeln.

Die Marschen sind das Winterquartier für unzählige Zugvögel, die im Herbst ihre arktischen Brutgebiete verlassen müssen; man schätzt die Zahl der gefiederten Gäste auf rund hundertfünfzigtausend. Die meisten haben lange, spitze, oft gebogene Schnäbel und Stelzbeine, um im Wattboden nach Muscheln, Seeschnecken, Krabben und Würmern suchen zu können. Man kann hier Brachvögel finden und Uferschnepfen, Austernfischer – die übrigens keine Austern knacken –, die gemeine Meerschwalbe und die kleine Meerschwalbe mit azurnen Flügeln, schwarzem Käppchen und orangerotem Schnabel, die Gelbe Bachstelze, den Rotschenkel mit

Conwy Castle mit einer Telford-Brücke im Vordergrund, Gwynedd.

Llandudno, Gwynedd. Strand.

Alter Gasthof in Welshpool, Powys.

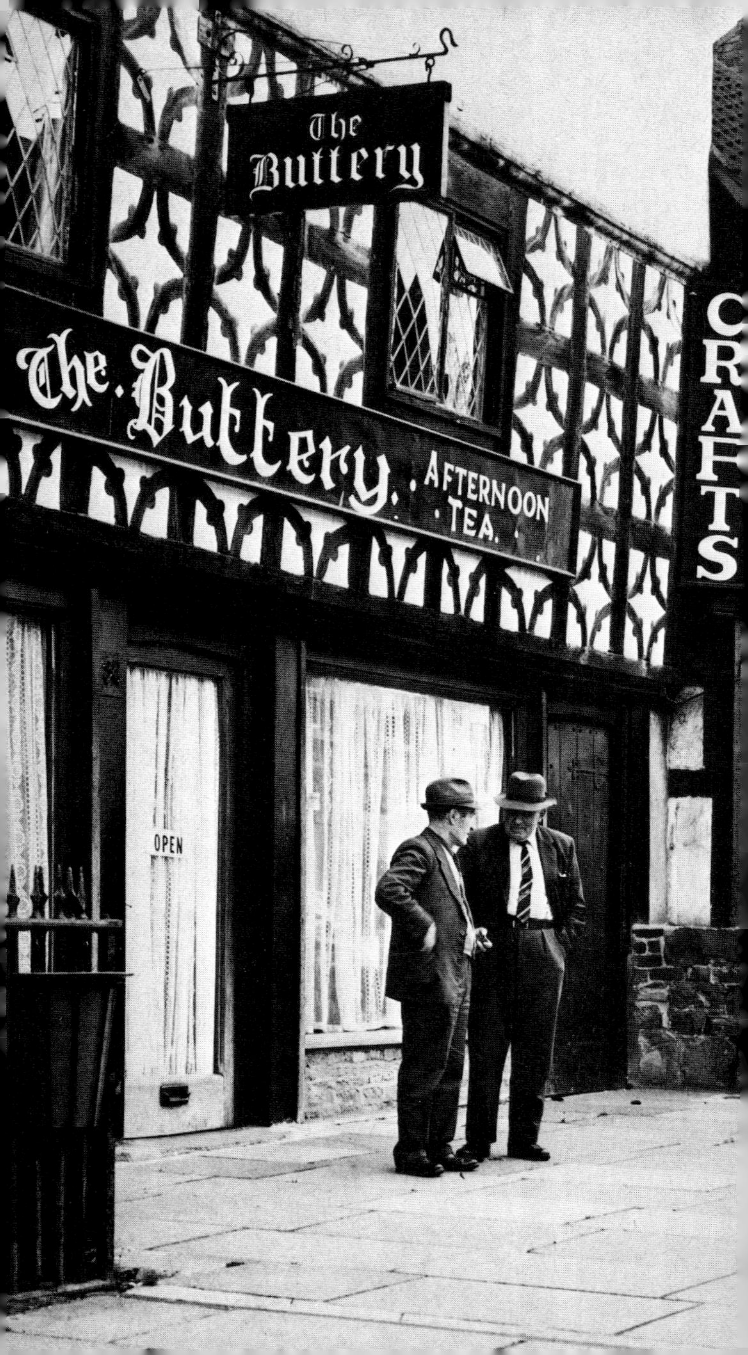
The Buttery
The. Buttery. AFTERNOON TEA.
CRAFTS
OPEN

braungesprenkeltem Federkleid und hohen, ziegelroten Beinen, Seelerchen, Wasserwachteln mit veilchenblauem Kopf- und Brustgefieder und scharlachfarbigem Schnabel, alle möglichen Entenvögel und Taucher, und auch den Regenpfeifer und die Kurzohreule.

Durch die oft überfluteten Uferbänke ziehen sich schmale prilähnliche Gräben; wo der Boden etwas fester ist, grasen wohl ein paar Schafe. Fern am Horizont schimmern die Gebirge von Snowdonia im Westen und Cumberland im Norden. Wenig will an den versalzten Ufern wachsen: Ried, fleischiger blaugrüner Meerfenchel, Wollgras und andere weißblühende Gräser, die im Frühling ganze Flächen in Blütenschaum hüllen, hie und da wilde Orchideen mit violetten Blütenkolben. Überall steht zwischen bewachsenen Bänken das Wasser; bei Ebbe glänzen die Marschen vor Feuchte. Wenn die Sonne untergeht, wirkt die ganze Landschaft im sinkenden Licht wie flüssiges Gold. Es gibt ein paar kleine Orte nahe der Küste, aber die eigentliche Herrscherin ist die Einsamkeit, die selbst die scheuen Seehunde dazu verlockt, sich hier zu sonnen.

HAWARDEN liegt im südlichen Teil des Schwemmlandes der Dee-Mündung, ein altes Hügeldorf mit einer normannischen Burgruine. Erhalten sind die Reste eines massigen Bergfrieds mit Kapelle und Bankettsaal. Die Burg wechselte ständig zwischen englischen und walisischen Besitzern. 1282 brachte der Bruder Llywelyns des Letzten, Dafydd IV., in einer gewitterdurchtobten Palmsonntagnacht sie noch einmal in seine Gewalt; doch er wurde schon bald darauf gefangengenommen, nach Shrewsbury gebracht, vor Gericht gestellt und als Verräter gevierteilt.

Während des Bürgerkrieges kam Hawarden durch Verrat an die Puritaner, wurde 1643 von den Royalisten zurückerobert und dann endgültig von Cromwell geschleift. Die Ruine heißt heute Old Castle; Castle Hawarden nennt man dagegen das große Herrenhaus in ihrer Nähe, das um 1752 errichtet wurde. Dort kam Catherine Glynne zur Welt, eine reiche Erbin, um deren Hand 1839 ein junger, sehr konservativer Parlamentarier anhielt, der gerade mit seinem ersten Buch, ›Das Verhältnis von Kirche und Staat‹, Furore gemacht hatte: William Ewart Gladstone (1809-1898). Gladstone war ein Kaufmannssohn aus Liverpool, der den Ehrgeiz besaß, in seinem Land zu den höchsten Ämtern aufzusteigen. Die

Ehe wurde noch im selben Jahr geschlossen; und von diesem Tag an bis zu seinem Tode verwaltete Gladstone selbst das Gut in Hawarden; wie er später schrieb, war es ein ständiges ›Dicht am Winde Segeln‹, aber *»ich habe dabei vieles gelernt, was meiner heutigen administrativen Aufgabe zugute kommt«*. Gladstone wandelte sich, bewußt lernend, bald zum Liberalen und Sozialreformer; viermal wurde er, der Vorkämpfer für Toleranz und für eine gemäßigte Außenpolitik, Premier seines Landes. In all dieser Zeit befaßte er sich außer mit dem Gut auch mit den Wissenschaften; er übersetzte die Klassiker der Antike und las alle großen Werke der Weltliteratur. Sein besonderes Interesse jedoch galt religiösen Schriften. Die große Bibliothek, die er im Laufe seines Lebens zusammentrug, hinterließ er der Stadt Hawarden, zugleich mit einem Bau für ihre Unterbringung, dem ›St Deimiol-Hospiz‹. In der St Deimiol-Kirche, einem frühgotischen Bau, für den Sir Edward Burne-Jones (1833-1898) ein Farbfenster schuf, erinnert ein Epitaph an den Staatsmann; sein Grab fand er in der Westminster-Abtei in London.

Hawarden lebt heute vor allem vom Flugzeugbau; etwas westlich der Stadt befindet sich ein großer Flughafen der RAF, der Königlichen Luftwaffe. – Wir verlassen Hawarden und folgen dem Fluß mit seinen schimmernden Marschen durch ein Industriegebiet mit Werften und Kohlenzechen bis Flint.

FLINT bedeutet Kiesel, Feuerstein. Kiesel hat der Fluß hier seit Jahrtausenden an den Strand gewaschen. Flint Castle ist eine jener großen Normannenburgen, die König Eduard I. nach seinem ersten Krieg mit Llywelyn dem Letzten überall entlang der Grenzen und Küsten von Wales errichten ließ. Den Bau von Flint ließ er noch im gleichen Sommer, im Jahr 1277, beginnen; zeitweise arbeiteten hier fast tausend Männer – die Handwerker wurden aus ganz England geholt – gleichzeitig. Bereits im ersten Monat beliefen sich die Kosten auf die für jene Zeit wahrhaftig abenteuerliche Summe von hunderttausend Pfund Sterling.

Die Anlage bestand aus einem fast quadratisch ausgerichteten Mauergürtel, der an den vier Ecken durch Türme verstärkt wurde. Im Nordosten umspülen die Wasser des Dee, der sich hier schon sehr stark verbreitert hat, die einst zinnenbewehrten Mauern und den Fuß des Donjon, eines riesigen, außerhalb des Mauerkranzes gelegenen Rundturms, der nur über eine Zugbrücke zu erreichen war und dem ganzen Gebilde eine Art Dreiecksform verlieh. Seine Mauern hatten eine Stärke von über sieben Meter und umschlossen mehrere Hallen, Kemenaten und eine Kapelle. Gegenüber von Flint erstreckt sich am anderen Dee-Ufer die Wirral-Halbinsel, ein damals völlig undurchdringliches Sumpfgebiet, und Sümpfe fanden sich auch am Dee südlich von Flint, so daß die Burg nur von Westen her angreifbar war. Die Befestigungsarbeiten wurden 1280 fertiggestellt. 1311 empfing König Eduard II. auf Flint seinen beim Adel und im Volk verhaßten Günstling Pier Gaveston. Christopher Marlowe hat in seinem Drama ›Eduard II.‹ das Schicksal des Fürsten später geschildert. Die nächste historische Szene, die sich auf Flint abspielte, die Gefangennahme Richards II., fand ebenfalls Eingang in die Weltliteratur: Marlowes großer Nachfolger William Shakespeare hat sie in seinem Königsdrama ›Richard II.‹ gestaltet. Der Monolog des Königs bei seiner Verhaftung auf Flint gehört zu den Kleinodien englischer Dichtkunst: *»What shall the king do now? Must he submit?«* bis zu dem großartig gesteigerten *»Down, down I come like glist'ring Phaeton«*.

HOLYWELL, ein Stück weiter flußab, ist das walisische Lourdes. Kymrisch heißt es Treffynon, Quellenort. Schon die Römer gebrauchten seine heilenden Wasser bei Rheumatismus und Gicht. Die Legende erzählt, daß der wundertätige Quell entsprungen sei, als der Britenfürst Caradoc der christlichen Jungfrau Gwenfrewi oder Winifred den Kopf abschlug, weil sie sich seinem Begehren versagt hatte. Ihr Onkel, der heilige Beuno, fügte den Kopf wieder an den Rumpf, und ein Wunder geschah: Der Lebensatem der Märtyrerin kehrte zurück. Sie wurde später die Äbtissin von Gwytherin bei Llanrwst, wo sie noch viele Wunder wirken sollte. Die Quelle wurde zum Pilgerbad ausgebaut.

Im Mittelalter wurde der Ort besonders geehrt. Vor der Schlacht von Agincourt schwor Heinrich V., daß er nach Holywell pilgern wolle, wenn ihm Gott den Sieg über die Franzosen schenke. Bis zur Auflösung der Klöster 1537 wachten die Brüder der nahen Basingwerk Abbey über das Heiligtum. 1490 stiftete Margaret Beaufort (1443-1509), die Mutter des nachmaligen Königs Heinrich VII. Tudor, eine Kapelle für St Winifred. Dieser Kapellenraum, schon fast eine kleine Kirche, ist im reinsten Perpendicular-Stil errichtet mit feinem Schnitzwerk und einem steinernen Tierfries an der Außenmauer. Margaret stattete auch andere Perpendicular-

Kirchen in Wales mit reichen Geldmitteln aus, so etwa in Wrexham und Gresford, Mold und Northorp. Holywells Pfarrkirche wurde um 1770 neu errichtet, nur der Turm stammt noch aus dem vierzehnten Jahrhundert; sie ist dem heiligen Jakob geweiht.

Um 1777 begann in Holywell das industrielle Zeitalter. In wenigen Jahren wurden nicht weniger als vier Baumwollspinnereien gegründet; dazu kam die Kupfer- und Bleiindustrie; damals wurde das Wasser der heiligen Quelle – deren Heilkraft auch heute noch nicht erloschen ist – zum Teil für den Bleibergbau abgezweigt. Anfang des neunzehnten Jahrhunderts entstanden in Holywell eine Anzahl hübscher Terrassenhäuser, einer Art von Reihenhäusern mit kleinen Gartenterrassen aus bestem roten Backstein. Erhalten haben sich etwa die Häuser am Panton Place mit alternierend angeordneten Türen und Türpaaren unter hohen gemauerten Korbbögen. In einer Wollweberei wird ein sehr wertvoller Tweed nur aus der Wolle der seltenen Jakobsschafe gewebt; diese Schafe zeichnen sich nicht nur durch zwei Hornpaare, ein gerades und ein schneckenartig gedrehtes, aus, sondern auch durch eine besonders langfaserige Wolle.

Holywell hat sich um seine breite Hauptstraße herum entwickelt und zeigt auch heute noch mit seinen nur eben neuntausend Einwohnern vorwiegend dörflichen Charakter. Wir folgen nun der Straße am westlichen Dee-Ufer bis Greenfield, einem winzigen Ort, um von dort die nahegelegene Basingwerk Abbey aufzusuchen.

BASINGWERK ABBEY ist eine Gründung des Savigny-Ordens von 1131, wurde aber schon 1147 von den überall in Wales tätigen Zisterziensern übernommen. Vom Kloster haben sich nur Mauerreste erhalten, die es aber erlauben, die Lage von Kirche, Kreuzgang, Refektorium, Dormitorium und Torhaus zu bestimmen. Ganz in der Nähe endet Watt's Dyke, ein Grenzwall, der noch älter ist als Offa's Dyke und streckenweise nur wenige Kilometer weit entfernt parallel zu diesem verläuft; ein Reststück findet man im Park von Wynnstay. Offa's Dyke endet ebenfalls in der Nähe, ein bißchen weiter nördlich an der Küste bei Prestatyn.

12

Wert eines Engels Blick – das Clwyd-Tal: Maen Achywynfan – Rhuddlan – St Asaph Denbigh – Ruthin

Ein höchst angenehmes, fruchtbares, wohlbevölkertes Tal, lieblich, voller Dörfer und Städte, die Felder goldschimmernd vor Korn.
Daniel Defoe (1660-1731)
›Eine Tour durch England und Wales‹

Landschaft, wert eines Engels Blick, Landschaft, geformt an Edens erstem Morgen!
Leigh Hunt, 1835, in seinem Tagebuch

Das Tal des Clwyd in seiner grünen Frische, seiner Fruchtbarkeit und seiner bewegten Silhouette war für Künstler von Defoe bis in unser Jahrhundert eine Art Traumerfüllung. *»Das reichste Tal der Welt«*, schwärmte Walter Savage Landor in einem seiner Briefe, *»die abwechslungsreichsten Berge mit hochmutsvollen Gipfeln, weder zu nah noch auch zu fern, ganz so, wie es sich für den Adel schickt!«* Und Leigh Hunt aus dem Kreise der Präraffaeliten notierte in seinem Tagebuch: *»Wenn man ins Tal des Clwyd gelangt, werden alle Träume der Bücher wahr!«* Inzwischen bedroht der Steinkohleabbau in dem seit der frühen Bronzezeit besiedelten Tal einige der frühgeschichtlichen Stätten, die bisher noch kaum erforscht sind; aber die Landschaft selbst wirkt so grün und reich und unverdorben wie zur Zeit der Romantiker.

Eines der schönsten Kunstdenkmäler von Wales findet man unter freiem Himmel auf einer Wiese nahe der Straße nach St Asaph, einer alten Römerstraße, bei dem Dörflein Whitford: Maen Achywynfan.

MAEN ACHYWYNFAN oder Maen Achwyfan, auch Stone of Chwyfab genannt, ist mit über drei Metern das höchste aller keltischen Steinkreuze außerhalb von Schottland. Es stammt aus dem zehnten Jahrhundert und ist mit seinen eingemeißelten Mustern Inbegriff keltischer Ornamentik. Jenen Mustern, die wie der Sternenhimmel ohne Anfang und Ende sind, gleich einem Dickicht von Heckenrosenranken. In dem Nebeneinander höchster Stilisierung und schweifender, nimmermüder Phantasie sind diese keltischen Muster, denen wir auf Hochkreuzen, Waffen oder Schmuck, aber auch in der Buchmalerei und auf Stoffen begegnen können, den komplizierten Harmonien kymrischer Musik in dem Hang nach Wiederholung und Variation gegebener Motive verwandt, und in ihrer trotz allem strengen Regelhaftigkeit walisischer Poesie. Erstaunlich ist, daß diese Muster nach unserem Wissen ohne Vorzeichnung in den Stein geschlagen wurden; nur ein Künstler mit sicherem Gestaltungswillen und ruhiger Hand konnte sie ausführen. Es ist diese fast spielerische Sicherheit, diese handwerkliche Vollkommenheit, die uns noch heute bewundernd vor diesen vom Sturm und Regen ausgewaschenen, von der Sonne gebleichten, von Flechten und Moosen verschorften Steinen festhält. Die Bedeutung der Hochkreuze ist nicht völlig geklärt; wahrscheinlich erfüllten sie unterschiedliche Aufgaben, bald als Toten-, bald als Gedenkmal, als Wegzeichen oder zur Bezeichnung von Versammlungsplätzen. Der Stein Achwyfan erinnert an einen Fürsten dieses Namens.

RHUDDLAN ist der erste Ort auf unserer Fahrt durch das Clwyd-Tal, die wir nahe der Mündung beginnen. Einst konnten die Schiffe bis hierher einsegeln, aber inzwischen ist der Hafen versandet. In großartigem Hochmut erheben sich noch immer die hellen normannischen Rundtürme der einstigen Burg aus den Tagen Eduards I. über dem flach ansteigenden Flußufer. Rhuddlan war schon seit dem sechsten Jahrhundert ein walisischer Stützpunkt und früh Ziel angelsächsischer Angriffe. Fast fünf Jahrhunderte wogten die Kämpfe hin und her, ehe es dem späteren König Harold 1063 gelang, Gruffydd ap Llywelyn vernichtend zu schlagen und die Feste zu schleifen.

Doch Kriegsglück ist launisch; Harold fand wenige Jahre später den Tod in der Schlacht von Hastings. Die Normannen kamen, und einer ihrer Barone, Robert von Rhuddlan, errichtete an der alten Stätte eine normannische Holzburg. Im Schutz ihrer Palisaden siedelte sich eine kleine Stadt an, die bald schon eigenes Münzrecht erhielt. Als Giraldus Cambrensis hier zu Gast weilte, fand er eine ›noble‹ steinerne, aber walisische Burg vor. Später residierte hier Llywelyn der Letzte, doch nach dem demütigenden Vertrag von Aberconwy (1277) nahm Eduard I. die Burg in Kronbesitz und ließ durch seinen großen Baumeister James of St George einen machtvollen Bau mit doppeltem Mauerring errichten. Der innere

Mantel war fast quadratisch und wurde an zwei Seiten von majestätischen Rundtürmen, an den beiden anderen von je zwei ein Tor flankierenden Türmen über ebenfalls kreisförmigem Grundriß in symmetrischer Anordnung bewacht. Der Bau war schon um 1282 fast vollendet und konnte den Walisern während des neuen Krieges trotzen. Llywelyn sah die Feste nie wieder; nur sein Haupt wurde auf dem Wege nach London hierhergebracht und von den Zinnen aus dem Volk als Wahrzeichen seines Todes gezeigt.

Eduard I. nahm jetzt drei Jahre lang Residenz auf Rhuddlan und erließ hier die Gesetze, die Wales zu einem Teil Englands machen sollten, die harten ›Statuten von Rhuddlan‹ (1284). Der Norden und der Westen von Wales wurden genau wie England in Grafschaften aufgeteilt und englischen Lords unterstellt: Anglesey, Caernarfon, Cardigan, Carmarthen, Merioneth und Flint; sie unterstanden als sogenanntes ›Principality‹ von nun an der direkten Jurisdiktion der Krone. Ausgenommen waren die Marklordschaften, deren Herren weiter wie Kleinkönige neben den letzten walisischen Stammesfürsten herregierten. Wahrscheinlich war es auf Rhuddlan, daß der König seinen kleinen Sohn, den späteren Eduard II., den Walisern als neuen Fürsten gab; der Sage nach entsprechend ihrer Forderung nach einem Mann, der nicht englisch sprechen, in Wales geboren sein und noch nie gegen walisisches Recht verstoßen haben sollte: Der Prinz war damals vier Monate alt und erfüllte so die Bedingungen aufs beste.

Bis zum Ausbruch der puritanischen Revolution kamen nun friedliche Zeiten für Rhuddlan. Im Bürgerkrieg wurde es anfangs für Karl I. gehalten und 1648 von Cromwells Eisenseiten erobert; die Burg wurde geschleift. Für die Bürger wurde sie während der nächsten Jahrhunderte zu einem willkommenen Steinbruch, dessen sie sich hemmungslos bedienten, bis die Ruine in unserem Jahrhundert unter Denkmalschutz gestellt wurde. Das Leben in der Stadt verlief in gemächlicher Ereignislosigkeit; außer der Ruine ist eigentlich nur die gotische Pfarrkirche aus dem 13.-15. Jahrhundert des Ansehens wert. Sie zeigt den Typus des Doppelschiffes, den man in Wales und Nordwestengland öfter findet, besonders häufig im Clwyd-Tal. Die Bogenbrücke stammt aus der Tudorzeit.

BODRHYDDAN HALL ist ein Herrenhof aus dem siebzehnten Jahrhundert nordöstlich der Stadt. Den ältesten Teil des Hauses ließ Sir John Conway um 1696 errichten. Einer der bekanntesten viktorianischen Architekten, William Eden Nesfield (1856-1922) leitete 1872 bis 1873 den Umbau in einem vom englischen Queen-Anne-Stil beeinflußten Neoklassizismus. Das rosenfarbene Backsteinhaus mit kleinteiligen Schiebefenstern und Gauben im hohen Dach wirkt sehr malerisch; es wird noch heute von den Nachfahren des Gründers bewohnt. Eine Besichtigung ist an festgesetzten Öffnungstagen möglich und wird vor allem den historisch Interessierten locken wegen einer reichen Sammlung von Waffen und Rüstungen aus der Zeit der Rosenkriege.

ST ASAPH heißt bei den Kymrern Llanelwy oder Heiliger Ort am Elwy. Es ist schon seit dem sechsten Jahrhundert Domstadt, noch immer die kleinste der Britischen Inseln, ein Rang, in den sie sich mit St David's teilt, und liegt an den Ufern des Flusses. Im Jahre 560 ließ sich der vertriebene Bischof Kentigern oder Cyndeyrn von Strathclyde in Schottland hier nieder, um seine Anhänger wieder zu sammeln. Eine fragmentarische Lebensbeschreibung aus der Zeit des Heiligen berichtet über die Klostergründung: *»Als Kentigern, der Heilige Gottes, sich zum Bau des Klosters entschlossen hatte, in dem die vertriebenen Söhne Gottes sich um ihrer Seelen Heil willen wieder zusammenfinden sollten aus Ost und West und Nord und Süd gleich den Bienen, und als die Söhne Gottes unter Anrufung des Heiligen Geistes ihre Gebete und frommen Übungen verrichtet hatten, begannen sie von Eifer und Mut erfüllt mit vielerlei Arbeiten: Einige rodeten den Boden, andere glätteten ihn und andere hoben Fundamente aus. Einige trugen Balken herbei und andere fügten sie zusammen und errichteten in Eile mit Geschick die Kirche und andere Bauten nach dem Plan, in Holz nach Art der Briten [d.h. der Kymrer].«* Als Kentigern 596 nach Strathclyde zurückberufen wurde, bestimmte er den jungen Mönch Asa oder Asaph, zu deutsch ›Knabe Gottes‹, zu seinem Nachfolger als Abt. Asaph war ein Enkel des Fürsten Patso; er wurde wahrscheinlich der erste Bischof der Gemeinde. Kentigern ging in seiner Heimat als St Mungo, der Gottgeliebte, in die Legende ein.

Zur Zeit St Asaphs beherbergte das Kloster fast tausend Mönche. Es herrschte damals eine strikte Aufgabenteilung: Ein Drittel der sich selbst erhaltenden Gemeinschaft versah die Landwirtschaft; ein weiteres Drittel übernahm alle im Kloster selbst anfallenden Aufgaben, wie Weben, Spinnen, Nähen, Töpfern, Schmieden,

Schustern, Alten- und Krankenpflege, Erziehungsaufgaben, Gartenarbeit, Schweinezucht, Wäschepflege, Kochen und was sonst alles zur Erhaltung einer so großen ›Familie‹ nötig ist; das letzte Drittel diente stellvertretend für alle ›Gott zu allen Stunden‹ mit Beten und Messelesen. Noch war die keltische Kirche unabhängig von Rom; sie hatte das Licht des Glaubens allein durch die dunklen Jahrhunderte getragen und sich dabei strikt an alte Formen und Feiertage gehalten, von denen Rom sich damals schon gelöst hatte.

Etwas so scheinbar Unwichtiges wie die Festlegung des Osterdatums führte im siebten Jahrhundert zum Konflikt. Der heilige Augustinus war nach England gekommen und hatte auch die keltischen Bischöfe zu einem Konzil geladen. Auf dieser Versammlung lehnten es die Waliser Bischöfe kategorisch ab, sich dem Primat des englischen Erzbischofs von Canterbury und damit anglorömischer Jurisdiktion zu unterwerfen. Hauptstreitpunkt war das Osterfest; die Kelten hielten an ihrem Datum fest. *»Weshalb es manchmal gesagt wird, daß es geschah, daß in jenen Tagen Ostern zweimal gefeiert wurde, und wenn der König die Fasten vergessen hatte und Ostern zelebrierte, so war die Königin noch tief in der Karzeit und feierte Palmsonntag.«* (Beda Venerabilis, ›Historia Ecclesiastica Gentis Anglorum‹) Es gehört nicht viel Phantasie dazu sich vorzustellen, wie es in einem Volk aussah, wo ein solcher Riß quer durch viele Haushaltungen ging. *»Die Osterkontroverse mag uns trivial erscheinen«*, schreibt Christopher Brooke in ›The Saxon and Norman Kings‹, *»aber ihre Begleitumstände waren offenkundig mißlich. Nicht nur die Proviantmeister mußten darunter leiden, wenn die Königin fastete, während der König Zechgelage gab …«* Erst 1143, zur Zeit der Normannenherrschaft, wurde erstmals ein Bischof von St Asaph, Gilbert, vom englischen Erzbischof ordiniert.

Das dreizehnte Jahrhundert war bitter für Wales und bitter für St Asaph: Zweimal wurden die walisischen Erhebungen niedergeschlagen, und zweimal gingen Kloster und Bischofspalast in Flammen auf. Nach dem Frieden hätte Eduard I. den Sitz gerne in das von ihm neubefestigte Rhuddlan verlegt, aber in den unruhigen Jahren schlief der Plan wieder ein, und unter Bischof Anian II. begann der Wiederaufbau der Kathedrale, vom König mit reichlichen Geldmitteln unterstützt, an alter Stelle. Diesmal wurde sie aus Stein errichtet. Im späten vierzehnten Jahrhundert wurde der

Bischof, John Trevor II., durch den Rebellen Owain Glyndwr zum Abfall von Heinrich IV. gezwungen, indem ihm Glyndwr einfach den Roten Hahn aufs Dach setzte. Nach der Niederwerfung des walisischen Aufstandes vertrieb der König Bischof John und setzte um 1410 den Abt von Valle Crucis, Robert de Lancaster, ein. Wie alle Normannen war de Lancaster ein guter Bauherr und Administrator und trieb den Wiederaufbau der noch immer unvollendeten Kathedrale eilig voran. Unter seinem Nachfolger konnte schon das neue Kirchengestühl aufgestellt werden; es war nach Berichten von Zeitgenossen von einem halbirren Dörfler geschnitzt worden. Der Bischofspalast wurde erst Anfang des sechzehnten Jahrhunderts unter Bischof David ab Owen wiederhergestellt.

Zu dieser Zeit begann das dramatischste Kapitel in der Geschichte St Asaphs. Am 21. August 1534 sagten sich Dekan und Domkapitel von Rom los in der erklärten Absicht, die Schlichtheit und Klarheit der keltischen Kirche neu zu beleben. Die Reformation war für Wales nicht nur ein religiöses und emanzipatorisches, sondern vor allem ein nationales Ereignis; sie markiert den Beginn der Renaissance der walisischen Kultur und Sprache, die von den Tudorkönigen, in deren Adern auch walisisches Blut rann, nach Kräften unterstützt wurde.

Um diese Zeit, 1546, gab der Richter William Salusbury eine Sammlung walisischer Sprichwörter, die ein Freund von ihm zusammengetragen hatte, heraus und versah sie mit einem Vorwort, in dem er die Gläubigen aufforderte, von der Krone die Erlaubnis zur Übersetzung der Bibel ins Walisische zu erbitten. Der König entsprach dem Wunsch, und Salusbury begann zusammen mit dem Geistlichen Richard Davies aus Gyffin bei Conwy, das Neue Testament und das englische Gebetbuch zu übertragen. ›Kynnyver Llith a Ban‹, eine Sammlung mit den Texten für die sonntäglichen Lesungen, erschien schon 1551. Unter der Herrschaft Maria Tudors, zubenannt die Blutige, mußten Davies und viele andere walisische Protestanten auf den Kontinent flüchten. Elisabeth I., die in ihrer langen Regierungszeit peinlich darauf bedacht war, den Walisern walisische Bischöfe zu geben, berief ihn bald nach ihrem Regierungsantritt zurück und erhob ihn zum Bischof von St Asaph und wenig später zum Bischof von St David's, der vornehmsten walisischen Kathedrale, wo er in dem Kantor Thomas Huet einen weiteren Helfer bei der Bibelübersetzung fand. Sein Nachfolger in St Asaph, ein Thomas Davies, verfügte 1561, daß die sonntäglichen Bibellesungen und die Erklärungen zum Katechismus nicht nur englisch, sondern auch in ›klarem und verständlichen Walisisch‹ vorzutragen seien.

Die erste vollständige walisische Bibel erschien 1588; sie war das Werk von William Morgan, der in Oxford studiert hatte und bei seiner schweren Aufgabe von einer Reihe hochgebildeter Geistlicher unterstützt worden war. Unter ihnen befand sich Edmund Prys (1544-1623), ein Domherr von St Asaph, der selber eine hinreißend poetische Psalter-Nachdichtung geschaffen hat. Morgan erklärte, daß der Glaube in der Muttersprache gelehrt werden müsse, um jedem verständlich zu sein; ein Gedanke, dem schon Salusbury auf recht drastische Weise Ausdruck verliehen hatte, als er schrieb: *»Wenn Du nicht willst sein elender denn das Vieh, so sorge, daß man Dich in Deiner sprache lehre; wenn Du dem Christenthum nicht willst abfallen, so sorge, daß man Dich die Heilige Schrift in Deiner sprache lasse lesen!«*

Dies waren die Männer, die verhinderten, daß das Walisische vergessen wurde; indem sie es zur Sprache des Gottesdienstes machten, schützten sie es vor Verfall und Besudelung. Morgans Bibelübersetzung leistete für Wales das gleiche wie die Luthers für die Deutschen: eine gemeinsame Hochsprache als nationales Band, das alle umschloß, die am Meer und die auf den Bergen, die auf den Inseln und die in den Marken, Hoch und Nieder, Arm und Reich, Einfältige und Gelehrte. Morgan starb 1604 hochgeehrt als Bischof von St Asaph. Seine Bibel wurde 1620 von einem anderen Oberhirten dieser Kathedrale, Richard Parry, in revidierter Fassung vorgelegt. Alle diese Ausgaben waren noch Folianten, ausschließlich für den Gebrauch in der Kirche bestimmt. 1630 kam dann die ›Beibl Bach‹, die Kleine Bibel heraus, eine Art Volksausgabe für den Hausgebrauch.

Im neunzehnten Jahrhundert waren es oft Frauen, die sich der Pflege und Bewahrung des walisischen Erbes widmeten. Zu ihnen gehört die englische Dichterin Felicia Dorothea Hemans, geborene Browne (1793-1835), die in Gwrych in Denbighshire aufwuchs und nach ihrer Heirat mit dem Offizier Alfred Hemans in einem Haus nahe St Asaph lebte. Sie war noch keine fünfundzwanzig, als die Ehe geschieden wurde; im selben Jahr erschienen ihre ›Translations from Camoens and other Poets‹ (1818). Sie blieb mit ihrem Mann in Briefwechsel; die fünf Kinder wuchsen bei ihr auf. Zu ihren Freunden und Förderern gehörte Walter Scott, der zu einem ihrer Dramen einen Epilog schrieb. Felicia Hemans machte durch ihre Übersetzungen walisische Sagen und Balladen in England bekannt. Sie fand ihr Grab in der Kathedrale von St Asaph.

Die Bibliothek der Kathedrale ist eine Fundgrube. Neben wertvollen Dokumenten und frühen Bibelausgaben wird dort auch das Werk des Landstreichers und Autodidakten Dic Aberdarons verwahrt, ein walisisch-griechisch-hebräisches Wörterbuch. Dic hieß eigentlich Richard Robert Jones (1780-1843); er war ein bedeutender Sprachforscher, fühlte sich aber, wie der Schriftsteller und große Wales- und Weltreisende George Borrow, als ›Tramp‹ den Zigeunern und Kesselflickern brüderlich verbunden. Beigesetzt wurde er nicht in der Kathedrale, sondern auf dem Friedhof der schönen kleinen Pfarrkirche.

Noch einmal flackerte die kymrische literarische Tradition auf in der Lyrik von Gerald Manley Hopkins (1844-1889), der einige Zeit in der Nähe von St Asaph lebte und sich hier intensiv mit keltischer Sprache und Dichtkunst befaßte. Er eignete sich walisische Reimformen und Versmaße an und gab ihnen in Englisch, dem Idiom seiner Kindheit, Gestalt, wobei er zugleich seiner eigenen Sprache neue Möglichkeiten eröffnete. Die Übertragung seiner Gedichte ins Deutsche ist aus eben diesen Gründen fast unmöglich; aber in den sehr schönen Übersetzungen von Irene Behn schwingt etwas von ihrem fremdartigen Zauber mit, wie in ›Getigerte Schönheit‹:

Ehre sei Gott für diese getigerte Welt,
Für zwiefarbnen Himmel, gleich wie eine Kuh überscheckt,
Für flinke Forellen, getüpfelt mit rosigem Kreis;
Für die Schwinge des Finks, die Kastanie, die aufglühend fällt;
Und Landschaft mit Brache, Pferd, Pflug, die gestückelt sich streckt ...

Hopkins Gedichte wurden erst in den zwanziger Jahren, lange nach seinem Tode, veröffentlicht, als der Expressionismus, dessen Vorläufer er war, bereits Triumphe feierte.

1922 wurde der damalige Bischof von St Asaph, der Kirchenrechtler und Pädagoge Dr. Alfred George Edwards (1848-1937), zum ersten Erzbischof von Wales gewählt.

Die Kathedrale, ein heller Kalksteinbau, liegt breit hingelagert in der Domfreiheit am Elwy, beherrscht von einem normannischen Vierungsturm. Das Langschiff wird durch schlichte, basen- und kapitell-lose Spitzbogenarkaden gegliedert und von einem hölzernen Sterngewölbe überfangen. Der kleine Chor zeigt ein großes Ostfenster mit Maßwerk im dekorativen hochgotischen Stil. Das geschnitzte Chorgestühl aus dem 15. Jahrhundert und die Bischofsgräber haben sich so wenig erhalten wie die Orgel aus dem darauffolgenden Jahrhundert; doch weiß man, daß sie Ende des 17. Jahrhunderts mehrfach von einem Mr Smith repariert wurde, und dieser war niemand geringerer als Bernhard Schmidt aus Halle, Orgelbauer von Westminster und Oxford! Unter Cromwell diente der Bau als Pferdestall; erst 1875 wurde er von Gilbert Scott, der auch eine neue Kanzel stiftete, renoviert; ob ihn die Ehrwürdigkeit des Bauwerks anrührte oder ob ihn eine wenig üppige Bezahlung hinderte, sich auszutoben, bleibe dahingestellt; jedenfalls bewies er ausnahmsweise hohen Takt und Einfühlungsvermögen in die herbe Schlichtheit dieses eminent walisischen Kirchenraumes.

Die steinerne Bogenbrücke über den Elwy nicht weit von der Kathedrale wurde um 1770 von Joseph Turner, einem Architekten aus Chester, gebaut. Sonst gibt es wenig zu sehen in der angenehmen kleinen Stadt, die sich in ihrer stillen Würde selbst zu genügen scheint.

DENBIGH liegt tiefer im Clwyd-Tal. Von seinem Burgberg, der sich hoch über die Ebene erhebt, hat man einen herrlichen Blick über das Tal; bei gutem Wetter kann man bis Rhyl im Norden und Ruthin im Süden sehen.

Schon die Normannen entdeckten diesen das Tal beherrschenden Berg und errichteten auf ihm eine Holzburg; das helle Kalksteingemäuer der Ruine, die heute hinter der Stadt aufragt, stammt aus den Tagen Eduards I., der seinen Lehnsmann Henry de Lacy, den Grafen von Lincoln, nach dem Zusammenbruch der walisischen Erhebung auf der ehemaligen Residenz Dafydds ap Gruffydd einsetzte mit dem Auftrag, dort eine Steinburg zu errichten. Der Bau zog sich bis ins 14. Jahrhundert hin, doch schon 1294 konnte die Burg gegen eine örtliche walisische Erhebung gehalten werden. Lincoln starb ohne Erben, und die Burg wechselte mehrfach den Besitzer. Meist waren es mächtige Herren oder königliche Günstlinge, wie Hugh le Despenser oder Roger Mortimer, Henry Percy –

Shakespeares Heißsporn – und unter Elisabeth I. dann Robert Dudley, Earl of Leicester und Denbigh. Leicester plante, in Denbigh eine große Kathedrale zu errichten, aber lange vor der Fertigstellung streckte der Tod die Hand nach ihm aus, und der Bau blieb unvollendet. Im Bürgerkrieg erlitt Denbigh das Schicksal der meisten walisischen Burgen: Sie wurde treu für den König gehalten und dann von Cromwells Truppen geschleift. Nur die Reste des doppelten Berings, der einen Teil der heutigen Stadt miteinschließt, des Palas und der Türme sowie ein riesiges, aus drei um einen oktogonalen Hof angeordneten Türmen bestehendes Tor mit Pechnasen und Zugbrücke sind erhalten; das Tor beherbergt heute das Stadtmuseum.

Denbigh ist eines jener stillen Städtchen, die im Schatten ihrer Ruinen den Geist des Mittelalters festzuhalten scheinen. Es hat ein altes, im achtzehnten Jahrhundert erweitertes Rathaus im elisabethanischen Stil, ein 1540 gestiftetes Lyzeum, an dessen Stiftung sich die Tuchmacherzunft allerdings erst 1870 zu erinnern geruhte, und wo seither kleine Mädchen in schwarzroten Capes ein- und ausflattern, als wäre irgendwann die Zeit stehengeblieben.

Die Pfarrkirche ist ein schöner gotischer Bau mit freitragender Holzdecke, einem sogenannten Hammerbeam Roof, und Glasfenstern aus dem vierzehnten Jahrhundert. Von dem massigen Vierungsturm aus hat man einen großartigen Blick, wie von der Burg. Die Kirche heißt Whitchurch; sie liegt am Rande, fast schon außerhalb von Denbigh, fast, als sollten die großen Toten, die dort ruhen, wirklich ungestört den ewigen Schlaf genießen können: Richard Myddleton, der Vater der beiden Brüder Myddleton, von denen schon berichtet wurde; Sir John Salisbury, dessen Sohn in erster Ehe mit Katharina Parr, der späteren letzten Frau Heinrichs VIII., verheiratet war; Humphry Lhuyd (1527-1573), Kartograph und Altertumsforscher, dessen Karten von England und Wales im Jahr seines Todes in Amsterdam veröffentlicht wurden. Ihr Wert ist heute unersetzlich; nicht nur, weil man die alten Grenzen der walisischen Fürstentümer Powys, Deheubarth und Gwynedd auf ihnen finden kann, sondern vor allem, weil jeder Ortsname in Englisch, Walisisch und Latein auf ihnen erscheint. Und endlich ruht hier auch Thomas Edwards, der sich selbst Twm o'r Nant nannte: Er war der letzte, der in Wales die Kunst des Interlude, des Stegreifspiels, die in England mit der Blüte des elisabethanischen Theaters untergegangen war, am Leben hielt.

George Borrow erzählt, wie ihm eine Bäuerin einen Druck mit dem Bild des Dichters zeigte:

»›Da‹, sagte sie, ›ist das Porträt von Twm o'r Nant, allgemein bekannt als der Shakespeare von Wales!‹ Ich betrachtete es. Der walisische Shakespeare war an einem Tisch mit der Feder in der Hand dargestellt; hinter ihm zur rechten Hand ein Bord mit Tellern und Holzbrettern, zu seiner Linken im Hintergrund ein ländliches Butzenfenster. Sein Gesicht grobgeschnitten, aber wild und eigenwillig im Ausdruck; unter dem Bildnis gedruckt die Zeilen:

Llun Gwr yw llawn gwir Awen;
A Byd a lanwood O'i Ben.

›Hörtet ihr je von Twm o'r Nant?‹ frug die alte Dame. ›Ich habe nie jemanden von ihm sprechen hören‹, sagte ich, ›aber ich weiß alles über ihn. Ich las seine Lebensgeschichte auf Walisisch, er hat sie selber aufgezeichnet, und es war ein sehr seltsames Leben. Sein Name war Thomas Edwards, aber er nannte sich gewöhnlich Tom vom Bach, auch Tom aus der Waldschlucht, weil er in einer Schlucht geboren wurde, in Pen Porchell im Clwydtal – übrigens auf dem selben Gut, das einst Iolo Goch, von dem ich gerade sprach, gehört hatte. Twm war von Beruf Fuhrmann, aber eine Zeitlang bewachte er in Wales ein Mauthaus. Er war jedoch am Ende des zweiten Jahres gezwungen, es zu verlassen, wegen der Ärgernisse, die ihm hier durch Geister und Kobolde zustießen, und anderer unwirklicher Dinge halber, so Phantom-Leichenwagen, die um Mitternacht seinen Schlagbaum ohne Bezahlung zu passieren pflegten!‹ ›Ach‹, seufzte die Frau, ›Ihr wisset mehr über Twm o'r Nant als ich, aber war er nicht ein großer Poet?‹

›Ich glaube schon‹, sagte ich, ›denn die Stücke, die er schrieb und Interludes nannte, liefen lange Zeit, und er verdiente eine Menge Geld mit ihnen, aber ich würde doch sagen, der Vers unter dem Bild paßt besser auf den richtigen Shakespeare denn auf ihn.‹ ›Was bedeuten die Zeilen?‹ frug die alte Dame, ›ich weiß, sie sind welsh, aber sie gehen über meinen Verstand.‹ ›Man kann sie so übersetzen‹, sagte ich:

Gott ließ in seinem Kopf die Muse wohnen,
Und er bevölkerte aus seinem Kopf der Erde Zonen‹.«

Denbigh hat nicht nur seine großen Toten, es hatte auch einen großen Sohn, berühmt geworden durch einen einzigen Satz: »Dr

Livingstone, I presume?« Sir Henry Stanley, eigentlich John Rowlands, war ein uneheliches Kind. Den Namen, unter dem er berühmt wurde, übernahm er von einem Börsenmakler in New Orleans, dem einzigen Menschen, der ihm väterliche Freundschaft zuteil werden ließ, ehe er durch seine sensationelle Reise in den Dschungel auf der Suche nach dem verschollenen Missionar Livingstone über Nacht bekannt wurde. Das Museum auf der Burg erinnert in einer ständigen Ausstellung an ihn.

RUTHIN ist eine prächtige alte Stadt voller schwarzweißer Fachwerkhäuser; seine Burgruine erhebt sich kühn auf einem steil zum Fluß hin abfallenden Rotsandsteinkliff. Ruine ist nicht ganz zutreffend, der Bau wurde teilweise restauriert und gilt als eines der luxuriösesten Hotels in Wales. Während des Sommers finden abends mittelalterliche Bankette mit Harfenmusik statt; es gilt unter Harfnern als Ehre, auf Ruthin zu spielen, denn viele der Gäste verstehen eine Menge von altwalisischer Musik, und vor denen möchte man glänzen. Die große walisische Harfe ist kein sanftes Instrument; die Harfner müssen hart üben, denn perfekt zu spielen erfordert nicht nur große Kunstfertigkeit, sondern auch Kraft und Geduld. Die Harfner wurden von allen Ständen geehrt, und sie kamen aus allen Ständen. Das schöngeformte Instrument stand im Fürstenschloß wie in der Bauernkate, im Salon gebildeter Damen wie im ärmlichen Heim kinderreicher Bergarbeiterfamilien, im Haus des Bürgers wie im Haus des Hirten. Schon in seinem Drama ›Heinrich IV.‹ läßt Shakespeare die Tochter des Erzzauberers Owain Glyndwr sich mit Hilfe der Harfe in die Herzen der Feinde und Freunde des Vaters singen.

Es gibt in Wales nur wenige Städte, die so viel wohlhabende Bürgerlichkeit zeigen wie Ruthin. Die schönsten Fachwerkhäuser findet man entlang der Castle Street und am St Peter's Square; sie stammen aus dem 14. bis 17. Jahrhundert. Die Kirche St Peter wurde im vierzehnten Jahrhundert errichtet; sie hat eine ungewöhnlich reich geschnitzte Eichendecke, ein Geschenk Heinrichs VII. für die Hilfe, die ihm Wales in seinem Kampf um die englische Krone hatte angedeihen lassen. Ein Blick vom Turm auf diese Stadt mit ihren Elsternhäusern, wie die Engländer die schwarz-weißen Fachwerkbauten nennen, und Rotsandsteinklippen in dem reichen, grünen Tal, dessen Horizonte von der Linie der nahen Gebirge begrenzt werden, ist eine Reise wert.

13

Wasser der Berge: Pistyll Rhaedr – Y Bala – Llyn Tegid

Ich bin tot gewesen. Ich bin lebendig gewesen.
Ich bin Taliesin.
Anonymer Dichter des 6. Jh.,
auch Taliesin zugeschrieben,
nach einer Handschrift aus dem 13. Jh.

Wenn man Ruthin auf der nach Süden führenden Straße in Richtung Y Bala verläßt, begleitet einen der funkelnde Lauf des Clwyd noch eine Weile bald links, bald rechts des Weges. Stetig wachsen die Berge jetzt an; hinter den weichgerundeten Häuptern der Drei- und Vierhunderter des Clwyd-Tales ragen die Sieben- und Achthunderter des Vale of Edeyrnion auf: zur Rechten der Straße Foel Goch, Kahler Roter Berg, zur Linken Moel Fferna, Cadair Fronwen, Feste (oder Stuhl) des weißen Hanges, Y Clogydd, Die Hügel, und Cader Berwyn, Feste des Schneegipfels. Diese Berge, deren Flanken hier noch vielfach von lichtdurchflutetem Misch- oder Laubwald bedeckt sind, bewahren zwischen sich eines der ›Wunder von Wales‹, den Fall der Fälle oder PISTYLL RHAEDR (Rhaydr). Pistyll und Rhaedr sind beides walisische Worte für Wasserfall. Rhaedr heißt hier aber auch der Bach, der später zum Fluß wird, den Fall in sich aufnimmt und bei Llanrhaedr ym Mochnant, Kirche am Wasserfall beim Schweinebach, in den Tanat mündet.

Es ist nicht ganz einfach, den Pistyll zu erreichen, obwohl der Weg ganz gut ausgeschildert ist. Kurz vor dem Ort Y Bala biegt man nach Penybontfawr, Großes Brückenende, ab; dort zweigt eine schmale Straße ab nach Llanrhaedr ym Mochnant, von wo aus ein einspuriger, im Sommer viel befahrener Weg zu einem Wiesengrund führt, der von Bergwald umschlossen ist. Man muß dieses letzte Wegstück sehr langsam fahren, falls Wagen entgegenkommen, denn dann kann man nur noch in einer der kleinen Parknischen, die in regelmäßigen Abständen in den Hang geschlagen sind, einbiegen, damit aus der Begegnung kein Zusammenstoß wird. Doch all die Mühe lohnt sich, denn man findet den Fall noch so, wie ihn Borrow im vorigen Jahrhundert geschildert hat: »*Wem soll ich ihn vergleichen? Kaum weiß ich's zu sagen – Vielleicht einer ungeheuren seidenen Franse, bewegt und gekraust vom Anhauch des Sturmes, oder dem langen Schweif eines Schlachtrosses in gestrecktem Galopp. Durch die Fülle seiner langen Silbersträhnen konnte ich hier und da die schwarzen Rippen des Felsens erkennen, über den sich der Rhaydr bald mit summendem Ton, bald voll Brausen ergießt.«* In zwei übereinandergelagerten Kaskaden stürzt der höchste Fall des Landes aus achtzig Metern Höhe in feinen weißschäumenden Strömen durch das schattige Grün des Bergwaldes. Im Vorfrühling ist oft kein Mensch dort zu sehen, nur Lämmer tollen auf der Wiese am Fluß, und in einem altersschiefen Stall neben dem Pistyll leckt vielleicht gerade eine Schnucke ihr Neugeborenes sorgsam trocken. Ein vielfach gewundener Fußpfad führt bis zum Gipfel des Felsenkliffs und erlaubt dem Wanderer, das Naturschauspiel auch aus der Höhe zu betrachten.

Von Llanrhaedr aus fährt man am besten zurück bis Penybontfawr und folgt dann der Straße nach Y Bala. Wem ein kleiner Umweg nichts ausmacht, der biegt vielleicht lieber nach Südwesten ab und fährt über die Weiler Abertridwr und Llanwddyn entlang dem Ufer des Vyrnwy, eines langgestreckten künstlichen Waldsees, nach Y Bala: Diese landschaftlich sehr schöne Strecke führt mitten durch den Penllyn Forest.

Y BALA liegt an der Spitze des Llyn Tegid, den die Engländer Bala Lake nennen, dem größten natürlichen See in Wales. Es ist ein bezauberndes Städtchen mit einem normannischen Motte, dem Tomen y Bala, auf dem sich einst eine Burg erhob. Tomen bedeutet Hügel oder Motte. Noch bis in unser Jahrhundert versammelten sich dort die Männer und Frauen des Ortes zum – Strümpfestricken; Wollstrümpfe waren das wichtigste Produkt des abgelegenen Bergdorfes. Heute ist Y Bala mit seinen hübschen Hotels und Gasthöfen, seinen heimeligen Straßen, zwischen deren Häusern immer wieder die lichte Fläche des Sees hervorfunkelt, vor allem Erholungsort. Auf dem Llyn Tegid blähen sich im Sommer die weißen und bunten Segel von Booten und Yachten; in seinen Fluten leben noch Forellen, Barsche, Plötze und die nur hier zu findenden ›Gwyniad‹, eine Lachsart mit weißem Fleisch, die nur in Netzen gefangen werden kann.

Borrow liebte den See und beschrieb ihn immer wieder in seinem ›Wild Wales‹; vor allem genoß er aber auch die Vorzüge seiner Gasthöfe: *»Zum Diner hatte ich eine edle Gans, der ich volle Ge-*

Amlwch
Parys Mountain
Moelfre
Llanallgo
Lligwy Cromlech
Tre'r Beirdd
Puffin Island
Holyhead
ANGLESEY
(Mona)
Traeth Coch
Penmon
HOLY ISLAND
Beaumaris
Llandudno
Colwyn Bay
PENMAENRHOS
Old Colwyn
Conwy
Penmaenmawr
Bodnant Gardens
VALE OF CONWY
Menai Bridge
Penrhyn Castle
Rhosneigr
Barclodiad y Gawres
Bryn Celli Ddu
Plas Newydd
Bangor
Aberffraw
Bethesda
Menai Strait
Segontium
Bryn Bras
Caernarfon
Llanfaglan
Llanberis
Llanrwst
Gwydir
Swallow Falls
Llugwy
CAERNARFON BAY
SNOWDON
Betws-y-Coed
Dinas Dingle
Llyn Cwellyn
Moel Siabod
Dolwyddelan
Pentrefoelas
Y Foel
Clynnog Fawr
Beddgelert
Aberglaswyn Pass
Moel Hebog
Blaenau Ffestiniog
Llechwedd
Machno
Conwy
Tre'r Ceiri
Llanaelhaearn
Yr Eifl
Moel Ddu
Glaslyn
Ffestiniog
Arennig Fach
Llyn Celin
Foel Goch
Dwyfor
Tremadog
Tomen-y-Mur
VALE OF EDEYRNION
Nefyn
Morfa Nefyn
Criccieth
Porthmadog
Portmeirion
Arennig Fawr
Y Bala
Llanystumdwy
Traeth Bach
Llyn Trawsfynydd
Trawsfynydd
Pwllheli
Llyn Tegid
PENLLYN
FOREST
Harlech
Pistyll Rhaeadr Falls
TREMADOG BAY
Mawddach
Aberdaron
Diffwys
Y Garn
Lake Vyrnwy
Llanwddyn
Abertridwr
BARDSEY ISLAND
Cymer Abbey
Dolgellau
Barmouth
CADER IDRIS
Mynydd Moel
DYFI
Llyn Cau
CARDIGAN BAY
Tal-y-Llyn
Castell-y-Bere
Llanfihangel-y-Pennant
FOREST
Dysynni
Llanegryn
Tywyn
Machynlleth
RHEIDOL FOREST
10 km

rechtigkeit widerfahren ließ. Als gegen vier Uhr nachmittags das Wetter aufklärte, machte ich einen Spaziergang. Es war ein schöner Abend, obwohl noch einige Regenwolken vorüberzogen. Ich wanderte bis zum nördlichen Ende von Llyn Tegid, woher ich am Abend zuvor gekommen war. Der Wind wehte von Süd, winzige Wellen schlugen gegen das Ufer, das aus bräunlichen Kieseln besteht. Der See hat seinen Namen, welcher ›See der Schönheit‹ bedeutet, nicht umsonst erhalten. Er hat einen wunderbaren Spiegel und ist herrlich gelegen. Er ist länglich, dehnt sich über sechs Meilen hin. An allen Seiten, außer im Norden, ist er von Bergen umfangen. Die am südlichen Ende sind sehr hoch, am höchsten der Arran, der sein Haupt zu den Wolken erhebt gleich einem riesigen Zuckerhut.«

Borrow irrte in der Bedeutung des Namens; Bala heißt Ausfluß, weil der Dee durch den Fluß hindurch- und wieder aus ihm herausfließt. Jahrhundertelang überschwemmte der Dee wieder und wieder das Tal, was der Dichter Tennyson im vorigen Jahrhundert in seinem Epos von ›Geraint und Enid‹ schilderte; heute aber sorgen Schleusen dafür, daß er sich in seinem Bett hält. Den walisischen Namen des Sees bringt man mit der Sage vom Barden Taliesin, die um dieselbe Zeit aufgezeichnet wurde wie das ›Mabinogion‹, in Verbindung. Tegid, ein Fürst, war mit der Hexe Cerridwen – ursprünglich wohl die Mondgöttin – vermählt. Sie braute für ihren Sohn, da dieser mißgestaltet war, einen Trank, der ihm alle Weisheit der Welt schenken sollte. Das Waisenkind Gwion, das den Kessel rührte, trank aus Versehen einen Spritzer davon, wurde allwissend und nach einem Zauberwettstreit mit der Hexe zu Taliesin, dem größten der walisischen Barden; sein weiteres Schicksal wird noch erzählt werden. Tegid Foel, Tegid der Kahle, war Herr über Penllyn, ein Fürstentum, das später Llywelyn der Große seinem Reich einverleibte. Am See soll auch der Fürst Llewarch Hen, Llewarch der Uralte, als Klausner gelebt haben, nachdem seine vierundzwanzig Söhne im Kampf gegen die Sachsen gefallen waren. Es heißt, er sei hundertvierzig Jahre alt geworden und ein Ratgeber König Artus' gewesen. Ein Teil seiner Elegien, in denen er den Tod der Söhne beklagt, hat sich erhalten; sie können mit ihrer großen, schlichten Innigkeit noch immer rühren. – Giraldus Cambrensis nannte den See Pemmelmere, Kieselsee, und Edmund Spenser (1552-1599) beschrieb seinen glänzenden Spiegel in dem Epos ›The Faerie Queene‹, ›Die Elfenkönigin‹.

Im achtzehnten Jahrhundert war Y Bala ein Mittelpunkt der methodistischen Bewegung. Howel Harris hat hier gepredigt und der Pfarrer Thomas Charles (1755-1814) hier gelebt. Er wurde zum Gründer der Britischen und Ausländischen Bibelgesellschaft, und das kam so: Zu ihm kam aus einem Dorf am Cader Idris ein kleines Mädchen den ganzen Weg auf bloßen Füßen gelaufen, um eine Bibel zu kaufen, für die sie sechs Jahre lang gespart hatte, eine Bibel für ihr Dorf. Charles hatte keine Bibeln auf Vorrat, aber er gab dem Kind, dessen Begehren und Tapferkeit ihn rührten, seine eigene. Darauf beschloß er die Gründung der Bibelgesellschaft, die jedes Dorf und jeden Einödhof auf der Welt mit einer Bibel in Landessprache versorgen sollte. Er wohnte in der High Street gegenüber dem ›White Lion‹; das Haus ist mit einer Tafel gekennzeichnet.

Im ›Weißen Löwen‹ kehrte Borrow gerne ein; er liebte es, den Wirt und das Kammermädchen in lange Gespräche zu verwickeln, und er genoß das walisische Frühstück:

»Knapp zwanzig Minuten, nachdem ich bestellt hatte, erschien mein Frühstück. Ein nobles Frühstück wars, so eins, von dem ich schon des öfteren gelesen, wie es mir aber noch nie serviert worden war: da gabs Tee und Kaffee, einen rechten Laib weißes Brot und Butter, da waren ein paar Eier und Hammelkoteletts. Es gab gekochten und marinierten Lachs, eine gebratene Forelle und Forellen mit Krabben in Butter eingemacht. Erbarmen! Weder vorher noch nachher habe ich je solch ein Frühstück gesehen. Doch, nachher: als ich ein paar Monate später dieses Gasthaus erneut aufsuchte!« Ganz so üppig speist man nicht mehr im ›Weißen Löwen‹, aber gut essen kann man dort und anderswo in Y Bala auch heute noch. Das Haltbarmachen von Delikatessen wie Lachs, Hummer, Krabben, Wild, Geflügelbrust und ähnlichem durch das Versiegeln mit geklärter Butter findet man überall in England und Wales; man füllt die in mundgerechte Stücke zerlegten Speisen in kleine irdene Töpfchen und übergießt sie mit dampfend heißer, gewürzter und geklärter Butter, bis sie rundum versiegelt sind. So halten sie sich gut eine Woche im Kühlschrank oder einem kühlen Keller. Während dieser Zeit durchdringen sich die Zutaten gegenseitig mit ihrem Geschmack, und wenn dann die Butter auf heißem Toast langsam abschmilzt, kann die Zunge ein Fest feiern. Auf diese Art eingemachte Lebensmittel heißen ›Potted Foods‹.

14

Schiefer: Trawsfynydd – Tomen-y-Mur – Blaenau Ffestiniog

Der stille Berg, stechginsterzischelnd, brennt,
prahlend mit Ginstergold,
Hervorgebrochnem Quarz; von jedem Busch, der angerührt,
sprüht Tau …

Glyn Jones (geb. 1905), aus ›Eysllt‹

Die Straße von Y Bala nach Trawsfynydd führt in westlicher Richtung am Llyn Celin vorüber durch eine atemberaubende Berglandschaft, die von zwei Gipfeln, dem Großen und dem Kleinen Arennig, beherrscht wird. Der nördlich der Straße liegende Arennig Fach ist siebenhundert Meter hoch, aber Arennig Fawr erhebt sich zu einer Höhe von über neunhundert Metern. George Borrow berichtet über ihn: *»Ich frug, ob dort jemand lebe. ›Nein‹, sagte er, ›zu kalt für Menschen.‹ ›Füchse?‹ frug ich. ›Nein! zu kalt für Füchse.‹ ›Krähen‹, riet ich. ›Nein, zu kalt für Krähen. Krähen würden dort verhungern.‹ Er sah mir ins Gesicht, als erwarte er, daß ich lächeln würde. Ich sah ihn aber mit aller Würde eines Richters an, woraufhin er auch die ernste Würde eines Richters bewahrte, und nachdem wir uns noch eine Zeitlang weiter mit der Würde von Richtern angestarrt hatten, wandten wir uns beide gleichzeitig ab, und er folgte seinen Gefährten und ging seines Weges, und ich zog den meinen. Da erinnerte ich, daß der Arennig in einem walisischen Gedicht erwähnt wird, allerdings wenig schmeichelhaft oder rühmend. Der Dichter nennt ihn ›Arennig ddiffaith‹, Kahler Arennig, und klagt, daß er ihm den Blick in sein heimatliches Tal verstelle. Kahl wahrlich ist der Arennig: kein Baum, kein Strauch wächst auf ihm, aber es ist etwas majestätisches in seiner ungefügen Masse. Von allen Bergen in Wales machte keiner größeren Eindruck auf mich.«*

Die dunkle, wie eine große Wolke wirkende Form des Arennig Fawr zwischen den ginstergoldenen Moorbergen ringsum hat in der Tat etwas äußerst Erhabenes, eine urzeitliche Gelassenheit, die zugleich herbe Melancholie ausströmt.

Nicht viel später als Borrow kamen andere Künstler des Weges: Der Waliser Maler James Dickson Innes (1887-1914) und sein Freund, der Portraitist Augustus John (1879-1961). Das heißt, zuerst kam Innes allein, im Sommer 1910, als er eine Erkundungsreise durch Nordwales machte. Er war damals ermüdet und ausgebrannt, und fand sich in einem kleinen Gasthof am Fuße des Berges, der heute nicht mehr vorhanden ist, bestens versorgt: Der Wirt päppelte ihn auf mit köstlichem Lammbraten und tanzte abends walisische Jigs für ihn. Man muß solche Abende selbst erlebt haben, um zu wissen, wie unsagbar heiter und erfrischend eine solche Gastfreundschaft, wie überschäumend die walisische Sanges- und Tanzfreude sein kann. Im nächsten Jahr jedenfalls kam Innes wieder, diesmal in Begleitung von John, und zeigte sich begeistert vom Arennig Fawr, den er wieder und wieder malen sollte: die rotglühenden, nackten Flanken des wolkengleichen Berges vor aufregenden Himmeln von jenem tiefen Tintenton, den nur die Nähe des Meeres schenken kann. *»Dies ist der wundervollste Ort, den ich je gesehen habe«*, schrieb er an seine Frau, *»die Luft ist superb und die Berge sind wunderbar.«* Die beiden Freunde blieben den ganzen Mai, und auch den nächsten, und 1913 kam Innes noch einmal allein. 1911 lebte seine französische Geliebte in der Nähe der beiden Maler in Nant-ddu, und im darauffolgenden Jahr schleppte Innes einen ganzen Korb mit ihren Briefen zum Gipfel des Berges. Er war ein sehr romantisch veranlagter Mensch, mager, schwarzhaarig, mit »glitzernden schwarzen Augen und einem leicht sardonischen Mund« nach der Beschreibung von John, in lange dunkle Capes und seidene Schals gehüllt und bereits ausgezehrt von der Schwindsucht, der er ein Jahr nach seinem letzten Besuch beim Arennig Fawr erliegen sollte. Während seiner Aufenthalte in Wales gehörte all seine Kraft seinen Bildern. John schrieb: *»In jener Zeit war Innes' Schaffenskraft staunenswert; er kehrte kaum einen Abend ohne ein paar vollendete Leinwände heim. Manche waren, das ist wahr, rasch hingeworfen, aber davor lagen lange Wanderungen über die Moore auf der Suche nach dem magischen Moment. Vielleicht fühlte er, daß er sich eilen mußte, um diese Votivgaben für die Berge, die er mit religiöser Inbrunst liebte, zu vollenden.«*

Ein paar Kilometer weiter hat sich der Mensch zum Herrn über die Bergeinsamkeit aufgeworfen. Vor uns liegt der Spiegel des Llyn Trawsfynydd, der 1930 als Stausee für die Stromgewinnung angelegt wurde. Rund um den See führt ein Wanderpfad; an seinem Südende liegt das kleine, weit zerstreute Dorf TRAWSFYNYDD. Auskünfte über den Wanderweg erhält man in der Nuclear Power

Station am nördlichen Seezipfel. Sie war die erste im Binnenland errichtete Atomkraftanlage Großbritanniens und wurde zwischen 1959 und 1964 von dem berühmten englischen Baumeister Sir Basil Spence entworfen. Das nötige Kühlwasser liefert der künstliche See; die Kapazität des Werkes beträgt eine halbe Million Kilowatt. Reisegesellschaften können nach vorheriger Absprache dieses wie auch alle anderen Kraftwerke in Wales besichtigen.

Bald hinter der Atomstation gabelt sich die Straße; kurz vor der Gabelung führt unter einer kleinen Eisenbahnbrücke hindurch ein Feldweg zu einer archäologischen Fundstelle, einem kleinen römischen Amphitheater aus dem ersten nachchristlichen Jahrhundert. Südwestlich davon lag ein Castrum, zu dem das Theater gehörte. Auf dem Gebiet des Castrums wurde im Mittelalter eine walisische Feste errichtet. Im Mabinogion spielte sie eine Rolle als Sitz des jungen Fürsten Llew Llaw Gyffes und seiner Frau Blodeuwedd, Blumengleich; diese war für ihn von seinen zauberkundigen Onkeln aus Blumen erschaffen worden, da ein Fluch seiner Mutter Arianrhod es ihm unmöglich machte, eine Sterbliche zu freien. Das Cantref – ein Cantref entspricht ungefähr einem angelsächsischen Hundert, einem Regierungsbezirk – Dinidog, das ihm sein Großonkel Math der Uralte, dem der Wind die Gedanken der Menschen zutrug, verlieh, umfaßte die späteren Kleinfürstentümer Eivionydd und Ardudwy. Die walisische Feste, Castell Mur, diente im Mittelalter den Fürsten von Ardudwy als Residenz. Der TOMEN-Y-MUR, deutsch ›Hügel an der Mauer‹, den man heute noch auf dem Gelände findet, ist wahrscheinlich ein Motte aus normannischer Zeit, ein künstlicher Burgberg. – Wir kehren zur Straße zurück und halten uns in nördlicher Richtung, um nach Ffestiniog zu gelangen.

FFESTINIOG ist ein Bergnest mit einem alten Kirchlein und einem kleinen Wasserfall; bei klarem Wetter kann der Blick von hier aus bis zum Meer, zur Barmouth Bucht, schweifen. In der nahegelegenen ›Chapel Rhiw‹, einem einstigen Bethaus, lebt der englische Holzschnitzer und Landkünstler David Nash. Er war schon als Kind gern in dieser Gegend gewesen, und als er seine Ausbildung in England abgeschlossen hatte, kaufte er sich die damals leerstehende Kapelle am Waldrand und richtete sie als Atelier für sich und Wohnhaus für seine Familie ein. Er braucht den Wald für seine Arbeit, da er seine Schnitzwerke am liebsten aus gewachsenem Holz formt, in Anlehnung an bäuerliche Traditionen. Eines seiner Landwerke findet man am Rande der Straße zwischen Maentwrog und Pont Tal-y-Bont: Ein Kreis von Eschen, den er 1977 anpflanzte und der durch ein dreimaliges Beschneiden der Äste in Zehnjahresabständen eine Kuppel aus Laub formen soll, *»ein Silbergerüst im Winter, ein grünes Zelt im Sommer, ein Vulkan von nie erlöschender Kraft«*, beschrieb Nash die beabsichtigte Wirkung.

BLAENAU FFESTINIOG liegt etwas nördlicher. Es ist das Herz der walisischen Schiefergewinnung. Dunkelgrau erheben sich an beiden Seiten der Straße die riesigen Abraumhalden; auf ihnen wächst kein Gras, kein Moos, keine Flechte kann sich halten. Alle Versuche, diese Halden, die an Mondlandschaften erinnern, wieder zu begrünen, sind bisher fehlgeschlagen, und so wachsen die grauen, im Regen glitzernden, abweisenden Schuttberge weiter und weiter, denn um nur eine einzige Tonne Schiefer zu gewinnen, müssen erst zwanzig Tonnen Schiefergestein abgebaut werden. Zur Zeit lagern hier rund zweihundert Millionen Tonnen Abraum.

1908 war die Schieferindustrie in voller Blüte; damals fanden hier fast siebzehntausend Männer Arbeit und Brot. Begonnen hatte alles um 1755. Methusalem Jones, ein armer Bergbauer, hatte geträumt, daß er in dieser Gegend Schiefer bester Qualität finden würde. Damals war Blaenau nichts als ein Felsenkliff, das Ffestiniog überragte. Wo Schiefer in der Erde liegt, ist der Boden arm; auf Schiefer kann nichts richtig gedeihen, denn das Wasser sickert nicht tief genug in den Boden und so bilden sich Moore. Jones erkannte an der Beschaffenheit des Landes, daß sein Traum ihn nicht genarrt hatte; er rief Freunde aus seinem Heimatort herbei, und gemeinsam legten sie die ersten Stollen an.

Diese frühen Stollen wurden 1799 von William Turner gepachtet; Eigner des Landes war ein Lord Newborough. Damals entstand ein großer Bedarf an billigem Baumaterial, um die langen Reihen kleiner Arbeiterhäuschen zu decken, die überall im Gefolge der industriellen Revolution wie Pilze aus der Erde schossen, sogenannte Mushroom-Towns oder -Estates. Schiefer war ja viel preiswerter als gebrannte Ziegel und ungleich sicherer gegen Feuersnot und Wolkenbruch als Ried oder Stroh, wodurch er jetzt zu einem sehr gesuchten Rohstoff wurde.

Um 1830 machte ein junger Londoner Bankier, John Greaves, eine Wanderung durch Nordwales und lernte dabei Lord Newborough kennen. Greaves, der einen guten Blick für Bodenbeschaffenheit hatte, erkannte, daß eine wirkliche lohnende Schiefergewinnung nur im Tiefbau möglich sein würde, da die Schiefergewände bei Blaenau alle diagonal zum Aufbau des Berges verlaufen. Er schloß mit Newborough eine Partnerschaft; es dauerte bis 1846, ehe sie genug des Pachtlandes in Besitz nehmen konnten, um mit der Anlage eines Bergwerkes zu beginnen. Greaves zog mit seiner Frau in ein altes, aus Feldsteinen errichtetes Bauernhaus in Llechwedd, einem nahen Dorf; man kann es noch heute leicht erkennen, denn alle anderen Häuser sind dort aus dem eckig behauenen Schieferstein gebaut. Die ersten Grabungen waren erfolglos. 1849 verlor Greaves seinen Partner und war gezwungen, seine Arbeiter auszuzahlen. Doch zwei der Familien hielten in jenen dunklen Wochen weiter zu ihm, und am Ende des Jahres entdeckten sie endlich die Hauptader, oder jedenfalls, was sie dafür hielten, die ›Merioneth Old Vein‹. Später wurden in immer größeren Tiefen noch fünf weitere gefunden; die Sohle der Brüche liegt heute fünfhundert Meter tief unter der Erde.

Der Schiefer mußte nicht nur gebrochen und bearbeitet, sondern auch transportiert werden. Bereits 1836 wurde die Ffestiniog Railway gelegt, eine Schmalspurbahn, die die dörflichen, im Tagebau bearbeiteten Brüche bediente, Ersatz für die Maultiere, die vorher die Ausbeute ans Meer geschleppt hatten. 1853 konnte Greaves ein Stück Land pachten, das auch ihm den Anschluß an die Bahn ermöglichte; 1854 erhielt Llechwedd seine eigene Station. Mit dieser kleinen Bahn – eine der erhaltenen ›Little Trains of Wales‹ – kann man heute durch die Stollen fahren, um sich im Llechwedd Museum über die Arbeitsweise der Schieferbrecher zu unterrichten. Die Technik des Schieferbrechens hat sich während der letzten Jahrhunderte nur unwesentlich verändert; die zerbrechliche Natur des Materials verlangt heute wie vor Jahrhunderten viel Handarbeit, Fingerspitzengefühl und größte Sorgfalt.

Wer die Fahrt durch die Brüche unternehmen will, sollte eine Wolljacke nicht vergessen, die Temperaturen liegen meistens unter zehn Grad. Die Fahrt beginnt bei den ältesten Brüchen von 1846 und führt bis zu den zuletzt erschlossenen Stollen von 1936 durch einen der hohen Einstiegschächte, die sogenannte ›Kathedrale‹. Die Sohle, auf der die Bahn die längste Zeit fährt, wird ›Floor 2‹ genannt; in Wirklichkeit befinden sich aber noch fünf Abbauebenen über ihr. In einem der Stollen erklärt ein Bergmann die verschiedenen Arbeitstechniken seit der viktorianischen Epoche; er wird dabei unterstützt von stummen Helfern: Wachsfiguren in den typischen Arbeitsstellungen. Die von Tageslicht erhellte ›Chough's Cavern‹ ist sehr malerisch; ihren Namen gaben ihr die Dohlen, die dort seit Jahrhunderten nisten. Im Llechwedd Museum endet die Bahnfahrt wieder.

Das Museum ist in der alten Fabrik von John Greaves eingerichtet, wo seit 1852 der gewonnene Schiefer gespalten wurde. Wieder sehen wir Wachspuppen, die an alten und modernen Maschinen zu arbeiten scheinen; dadurch soll ein Eindruck vom Wechsel der Techniken vermittelt werden. Greaves und sein Sohn erfanden und entwickelten ihre Maschinen zum großen Teil selbst. Sie wurden auf den Weltausstellungen in London 1862 und in Paris 1867 für ihre Schieferprodukte ausgezeichnet.

Die Arbeitsbedingungen in den Brüchen waren hart und sonderbar. Die Männer arbeiteten immer in Vierergruppen; je zwei brachen das Gestein, die beiden anderen spalteten es in dünne Platten. Am Anfang des Monats erhielt jede Arbeitsgruppe ihre Strecke, ein ›Bargain‹, zugeteilt; da diese Bargains knapp waren, war das Bestechen der für die Verteilung Zuständigen an der Tagesordnung. Die Bezahlung der Schieferbrecher erfolgte anteilig in der Ablieferung von je tausend Platten; dabei wurde fairerweise die Schwierigkeit des jeweils zu bearbeiteten Bruches berücksichtigt. Fast alle Schieferbrecher waren hochverschuldet, auch, weil es ihnen noch schwerfiel, das nur einmal im Monat ausgezahlte Geld einzuteilen: Damals war bei den Bauern freie Kost und Wohnung in Verbindung mit einem Jahresgeld die Regel, in anderen Industriezweigen noch der Tagelohn.

Der Schieferabbau war auch ungesund. Berufskrankheiten sind Bronchitis, Rheumatismus und Staublunge, die gefürchtete Silikose. Noch bis in die zwanziger Jahre unseres Jahrhunderts waren die Ärzte nicht einmal bereit, Silikose überhaupt als Krankheit anzuerkennen oder gar an Vorsorge zu denken; dabei hatten die Gegner von Greaves bereits 1848 einen Medical Officer, eine Art Amtsarzt, für Blaenau Ffestiniog verlangt. Greaves errichtete aus eigenen Mitteln in Rhiwbryfdis oder Fliegendorf, einem der drei Dörfer, aus denen das heutige Blaenau zusammenwuchs, ein Krankenhaus, dessen Leistungen aus einem von Unternehmer und Arbeitnehmern gemeinsam getragenen Fonds durch ein paritätisch besetztes Komitee bezahlt wurden, ein Vorläufer unserer modernen Krankenversicherung. Bis zur Einführung des National Health Service 1948 wurde dieses System in Blaenau beibehalten.

Marianne Greaves, die Frau von Johns Sohn Earnest, begann 1870, für eine vernünftigere und bessere Ernährung der Arbeiter zu kämpfen; sie gründete zu diesem Zweck auch eine Art Abendschule. Um jene Zeit bestand das Essen der Kumpel fast ausschließlich aus schwarzem Tee, selbstgebackenem Brot und Butter. Diese kargen Mahlzeiten wurden in sogenannten ›Lunch Cabins‹ eingenommen, kleinen Schuppen mit harten Holzbänken und einer Feuerstelle zum Wasserkochen. Während der kurzen Pausen fanden dort außerdem – und das ist unglaublich walisisch – kleine ›Eisteddfods‹ statt, Wettbewerbe für die Söhne der Kumpel, die sich dabei als Dichter, Sänger und Prediger bewähren mußten; dem Sieger wurde von der Gemeinschaft eine kostenlose Ausbildung garantiert. Da die Essenszeiten sehr kurz bemessen waren, zogen sich die Wettbewerbe oft wochenlang hin. Neben diesen Lunchtime-Eisteddfods gibt es seit 1854 das Ffestiniog-Eisteddfod und seit 1868 das von John Greaves geförderte Llechwedd Eisteddfod. Das National Eisteddfod fand erst einmal, 1898, in dem damals von zwölftausend Einwohnern – heute nur noch halb soviel – bevölkerten Ort statt, der zu jener Zeit siebenunddreißig Kapellen für die Anhänger der verschiedenen Sekten, aber nur zweiundzwanzig Schenken hatte.

Der Schiefer von Blaenau hat sich nach Ansicht der Geologen vor rund fünf Millionen Jahren, also gegen Ende des Kambriums, aus noch viel älterem Felsstaub gebildet, der durch Wettereinwirkung ausgewaschen wurde, in tiefe Erdschichten gelangte und dort unter Druck und der Entwicklung von Reibungshitze zu farbigen Tafeln kristallisierte. In den Schichten finden sich oft glitzernde Eisenquarz-Einschlüsse, das sogenannte Narrengold, sehr zum Ärger der Schieferbrecher.

Jahrhundertelang haben die Menschen Schiefer abgebaut, haben von ihm und mit ihm gelebt, oft unter sehr harten Bedingungen, wie berichtet. In all diesen Zeiten hat sich eine tiefe Beziehung zwischen den Menschen und dem spröden, schimmernden Material herausgebildet. Es ist staunenswert, mit welcher Geduld die Meister des Schieferschneidens zerbrechliche Kunstwerke aus dem Mineral formen: Fächer in durchbrochener Arbeit, zierliche Haushaltsgeräte, Schiefergravuren. In dieser Kunst tat sich vor allem George Eugen Magnus (1801-73) hervor, der Gründer der Londoner ›Pimlico Slate Company‹, der unter anderem eingelegte Schiefermöbel für die königliche Familie herstellte. Magnus hatte überall in der Welt Minen; aus Nordwales ließ er fast ebenholzschwarze Schieferplatten kommen.

Die große Masse des Schiefers wird aber auch heute noch für Fußbodenbeläge und zum Dachdecken verwendet, auch zum Verkleiden besonders witterungsgefährdeter Fassaden. Dazu muß der Schiefer in schmale Schichten zerteilt werden; dieses ›splitting‹ verlangt große Kunstfertigkeit und eine sehr sichere Hand, denn eine einmal verdorbene Platte läßt sich nie mehr reparieren. Bei diesem Arbeitsgang sitzt der ›Splitter‹ auf einem niedrigen Schemel und preßt die Rohplatte fest gegen sein linkes Bein; dann treibt er mit Hilfe eines Spezialhammers einen nach oben zu schmäler werdenden Meißel in die Platte. Seit 1695 tragen die fertigen Platten je nach Größe als ›Din‹-Bezeichnung die Titel weiblicher Adeliger, von der Duchess bis zur einfachen Lady. Das Bearbeiten der Platten heißt ›to dress‹, woraus sich allerlei pikante Wortspiele ergeben. So blinzelte ein schlitzohriger Splitter dem für seine Liebesaffären berüchtigten Prinzregenten, dem späteren König Georg IV., bei einer Besichtigung zu, um seine Aufmerksamkeit zu erregen, und frug dann anzüglich, wie es ihm behagen würde, eine walisische Gräfin anzuziehen? Der Prinz war über das Wortspiel so erheitert, daß er eine Runde Sherry ausgab. Ein anonymer Reisender ließ sich sogar zu einem frechen kleinen Gedicht hinreißen:

Es wurde gesagt und es ließ uns schlecht schlafen,
Daß die Pitt und Granville machten dutzendweis' Grafen;
Doch hier lebt gar einer, auch wenn es Euch wundert,
Der macht die Gräfinnen gleich zu hundert.
Baroness, Viscountess müssens erleiden,
Wie grobe Hände gewaltsam sie kleiden,
Und daß dero Gnaden vor aller Welt
Ein Kumpel in derben Fäusten hält.

15

Malerisches Conwy-Tal: Betws-y-Coed – Llanrwst – Conwy – Bodnant Gardens

Hochstrebende Türme, Berge, von Bäumen eingefaßte Seen, zerklüftete Felsen und Wolken, deren schattenhafte Gebilde mit geballter Kraft über das Land hinwogen …
David Cox (1789-1859), aus ›Allgemeine Beobachtungen zur Landschaftsmalerei …‹, 1813

BETWS-Y-COED, deutsch ›Bethaus unter Bäumen‹, ist ein bezauberndes Walddorf, ein echter Malerwinkel. Es wurde populär durch die Bilder von David Cox, der es immer wieder aufsuchte und in zahlreichen Skizzen, Aquarellen und Gemälden festhielt. Eines davon heißt ›Bäuerliches Begräbnis‹ (Birmingham); auf ihm stellte er eine dörfliche Trauergemeinde vor dem Hintergrund eines parkartigen Friedhofes dar; über dem Bild liegt letztes Tageslicht, denn in Wales werden die Toten bei Sonnenuntergang bestattet. Ein kleiner alter Herr im Vordergrund, angetan mit steifem Hut und städtischem weiten Rock, ist der Maler selbst, der an der Beisetzung der jungen Tochter seines Wirtes teilnimmt. So, wie sich Cox auf diesem Bild darstellte: eine unauffällige Randfigur, etwas verloren, das Gesicht abgewandt, einer, der nicht ganz dazu gehört, so hat er eigentlich auch gelebt. In einer Epoche, in der in England die Präraffaeliten mit ihrem naiv-naturalistischen, etwas sentimentalen Stil und ihren grellen Farben die Salons beherrschten, mußte dieser Maler abseits stehen, mußte ihm der Erfolg versagt bleiben. Erst in unserem Jahrhundert hat man seinen Rang wirklich erkannt.

Cox, der von frühester Jugend bis ins hohe Alter den Pinsel führte, von keinem fremden Einfluß geprägt, gehört zu den großen ›C‹ unter den englischen Landschaftsmalern. Die meisten von ihnen haben ihre Themen gerne in der walisischen Landschaft gesucht; John Crome hat die Dramatik der Schieferbrüche festgehalten, Cozens einsame Landschaften, Cotman hat wie kein anderer das Kristallische, das überwältigend Klare der Luft und der Formenwelt von Wales und seine erdigen Farben einzufangen gewußt; Cox aber malte das Wetter. Die ständige Bewegung des Windes, der sich alles beugt: Bäume und Meer, Häuser, Menschen, Felsen, Strand und Gras, Hecken und Herden. Seine Aquarelle wirken immer, als hätte der Sturm die noch nassen Farben auf dem Blatt gekräuselt, als hätten Regen- oder Gischtspritzer sie verwischt, als seien sie in plötzlicher Sonnenhitze geronnen. Obwohl er nur zehn Jahre jünger ist als die Romantiker Crome und Turner steht er doch in der Art seines Farbauftrags, seiner Pinseltechnik den französischen Impressionisten näher als alle anderen englischen Maler seiner Zeit. Vielleicht hängt es damit zusammen, daß er sich der Ölmalerei erst spät zuwandte; er behandelte sie nicht anders als zuvor die Wasserfarben, und das mag seinen wenigen großformatigen Bildern das ungewöhnlich Moderne verleihen.

David Cox wurde am 29. April 1783 als Sohn eines Schmiedes in Deritend bei Birmingham geboren. Im Alter von siebzehn Jahren entrann er, den man als Kind viel zu früh aus der Schule genommen hatte, der väterlichen Tyrannei und dem heimatlichen Dorf und wurde in Birmingham bei dem Panoramamaler und Bühnenbildner James de Maria Gehilfe. Wahrscheinlich hat Cox damals schon seine Wanderungen in Wales begonnen. 1804 ging er als Zeichenlehrer nach London, wo er Stunden bei John Varley (1778-1842) nahm, der ebenfalls oft in Wales gezeichnet hat.

Zwischen 1812 und 1825 erschienen mehrere theoretische Schriften von Cox, Anleitungen zum Landschaftsmalen und Malvorlagen; sie bezeugen, daß er in jenen Jahren sehr elend dran gewesen sein muß. Und doch entstanden in dieser Zeit Aquarelle von höchstem künstlerischen Reiz, als habe er in zwei verschiedenen Welten gelebt, einer, in der ihm der Hunger diktierte, die Wünsche seiner Klientel zu erfüllen, und der anderen, zauberischen, in der er seine Träume verwirklichte. Als er sich endlich der Ölmalerei zuwandte – einem Geschäft, das viel Zeit und viel Geld verschlingt –, stand er an der Schwelle des Alters, siebenundfünfzig Jahre Hundeleben hinter sich. Auch jetzt fand er zwar die Bewunderung der Kenner, aber kaum Käufer für seine Werke. Er blieb der große Erfolglose bis zu seinem Tode 1859; aber er malte noch am letzten Tag seines Lebens. Der höchste Preis, den er je für ein Bild erzielte, war hundert Pfund Sterling, für einen Maler seines Formats ein Bettel. Es war eine seiner Versionen des Strandes von Rhyl in Wales, ›Rhyl Sands‹. Viele seiner berühmtesten Landschaften haben walisische Motive.

Sein bevorzugter Aufenthalt war Betws-y-Coed: dies Walddorf mit Häusern, die wie gewachsen wirken, mit bunten Bauerngärten und alten hohen Bäumen. Die Kirche stammt aus vornormanni-

V JOHN PIPER (geb. 1903)
Derelict Cottage, Llanthony

Öl auf Leinwand, um 1974
City Museums and Art Gallery, Birmingham

scher Zeit; der Taufstein ist normannischen Ursprungs. Eine Grabplatte erinnert an den Fürsten Gruffydd ap Dafydd Goch, einen Großneffen von Llywelyn ap Gruffydd, der zur Zeit des Sachsenkönigs Harold den Ansturm der Angelsachsen abwehren konnte. Goch ist ein Beiname und bedeutet ›Der Rote‹. – Über den Fluß Llugwy, hier noch schmal wie ein Bach, spannt sich über vier steinerne Bögen eine Brücke aus dem 15. Jahrhundert, der Pont-y-Pair. Im Innern des Gasthofes ›Royal Oak‹, in dem Cox zu wohnen pflegte, wenn er es sich leisten konnte – manches Mal nahm er auch mit einer Kammer in einem der Bauernhäuser vorlieb –, wird ein von ihm gemaltes Wirtshausschild mit großem Stolz gehütet; es zeigt den jungen Karl II., der sich auf der Flucht in einer Eiche verbirgt. Vielleicht hat Cox ein reichliches Mahl damit bezahlt, oder ein paar Flaschen Wein ...

Als Cox endlich berühmt war, kamen in seinem Gefolge viele Berufs- und Sonntagsmaler nach Betws, und die ›Royal Oak‹ mußte mehrfach erweitert werden. In manchem Bauernhaus lebt noch die Erinnerung an einen kleinen alten Herrn fort, der immer freundlich war, und dem Staffelei oder Leinwand zu tragen sich die Kinder zur Ehre anrechneten – ein paar Pennies gabs wohl auch.

Betws ist ein guter Ort für Wanderer. Man findet nahebei die Swallow Falls oder Schwalbenfälle, eine Folge breithinströmender Flußschnellen in einer von Laubbäumen überdachten engen Schlucht; die Strahlen der Sonne dringen nur gebrochen in die Tiefe und sprenkeln die weiße Gischt mit gelben und grünen Lichtern. Die Conwy-Fälle im Fairy Glen oder Elfental liegen südlich der Waterloo Bridge über den Conwy. Die Brücke ist eine verspielte Gußeisenkonstruktion von Thomas Telford (1757-1834) mit einem reich ornamentierten Gerüst aus Rosen, Disteln, Lauch und Klee, den Wappenblumen des Vereinigten Königreichs, England, Schottland und Wales sowie Irlands, und der Inschrift: »Dieser Bogen wurde konstruiert im selben Jahr, in dem die Schlacht von Waterloo geschlagen wurde« (1805). Die Fälle des Machno in der Tiefe des Conwy-Tales werden hingegen durch eine alte Brücke und die Ruine einer Wassermühle romantisch apostrophiert.

DOLWYDDELAN liegt an der Straße zwischen Betws und Blaenau, auf der wir kamen. Viel hat sich von dieser rein walisischen Trutzburg nicht erhalten, aber sie spielte in der walisischen Geschichte als ein Wohnsitz der Fürsten Llywelyns des Großen und Llywelyns des Letzten eine wichtige Rolle. Errichtet wurde sie von Fürst Iorwerth, dem Vater Llywelyns des Großen, um 1170. Eduard I. ließ sie schleifen. – In dem kleinen Straßendorf zu Füßen der Ruine – die Straße geht auf die Römer zurück – wohnen seit eh und je arme Steinbrecher. Das Kirchlein stammt aus dem fünfzehnten Jahrhundert und hat die Zeiten unbeschadet überdauert.

Hohe ernste Berge, deren Namen schon von ihrem Äußeren künden, stehen in der Runde: Moel Siabod, Kahler Berg, oder Y Foel, Nackter Gipfel. Auf ihrem Leib aus Schiefer und Granit gedeiht nur spärliche Vegetation, Farn, Ginster, Heide, Bergkräuter, Fingerhut und hie und da ein Dornbusch. Die einzige Freude der Bergbauern ist die Birkwildjagd, die beginnt, wenn sich die Heiden verfärben. Haselhuhn oder Grouse war seit altersher ein geschätzter Leckerbissen auf der britischen Tafel, am Spieß gebraten, gefüllt, in Puddings, Pies oder auch Pasteten bildet es in der frugalen Küche der einsam gelegenen Gehöfte, die fast das ganze Jahr von Hammelfleisch bestimmt wird, eine besonders willkommene Abwechslung.

Das Zentrum für die Jagd auf Grouse ist der Weiler PENTREFOELAS unter dem Moel Siabod, der sich über neunhundert Meter hoch erhebt und seine kahlen Flanken in dem kleinen Llyn-y-Foel spiegelt. Dieser See ist berühmt für seinen Reichtum an Forellen, sollte aber nur in Begleitung eines Führers aufgesucht werden, da es hier immer wieder zu Bergrutschen und plötzlich aus der Höhe herabdonnerndem Steinfall kommen kann.

Zurück in Betws halten wir uns in nördlicher Richtung; die Straße führt durch das Tal des Conwy. Zu ihrer Rechten ragen die Berge weiter ernst und kahl empor, aber zur Linken ist das Gebiet jetzt bewaldet, und in dem Grün der Bäume verbergen sich mehrere kleine Seen.

LLANRWST ist ein Dorf, das sich zu beiden Seiten des Conwy ausbreitet. Hier stand schon in keltischer Zeit eine frühchristliche Kirche; Llywelyn der Große wurde dort zur letzten Ruhe gebettet. Unter den Tudors wurde das alte Kirchlein durch einen schlichten spätgotischen Bau ersetzt, das Grab des Fürsten aber blieb unberührt.

Westlich von Llanrwst liegt GWYDIR, auch Gwydyr oder Gwedyr Castle im Dorf Gwydir Uchaf. Der Name mag verwirren, denn Gwydir heißt Flachland, und uchaf bedeutet ›am höchsten‹. Aber Gwydir ist hier Familienname. Die Geschichte dieses alten walisischen Geschlechts wurde um 1600 von Sir John Wynn[e] aufgezeichnet, einem Sproß dieser Familie. George Borrow erzählt:

»Die Geschichte der Gwedirs ist ein seltenes und seltsames Buch; ich las es in meiner Knabenzeit. Es enthält die Aufzählung der Geschicke dieser Familie seit ihren ersten Anfängen, befaßt sich aber vor allem mit der Zeit nach ihrer Übersiedlung aus einem schönen, fruchtbaren Tal ins rauhe, zerklüftete Snowdonia, wohin sie zog, um böser Nachbarschaft zu entfliehen, und wo sie alles fand, außer dem, was zu finden sie ausgezogen war: Ruhe und Frieden. Das in bildhaftem Englisch geschriebene Buch wirft ein erhellendes Licht auf den Zustand der walisischen Gesellschaft zur Tudorzeit ...« Borrow vergleicht das Werk mit den isländischen Sagas.

Die Burg ist ein schöner Sandsteinbau in reinstem Tudorstil; sie entstand um 1555. Die Kapelle mit den Gräbern der Familie wurde erst 1633 errichtet und wird Englands Palladio, Inigo Jones (1573 bis 1652), zugeschrieben, ebenso wie die dreibogige Steinbrücke über den Conwy, die in der Tat die Hand eines Meisters verrät. 1920 brannte die Burg aus, wurde aber völlig wiederhergestellt. Heute wirkt sie, umgeben von ihrem großen Park, mehr denn je wie ein Zufluchtsort: der helle Bau wird gerahmt von tiefgrünen Rasen und Kieswegen, über die Pfauen ihre schillernden Schweife wie prächtige Schleppen hinter sich herziehen, die winzigen, federgekrönten Köpfchen hoheitsvoll gereckt.

Hinter Llanrwst öffnet sich das Tal des Conwy weit; unsere Straße folgt dem gewundenen Lauf des Flusses bis zum Meer.

CONWY ist eine sehr alte kleine Stadt; ihre gewundenen Straßen umzingeln die Burg am Flußufer. Weit drängt das Meer ins Land; die Conwy-Mündung ist ausgewaschen von den Gezeiten. In ihrer Tiefe erhebt sich auf steilem Felsenriff in kühner Größe die Burg mit acht gigantischen Rundtürmen, eine der machtvollsten Burgen der Welt, ein Meisterwerk mittelalterlicher Baukunst. Sie war die erste unter den edwardianischen Burgen, die fertiggestellt wurde. Wie die meisten Bauten dieses umfassenden Festungsgürtels, der den walisischen Widerstand brechen sollte, wurde auch sie von James of St George entworfen; die Bauarbeiten begannen um 1283, und während noch anderthalbtausend Maurer, Zimmerleute und Steinmetze an ihrer Vollendung wirkten, konnten 1285 bereits die ersten Truppen in Garnison gehen. 1289 war der Bau so gut wie abgeschlossen. Seine Errichtung verschlang unvorstellbare Summen.

Eduard I. weilte mehrmals auf seiner neuen Feste; der Besuch Weihnachten 1290, von dem die meisten Führer berichten, ist allerdings eine Fabel, denn damals verbrachte der König das Christfest allein in London, in Trauer um seine in diesem Jahr gestorbene Königin Eleanor. Er hatte überall in England entlang des Weges, den ihr Leichnam von Norden aus nahm, Kreuze errichten lassen, sooft die Träger den Sarg niedersetzen mußten; wie seine Burgen zu den besten des Reiches, so gehörten diese Hochkreuze, Eleonorenkreuze, zu den schönsten ihrer Art. Nur zwei sind noch erhalten, und ein paar Londoner Straßennamen erinnern noch an sie.

Conwy Castle ist einer jener Bauten, deren bloßer Anblick Furcht auszulösen vermag. Es wurde niemals angegriffen und deshalb schon früh vernachlässigt. Als Richard II. 1399 bei seiner Rückkehr von Irland hier Schutz suchen wollte, da sich inzwischen in England Volk und Adel wider ihn erhoben hatten auf der Seite Heinrich Bolingbrokes, den er um das väterliche Erbe zu prellen versucht hatte, fand er die Burg ohne Besatzung und ohne Vorräte vor. Hier verhandelte er mit dem Abgesandten seines Vetters, Henry Percy, genannt Hotspur, dem Erben der wilden Percies von Northumberland. Percy bewegte ihn dazu, sich in Verhandlungen mit dem Lancaster zu schicken und diesen auf Flint zu treffen, wo er dann zur Abdankung gezwungen wurde. Damit sahen die Waliser eine der Prophezeiungen Merlins sich erfüllen, der geweissagt hatte, einst werde ein König von Albion nach zwanzig Regierungsjahren an einen dreieckigen Ort im Norden gebracht und dort verraten werden; der Grundriß von Flint wirkt fast dreieckig.

Geschichte wiederholt sich gern. Noch keine drei Jahre war Bolingbroke König, als an einem Karfreitag ein Zimmermann Einlaß in die Burg begehrte. Der Torwächter öffnete ihm und wurde sofort überwältigt; alle anderen Soldaten befanden sich in der Messe und bemerkten nicht, wie sich durch das Tor ein Strom von Rebellen ergoß, geführt von Rhys ap Tewdwr, einem Getreuen Owain Glyndwrs, der sich gerade zum König von Wales gekrönt hatte. Damals standen die englischen Truppen in Wales noch unter dem Oberbefehl Henry Percys, dem es gelang, die Rebellen zur Übergabe zu bewegen, wofür er ihnen allerdings freien Abzug zusicherte; neun von ihnen behielt er als Geiseln zurück, darunter seinen Schwager Mortimer, der von Owain gefangengenommen worden war und sich mit dessen Tochter vermählt hatte.

Diese Geiseln führten zum Abfall Percys von König Heinrich IV.; er verweigerte ihre Herausgabe und schloß sich dann mit Mortimer Glyndwr an. Damit begannen die Rosenkriege, die fast ein Jahrhundert lang die Erben von Lancaster und York, die in ihren Wappen eine rote, beziehungsweise eine weiße Rose führten, sich bekriegen ließ. Das Ende des Streites brachte ein walisisches Geschlecht auf den Thron, die Tudors, und wieder war eine alte Weissagung erfüllt.

Conwy wurde als Burg nun nicht mehr gebraucht, und 1628 verkaufte die Krone sie an den Viscount Conwy.

In der kleinen Stadt Conwy zu Füßen der Burg wurde 1582 John Williams geboren, der spätere Erzbischof von York. Er war Karl I. sehr ergeben und wurde vom König hochgeschätzt. Als sich die Puritaner gegen Karl erhoben, ließ Williams auf eigene Kosten Conwy bemannen und die Burg instandsetzen, doch seine Anstrengungen kamen zu spät; die Stadt ergab sich 1646, und drei Monate danach mußte auch die Burg sich den Belagerern öffnen.

Nach der Restauration von 1660 gab Karl II. die Burg den Grafen von Conwy zurück; es war keine gute Entscheidung, denn sie ließen das Bauwerk verfallen. Im späten neunzehnten Jahrhundert nahmen sich die Bürger der Stadt der Ruine an, und 1953 kam sie in die Obhut der englischen Denkmalsschutzbehörde, des Department of Environment. Von dem herrlichen Saalbau, einst vierzig Meter lang und zehn Meter hoch, hat sich nur einer der acht Steinbögen, die die gewölbte Decke trugen, erhalten. Von den Türmen, die man noch besteigen kann, schweift der Blick bei klarem Wetter bis zu den Bergen von Anglesey und Snowdonia.

LLANDUDNO liegt auf einer Landzunge, die die weite Conwy-Bucht im Osten abriegelt. Wer von einem Badeurlaub in einem eleganten viktorianischen Hotel träumt, wird sich hier wohlfühlen. Man nennt den Ort die Königin der walisischen Badeorte; er besitzt einen ausgedehnten Strand, eine hübsche Promenade und weit ins Meer hineingebaute Vergnügungs-Piers. An der Ostseite der Landzunge, sie heißt Penmaenrhos, was etwa ›mooriges Felsenhaupt‹ bedeutet, erstreckt sich entlang der ganzen Colwyn Bay eine in den letzten Jahren herangewachsene Ferien- und Wochenendsiedlung mit Bungalows und Caravans rund um das reizende Dorf Old Colwyn. Hier suchen die Menschen aus den überbesiedelten Industriestädten von Lancashire Erholung, gute Luft und ein bißchen Spaß.

BODNANT GARDENS ist einer der schönsten und größten Parks von Großbritannien. Er wurde 1785 auf dem Herrensitz Bodnant nach Plänen Henri Pochins für Lord Aberconwy begonnen. Sein heutiges Aussehen erhielt er jedoch erst, als der zweite Baron Aberconwy zu Beginn unseres Jahrhunderts als sein eigener Architekt die großen Terrassen, die in fünf Stufen vom Haus ins Tal hinabführen, im Stil italienischer Gärten zu gestalten unternahm. Über die Terrassen hinweg schaut man auf das ganze Panorama des Snowdon.

Man sollte Bodnant möglichst im späten Frühling oder Frühsommer aufsuchen, wenn man seine Farbenpracht voll genießen möchte: Über die von sorgfältig gestutzten Eiben eingefaßten Rasen und Wege der italienischen Gartenterrassen gelangt man zu Rosengärten und Azaleenhainen. Da findet sich ein Seerosenteich, in samtigen Rasen gebettet, eine Rhododendronschlucht mit seltenen Koniferen, ein Felsengarten mit Alpenblumen, englische Staudengärten voll leuchtender Üppigkeit, Camelien und Magnolien, ein Kanal mit einer Freilichtbühne an einem Ende, und Marmorstatuen, deren blasser Schimmer durch das Schwarzgrün der Eibenhecken betont wird. Das Prachtvollste ist wohl die wie ein gotisches Gewölbe geformte Laburnum-Allee, die in der Blütezeit wie ein Tunnel triefenden Goldes wirkt. Wenn man unter diesem Schauer gelber Blütendolden entlanggeht, fühlt man sich in das Märchen von Frau Holle versetzt; doch dieser goldene Regen ist köstlicher, denn er tanzt im Wind und duftet in jener herzzerreißenden Süße, mit der nur Goldregen zu duften vermag.

Wir kehren zurück zur Conwy-Bucht. Eine ihrer Steilküsten heißt PENMAENMAWR, etwa Hohes Vorgebirge. Sie ist ein Ausläufer der Snowdonia Mountains; ihre zerklüfteten Felsen fallen steil zum Meer hin ab. Hier gibt es eine Jugendherberge; man kann segeln und Wasserski laufen; unvergleichlich schön ist der Blick über die Bucht mit den meist schneebedeckten Bergen im Hintergrund. Von hier aus soll im Mittelalter Madoc, ein Sohn des Fürsten Owain Gwynedd, mit einer Flotte flacher Boote in See gestochen sein, um den Ozean zu überqueren, wobei er lange vor Kolumbus dann Amerika entdeckt haben muß. Er kam nie zurück, und man hat lange an seinem Erfolg gezweifelt; doch Forscher haben im Norden Amerikas einen Indianerstamm entdeckt, der altes Walisisch sprach. Die Wissenschaftler sind sich nicht einig, ob Madoc wirklich Amerika erreicht hat, aber die Balladensänger preisen den kühnen Seefahrer seit Jahrhunderten.

PENRHYN CASTLE, in einem weiten Park in der westlichen Ecke der Conwy Bay gelegen, hat eine lange Geschichte. Hier befand sich schon zu Zeiten Llywelyns des Großen ein Adelssitz, der dann in der Tudorzeit zu einem schönen Herrenhof erweitert wurde. Im siebzehnten Jahrhundert erwarb ihn der Waliser John Williams, der spätere Erzbischof von York. Durch Erbschaft kam er 1765 in die Hände eines Richard Pennant, der das große Glück hatte, im nahen Glanogwen, dem heutigen Industrieort Bethesda, Schiefer zu entdecken. Er begann mit dem planmäßigen Abbau und verschaffte damit der ganzen Region Arbeit; 1783 wurde er zum Baron Penrhyn auf Penrhyn erhoben. Er ließ dann anstelle des ehrwürdigen alten Tudorhauses einen häßlichen neugotischen Burgbau errichten.

Sein Erbe, George Dawkins, der den Namen Pennant und den Titel annehmen durfte, ließ das Schloß nach seinem Geschmack durch Thomas Hopper (1776-1856) umbauen. Im Vergleich zu den neu angerichteten Greueln muß das neugotische Bauwerk geradezu harmonisch gewirkt haben. Hopper zog alle Register des Historismus, kein Mittel proportionaler Verzerrung blieb ungenutzt. Penrhyn Castle darf als Inbegriff schlechten viktorianischen Geschmacks betrachtet werden.

Die Schieferbrüche, mittlerweile über dreihundert Meter tief in den Bron Llwd getrieben, sind heute das größte freiliegende Abbruchgebiet der Welt, geformt wie ein Amphitheater. Das Besondere an dem Schiefer von Bethesda ist seine Farbigkeit: nicht nur grau und grünlich, sondern auch bläulich und rötlich sind die hier gebrochenen Platten. Diese Besonderheit verleitete die Barone wohl dazu, nicht nur Schindeln und Dachziegel daraus machen zu lassen, sondern auch Möbel mit eingelegten Mustern. Gordon Douglas Pennent beherbergte zweimal Königin Viktoria unter seinem Dach, und wollte ihr ein Schiefer-Prunkbett zum

Gastgeschenk machen. Die Königin warf nur einen einzigen Blick darauf und erklärte mit vollendeter Höflichkeit: »Es ist ungeheuer interessant, aber so ganz und gar nicht einladend!« Sie hatte den Nagel auf den Kopf getroffen: die Barone von Penrhyn hatten Sinn für das Interessante, auch Imposante, aber so gar nicht für das Einladende ...

Die letzte Erbin des Besitzes, Lady Janet Douglas Pennant, überließ Schloß und Park – der mit seinen schönen alten Bäumen und ummauerten Terrassen unendlich viel reizvoller ist als das Schloß – 1951 dem National Trust; seitdem stehen beide zur Besichtigung offen. ›Interessant‹ sind die Schiefermöbel im Inneren des Hauses wirklich, so ein riesiger eingelegter Billardtisch in der Bibliothek oder der auf Schieferdelphinen ruhende Marmortisch in der Halle, zu schweigen von Viktorias verschmähtem Bett im Bergfried. Sie schlief dort in einem gemütlichen eichenen Himmelbett. Die Tapeten und Vorhänge im Bergfried stammen übrigens von William Morris (1834-1896), dem Malerdichter und Wegbereiter des modernen Design. Man findet im Schloß eine große Sammlung alter Puppen, und im ehemaligen Wagenhof eine kleine Eisenbahnausstellung mit alten Loks und Salonwagen, Eisenbahnzubehör, frühen Industriedrucken und Gegenständen aus Schiefer. Die Eisenbahnen waren ja ursprünglich für den Bergbau entwickelt worden, um den Grubenpferden die unzumutbaren Lasten von den wunden Rücken zu nehmen; auch Bethesda hatte schon früh seine eigene Linie.

16

Mon Maen Cymry – Anglesey · Mutter von Wales: Bangor – Beaumaris – Penmon – Holyhead Aberffraw – Plas Newydd

Beim ersten Schein der Sonne auf Mona erwacht,
Frühstück in Altchester morgens um neun,
Speist' in Irland zu Mittag, und auf Mona zur Nacht
Saß ich wieder am Herd in Torffeuers Schein.
Anonymes Englyn (um 1790)

Von Chester über Bangor nach Anglesey, der wegen ihres Getreidereichtums ›Mutter von Wales‹ genannten Insel Mona, und via Holyhead nach Irland: Diese Route ist so alt wie der Wind, sie wurde schon in der Bronzezeit genutzt. Damals war sie ein Teilstück der großen Kupfer- und Bernsteinstraße vom Baltikum bis Phönizien; in römischer Zeit diente sie als Versorgungsweg für die Legionen im Westen, im Mittelalter als Pilgerpfad, dann als Postkutschenchaussee und endlich wurde sie Teil der großen Eisenbahnlinie, die Stephenson baute, um den Fährverkehr von England nach Irland zu beschleunigen, der ›Chester and Holyhead Line‹ (1844-50). – Die Verkehrsmittel änderten sich ständig, aber der Weg ist immer der gleiche geblieben; blutige Dramen, wie die Vernichtung der Druiden unter Caesar, haben sich an seinem Rand abgespielt, heroische Szenen auch, Burlesken dann und wann. Ihn begleiten großartige Bauwerke und uralte Denkmäler, deren Sinn uns verschlossen ist. Er ist ein Zeichen der Dauer, aber auch der Fortschritt hat seine Fußspuren auf ihm hinterlassen.

BANGOR ist die letzte Station auf dem Festland vor der Überfahrt nach Anglesey. Jahrhundertelang warteten die Menschen die Ebbe ab, um ans andere Ufer zu gelangen. Der Meeresarm, der Anglesey vom Festland trennt, heißt Menai Strait, Straße von Menai. Bangor wird im Osten von den Wassern der Conwy-Bucht, im Norden von Menai Strait begrenzt. Diese beiden natürlichen Grenzen bilden eine Art Winkel; der Plan von Bangor ein unregelmäßiges Parallelogramm, an dessen Nordostecke ein riesiger Vergnügungspier weit ins Meer hineinragt. Die Hauptstraßen verlaufen alle parallel zur Menai Strait, wie die ufernahe Promenade

Menai Road und die Garth Road, die an ihrem westlichen Ende später Deiniol Road heißt. Wiederum parallel zu diesen Hauptverkehrsadern liegt im Süden der Stadt die High Street. Zwischen Menai Road und Deiniol Road liegen die Colleges der Universität, das Theater und das Krankenhaus; südlich der Deiniol Road das Rathaus und an der High Street die Kathedrale. Eine andere alte Kirche, St Mary, liegt südlich von Garth Street.

Unter der Ägide des britischen Hochkönigs Maelgwyn (von) Gwynedd gründete der heilige Deiniol hier im Jahre 525 eine Klostergemeinschaft. Das Wort Bangor bedeutet noch heute eine durch eingeflochtene Zweige undurchdringlich gemachte Hecke, und eine solche Flechthecke soll einst Deiniols Kloster umschlossen haben. Als der Bischof über Wales, Dubricius, den die Waliser Dyfrik nennen – dasselbe Wort, mit dem sie den Gottseibeiuns rufen –, im Jahre 546 sein Bistum aufteilte, erhielt St Teilo den Süden, St Padarn Mittelwales und St Deiniol Gwynedd, den Norden; seit damals ist Bangor Bischofssitz.

Der Grundstein für die Kathedrale wurde 548 gelegt; der heutige Bau geht auf einen Bischof David zurück und wurde um 1137 begonnen. In den Kriegen gegen England litt die Kathedrale jedesmal schwer; doch bald nach dem Tode Llywelyns des Letzten begann Bischof Anian I. (1267-1306) mit dem Wiederaufbau; er ließ den Vierungsturm, die der heiligen Jungfrau geweihte Marienkapelle und das südliche Querschiff errichten. Sein Nachfolger Anian II. (1309-1328) setzte das Werk fort mit der Neuerrichtung des Langhauses und des Nordtransepts.

Owain Glyndwr gab die Kathedrale und die Stadt zur Plünderung frei, weil der Bischof zum König von England hielt. Als sich die Rosenkriege ihrem Ende näherten, wagte Bischof Deane (1494 bis 1500) sich an die Wiederherstellung des Chores, dem er ein herrliches Ostfenster einsetzen ließ. Der Westturm stammt aus der Zeit von Bischof Skeffington (1509-1534), der das Langhaus um einen Lichtgaden aufstockte. Im Bürgerkrieg kam die Kathedrale St Deiniols dann abermals unter Beschuß, und es folgte eine lange Zeit der Vernachlässigung, ehe Sir George Gilbert Scott gerufen wurde, der in den Jahren 1868-1884 die Restaurierung leitete. Der oft verheerte Kirchenraum wirkt heute vor allem durch seine Schlichtheit anrührend.

Das Grab des Fürsten Owain von Gwynedd, der 1170 starb, lag ursprünglich vor dem Hochaltar; es wurde geplündert, und niemand weiß, wo seine Gebeine jetzt ruhen. Das Grabmal im südlichen Querschiff, oft fälschlich für das seine ausgegeben, ist wahrscheinlich das des Bischofs Anian I.; Gedenktafeln erinnern an Edmund Prys, den Übersetzer des Psalters, und den Dichter Goronwy Owen (1723-1769), der in Amerika sein Glück machte. Eine echte Rarität ist der Park des Bischofs in der einstigen Domfreiheit: ein Bibelgarten mit allen im Alten und Neuen Testament genannten Pflanzen, die im nördlichen Klima gedeihen können, und an der Südseite Pflanzen, die in mittelalterlichen Chroniken von Kirchen und Klöstern erwähnt werden. Der einstige Bischofspalast ist heute Rathaus. – Bangors Domkapitel hat viermal den Erzbischof von Canterbury gestellt und schon zweimal den Erzbischof von St David's.

Bangor war seit altersher ein Zentrum der Gelehrsamkeit; sein College wurde 1883 gegründet und 1893 der jungen Universität von Wales angeschlossen. Zur Zeit lernen dort unter rund dreihundert Professoren und Dozenten etwa dreitausend Studenten; die Fächerauswahl ist breit gegliedert, und die Collegebauten beherrschen die halbe Stadt, wie auch das Straßenbild durch die vielen jungen Menschen geprägt wird. Ein Teil der Laboratorien des Instituts für Meereswissenschaften befindet sich auf Mona, im Dorf Menai Bridge.

Als die industrielle Revolution Wales erreichte, wurde der Hafen ausgebaut und die Eisenbahnlinie an die Stadt geführt; Stadt ist Bangor seit 1883.

Bangor besitzt eine Anzahl von Galerien und in Ffordd Gwynedd das Museum of Welsh Antiquities mit prähistorischen Funden und einer kostbaren Sammlung von Möbeln aus dem 17. bis 19. Jahrhundert, die zu typisch walisischen Räumen angeordnet wurden. Prunkstück ist eine Bauernküche der Art, wie sie Edward Thomas (1878-1917) in seinen Wanderschilderungen beschrieb: »*Nachdem ich Abteiruine und Obstgarten durchquert hatte, kam ich in eine lange, niedrige Bauernküche; sie roch nach Speck und Kräutern, brennendem Sykomorenholz und Asche. Ein Gewehr, eine Hakenbüchse, ein paar silberne Sporen und eine goldgelbe Garbe letztjährigen Korns hing über dem hohen Herdsims mit seinen vielen Messingleuchtern. Darunter war eine offene Feuerstelle mit einem ewigen, rotglühenden Feuer, und zwei Teekannen zum Wärmen, denn sie haben Tee zum Frühstück, Tee zum Mittag, Tee zum Tee, Tee zum Abendbrot und Tee zwischendurch. Der Boden war mit*

Schieferplatten belegt und mit Sand bestreut; darauf standen ein langer vielbeiniger Tisch, eine Eichentruhe, ein Tafelklavier und einige Chippendale-Stühle. Auch zwei große Standuhren, die menschlichsten Uhren, die ich je traf, denn sie tickten mit Anstrengung und sorgenvoll: Sie schienen zu denken und sich um die Zeit zu quälen ... An den Wänden hingen neben einem großen Porträt von Spurgeon mehrere Gruppen gedruckter und gerahmter Verse zur Erinnerung an verstorbene Familienmitglieder, ein allegorischer, vom Teufel gewässerter Baum und Photos von einem Barden und Lloyd George. Da waren nahe beim Feuer etwa fünfzig zerlesene Bücher ...«

MENAI BRIDGE liegt schon am anderen Ufer, auf der Insel Mona; es ist ein kleines Dorf, dort, wo die Autobrücke über den Menai endet. Zwei Brücken führen von Bangor aus über die Meeresstraße: Telfords Chaussee- und Stephensons Eisenbahnbrücke.

Telfords Brücke war Teil seiner Poststraße von London nach Holyhead, dem wichtigsten Fährhafen für Dublin. Die Straße hieß ›Holyhead Turnpike Road‹, Holyhead-Chaussee. Auf Chausseen wurden Wegezölle verlangt, wie heute auf vielen Autobahnen, um die hohen Kosten der Anlage wieder einzubringen. Zur Holyhead Turnpike Road gehören unter anderem die Waterloo Bridge bei Betws-y-Coed (1815) und die elegante Hängebrücke über den Fluß vor der Burg von Conwy (1822). Das Meisterwerk Telfords aber war die ›Pont-y-Borth‹ über die Menai Strait, deren Errichtung sieben Jahre, von 1819 bis 1826, dauerte, die erste wirklich große eiserne Hängebrücke der Welt. Ihr Mittelbogen, hundertsiebzig Meter lang und bei Flut dreißig Meter hoch über dem Menai schwebend – unabdingbare Voraussetzung für die Schiffahrt –, hängt zwischen zwei hohen Kalksteintürmen an schweren Ketten. Die andere Brücke ist ein Hauptwerk von Robert Stephenson (1803 bis 1859) und seinem Mitarbeiter Francis Thompson, die ›Britannia Tubular Bridge‹ (1845-50). Sie besteht aus zwei schmiedeeisernen Röhren, eine für jede Schienenführung, die von fünf steinernen Pylonen getragen werden und wie die Telford-Brücke zwischen steinernen Türmen hängen. Ihre Gesamtlänge beträgt 460 Meter, und auch sie schwebt, um die Schiffahrt nicht zu gefährden, bei Flut noch dreißig Meter über dem Meeresspiegel. Als sie fertiggestellt war, wurde sie mit überschwenglicher Begeisterung begrüßt; so schrieb F.S. Williams 1852 in seinem Buch ›Iron Roads‹:

»Könnte der Leser an Angleseys Küsten stehen und das ganze Schauspiel in sich aufnehmen, und wäre es auch nur für ein paar Augenblicke an einem schönen Frühlingsabend: Er würde sich fortbegeben mit einem solchen Eindruck von Großartigkeit, wie keine Feder, kein Zeichenstift je vermitteln können – Technik und Natur in harmonischem Kontrast vereint!«

Im frühen siebzehnten Jahrhundert sang der Barde Robert Lleiaf: »*Av I dir Mon, cr dwr Menai/ Tros y traeth ond aros trail.*« Das heißt ungefähr: Zum Lande Mona gehen über den Menai/ will ich, über den Strand, ohne auf Ebbe zu warten. – Was damals nur ein phantastischer Traum war, ist für uns Wirklichkeit: Wir können trockenen Fußes nach Mona gelangen, nach der Insel Anglesey, dank der Brücken von Telford und Stephenson.

Anglesey hat ungefähr die Form eines etwas verschobenen Karos. Unsere Fahrt führt entlang der Küste.

BEAUMARIS oder Biwmaris ist von Eduard I. gegründet worden; Beau Marais, normannisch für schöne Ebene, nannte er den Ort, um Siedler anzulocken. Beaumaris Castle war das letzte Glied seiner Burgenkette; es ist ebenfalls ein Werk von James of St George, um 1295 begonnen, und erst 1330 vollendet. Mit seinem symmetrischen Grundriß gilt Beaumaris als die schönste aller edwardianischen Burgen. Der Innenhof ist quadratisch und wird von einer hohen Mauer mit Rundtürmen an den Ecken und zwei Seiten, und mit von doppelten Rundtürmen befestigten Toren an den beiden anderen Seiten umgeben. Dieser Mauerring wird von einem zweiten, achteckigen, umschlossen, der seinerseits durch zwölf etwas kleinere Rundtürme und zwei Tore verstärkt wird. Das Nordtor wurde wahrscheinlich nie vollendet; das Südtor mußte den Zugang zur Stadt und einen kleinen Werfthafen bewachen. Um die zweite Mauer liegt noch ein breiter, ebenfalls oktogonaler Wallgraben, der über einen kleinen Kanal mit dem Meer, oder genauer, der Conwy Bay, verbunden ist.

Die Stadt wurde zur selben Zeit wie die Burg angelegt. Ihre Mauern gingen vom äußeren Bering der Burg aus und umschlossen einen strengen Schachbrettplan normannischer Art: Alle Straßen waren gleich breit, und jedes Häusergrundstück gleich groß, nämlich vierundzwanzig zu neun Metern. Man nannte solche Festungsstädte ›Bastide‹; siedeln durften in ihnen nur Engländer, es waren richtige Exklaven. Um die Bürger zu bewegen, sich auf so vorge-

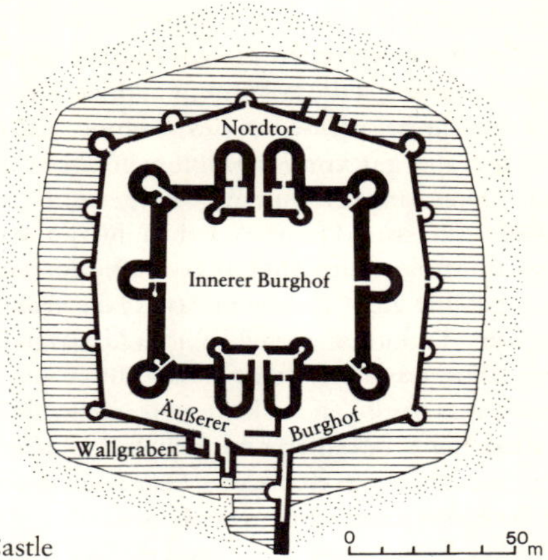

Beaumaris Castle

schobenem Posten im Feindesland niederzulassen, erhielten sie die ›Burgages‹ genannten Grundstücke umsonst, dazu noch einige Äcker außerhalb der Stadtmauern. Trotzdem war es nicht einfach, Freiwillige zu finden: Wer wollte schon auf einer windumtosten Insel im äußersten Nordwesten, fern aller Freunde und Bekannten und fern aller Annehmlichkeiten des wohlorganisierten Normannenstaates leben, zwischen Menschen, deren Einstellung feindlich war, deren Sprache man nicht verstand, und deren Lebensform und Kultur archaisch wirkten?

Doch langsam gewöhnten sich die Engländer von Beaumaris und die Inselleute aneinander. Während des ganzen Mittelalters wurde die Burg nicht ein einziges Mal angegriffen; sie wäre bei dem damaligen Stand der Waffentechnik auch uneinnehmbar gewesen. Heinrich VII. Tudor, dessen Familie aus Anglesey stammte, schenkte die Burg seinem Sohn. Im Bürgerkrieg konnte sie bis 1646 für Karl I. gehalten werden. Ihre Ruine vermittelt auch heute noch einen guten Eindruck ihrer einstigen Pracht, da fast nur die Dächer und Fenster fehlen. Der lichtgraue Reigen der Rundtürme, gespiegelt vom Wasser des breiten Grabens und umrahmt von Büschen und Bäumen, bietet einen hinreißenden Anblick.

Die Kirche von Beaumaris stammt in ihren Anfängen aus derselben Zeit wie Burg und Stadt, wurde aber in der Spätgotik verändert und erweitert. Es ist ein heller Kalksteinbau mit zum Teil farbigen Fenstern; die Ecken des klotzigen Westturmes werden von Spitztürmchen mit plastischem Schmuck betont; Chor und Langhaus werden von kräftigen Zinnen gekrönt. Das dreijochige Chorhaus mit seinem fast die gesamte Wandfläche einnehmenden Ostfenster trägt zu beiden Seiten des Daches je drei überhohe Fialen, die ganz und gar von Kriechblumen überzogen sind. Im Innern findet man ein geschnitztes Chorgestühl mit hübschen Misericordien. Auf dem Friedhof stehen im hohen Gras alte, windschiefe Grabsteine, die dem Ort etwas Verlorenes geben.

Beaumaris ist eine gepflegte kleine Stadt; die erhaltenen Fachwerkhäuser der Tudorzeit verleihen ihr Atmosphäre. Zu den hübschesten zählen das nette ›Bull's Head‹-Hotel von 1472 mit seinen niedrigen, anheimelnden Räumen und offenen Kaminen, und ›The Tudor Rose‹ in Castle Street mit kunstreichen Perpendicular-Stuckdecken, in dem heute eine kleine Galerie und ein Antiquitätengeschäft untergebracht sind. Die Grafschaftshalle, 1614 errichtet, dient auch als Schwurgerichtssaal. Das ›Old Goal‹ oder Zuchthaus in Steeple Street im Stadtzentrum wurde in ein Museum umgewandelt, in dem man das Straf- und Gefängniswesen des viktorianischen Zeitalters studieren kann: Dickens' Welt der kleinen Schurken und großen Verbrecher wird einsehbar.

Der Yachthafen von Beaumaris entzückt das Auge mit seinen bunten Segeln vor dem herrlichen Panorama der nordwalisischen Küste, hinter dem sich die schneeigen Häupter des Snowdon erheben. Die Vegetation der schönen Uferstraße mit ihren Villen und Parks ist von fast mediterraner Üppigkeit, selbst im Vorfrühling; man spricht auch vom ›Neapel des Nordens‹.

PENMON ist alles, was man erträumen kann: ein winziges Dorf an der Spitze der Landzunge, die die Conwy Bay im Nordwesten umgrenzt, gelegen auf einem Kalksteinplateau, fast an allen Seiten von der wilden See umrauscht, vom großen Tourismus bisher zum Glück nicht berührt. Man erreicht den Ort über die grandiose Aussichten gewährende Küstenstraße; er liegt in völliger Einsamkeit, wie aus der Welt. Ein paar verstreute Bauerngehöfte und die vor dem Hintergrund des blaugrünen Meeres im Sonnenschein hell schimmernden Kalksteinruinen: Klause, Kloster, Brunnen und Taubenhaus.

St Seiriol, einer jener keltischen Heiligen, die im katholischen Heiligenkalender nicht vorkommen, gründete hier im sechsten Jahrhundert eine Einsiedelei neben einem heiligen Quell, an dem wohl schon Druiden ihre Riten vollzogen haben. Christliche Missionare übernahmen ja nach Möglichkeit alte Kultstätten und Riten, um ihre Gläubigen nicht zu verschrecken, und erfüllten sie mit neuen Inhalten. Später entstand hier ein Kloster; seine Ruinen werden betreut, wirken aber völlig verlassen. Die Kirche wurde mehrfach erneuert und wird zeitweise noch benutzt; in ihrer heutigen Form, die an frühchristliche Sachsenkirchen gemahnt, entstand sie im zwölften Jahrhundert; Taufstein und Altarkreuz sind rund zweihundert Jahre älter. Vom Kloster haben sich die Refektoriumsmauern erhalten; es wurde im dreizehnten Jahrhundert errichtet. Das nur wenige Schritte entfernte, von Gebüsch umgebene Taubenhaus sieht fast aus wie ein mediterraner Trulli; man kann einen Blick ins Innere erhaschen durch eines der Fluglöcher. Diese englischen Taubenhäuser hatten an der Innenseite ein Nistloch neben dem anderen, wie Zellen in einer Bienenwabe; in der Mitte stand eine hohe, drehbare und in der Höhe verstellbare Leiter, mit deren Hilfe man die Nester ausnehmen konnte: Eier für die Frühstückstafel, junge Täubchen für Pies und Pasteten. Alte Tauben wurden meist im Flug erlegt und dienten in der Küche lediglich zur Geschmacksverfeinerung von Saucen und Suppen, in denen man sie einfach mitschmurgeln ließ; sie sind zu zäh, als daß man sie mit Genuß verspeisen könnte.

Die Ruinen verbreiten einen fast panischen Zauber: Man fühlt sich hier in Penmon wie ein Zeitreisender, gelandet in einer Welt, die es seit langem nicht mehr gibt, die aber noch die Kraft hat festzuhalten. Man wartet förmlich auf einen Donnerschlag, der urplötzlich den leeren, kopfsteingepflasterten Hof, in dessen Ritzen Wildblumen wuchern, die schmale, im Innern dunkle Kirche und die Klostergemäuer in ihrer leuchtenden Helle von neuem mit heftigem Leben erfüllt, wartet, daß sich aus dem Dove Cote, dem Taubenhaus, Vögel auf blauschimmernden oder watteweißen Flügeln in den gläsernen Meerhimmel schwingen.

Vor Penmon liegt eine kleine Kalksteininsel, Puffin Island. Sie heißt so nach ihren einzigen heutigen Bewohnern, den Puffins oder Papageientauchern, drolligen Vögeln mit schwarzweißem, schön klar gezeichnetem Gefieder und großen, roten gebogenen Schnäbeln, die ihnen den Namen gaben. Aber auch Meerschwalben brüten hier, verschiedene Mövenarten und Fulmare. Im Mittelalter stand ein kleines Kloster auf der Insel; damals wurde auch der Stein für den Bau von Caernarfon Castle hier gebrochen.

Kaum einen Kilometer von Penmon entfernt findet man auf freiem Feld ein keltisches Hochkreuz, das über und über mit einem feinen Steinmetzmuster überzogen ist. Die Spitze des Vorgebirges von Penmon heißt Bwrdd Arthur, der Tisch König Artus'; Artus war sicher nie dort, aber sie trägt die Reste der Wallanlagen eines Eisenzeitlagers. Im Frühsommer sind die Hänge mit Heckenrosen überschäumt.

Penmon ist am Ende der Welt; um an unser nächstes Ziel zu gelangen, müssen wir darum erst nach Beaumaris zurückkehren.

MOELFRE liegt am nördlichen Ufer von Traeth Coch oder der Red Wharf Bay, zu deutsch Rotholmbucht. Moelfre ist halb Fischerdorf, halb Ferienort und vor allem bekannt als Seenotrettungsstation. In seinen Klippen nisten Möven aller Art und Kormorane. Den Namen verdankt es seinem Hausberg; Moelfre bedeutet kahler Hügel. George Borrow erzählt: *»An dem Namen, kahler Hügel, ist nichts Wunderbares, aber er ruft wunderbare Erinnerungen wach. Als ich gestern von der Straße bei Pentraeth Coch auf diesen Hügel, die Bucht und den Strand zu seinen Füßen sah und die Stille bewunderte, die über allem lag, ahnte ich nicht, daß dies der Schauplatz eines der fürchterlichsten Kämpfe, von der Historie und Dichtung berichten, gewesen sei ... Die Schlacht hier wurde ausgefochten von einem eurer walisischen Könige, Owain von Gwynedd, gegen eure Feinde aus Irland und dem Nordland ... Nach den Worten des Dichters, der diesen Kampf beschrieb, blieb in der Menai Strait die Ebbe aus wegen der Ströme von Blut, die in sie flossen, Gemetzel folgte auf Gemetzel, Schrei auf Schrei, und tausend Kriegsbanner wehten um den Moelfre!«*

In noch ältere Bereiche der Geschichte führen die steinernen Zeugen beim Dorf LLANALLGO in der Nachbarschaft von Moelfre. Dort steht eine kleine Hügelkirche; Capel Lligwy, die 1125 im frühnormannischen Stil errichtet, im vierzehnten Jahrhundert erneuert und im sechzehnten Jahrhundert mit einem Chor versehen wurde, unter dem eine winzige Krypta liegt. In ihrer Nähe findet man den Lligwy Cromlech, eines von über fünfzig der auf Anglesey entdeckten Steinzeitgräber; dieser Cromlech war ein Sippengrab, wie die zahlreichen hier entdeckten Gebeine von Menschen und Tieren bewiesen. Din Lligwy (Llugwy) ist eine keltische Hüttensiedlung aus dem dritten nachchristlichen Jahrhundert; sie wurde im folgenden Jahrhundert noch einmal verstärkt. Neun der einstigen Wohnhäuser, die fast alle über kreisförmigem Grundriß errichtet waren, ragen noch fast zwei Meter hoch empor; von den anderen findet man nur noch Reste der Grundmauern zwischen Felsen und Gras. Man nimmt an, daß in diesem recht stattlichen Dorf ein Keltenfürst residierte.

Etwas südlich von Moelfre, in TRE'R BEIRDD oder TREF Y BEYRDD wurde um 1700 Lewis Morris geboren, nach seinem eigenen Zeugnis ›Meister aller Künste und Wissenschaften‹, ein walisisches Original. Der gelernte Kupferschmied kam aus ärmlichen Verhältnissen, arbeitete sich aber mit enormen Fleiß zum Inspektor der königlichen Domänen und Bergwerke von Wales hoch und erwarb in Cardiganshire Grundbesitz. »*Er war ein erstklassiger Mechaniker, ein erfahrener Navigator, ein großer Musiker, sowohl in der Ausübung als auch in der Theorie, und ein Dichter von einzigartiger Vortrefflichkeit. Man sagte von ihm, und man sprach wahr, er könne ein Schiff nicht nur bauen, sondern auch segeln, eine Harfe nicht nur spannen, sondern auch zum Sprechen bringen, eine Ode nicht nur schreiben, sondern auch in Musik setzen ... Er war der größte walisische Gelehrte seiner Zeit.*« (George Borrow, ›Wild Wales‹) Morris sprach alle walisischen Dialekte, auch die alten, daneben Hebräisch, Griechisch, Latein und Englisch; er war ein anerkannter Altertumsforscher und vertraut mit allen keltischen Sagen und Mythen. Er galt als Wohltäter der Waisen und Witwen, er lehrte den blinden Sänger Parry das Harfenspiel und nahm sich der Ausbildung von Evan Evans in den archaischen keltischen Sprachen an. Er entdeckte den jungen Dichter Goronwy Owen, dessen Epitaph wir in Bangor lasen, eines der größten poetischen Genies von Wales, kleidete ihn, erzog ihn und sorgte dafür, daß er in Amerika ein gutes Auskommen fand. Owen, der ohne die Hilfe von Morris sicher verhungert wäre, schrieb Jahre später eine Elegie auf den väterlichen Freund und Lehrer, in der es heißt: »*So lange die Kunst der Barden noch gelehrt wird, die Woge voller Schaum ist, voller Wasser der Fluß, so lange soll man voller Dank gedenken des Namens von Lewis of Mona!*«

Die Straße nach AMLWCH führt in nordwestlicher Richtung zur Küste. Hier ändert sich abrupt die Bodenbeschaffenheit, an Stelle des lichten Kalksteins tritt dunkelglitzernder präkambrischer Quarz; Heide deckt die schroffen Klippenhäupter, Untiefen gefährden die Schiffahrt. Und doch muß jedes Segel, jeder Dampfer, der vom Atlantik aus kommend Liverpool, diesen seit Beginn der

Baumwollindustrie so wichtigen Handelshafen, anlaufen will, an dieser gefährlichen Ecke vorüber. Ein Wald von Telegraphenmasten verkündet, wie wichtig die Verbindung zu den Schiffen ist: Nur die örtlichen Wetterstationen können brauchbare Warnungen abgeben und Signale guter oder schlechter Fahrt empfangen, auswerten und weiterleiten. Schon im vorigen Jahrhundert gab es eine Art von ›telegraphischem‹ Dienst mit Hilfe von Leuchtzeichen, die die gesichteten Segler in der Handelsmetropole anmeldeten; diese optischen Signale brauchten für die immerhin noch gut achtzig Kilometer, also oft mehrere Tagesreisen, nur eine einzige Minute! Wer bedenkt, daß die Schiffseigner ebenso wie die Familien der Mannschaften häufig wochen-, ja monatelang ohne Nachricht gewesen waren, und daß jedes Schiff ein kleines Vermögen trug, das über die Kreditwürdigkeit seiner Besitzer entschied, wird ermessen, welche Geschäftigkeit, welcher Jubel bei jeder sicheren Meldung am Kai in Liverpool ausbrach!

Von Haus aus war Amlwch ein Fischernest; um 1768 wurde in dem breitrückigen Parys Mountain Kupfer entdeckt, und schon bald arbeiteten Tausende von Bergleuten in den Minen, und aus dem Dorf wurde eine ärmliche Arbeiterstadt. Doch schon ein halbes Jahrhundert später war die Mine, die Thomas Williams, Swanseas Kupferkönig, erworben hatte, erschöpft; es stellte sich heraus, daß sie schon von den Römern fast bis an den Rand des Möglichen ausgebeutet worden war. Heute besitzt der Ort eine florierende Aluminium-Industrie, einen Segel- und Fischereihafen und er beherbergt die Lotsenboote, die von hier ab die großen Schiffe nach Liverpool begleiten müssen.

Bei Amlwch ändert unsere Straße abermals die Richtung; wir fahren jetzt fast südlich an der Westseite der Insel entlang. Von der Halbinsel Carmel Head bis nach Holy Island ist den alten, vom Wind abgeflachten Urgebirgen aus vorkambrischer Zeit ein sich gegen das Meer hin senkender Landstreifen vorgelagert; doch keine sanften Strände, sondern nur Riffe und Felsblöcke markieren das Ufer, und Fußpfade führen durch Heide und Farnkraut zum Meer. Im Frühling flammt golden der Ginster vor der grünblauen See.

Auf den SKERRIES, einer Inselgruppe vor dem zerklüfteten Vorgebirge Carmel Head, steht ein rotweißer Leuchtturm; er ist lebenswichtig für die vorbeifahrenden Schiffe, aber sein schnellwandernder Lichtkegel wird alljährlich Hunderten von Zugvögeln zum Verhängnis; sie folgen dem gleißnerischen Schein und stürzen dann im plötzlichen Dunkel hilflos ab in die tosende Brandung. – Die Waliser nennen die Skerries Insyoedd y Moelrhoniad, Inseln der Seehunde, da hier seit Jahrtausenden atlantische Robben ihre Jungen zur Welt bringen.

Unsere Straße umrandet Mona in sanftem Schwung; dann müssen wir nach Westen auf die diagonal über die Insel führende Hauptstraße abzweigen, um nach Holy Island zu gelangen.

HOLY ISLAND mit dem wichtigen Fährhafen HOLYHEAD, der in einer sehr geschützten, tiefen Bucht im Nordosten der Insel liegt, ist schon seit der späten Steinzeit besiedelt gewesen.

Holyhead, halb Badeort, halb Hafen- und Industriesiedlung, ist heute die größte Stadt auf Mona. Der Fähr- und Postverkehr nach Irland läuft schon seit der Mitte des sechzehnten Jahrhunderts über seinen Hafen. Die Altstadt liegt eingekuschelt in den hohen Klippen der Bucht; sie hat einen weit ins Meer ragenden Pier, eine reizvolle, kilometerlange Promenade und einen schmucken Yachthafen. Der Feriengast findet in der Grafschaftsbibliothek eine ständige Ausstellung von Schiffsmodellen und -photographien. Im Hafen liegt das Versorgungsschiff für die Leuchttürme von Mona und die kleinen Inselgruppen, die ›Argus‹, vor Anker.

Die Häuser der Stadt sind aus weißem Quarzit gebaut, der hier seit altersher gebrochen wird; manche auch aus gelblichem Kalkstein vom südlichen Ende der Insel, und wieder andere aus einem rostbraunen, aus Cheshire importierten Sandstein. Doch die meisten Häuser sind weiß und erinnern durch ihre übereinandergestaffelten kubischen Formen Reisende oft an afrikanische Städte.

Die Waliser nennen Holyhead Caer Gybi, Cybis Burg. Cybi war ein keltischer Heiliger, ein Mitstreiter St Davids. Er errichtete hier eine Missionsschule. Die ihm geweihte Kirche St Gybi stammt aus dem späten Mittelalter, der Chor ist normannisch. Ihr Südportal zeigt eigenartigen Figurenschmuck; die Farbfenster wurden von den Präraffaeliten Sir Edward Burne-Jones und William Morris geschaffen. Interessant ist vor allem der Kirchhof: Er wird von den Mauern eines römischen Castrums eingefaßt, die noch recht gut erhalten sind; nur die Ecktürme wurden in den beiden letzten Jahrhunderten restauriert.

Hinter der Stadt ragt dreihundert Meter hoch ein Berg auf, Holyhead Mount oder Pen Caer Gybi, Hügel des Lagers des Cybi.

»Der Blick war nach allen Seiten hin groß: die blaue unendliche See im Westen und Norden, das ganze Panorama von Mona im Osten und weit, weit im Süden das Gebirgsmassiv von Eryri (Snowdonia) mit einigen der romantischsten Berge der Welt. In manchem erinnerte dies heilige Vorgebirge, dieses Pen Santaidd, an Finisterre« (George Borrow).

Auf dem Berg findet man Reste einer keltischen Hüttensiedlung und stehende Steine, die wohl einst zu einem Steinkreis gehört haben, von denen es unzählige gibt auf den Britischen Inseln. Nach neuesten Forschungen dienten sie wahrscheinlich astronomischen Beobachtungen und Berechnungen; Kalenderwissenschaft ist für jede Ackerbau treibende Bevölkerung lebenswichtig.

In den Klippen von Holyhead Mount leben zahllose Vögel: Möven aller Arten, Papageientaucher, Wasserhühner, Dohlen und die selteneren Alke und Fulmare.

Fulmare sind Meister des Segelflugs. Ihre Unterseite und der Kopf sind schneeweiß gefärbt, der Rücken und die Oberflächen ihrer sehr weiten, schmalen Schwingen hingegen perlgrau; im Flug öffnen sie ihre Schwanzfedern fächerartig. Mit ihrem kurzen Hals und dem stolpernden Gang wirken sie auf dem Land etwas tölpelhaft, aber im Flug sind sie unübertrefflich. Sie fliegen ihre Brutstätten meist schon im späten November an, um sich zu paaren und ihr Nest zu bauen; die Eier legen sie erst Anfang Mai, und dann dauert es sieben bis acht Wochen, ehe ihre Jungen schlüpfen; diese brauchen nochmals dieselbe Zeit intensiver Nestpflege, ehe sie sich aufs Meer hinauswagen können.

Ganz anders die Alke, die in England wegen ihrer seltsam geformten, scharfen Schnäbel Razorbill oder Rasiermesserschnabel genannt werden. Sie sind fast schwarz, nur das Brustgefieder ist weiß. Sie sind Tauchervögel, die fast ausschließlich von Fischen leben. Alke leben in Kolonien zusammen und legen jeweils nur ein einziges Ei. Sie brüten auf nacktem Felsboden; die Jungen schlüpfen bald und können schon nach etwa siebzehn Tagen tauchen und schwimmen. – Auf dem Gipfel des Berges findet man Reste von Grundmauern eines keltischen Hüttendorfes aus dem zweiten bis vierten nachchristlichen Jahrhundert.

BARCLODIAD Y GAWRES, Schürze der Riesin, ist ein Hünengrab auf dem Weg zwischen Holyhead und Aberffraw, bald nach dem Dorf Rhosneigr. In seiner Art ist es fast einzigartig für Wales, denn die Mauern der riesigen Steinkammer sind verziert. Wahrscheinlich war es das Grab eines irischen Fürsten, denn die Ornamente sind gälisch, nicht brythonisch. Man hat Barclodiad restauriert, um die Steine besser zu schützen; es besteht aus einem über sechs Meter langen Gang, einer Haupt- und mehreren Nebenkammern. Fünf der Steine in der Hauptkammer zeigen eingeritzte und eingemeißelte Zickzackbänder und Spiralen. Von dem ursprünglichen Grabhügel, der etwa dreißig Meter Durchmesser gehabt haben muß, sind nur Reste erhalten.

RHOSNEIGR war ein berüchtigter Unterschlupf von Strandpiraten, Männern, die sich in den Klippen verbargen, Schiffe durch falsche Signale zum Kentern brachten und diese, nachdem sie die Besatzung getötet hatten, ausraubten. Die Bande wurde 1741 gefaßt und gehängt: Lewis Morris hat ihrer in einer Ballade gedacht.

ABERFFRAW an der Südwestseite von Mona ist ein idyllisches Fischerdorf. Fast ein Jahrtausend lang war es Regierungssitz der Fürsten von Gwynedd; noch Llywelyn der Letzte nannte sich ›Prince of Aberffraw‹. Nennius erwähnt es in seiner ›Historia Britonum‹ (neuntes Jahrhundert) als Sitz des sagenhaften Cunedda oder Cunedag, der im vierten Jahrhundert aus Schottland kam, um mit den Briten gegen die Sachsen zu kämpfen. Wahrscheinlich war er ein keltischer Offizier in römischen Diensten gewesen, der nach Abzug der Legionen von seinen Landsleuten zum Fürsten berufen wurde. Im sechsten Jahrhundert regierte hier Maelgwyn von Gwynedd, genannt Gildas Maglocunus, der Inseldrache. Maelgwyn zog im Abwehrkampf gegen die Angelsachsen eine Flotte in Aberffraw zusammen; er muß eine Art Hochkönig der britischen Stämme gewesen sein.

Gegen Ende des sechsten Jahrhunderts wird das Bild deutlicher; nacheinander regierten Cadfan, sein Sohn Cadwallon und sein Enkel Cadwaladr (Cadwalladr); auch sie bemühten sich noch einmal, die Sachsen zurückzuschlagen. In der kleinen Kirche von Llangadwaladr, der Grablege der Füsten von Aberffraw – in seiner heutigen Gestalt ein ärmliches gotisches Kirchlein aus dem vierzehnten Jahrhundert –, findet sich ein Grabstein mit der Inschrift: CATAMUS REX SAPIENTISSIMUS OPINATISSIMUS OMNIUM REGUM, was etwa heißt: Cadfan, gelehrtester und berühmtester aller Könige.

Cadfan unterhielt Beziehungen zu vielen anderen Fürsten und Königen seiner Zeit; sein eigener Hof muß nach Berichten der Zeitgenossen höchst glanzvoll und kultiviert gewesen sein, er ragte weit über den Standard anderer Provinzhöfe heraus. Die Mehrzahl der Höflinge konnte lesen und schreiben, besaß Kenntnisse in römischer und keltischer Jurisprudenz, Astronomie und Astrologie, beherrschte eine verfeinerte Reit- und Fechtkunst und neben dem Kymrischen die Hofsprache Latein, kannte sich aus in Theologie und Philosophie. Auch die alte keltische Kunst des Schmiedens wurde in Aberffraw besonders gepflegt. Fürst Cadwallon fiel auf dem Schlachtfeld von Hexham im Kampf gegen die Sachsen von Northumberland; sein Sohn Cadwaladr mußte sich gleichzeitig gegen Sachsen, Iren und Wikinger wehren. Doch bis ins späte dreizehnte Jahrhundert blieb Aberffraw Fürstensitz. Heute kündet jedoch kein Stein mehr von der großen Zeit der Fürsten von Gwynedd; sie ist vergangen wie der Gischt des Meeres auf dem Strand vergeht.

Auf dem einst fruchtbaren Strand, der seit dem Mittelalter immer wieder von großen, alles unter sich begrabenden Wanderdünen heimgesucht wurde. Längst ist es den Inselbewohnern verboten, das Marrangras zu schneiden, ein Ried, aus dem sie einst Matten flochten; seine blaugrünen Halme müssen den gelben Sand mit ihrem Wurzelwerk festhalten und die Küste vor weiterer Erosion schützen. Südwestlich von dem nahen Newborough wachsen auf dem kalkreichen, mit Muschelsand durchsetzten Boden seltene Pflanzen, wie Nieswurzarten und Marschorchideen. Hinter den Dünen leuchten in der Ferne jenseits der Menai Strait die Häupter Snowdonias.

BRYN CELLI DDU ist ein Hünengrab in der Nähe des Dorfes Menai Bridge, der Name bedeutet ungefähr Schwarze Hügelkammer. Im Unterschied zum Barclodiad ist sie eindeutig brythonischen Ursprungs; sie wurde ebenfalls sorgfältig restauriert. Die Gesamtanlage maß etwa hundertfünfzig Meter im Durchmesser; die Erdmassen deckten eine polygonale Grabkammer mit zwei Decksteinen, zu der man über einen äußeren Gang durch ein Portal und dann einen inneren Gang gelangen konnte. Der Kern war von vier konzentrischen Steinkreisen umgeben. Im Innern fand man auch hier gemusterte Wände, daneben aber schon Inschriftensteine, die ins Nationalmuseum in Cardiff gebracht wurden; hier hat man Abgüsse der Originale aufgestellt. Die Kammer stammt aus dem zweiten vorchristlichen Jahrhundert. In ihrer näheren Umgebung findet man noch eine Reihe weiterer Megalithdenkmäler; eines davon, ein weiteres Hünengrab, im Park von Plas Newydd.

PLAS NEWYDD erhielt seinen Namen, Neuer Palast, als Heinrich VII. Tudor gerade den englischen Thron bestiegen hatte und seine walisischen Untertanen und Verwandten sich zu neuer Würde aufgerufen fühlten. Plas Newydd wurde von der Familie Griffith von Penrhyn Castle erbaut. Sie wurden später Grafen Uxbridge, und endlich Markgrafen von Anglesey. Um 1793 ließen sie das Schloß durch James Wyatt (1746-1813), den Meister des englischen Rokoko, in einer verspielten, sehr frühen Neugotik umbauen. Sein sehr unruhiger Entwurf wurde im frühen neunzehnten Jahrhundert durch den Landschaftsgestalter Humphrey Repton (1752 bis 1818) gemildert und während einer Restaurierung in den dreißiger Jahren unseres Jahrhunderts noch einmal abgeschwächt. Immer noch ist der helle Kalksteinbau durch stark vortretende Risaliten, halbkreisförmige Erker, runde Türme und Türmchen sehr heftig gegliedert, aber die strengen großen Fenster geben ihm eine gewisse Klassizität; all die gotischen Spitzenmuster und Spitzbögen sind einer fast georgianischen Klarheit gewichen. Man sollte den Bau im Herbst sehen, wenn sich ein hinreißendes Farbenspiel ergibt: Die fast weißen Mauern des von dunklen Koniferen und samtigen grünen Rasenflächen umrahmten Hauses sind überzogen von wildem Wein, der dann in seinen schönsten Rottönen flammt, in der Tiefe leuchtet falterfarben das Meer und in der Ferne sieht man die bläulichen Höhen Snowdonias.

1975/76 wurde das Haus dem National Trust übergeben; aber die Familie lebt weiter in den Räumen, eine häufige Regelung. Dadurch fehlt vielen Besitzungen des National Trust die museale Kälte, die Schloßbesichtigungen oft so abstoßend macht. Hier weiß man, daß die Kerzen in den Kristalleuchtern zu weihnachtlichen Bällen noch angezündet werden, die Holzscheite im Kamin nicht bloße Dekoration sind, daß durch die Rosengärten lachende Kinder tollen dürfen und in den Staatsbetten Menschen schlafen, geboren werden und sterben. Die lebendige Kette ist noch nicht durchbrochen; in den Kapellen glühen ewige Lampen, in den Stallungen stampfen Pferdehufe den alten Ziegelboden, in den Teichen atmen Fische, in den Büschen nisten Vögel, Hunde stieben durch Torwege und Katzen rüsten vielleicht ihr Wochenbett in einem dunklen Treppenwinkel; der Küchentrakt riecht nach Essen, Milch und Wäsche statt nach Moder.

Das Schloß und der ausgedehnte Park locken jährlich Tausende von Besuchern. Ein Hauptgrund dafür sind neben dem Cromlech sicher die Fresken des Speisesaales. Der sehr kunstliebende 6. Marquis lud in den dreißiger Jahren unseres Jahrhunderts einen vielgepriesenen jungen Maler ein, der sich durch die Ausmalung des Teesalons der Tate Gallery einen Namen gemacht hatte: Rex Whistler. Anglesey betraute seinen Gast mit der Aufgabe, seinen Speisesaal mit Trompe l'œil-Fresken zu schmücken. Sie einigten sich auf einen Phantasiestil, der an Canalettos Landschaften gemahnt. Auf Kosten des Marquis mietete der Künstler in London ein riesiges Atelier, um die Leinwände vorzubereiten. Es entstand unter seinem Pinsel eine Art Traumarchitektur von delikatester, durchsichtiger Farbgebung. An der einen Breitwand des Speisesaales erblickt man wie durch ein großes Fenster eine Stadt am Meer vor dem Hintergrund walisischer Gebirge. Ihre Säulen, Türme, Kuppeln heben sich elfenbeinhell gegen die Grün- und Blautöne von Bergen und Meer ab; sie spiegeln unter einem bewegten nordischen Himmel die Formenwelt der italienischen Renaissance. Die gegenüberliegende Wand zeigt schroffe Klippen eines Vorgebirges, davor ein Fischerdorf mit Bauten, die an österreichischen Barock denken lassen, überragt von einem Zwiebelturm; eine Mole reicht tief ins Meer; im Vordergrund sieht man eine Gondel und ein rotes Segel, das in dem gelb-grün-türkisen Panorama wie ein kleines Feuerzeichen wirkt.

Für die Schmalseiten hat der Künstler Kolonnaden erfunden, die ins Freie zu führen scheinen. Die eine ist weinüberrankt; auf den zu ihr führenden, gemalten Stufen hat die Marquise Buch und Brille vergessen; die Schoßhunde der jungen Komteß spielen zwischen den Säulen, an deren einer das Cello des Sohnes lehnt. Die andere läßt im Hintergrund eine Stadtarchitektur erkennen; an einer der massigen Säulen lehnt ein schmächtiger junger Mann mit einem Laubbesen: ein Selbstporträt Whistlers.

Als Plas Newydd der Öffentlichkeit zugängig gemacht wurde, richtete man in einem der Vorräume des Speisesaales eine ständige Whistler-Ausstellung ein. Die Arbeiten stammen teils aus dem Besitz des Marquis, teils aus dem von Whistlers Bruder, eines bekannten Glasmalers: illustrierte Briefe, Karikaturen, Zeichnungen, Buchillustrationen, Gemälde. Bezaubernd eine Ansicht des Schlosses mit dem Künstler, auf der Wiese liegend, und dem Sohn seines Auftraggebers, des heutigen Marquis, als Junge auf einem Fahrrad. Auf einem der Briefe hat sich Whistler höchst witzig mit seinen Gehilfen im Atelier bei der Arbeit an den Riesenleinwänden dargestellt. Whistler fiel im Zweiten Weltkrieg als Freiwilliger, noch ehe er seinen jungen Ruhm genießen konnte; sein Werk findet heute in England wachsende Beachtung.

Auf dem Weg zurück nach Menai Bridge sehen wir eine kurz nach dem Sieg der Verbündeten über Napoleon bei Waterloo errichtete Gedenksäule, die seit 1860 auch eine Statue des 1. Marquis von Anglesey und 2. Grafen Uxbridge trägt. Er führte den Beinamen ›Einbein‹. Was man unter britischem Understatement versteht, macht eine Anekdote über ihn deutlich. Als er an der Seite des Herzogs von Wellington, dessen Adjutant er war, den Abzug, besser, die regellose Flucht, der Franzosen, beobachtete, traf ihn noch eine verirrte Kugel. Er rief aus: »Bei Gott Sir, ich hab mein Bein verloren!« Der Herzog bewegte sich leicht im Sattel, ließ sein Fernrohr sinken und nickte: »Bei Gott Sir, so ist's!« Anglesey wurde am Rande des Schlachtfeldes operiert, das heißt, man sägte ihm ohne Betäubung das getroffene Bein mit einer gewöhnlichen Säge vom Leib. Man könnte die Anekdote vergessen, aber der erfinderische Marquis ließ sich nach eigenen Angaben ein Holzbein machen und es patentieren; es war so brauchbar, daß man es noch während des Ersten Weltkrieges, also hundert Jahre später, unverändert nachbaute!

17
Die Burg an der Mündung des heiligen Flusses: Caernarfon – Segontium

Indessen zog Branwen einen Star am Rande ihres Backtroges auf, lehrte ihn zu sprechen und unterwies ihn, wie ihr Bruder beschaffen sei. Und sie brachte ihm einen Brief, darin sagte sie ihre Leiden und ihre Erniedrigung, die ihr geschah, und band den Brief dem Vogel an die Wurzel seines Flügels und sandte ihn nach Cymry. Der Vogel kam zu dieser Insel und fand Bran den Gesegneten zu Caer Seint in Arfon.
Aus dem ›Mabinogion‹, übersetzt von Martin Buber.

CAERNARFON ist einer der durch Überlieferung geheiligten Orte von Wales. Caer heißt Stadt, Castrum, und Arfon hieß in keltischer Zeit jenes Cantref (ein Regierungsbezirk), das in etwa das spätere Caernarfonshire umfaßte. Bei Caernarfon mündet der Fluß Afon Seint, auch Seiont genannt, in die Menai Strait, die bei den Walisern Aber Menai heißt. In zwei Geschichten aus dem Umkreis der altwalisischen Epen spielt Caernarfon eine Rolle: Im ›Traum des Macsen Wledig‹ als Caer aber Seint, Stadt an der Mündung des heiligen Flusses, und im ›Zweiten Zweig des Mabinogion‹ als Residenz des riesenwüchsigen Gottkönigs Bran des Gesegneten, der edelsten Gestalt der walisischen Mythologie.

Caernarfon ist bereits seit der frühen Eisenzeit besiedelt; die heutige Gestalt erhielt es unter Eduard I. Zwar gab es schon eine kleine normannische Burg, die sofort nach ihrer Fertigstellung von Walisern erobert und auch weiterhin behauptet wurde; aber jener palastartige Bau, dessen Ruinen wir heute sehen, ist ein Werk der Baumeister James of St George und Walter of Hereford. Ungewöhnlich für englische Burgen ist die ausschließliche Verwendung polygonaler Grundrisse für die Türme, und absolut einzigartig das den ganzen Bau gliedernde Streifenmuster, das durch den abwechselnden Gebrauch von fast weißem Mona-Kalkstein und dunkelgrauem Sandstein bewirkt wurde. Man vermutet, daß man bewußt die in Byzanz angewandte Bauweise nachahmen wollte, um daran zu erinnern, daß Konstantin der Große hier geboren wurde; der alte Name der Waliser für Konstantinopel war der gleiche, den sie für Caernarfon benutzten: Caer Cystennin, Stadt Konstantins.

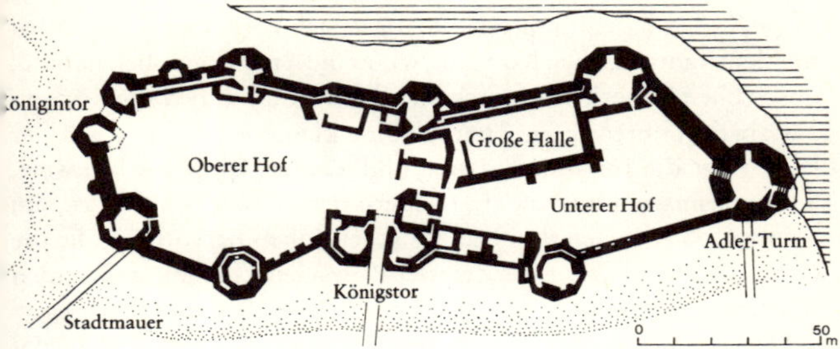

Caernarfon Castle

1284 wurde auf dem durch Eduard I. eroberten ›Konstantinopel von Wales‹ ein Prinz geboren. Im folgenden Jahr ließ der König die alte Burg abreißen und den Bau des neuen Caer Cystennin beginnen. Die Leitung der Arbeiten oblag auch hier James of St George. Die Anlage war schon weit gediehen, als Fürst Madoc, der sich als Sohn und Erben des letzten Llywelyn ausgab, einen Aufstand entfesselte und die Burg zurückeroberte. Doch schon im Sommer 1295 war die Ruhe wiederhergestellt, und die Arbeiten begannen von neuem. Eduard II. ließ später die drei römischen Adler auf einem der Türme anbringen; er wußte wohl kaum, daß auch Owain der Große von Gwynedd drei Adler in seinem Wappen führte.

Zwanzigmal sind seit Eduard II. englische Kronprinzen auch Fürsten von Wales gewesen; nur dreizehn haben den Thron besteigen können, die anderen starben im Kindesalter oder im Exil. Auch von denen, die die Krone erlangten, mußten vier sie wieder hergeben. Fast alle starben sie eines gewaltsamen oder schmählichen Todes; Eduard II. wurde auf bestialische Weise ermordet, Richard II. verhungerte im Kerker, Eduard V. wurde als Kind umgebracht, Karl I. hingerichtet, Georg III. verbrachte sein Alter in geistiger Umnachtung als Folge einer Nierenerkrankung, und Eduard VII. traf der Schlag im Bordell. Das Schicksal hat es nie gut gemeint mit den Fürsten von Wales, mit den eingeborenen so wenig wie mit denen englischen Geblüts …

Der Brauch, die Fürsten von Wales auf Caernarfon feierlich zu krönen, ist noch keine hundert Jahre alt. 1911 wurde der junge Eduard (VIII.), der spätere Herzog von Windsor, sehr zu seinem eigenen Unmut zu dieser Zeremonie gezwungen; der schüchterne junge Kadett hatte fürchterliche Angst, sich vor seinen Kameraden mit dem ›fantastischen Kostüm‹, wie er die Krönungsroben nannte, unsterblich lächerlich zu machen. – Am 1. Juli 1969 krönte Königin Elisabeth II. ihren Sohn Charles. Eine kleine Ausstellung auf der Burg zeigt die Insignien: Krone und Zepter, Ring und Schwert, Krönungsmantel und die drei Federn der Fürsten von Wales, ein Symbol, das aus den drei französischen Lilien hervorging, die die englischen Könige seit der Zeit der Plantagenets in ihrem Wappen führten.

Die Burg Caernarfon liegt in dem Winkel, den Seiont und Menai bilden, ist also an zwei Seiten von Wasser umspült. Die Mauern bilden eine Art schlanker liegender Acht; zwischen dem Oberen und Unteren Hof laufen sie fast zusammen. An der einen Seite ist die Einschnürung verstärkt durch einen unregelmäßigen Turm, an der anderen durch ein von einem Doppelturm geschütztes Tor, das King's Gate. Der untere Hof ist nicht wirklich rund, sondern bildet eine Art verschobenes Fünfeck; an der Spitze steht der massige Adler-Turm, zur Flußseite hin ein zweiter polygonaler Turm und ein Saalbau, die Große Halle; gegenüber liegt wiederum ein Turm, der über achteckigem Grundriß errichtet wurde. Zwischen diesem und dem Königstor folgt eine Reihe von kleineren Nebengebäuden. Im Oberen Hof, einem ebenfalls verschobenen Siebeneck, werden drei der Ecken ebenfalls von polygonalen Türmen verstärkt; zur Landseite hin schließt sich die Stadtmauer an; das Queen's Gate liegt jedoch außerhalb deren Bereich; seine Zwillingstürme haben einen fast blattartigen Grundriß. Das Königstor öffnet sich zur Stadt hin; die Stadtmauern enden am Adlerturm. Fast all den großen Türmen ist noch eine Anzahl von kleinen Türmchen auf- oder angesetzt. Die markante Silhouette der Burg hat ganze Schwärme von Malern angelockt, unter ihnen illustre Fürsten ihrer Zunft, wie Richard Wilson oder William Turner.

Caernarfon Castle konnte sich noch im fünfzehnten Jahrhundert erfolgreich gegen die Belagerung durch Owain Glyndwr verteidigen; im Bürgerkrieg wechselte es dreimal die Fronten und wurde schließlich von Parlamentstruppen zerstört.

Fast unzerstört sind dagegen die Stadtmauern, die die Altstadt umschließen; das gitterartige Straßennetz der ›Bastide‹ Eduards I. ist völlig erhalten, die Häuser stammen fast alle aus dem sechzehnten bis neunzehnten Jahrhundert, auch, wenn sie moderne

Schaufenster haben. Im Nordwestwinkel des Berings ist eine kleine, der Gottesmutter geweihte Kapelle direkt in die Mauer hineingebaut worden; sie stammt aus dem vierzehnten Jahrhundert. Den besten Blick auf die Stadt hat man von den Türmen der Burg aus: Die High Street schneidet sie fast in der Mitte in zwei Hälften und führt durch die alten Tore, Porth-y-Aur oder Goldtor im Westen, Porth Mawr oder Großes Tor im Osten. Im Norden der Altstadt liegt ein Yachthafen, Victoria Dock.

Der Reisende sei gewarnt: Es ist in Caernarfon sehr schwer, etwas zu essen zu bekommen; aber es gibt kleine chinesische Restaurants, die für so banale Gefühle wie Hunger Verständnis haben. Es ist auch nicht leicht, in der Stadt Quartier zu finden, doch gibt es am Fluß einige nette Pensionen. Die meisten Tourenbusse bleiben nur ein, zwei Stunden, und die Seebären, die hier vor Anker gehen, sind mit einem Pub zufrieden. Gerade dadurch aber wirkt Caernarfon auch heute noch ziemlich unberührt vom Fremdenverkehrsrummel.

SEGONTIUM, das römische Castrum, liegt nicht ganz einen Kilometer entfernt südwestlich der Burg, an der Straße nach Beddgelert, Constantine Road. Es wurde schon im Jahr 78 nach Christus gegründet und mit Hilfstruppen belegt. Leider ist es noch immer nicht völlig ausgegraben, könnte aber, wie die freigelegten Teile zeigen, geradezu als Schulbeispiel für ein Castrum dienen. Es hatte einmal die Aufgabe, die Militärstraßen nach Westen zu sichern; es diente gleichzeitig als Nachschub- und Versorgungsbasis für Nordwestwales, und es sollte vor allem die römischen Erzbergwerke auf Mona schützen; darum wohl blieb es auch bis ins späte vierte Jahrhundert belegt. Wahrscheinlich war es Magnus Maximus, ein Feldherr des Kaisers Theodosius, der 383 die Truppen abzog, nachdem sie ihn zum neuen Kaiser gekrönt hatten, weil er sie für seinen Marsch auf Rom brauchte. Seine Geschichte ist im eingangs erwähnten Epos ›Der Traum des Macsen Wledig‹ in märchenhaft-abgewandelter Form erzählt; Macsen Wledig ist sein walisischer Name. In seinem Traum sieht er zum ersten Mal Segontium: *»Von dem Berg floß ein Fluß durch das ganze Land und bahnte sich seinen Weg zum Meer. Und an der Flußmündung konnte er eine große Burg sehen, die schönste, die Menschen je sahen, und er erblickte das Tor offen und kam in die Burg ...«*

In Segontium wurde der einzige Tempel ausgegraben, den man

bisher bei einem der reinen Militärlager in Wales gefunden hat; es handelt sich um ein Mithraeum, das wohl gegen Ende des vierten Jahrhunderts von Christen zerstört wurde. Fast alle Grenztruppen der Römer verehrten den ewigjungen Persergott, der für die Menschen gegen das Böse kämpfte. Es gibt im Mithraskult – einem Geheimkult, von dem wir, wie vom Druidentum, noch viel zu wenig wissen – manche Ähnlichkeiten mit dem christlichen Glauben, so die Idee des stellvertretenden Opfers. In allen Mithras-Heiligtümern gab es eine Art Altar mit dem Bild des Gottes beim Stieropfer; in Segontium ist es verschwunden, und man nimmt an, daß die Eingeweihten es bewußt vor den Christen verbargen.

Die Ausgrabung von Segontium in unserem Jahrhundert hat eine Menge an Funden zutage gefördert, die es dem Forscher heute erlaubt, sich ein ziemlich genaues Bild seiner Geschichte zu machen. Dem Laien wird die Einfühlung in jene Zeit durch ein auf dem Gebiet des Castrums errichtetes Museum mit Münzen, Keramiken, Waffen, Schmuck und Plänen erleichtert. Es gibt Funde, welche darauf hinweisen, daß Segontium auch in nachrömischer Zeit besiedelt blieb; das würde dem walisischen Bemühen entsprechen, das römische Erbe durch die dunklen Jahrhunderte zu retten. Dazu paßt auch, daß Eduard I. die Gebeine Konstantins, eines Sohnes von Konstantin dem Großen, von Segontium in die Kirche von Caernarfon umbetten ließ: Der Kreis schließt sich.

Valle Crucis Abbey, Powys. Ruine der Klosterkirche von Norden.

Am Cader Idris im Snowdonia National Park, Gwynedd.

St David's, Dyfed. Ruinen des Bischofspalastes.

Caerfili Castle, Glamorgan.

Blaenau Ffestiniog, Gwynedd. Bergmannssiedlung und Schieferhalden im Hintergrund, im Vordergrund alter Aquädukt.

18

Der Horst der Adler: Snowdon – Llanberis – Beddgelert

Vor uns lag eine perspektivische Ansicht übereinander wogender Berge, die endlos schien ...
Fürst Pückler-Muskau, 15. 7. 1828

SNOWDON ist ein angelsächsischer Name und heißt Schneeschloß. Der Snowdon ist nicht, wie meistens angenommen wird, ein Berg, sondern ein ganzes Massiv mit fünf einzelnen Gipfeln, dessen höchster, Yr Wyddfa, über 1200 Meter hoch aufragt und selbst im Sommer selten völlig schneefrei ist, was dem Massiv den Namen gab. Die Waliser nennen es allerdings Eryri, was von den einen mit Hohes Land, von den anderen mit Adlerhorst übersetzt wird. Die zweite Übertragung ist wahrscheinlicher, erstens, weil es hier immer viele Greifvögel gab, und zweitens, weil die grammatikalische Ableitung plausibler erscheint.

Besiedelt wird das Gebiet schon seit vorgeschichtlicher Zeit; seit der Bronzezeit ist es immer wieder zum Refugium geworden: Iberer, Iren und Belgen verdrängten die Ureinwohner; über diese triumphierten die Kelten der Eisenzeit, dann kamen Römer, Sachsen, Wikinger, Normannen, Engländer, und immer stand der Snowdon da, unerschütterlich, unüberwindlich, unerforschlich, und öffnete seine Arme den von den jeweiligen Neuankömmlingen Gejagten. Er verbarg sie in seinen Höhlen und Klüften, Wäldern und Nebeln, Schluchten und Farndickichten; wo Schafe ihr Leben fristen können, Waldponies und Forellen, da werden auch Menschen satt. Das Leben, das er bot, war hart, aber hart geworden in Verfolgung und Leid waren auch die, die zu ihm kamen, und auch seinen Reichtum teilte er mit ihnen: göttliche Freiheit.

So ist es nur folgerichtig, daß in Snowdonia, dem Gebiet um den Snowdon, die großen Sagen und Mythen der Waliser gipfeln. George Borrow schrieb: *»Für die Waliser war es nicht nur der Berg der Awen, der Muse der Dichtkunst, sondern immer der Berg der Berge, der luftigste Gipfel, sein Schnee war der kälteste, ihn zu besteigen die schwierigste aller Taten; es war der Berg schlechthin, dessen Fall am Jüngsten Tage die unerhörteste aller Katastrophen sein wird.«* Das Snowdon-Massiv, das heute zusammen mit einer Anzahl weiterer Gebirge in seinem Umkreis den Nationalpark Snowdonia bildet und dem Naturschutz untersteht, ist, wie immer wieder Dichter und Reisende bemerkten, von bestürzender Schönheit. »*Vielleicht*«, sagt Borrow, »*gibt es auf der Erde kein anderes Gebiet von solch malerischer Schönheit als Snowdon mit seinen Gipfeln, Seen, Wasserfällen und Grotten, in denen sich die Natur selbst in ihren großartigsten und edelsten Formen zeigt.*«

Während die meisten Gebirge in Wales in vorkambrischer Zeit entstanden, wurde das Snowdon-Massiv erst während der jüngeren Erdzeitalter durch ungeheure Faltungen und durch die Verschiebungen während der Eiszeiten geformt, ähnlich den Alpen. So sieht man hier statt der sanft gerundeten oder wellenförmig verlaufenden Bergrücken gezackte, zerrissene oder steil aufragende Gipfel, kahle, von den Gletschern jeden Erdreichs entkleidete Felswände, Moränenaufschüttungen und überall Wasserfälle und Cwms, kleine dunkle Bergseen von unheimlichem Zauber.

Natürlich ist der Berg von Sagen umwoben. Hierher floh Vortigern den Barden nach, der die Sachsen zur Hilfe gegen seine eigenen Landsleute gerufen hatte. Auch König Artus soll hier gewesen sein; nach walisischer Überlieferung warf er sein Schwert Excalibur in den Llyn Llydaw, und seine Todeswunde soll er auf dem Bwlch-y-Saethau, dem Paß des Saethau, empfangen haben. König Bran der Gesegnete und andere Helden aus dem ›Mabinogion‹ sind mit Orten in Snowdonia eng verbunden; Llywelyn ap Gruffydd führte hier seinen letzten Kampf gegen die englische Krone, und Owain Glyndwr lebte nach seiner Proklamation zum König von Wales und auch, nachdem sein Aufstand niedergeschlagen worden war, in den Bergen.

Bei allen Berichten und Notizen der Reisenden des achtzehnten und neunzehnten Jahrhunderts erstaunt das starke Interesse am Wetter. Schon der Astronom und Kartograph Edmund Halley (1656-1742) hatte 1697 vom Gipfel des Yr Wyddfa aus astronomische Beobachtungen angestellt. Wordsworth bestieg ihn, um von dort einen Sonnenaufgang zu betrachten; lyrischen Niederschlag fand das Erlebnis in seinem großen Gedicht: ›The Prelude‹. Der Maler Thomas Pennant schrieb 1804 in seiner ›Tour of Wales‹: »*Sehr oft riß ein Windstoß ein Loch in die Wolken, was uns einen genauen, klaren Blick auf See und Tal gab. Manchmal öffneten sie sich nur an einer Stelle, manchmal an vielen gleichzeitig, eine höchst seltsame, erstaunliche Aussicht auf Wasser, Felder, Felsen und Schlüchte an fünfzig verschiedenen Orten enthüllend. Dann schlossen sie sich plötzlich wieder und ließen uns in Dunkel gehüllt.«* Von Cornelius Varley (1781-1873) haben wir einen minutiösen Bericht, wie sich ein Wetter über dem Snowdon formt, der in dem Satz gipfelt: *»Hier sah und verstand ich die graduelle Entwicklung eines wolkenlosen Morgens zu einem verregneten Tag, hier glitt ein stiller, unsichtbarer Strom von Elektrizität zwischen den Bergen hin«* (1805). Fürst Pückler nahm das Wetter weniger wissenschaftlich, dafür aber mit Humor: *»Da indessen der Sturm immer ärger wütete, riet mir der Führer ernstlich umzukehren. Es wäre auch ohne Zweifel das Vernünftigste gewesen, um so mehr, als wir noch nicht den dritten Teil unseres Weges zurückgelegt hatten. Da ich mir aber schon früh vorgenommen, auf Deine Gesundheit, gute Lucie, auf der Spitze des Snowdon Champagner zu trinken, den ich zu diesem Behuf von Caernarfon mitgenommen, so schien es mir von übler Vorbedeutung, dies aufzugeben. Mit der Heiterkeit also, die ein fester Entschluß bei großen und kleinen Anlässen immer gibt, sagte ich dem Führer lachend: und wenn es statt Wasser Steine regnen sollte, ich drehe nicht eher um, bis ich Snowdons Gipfel gesehen, und hiermit bestieg ich mein Pony … Ein zierliches Lamm kam durch den Wolkenschleier geklettert, und die Nebel teilten sich, und vor uns lag, in zuckenden Sonnenblitzen, einen Moment lang die vergoldete Erde.«*

Während des neunzehnten Jahrhunderts wurden ständig Ponytouren von erfahrenen Bergführern zum Snowdon geleitet. Dem heutigen Wanderer sei empfohlen, nie ohne Ausrüstung, ohne Kompaß, ohne warme Kleidung und ohne feste Schuhe den Berg zu besteigen, und sich vor der Besteigung in einem der Ausgangsorte genau zu informieren. Das Wetter kann hier innerhalb von wenigen Minuten umschlagen und selbst den geübtesten Bergsteiger hilflos im Nebelmeer zurücklassen, durch das nur immer wieder das Mähen der Schafe und der Schrei der Möven dringt. Nässe, Kälte, der Sturm, unsicherer Boden lassen dann die Kräfte schnell versiegen. Der Snowdon ist kein harmloser Berg; nicht umsonst wurden auf seinem Rücken alle bisherigen englischen Himalaya-Expeditionen vorbereitet.

Aber man kann es auch einfach haben: Es fährt nämlich eine kleine Zahnradbahn empor. Außerdem kann man das Massiv von allen Seiten in seiner ganzen Majestät erfassen, wenn man es in dem umgebenden Straßendreieck umfährt; dieser Route wollen wir jetzt folgen.

Erstes Ziel ist BRYN BRAS. Es ist ein Schloß in einem großen Park, das um 1830 im historisierenden Stil jener Zeit errichtet wurde. Eine Suite im Stil von Louis-Quinze, das Treppenhaus und der Salon sind Glanzstücke der Inneneinrichtung.

LLANBERIS am Westufer des Llyn Padarn kurz vor dessen Zusammenfluß mit Llyn Peris ist ein Dorf, das seinen Namen ebenso wie der See nach dem keltischen Heiligen Peris erhielt. Es blickt im Süden auf den Snowdon und im Osten auf eine ganze Kette von Bergen oberhalb der Tausend-Meter-Grenze, den Elidyr Fawr, Y Garn oder Steinpyramide, Tryfan oder Dreigipfel, Glyder Fach und Glyder Fawr, Kleiner und Großer Gleiter. Im Südwesten erhebt sich der auch noch über siebenhundert Meter hohe Moel Eilio, Berg des Eilio. Von Llanberis aus gilt der Aufstieg zum Snowdon als relativ einfach und dauert für einen wirklich geübten Bergsteiger mit Hin- und Rückweg ungefähr fünf Stunden. Bei klarer Sicht – es gibt sie nicht sehr häufig – hat man einen phantastischen Blick über die ganze kambrische Bucht bis nach Irland und im Norden bis zu den Gebirgen von Cumberland.

Die Namen der Gipfel, die zusammen mit Yr Wyddfa Fawr den Snowdon bilden, sind Crib-y-Ddygal, Y Crib Goch, Y Lliwedd, Carnedd Ugain und als letzter niedriger Ausläufer Y Aran. Crib bedeutet Kamm, Aran First, Rücken, ein Carnedd ist eine Steinpyramide oder Steinhaufen, Goch bedeutet rot.

Zwischen diesen Bergen liegt eine Anzahl von Cwms. An sich meint dieses Wort Schale; man bezeichnet damit flache, schalenartige Täler, aber hier wird es auf die tiefen eiszeitlichen Bergseen angewandt, die aus dem grauen Fels hervorleuchten, wechselnd wie die Augen des Zauberers Glyndwr: bald grün, bald blau, bald türkis, wie das Meer.

Das Tal NANT GWYNANT – wörtlich: Tal, flaches Tal – das sich in südwestlicher Richtung am Fuße des Yr Wyddfa hinzieht, gibt im Norden den Blick auf den tiefen grünen See Glaslyn frei, in dem nach dem Volksglauben das Ungeheuer Afanc lebt. Die eigentümlich tiefe Farbe des Sees rührt wohl von Kupfererz her; Kupfer wurde noch im vorigen Jahrhundert in der Gegend abgebaut.

BEDDGELERT in seinem von einem Bach durchströmten Wiesental ist ein lieblicher kleiner Ort, der durch eine unwahre Geschichte zur Touristenattraktion wurde. Ausgedacht hat sie sich ein mythenkundiger Gastwirt im achtzehnten Jahrhundert. Sie erzählt von dem Fürsten Llywelyn ap Gruffydd und seinem treuen Hund, Kelert oder Celert. Llywelyn hatte seinen kleinen Sohn in der Obhut des Hundes gelassen; als er zurückkam, fand er die Wiege leer, das Fell Celerts blutverkrustet. In seinem Zorn erstach er das winselnde Tier; dann erst vernahm er ein feines Weinen und fand seinen Sohn unverletzt – neben einem toten Wolf. Voller Reue betrauerte er Celert wie einen Bruder und ließ ihm einen ehrenden Grabstein setzen. Der Grabstein ist zwar vorhanden, aber er enthüllt auch die Fiktion, denn er stammt eindeutig aus dem achtzehnten Jahrhundert. Der Name Beddgelert bedeutet in der Tat Grab des Celert, nur war dies kein Hund, sondern ein britischer Heiliger, der hier im sechsten Jahrhundert ein kleines Kloster als Rastort für die Pilger auf dem Weg nach Irland und Bardsey gegründet hatte. So hübsch die erfundene Sage ist, so überflüssig auch, denn die Lage des Ortes ist großartig genug. Er liegt direkt am Aberglaslyn Pass, der durch eine tiefe Schlucht mit nackten, überhängenden Felswänden führt, durch die sich der Fluß Glaslyn seit der Eiszeit immer tiefer eingegraben hat. Felsbrocken füllen das Flußbett und sperren dem Wasser den Weg; seine grünen Fluten tanzen mit vielen Wirbeln und Strudeln darum herum. Windgezauste, halb verkrüppelte Bäume und Büsche neigen sich hier und da über den weißen Gischt der Strudel. Francis Towne (1739-1816), ein bedeutender Landschaftsmaler, hat die Schlucht mehrfach dargestellt, und John Murray (1808-92) hat sie in seinem ›North Wales‹ (1886) eindringlich beschrieben: *»Zur Rechten stieg eine Bergwand auf, wohl fast dreihundert Meter hoch, die die Straße erdrückt; ihre zerklüftete Oberfläche zeigt rostbraune Schattierungen, kaum je gemildert durch einen kargen Tupfer grüner Vegetation, von der sie nur stellenweise bedeckt ist. An ihren Fuß schlagen die klaren Wasser des Glaslyn, der eine Farbe von einzigartigem Meergrün hat. Diese Szenerie bildet den großen Zauber von Beddgelert.«*

Westlich der Ortschaft erhebt sich Moel Hebog, Falkenberg, und etwas südlicher Moel Ddu, Schwarzer Berg; zwischen beiden liegt in strahlendem Blau der See Cwm Stradllyn. In einer Höhle auf dem Kamm, der die beiden Berge verbindet, mag sich Owain Glyndwr bei seiner Flucht vor den Engländern verborgen gehalten haben.

Zur Südseite der Straße durch das Nant Gwynant liegt Llyn Dinas unter der Höhe von Dinas Emrys; der Britenfürst Vortigern soll sie seinem Propheten und Ratgeber Emrys geschenkt haben. Emrys heißt Ambrosius und ist ein Name des Zauberers Merlin oder Myrddin; Dinas bezeichnet einen befestigten Ort, ein Militärlager oder Castrum.

Von Beddgelert aus führt uns der Weg zurück nach Caernarfon vorbei am Llyn Cwellyn durch den kleinen Bergort Waun oder Waunfawr. In seinem Norden liegt Ffynnon Cegin Arthur, König Artus' Küchenbrunnen, dem Heilkräfte zugesprochen wurden, was sich aus dem hohen Stahlgehalt seines Wassers erklärt.

19

Pilgerfahrt zur Insel der zwanzigtausend Heiligen: Llyns Pilgerpfad – Bardsey – Pwllheli – Criccieth

Ist die Luft reingewaschen in Sommerregen und ausgedörrt von einer warmen Brise, so verleiht sie der Küstenregion einen durchsichtigen Glanz wie von Glas …
Gwyn Jones, ›A Prospect of Wales‹, 1948

Die Westküsten von Wales werden von den modernen britischen Künstlern besonders geliebt. Das liegt einmal an der kristallenen Klarheit des Lichtes, die unter bestimmten Voraussetzungen sogar zu fatamorganischen Augentäuschungen führen kann, eben dann, wenn die Luft, wie Jones es nennt, reingewaschen und ausgedörrt ist. Aber welch eine Palette bietet sie auch! Hören wir noch einmal Jones: »*Jeder Berg schien zu einer Insel geworden, die Spitze von Llyn nur daumenbreit von der Sonne entfernt. Zwischen die scheinbar zu Inseln gewordenen Berge ergoß sich das Meer mit blassen dampfenden Bächen, aber man sah es hinter ihnen, farbenfunkelnd wie eine frischgefangene Makrele. Jeder Gipfel war aus Gold, und die unteren Hänge ertranken malvenrot im Meer. Nie hatte die Sonne am Abend stärker geglänzt: sie hing vor den langen schwarzen Säulen der aufziehenden Nacht wie ein polierter Kupferkessel …*« Es sind die Farben, die wir auf den Bildern von

John Piper, John Nash, Barbara Hepworth, J.D. Innes, Graham Sutherland wiederfinden: Schwarz – Gold – Malvenrot – milchiges Seegrün – bräunlicher Regenbogenglanz – Kupfer.

LLYN oder LLEYN ist eine Halbinsel. Der Name wurde möglicherweise vom gälischen Leinster abgeleitet. Sie bildet die südliche Begrenzung der fast dreieckigen Caernarfon Bay und die nördliche der riesigen Cardigan Bay sowie der Tremadog Bay, einer Bucht in der Bucht. In keltischer Zeit war Llyn lange ein selbständiges Fürstentum mit der Hauptstadt Nefyn oder Nevyn. – Nach der Schlacht zwischen Briten und Sachsen bei Chester flohen im Frühmittelalter Mönche aus dem Kloster Bangor-is-Coed in Ostwales nach Bardsey, einem unwirtlichen Eiland vor der Westspitze von Llyn. Bardsey wurde schnell zu einem wichtigen Zentrum der altkeltischen Kirche, ähnlich wie Iona im Nordosten, und zog Pilger aus allen Teilen der christlichen Welt an. Dadurch überzog sich die Halbinsel mit einer Vielzahl von Kirchen, Kapellen und Pilgerraststätten. Links und rechts der alten Pilgerstraße, der wir jetzt folgen wollen, wenn wir Caernarfon verlassen, findet man vor jedem zweiten Ort ein ›Llan‹.

Es sind keine großartigen Bauten, die am Wege liegen, dazu sind sie zu alt, dazu ist Wales zu arm; aber es sind Bauten, die in ihrer Schlichtheit, ja Ärmlichkeit mehr von der Wesensart früher Pilgerstätten vermitteln als all die prunkvollen Bauten einer späteren, oberflächlicheren Gesellschaft. Die Menschen, die nach Bardsey pilgerten, brauchten sich die Herrlichkeit Gottes noch nicht durch die Höhe ihrer Kirchtürme oder den Reichtum der Altarvergoldungen zu verdeutlichen; für sie lebte er noch in dem einzigen, was er uns geschenkt hat: im Wort. Sie pilgerten dorthin, wo man das Wort am besten auszulegen verstand, und das war damals in dem kleinen Kloster auf der sturmgepeitschten Insel.

LLANFAGLAN liegt an einer Nebenstraße, bald hinter Caernarfon. Sein Kirchlein aus dem Mittelalter gehört zu den wenigen in Wales, die nie restauriert wurden. Dinas Dingle oder Dinas Dinlleu an der Küste ist eine Befestigungsanlage aus keltischer Eisenzeit, die noch von den Römern genutzt wurde; sie liegt auf einem riesigen, künstlich aufgeschütteten Hügel.

CLYNNOG FAWR besitzt eine der reizvollsten Dorfkirchen des Landes. Sie wurde 616 vom heiligen Beuno gegründet; das Grab des Heiligen wurde im vorigen Jahrhundert durch einen Brand vernichtet, aber eine Truhe aus seinem Besitz wird noch gezeigt. Die Kirche selbst stammt in ihrer heutigen Gestalt aus dem sechzehnten Jahrhundert, ein lichter, weiträumiger Bau mit Zinnen und großen Maßwerkfenstern im trotz seiner Strenge so dekorativ wirkenden Perpendicular, dem Stil der englischen Spätgotik. Die grobgeschnitzte Altarschranke und das schöne, vollständig erhaltene Chorgestühl entstanden um 1530. Der Turm wurde erst im siebzehnten Jahrhundert errichtet; von ihm aus führt ein schmaler Gang, der einst als Dorfgefängnis diente, zu einer freistehenden Kapelle aus dem späten sechzehnten Jahrhundert, in der man aber bei einer nach einem Brand notwendig gewordenen Restaurierung die Fundamente eines viel älteren Bauwerks entdeckte, möglicherweise die der originalen Kapelle St Beunos. In dieser Kapelle befand sich Beunos Grab, dem Wunderkraft zugesprochen wurde; es ist bei dem Brand zerstört worden. Auch St Beunos Quell am Rande des Ortes galt als heilkräftig. Auf dem Kirchhof wächst um die verwitterten Grabsteine hohes Gras.

Hinter dem Dorf steigt das Land nach Westen und Süden zu jäh an zu Bergen oberhalb der Fünfhundert-Meter-Grenze. Der höchste ist der dreigezackte Yr Eifl, dessen Name Forke bedeutet. Auf seinem östlichen Gipfel findet sich ein keltisches Hüttendorf aus dem zweiten nachchristlichen Jahrhundert, TRE'R CEIRI, Stadt der Riesen, genannt. Die gemauerten Steinwälle, die die Keltenstadt umgeben, sind stellenweise über fünf Meter dick. Die meisten der über fünfzig Häuser waren über rundem Grundriß errichtet und hatten einen gangartigen Eingang; es gab aber auch schon eckige Bauten. Eine zweite Steinmauer umgab ein Gebiet, in dem wohl die Herden gehalten wurden. Die Steinhäuser, deren Fundamente erhalten sind, hatten teilweise einen Durchmesser von acht Metern.

Das Tal, das den Berg vom Meer trennt, heißt Nant Gwyrtheyrn; es ist von Sagen um Tod und Verdammnis des Keltenfürsten Vortigern umwoben; leider widersprechen sie sich alle.

LLANAELHAEARN liegt südöstlich zu Füßen des Berges; es ist ein armseliges Dörflein, aber seine kleine Kirche besitzt noch ein vollständiges Gestühl aus Buchsbaum und eine Altarschranke aus dem Mittelalter. Im nördlichen Querhaus findet man einen römischen Inschriftenstein.

Die Straße führt in einem leichten Schwung zurück zur Küste. Dort liegt auf einer Klippe der Doppelort Nefyn/Morfa Nefyn.

Nefyn oder Nevyn ist ein modernes, hübsches Feriendorf mit einem Yachthafen.

MORFA NEFYN ist heute ein romantischer Weiler; einst war es die Hauptstadt von Llyn mit einem Hafen, einer Burg und einer schönen Kirche. Von der Burg hat sich nichts erhalten, auch der Hafen hat jede Bedeutung verloren; aber die Kirche, ein heller großer Hallenraum mit einem kleinen Chorhaus, wird zur Zeit wiederhergerichtet, und zwar als Kunstzentrum für junge walisische Maler und Bildhauer, Musiker, Schriftsteller und Wissenschaftler, die sich der Erforschung Wales' berührender Fragen widmen. In Wort und Klang und Bild soll hier versucht werden, die ruhmvolle Geschichte Llyns lebendig werden zu lassen. Auch der völlig verwilderte Friedhof mit seinen unkrautüberwucherten Grabhügeln und zerborstenen und umgestürzten Steinen wird nach alten Dokumenten sorgfältig restauriert; und dies alles geschieht aufgrund einer privaten Initiative mit einem minimalen Einsatz von Geldmitteln, aber reichlicher Hingabe an Zeit und Phantasie. Das ist es, was in England und Wales immer wieder in Erstaunen versetzt: mit welcher Opferbereitschaft die Bevölkerung selbst ohne öffentliche Unterstützung das geschichtliche Erbe bewahrt und beschützt und Mittel und Wege findet, alte Baudenkmäler mit neuem Sinn und Inhalt zu erfüllen.

ABERDARON liegt fast am Ende der Halbinsel; es ist ein malerisches Krabben- und Hummernfischerdorf. Niemand vermag zu sagen, wann die gebogene Steinbrücke über den Fluß Daron gebaut wurde; Aberdaron heißt Mündung des Daron. Die Häuser des Ortes drängen sich dicht zusammen in engen, gewundenen Straßen zwischen den heidekrautüberwucherten Klippenhäuptern. An die Mauern des Friedhofs leckt bei Flut die See. In den nahen Steinbrüchen, in denen einst Marmor und ochsenblutroter Jasper gewonnen wurde, arbeitet schon lange niemand mehr. Die Kirche von Aberdaron stammt, wie alte Fundamente beweisen, ursprünglich aus dem siebten Jahrhundert. Der heutige Bau mit Langhaus und Chor wurde im zwölften Jahrhundert errichtet, das lichte Südschiff erst vierhundert Jahre später. Die Kirche galt stets als heilige Zufluchtsstätte; noch im zwölften Jahrhundert konnte sich Fürst Gruffydd ap Rhys von Südwales hier vor seinem Feind Gruffydd ap Cynon verbergen, der ihn an Heinrich I. unter Bruch des Gastrechtes ausliefern wollte; keiner der Bewaffneten, die zu seiner Ergreifung ausgesandt waren, wagte es, die Heiligkeit der

Stätte zu verletzen und Hand an den Fürsten zu legen, dem es später gelang, sich in sein eigenes Land zu retten. Das Pilgerhospiz von Aberdaron, letzte Station vor der Überfahrt nach Bardsey, ist ein unscheinbarer weißgekalkter Bau mit tief herabgezogenem Dach und hohen Kaminen an den Giebelseiten. Es beherbergt heute eine Raststätte für den modernen ›Pilger‹, den Touristen: ein Café mit Andenkenladen. Der Bau stammt in seiner heutigen Gestalt aus dem vierzehnten Jahrhundert, das Hospiz war aber wohl so alt wie die Pilgerfahrt selbst.

Auf einem der kleinen Vorgebirge, Pen-y-cil oder Vorgebirge der Quelle, gibt es einen heiligen Brunnen, der trotz der Meernähe immer Süßwasser führt, Ffynnon Mair oder Marienbrunnen.

Aus der Bucht von Aberdaron stechen seit Jahrhunderten die Boote nach Bardsey Island in See.

BARDSEY ISLAND besteht aus einem runden grünen Hügelkopf und einem Flachlandteil mit steinigem Boden, in dem die wenigen Fischer und Farmer ihre Gehöfte haben; Schafzucht und der Fang von Krabben und Hummern – mehr bietet die Insel ihren Bewohnern nicht zum Leben. Thomas Richards, ein englischer Sprachgelehrter aus dem achtzehnten Jahrhundert, hat festgestellt, daß die Insel eigentlich Birdsey hieß, Vogelinsel: ein treffender Name, denn noch heute streichen Schwärme von Möven und Seeschwalben Tag und Nacht über sie hin. Ist ihr Schrei auch nicht so melodisch wie das Lied des Barden, so ist er dieser Stätte doch am ehesten angemessen. Oft ist Bardsey für Tage vom Festland abgeschnitten, wenn das Wetter ein Auslaufen der Boote zu gefährlich scheinen läßt. Die Waliser nennen es Ynys Enlli, Gezeiteninsel, und in der Legende lebt es als ›Insel der zwanzigtausend Heiligen‹. Die Einwohner von Bardsey wählen sich, wenn es unter ihnen zu Streitigkeiten kommt, selber einen König, dessen Urteil sie sich dann unterwerfen. Sie lieben ihre Insel trotz aller Kargheit; Luft und Wasser sind so gesund, sagt man, daß die Menschen, die hier leben, ein ungewöhnlich hohes Alter erreichen.

Als Missionszentrum der altkeltischen Kirche war Bardsey so wichtig wie Iona in Schottland. Es wurde zur Grablege ungezählter Heiliger und Märtyrer, daher wohl der Name. Das erste Kloster wurde hier im Jahr 516 von St Cadfan gegründet. In seinen Ruinen steht heute die winzige Dorfkirche. Im Schutz der Klippen kann man häufig Seehunde beobachten. Sie lagen schon dort und nutzten den wenigen Sonnenschein, als drei Wallfahrten nach Ynys Enlli so viel galten wie eine nach Rom ...

Die Bucht an der Südseite der Halbinsel Llyn heißt Cardigan Bay und gehört mit den Bergen Snowdonias als Hintergrund wohl zu den schönsten, theatralischsten in ganz Britannien. Einen ersten Eindruck davon erhält man in Pwllheli.

PWLLHELI ist ein lebhafter Ferienort, ein Marktflecken und war einst Grafschaftsstadt. Die Herkunft des Namens ist umstritten; er kann abgeleitet sein von Porth Heli, Hafen Helis, oder auch Salzwasserteich bedeuten, da sich in seiner Bucht eine kleine Marsch gebildet hat, die einst eine Lagune eingeschlossen haben könnte. In der Altstadt findet man eine kleine gotische Kirche, das Rathaus und die Markthalle. Die lange Strandpromenade wurde Ende des vorigen Jahrhunderts angelegt; der Strand ist teils sandig, teils kieselig. Die bunten wuchernden Gärten der Villenvororte, die oberhalb der Stadt gelegene Grafschaftsschule und das Markttreiben geben Pwllheli Heiterkeit und Lebensfreude. Im Osten schließt sich eine große Feriensiedlung mit Wohnwagen und kleinen Bungalows an. Der Vater Lloyd Georges war hier Schulrektor.

LLANYSTUMDWY liegt in der Tiefe der Bucht. Es ist nur ein Dorf, aber eng verknüpft mit der Geschichte des größten walisischen Politikers der Neuzeit, David Lloyd George (1863-1945). Lloyd George wurde als Sohn eines walisischen Lehrers bäuerlicher Herkunft in Manchester geboren. Der Vater starb zwei Jahre nach seiner Geburt, noch ehe sein zweiter Sohn zur Welt gekommen war, an Schwindsucht, man könnte auch sagen, Armut. Es war der Bruder der Mutter, ein armer Schuhmachermeister in Llanystumdwy, der für die Witwe und die beiden Kinder sorgte und sich die Ausbildung des aufgeweckten Älteren zum Anwalt vom Munde absparte. Der junge George, der seinem Vatersnamen den des Onkels voraussetzte, ging schon früh in die Politik. Er war der erste Vertreter, den die Grafschaft Caernarfon nach London ins Parlament entsandte, und er blieb fast sein ganzes Leben lang Abgeordneter dieses Teils von Wales. Im Parlament fiel er bald als radikaler Vertreter einer liberalen Politik und als Vorkämpfer für walisische Unabhängigkeit auf. Er machte rasch seinen Weg; 1905 wurde er bereits zum Handelsminister berufen, und 1908 wurde er Lord-Schatzkanzler. Er mußte von seinem Vorgänger ein Riesendefizit übernehmen; als er sein erstes eigenes Budget einbrachte, nannte er es in seinem Schlußwort ein ›Budget des Krieges gegen die Armut‹, die eines Tages *»dem Volk dieses Landes so fremd sein soll, wie die Wölfe, die einst unsere Wälder unsicher machten«!*

Während einer längeren Erkrankung arbeitete Lloyd George die Gesetzesgrundlagen für eine nationale Alters-, Kranken-, Unfall-, Invaliden- und Arbeitslosenversicherung aus, die er in der dritten Lesung 1911 nach starken Widerständen durchbringen konnte. Diese Gesetze – angeregt durch die Bismarckschen Sozialversicherungsgesetze – bewahrten Großbritannien in den Jahren nach dem Ersten Weltkrieg und während der Weltwirtschaftskrise vor dem finanziellen und sozialen Chaos.

Der Weltkrieg brachte für Lloyd George erst einmal das Ende aller seiner Reformpläne; aber es gelang ihm unter großem persönlichen Einsatz, wenigstens die Wirtschaft des Landes vor dem Zusammenbruch zu bewahren und die Finanzierung des Krieges, den er ablehnte, auf gesunde Füße zu stellen. Im Mai 1915 übernahm er in einem Koalitionskabinett das neugegründete Munitionsministerium, nachdem sich herausgestellt hatte, daß die englische Rüstungswirtschaft den Erfordernissen ohne Leitung nicht genügte. Nach Kitcheners Tod im Juni 1916 wurde er zum Kriegsminister berufen. Seine Ansichten über die Führung des immer verlustreicher werdenden Krieges deckten sich bald nicht mehr mit denen des Premiers, Lord Asquith, der im Dezember desselben Jahres zurücktrat. Nach mehreren Versuchen, Asquith oder Bonar Law mit der Bildung eines neuen Kabinetts zu betrauen, die alle fehlschlugen, berief der König noch im selben Monat Lloyd George, der jetzt als Premier England sicher durch den Krieg bringen mußte. Endlich konnte er seine Idee einer zentralen alliierten Kriegsführung durchsetzen, nachdem zu seinem Zorn schon mehrere kleine Länder, wie Serbien und Rumänien, von der Landkarte gewischt worden waren, und es gelang ihm, Amerika auf die Seite der Alliierten zu bringen. Im November 1918, einen Monat vor den Neuwahlen, konnte er dem Parlament die deutsche Niederlage mitteilen.

Bei den Friedensverhandlungen gehörten Lloyd George und Wilson zu den Vertretern eines Vernunftfriedens, hatten es aber schwer, sich gegen Frankreich durchzusetzen. Es kam zu dem Versailler Friedensvertrag mit seinen allzu vielen Kompromissen.

Jetzt mußte der Premier den Frieden im eigenen Land aufrecht zu halten versuchen. Noch hatte er die Armut nicht besiegt. Die

Wirtschaft war bedroht. Die irische Frage offen. Der Konflikt mit der Türkei um den freien Zugang zu den Dardanellen flammte erneut auf. Der kurze Aufschwung nach dem Kriege, den Lloyd George benutzte, um soziale Reformen, vor allem im Mietrecht und in der Bildungspolitik, durchzusetzen, wurde bald von einer wirtschaftlichen Krise verdunkelt. Ein Teil der sozialen Erleichterungen mußte rückgängig gemacht werden, um die Finanzen des Landes vor dem totalen Kollaps zu retten. Verhandlungen mit streikenden Arbeitern gehörten zur täglichen Arbeit des Premiers. Der Vertrag, den er mit der Sinn Fein, der irischen Unabhängigkeitspartei, aushandelte, nach dem Irland 1921 den Status eines Freistaats mit eigenem Parlament und eigener Regierung unter Verzicht auf das protestantische Ulster erhielt, stieß im Regierungslager, aber auch im radikalen Flügel der Sinn Fein auf heftigen Widerstand. Als 1922 die Konservativen die Koalition verließen, brach das Kabinett Lloyd Georges auseinander. Nun wurde aus dem Premier, der England sicher durch Weltkrieg und Weltwirtschaftskrise geführt hatte, ein großer Oppositionsführer; 1925 übernahm er den Vorsitz seiner Partei, der Liberalen. Trotz seines löwenhaften Einsatzes brachten die dreißiger Jahre die allmähliche Verdrängung der Liberalen von der politischen Bühne Englands. In jenen Jahren veröffentlichte Lloyd George die sechs Bände seiner illusionslosen ›Kriegserinnerungen‹. Am 31. Dezember 1944 wurde der greise Parlamentarier zum Grafen Lloyd George of Dwyfor erhoben und somit Mitglied des Oberhauses. Das Ende des Zweiten Weltkriegs hat er nicht mehr erleben dürfen, er starb am 26. März 1945 in seinem Haus ›Ty Newydd‹ – Neues Haus – in Llanystumdwy, dem Dorf seiner Kindheit.

Der Ort, dessen Name Llanystumdwy ›Heiliger Ort an der Biegung des Flusses‹ bedeutet – der Fluß ist der Dwyfor, zu deutsch Großes Wasser –, hat seinen großen Sohn mit einer Erinnerungsstätte geehrt; auch das schmale alte Hausteinhaus seiner Kindheit ist noch vorhanden, völlig zugewachsen mit rankenden Pflanzen. Sein Grabmal am Fluß hat kein Geringerer entworfen als der Architekt und Exzentriker Clough Williams-Ellis, dem wir noch begegnen werden: Auf einem kieselgepflasterten Rund in einer Rasenfläche steht ein großer Findling; das Mal wird von einer gestaffelten Trockenmauer, die von wildem Wein und Heckenrosen überwuchert wird, in einem Halbkreis umrahmt – eine stille Ehrung für den Mann, der der Armut den Krieg erklärte.

CRICCIETH mit seiner kymrischen Burg aus dem frühen dreizehnten Jahrhundert liegt nicht weit entfernt. Die Burg überragt den kleinen Badeort um ein gewaltiges Stück; sie nistet auf einem eigenen Vorgebirge über Felsen, Gras und Büschen mitten im Meer. Ihre Silhouette mit den zerklüfteten grauen Mauern und dem massigen Bergfried in seiner eckigen Schwere ist völlig dem Umriß ihrer Klippe angepaßt. Der einstige Saalbau – von seinem Vorhandensein erzählen nur noch Wasserspeier im Mauermantel – war, bei von Walisern gebauten Burgen keine Seltenheit, wohl ganz aus Holz errichtet; auch die Tore der Burg bestanden aus Balken. Im sogenannten Maschinenturm stand eine steinschleudernde ›Engine‹. Die Zinnengänge sind zerstört. Die Burg wurde um 1230 unter Llywelyn dem Großen errichtet und während der wieder aufflammenden Kämpfe zwischen Engländern und Walisern um 1260 erweitert; auch Eduard I. ließ sie wohl noch einmal verstärken, nachdem er sie in seine Gewalt gebracht hatte. Es gehört zu den Ironien der Geschichte, daß gerade diese rein walisische Burg von Owain Glyndwr 1404 ausgeräuchert wurde.

Das Dorf Criccieth mit seinen übereinandergestaffelten Zeilen heller kubischer Häuser ist ein Genuß für Maleraugen. Aber wenn man alte Photographien der Fischerdörfer auf Llyn betrachtet, dann ist es nicht schwer zu verstehen, warum ein Politiker, der in dieser Region als Halbwaise und Sohn einer mittellosen Mutter aufgewachsen war, den Kampf gegen Hunger und Elend auf sein Panier geschrieben hatte.

20

Die letzten Exzentriker: Tremadog – Portmadog – Portmeirion

Ich nehme es als Beweis dafür, daß die Philister den Sieg noch nicht davontrugen, daß noch Raum ist für Don Quixoterien, gute Proportionen und Romantik auf der Welt!
James Morris, ›Portmeirion‹, 1973

Die drei Orte, durch die wir jetzt kommen, liegen alle in der Tiefe der Tremadog Bay, und sie sind alle drei reine Kunstgebilde, entstanden zwischen 1820 und 1930. Es sind steingewordene Träume von Männern, die sich nach ihrem Vermögen gegen ihr Jahrhundert zu stellen versuchten. Was aber wäre die Welt ohne Träume – und ohne Träumer.

Im achtzehnten Jahrhundert waren Landschaftsplanung und Bodensanierung, Gartengestaltung und Stadtplanung ›en vogue‹. Sie waren Teile der romantischen Idee von der Versöhnung des Menschen mit der Erde, von Kultur und Natur, Arbeit und Schönheit, Fortschritt und Bewahrung. Im neunzehnten Jahrhundert, als William Alexander Madocks seinen Plan, den tiefen Meereseinbruch zwischen Harlech Morfa, Minfford und Morfa Bychan, der wie ein Keil in die Mündung des Flusses Glaslyn eindringt und westlich von Talsarnau noch einmal mit einem weiteren Horn tief vorstößt, trockenzulegen, im Parlament vorbrachte, war man eigentlich schon bei ganz anderen Dingen. Aber er setzte den Plan durch und erhielt sogar von der Regierung hunderttausend Pfund für seine Zwecke. Der Plan gelang; und das dem Meere abgerungene Gebiet an der Harlecher Marsch – Morfa ist das walisische Wort für Marsch – wurde Traeth Bach genannt, Kleines Gestade. Damit hatte aber für den Parlamentarier und Landbesitzer Madocks die Zukunft gerade erst begonnen. Er hegte sehr soziale Ideen, die den englischen Dichterrebellen Percy Bysshe Shelley mit Frau und Schwägerin anlockten; Shelley kam und lebte eine Weile zu Füßen seines neuen Propheten auf dessen Hof ›Tan-yr-allt‹, Unter dem Wald. Shelley, der damals an seinem Gedicht ›Queen Mab‹ schrieb, hatte gerade seine exzentrischste Phase. Einmal erschien er völlig nackt auf einer großen Abendgesellschaft, um seiner Idee von der angeborenen Unschuld des Menschen Nachdruck zu geben. Auf seinen Spaziergängen machte er es sich zur heiligen Pflicht, alle kranken Schafe zu töten, weil er sie nicht leiden sehen konnte, allerdings ohne die Eigentümer vorher von seinen löblichen Absichten zu verständigen, die vermutlich durchaus in der Lage gewesen wären, mit Koliken und leichteren Verletzungen ihrer Tiere auch ohne sein rabiates Hilfsprogramm fertig zu werden. Es war also nicht sehr verwunderlich, daß sie eines Nachts in sein Haus eindrangen und den jungen adeligen Sozialisten mit mehreren als Warnung gedachten Pistolenschüssen so erschreckten, daß er sich sofort nach einem anderen Domizil umsah – womit die Bauern ihren Zweck erreicht hatten.

Zurück zu Madocks. Als er Traeth Mawr trockenlegte, begann er mit dem Bau einer Stadt, TREMADOG. Er selbst machte die Skizzen, die er dann an seinen Architekten weiterschickte. Tremadog ist gegen den Hintergrund eines steil ansteigenden Kliffs in T-Form angelegt. Entlang dem Kliff liegt das Rathaus, das zusammen mit Markthallen, Theater und zweigeschossigen Häusern um einen oblongen Platz angeordnet ist; die unteren Geschosse zeigen offene Arkaden. Auf diese Piazza führt die Hauptstraße mit einer neugotischen Kirche, der Capel Peniel, die um 1810 errichtet wurde; ein heller Bau mit dorischem Portikus und flachem Giebel von großer Eleganz. Sie ist eines der frühesten Beispiele für das Greek Revival in Wales, möglicherweise auch angeregt durch Inigo Jones' Entwurf für die kleine Pauls-Kirche am Covent Garden in London. Tremadog hat sich bis in unser Zeitalter kaum verändert; es ist noch immer ein erlesenes Stadtzentrum ohne Stadt.

PORTHMADOG erging es genau umgekehrt. Als eine Art Vorhafen für Tremadog gedacht, wurde es schnell zum wichtigsten Umschlagplatz für Schiefer in Wales, und das ist es noch heute. Der geschäftige Ort mit seinen gut gebauten Straßen und Häusern sowie einem ausgezeichneten Hafen ist eine wohlgelungene Stadtanlage und ein durchaus erfreulicher Anblick.

PORTMEIRION ist wieder ein ganz anderer Fall. Man hat es das ›letzte Folly‹ genannt, ein Name, mit dem man in England architektonische Spielereien bezeichnet, oder ›Heim für abgeschobene Kunstdenkmäler‹. Vielleicht ist es einfach der letzte entschiedene Aufstand der Phantasie gegen Betonburgen. Es ist das Werk eines einzigen Mannes, ist sein Spielzeug, seine Zuflucht, sein Allheilmittel gegen Langeweile und Abstumpfung. Er hat es entworfen aus Zeitvertreib, als Verwirklichung eines Kindheitsideals, als

Denkmal seiner großen Liebe zum Süden, zum Malerischen, zur Heiterkeit und zum Unreglementierten. Und er hat es sogar selbst finanziert durch die großartige Idee, es als ein Hotel aufzuziehen; das erstklassige Restaurant liegt im alten Herrenhof, dem einzigen ›echten‹ Gebäude von Portmeirion. *»Und wenn es wirklich zum schlimmsten kommt, und ich feststelle, mir sind die Eier ausgegangen«*, schrieb sein Nachbar und unwilliger Bewunderer James Morris, *»so kann ich immer mal schnell nach Portmeirion hinunterschauen für Hummer und Rheinwein.«*

Sir Clough Williams-Ellis, Bauherr und bis vor kurzem Eigentümer von Portmeirion – inzwischen gehört es dem Staat –, ist geborener Waliser und einer der bedeutendsten Architekten seines Landes. Er behauptet, von Gruffydd ap Cynan, dem bösen nordwalisischen Fürsten, abzustammen, der sich im zwölften Jahrhundert mit Heinrich I. gegen Südwales verbündete; aber wer in Wales stammt nicht von einem der Fürsten ab, oder wenigstens von Prinzessin Nesta!

Besuchern gegenüber hat Sir Clough behauptet, das Schloß seiner Ahnen sei im vorigen Jahrhundert von einem englischen Lord in die Luft gesprengt worden, damit die Ruine den Fremdenverkehr belebe; als Ersatz dafür habe er nun seine Traumstadt errichtet. Doch an anderer Stelle schilderte er die Wahrheit: Nachdem er viele Jahre vergeblich ein geeignetes Grundstück gesucht hatte – die meisten waren viel zu teuer, andere nicht romantisch genug –, wurde ihm in der direkten Nachbarschaft seines alten Hauses der Landsitz ›Aberia‹ angeboten. Er wußte sofort, als er in die damals im Park herrschende Wildnis vordrang, daß er sein Ideal gefunden hatte. *»Es hatte alles und mehr, viel mehr, als ich mir je als wünschenswert für meine vollkommene Lage erträumte: vorspringende Klippen und zerklüftete Zinnen, ebene Plateaus und winzige Täler, die Kaskade eines aus der Höhe herabstürzenden Wasserfalls, herrliche alte Bäume und exotische Blütensträucher, eine Küste mit felsigen Vorgebirgen, Höhlen und Sandstrand, und zu dem allen noch einen geschützten Ankerplatz für mein Boot.«*

Sir Clough hat sich in Portmeirion jeden Traum erfüllt, den ein Architekt nur nähren kann. Die ›Stadt‹ hat einen überkuppelten Dom mit einer Laterne, die von einer vergoldeten Kugel gekrönt wird, venezianische und florentinische, gotische und barocke Bauten, Häuser im Stil des klarsten englischen Palladianismus wie

›Bridge House‹, und Häuser nach uralten englischen Mustern wie die ›Cloth Hall‹ mit ihrem Weatherbording, ein Windschutz aus lackierten Planken, die die Hausfront täfeln, wie man ihn vor allem in Kent häufig findet. Es gibt Arkaden und Teiche und Hecken und winklige Straßen und einen künstlichen See; es gibt steinerne Gartenvasen und schmiedeeiserne Gitter von exquisiter Schönheit, es gibt Winkel und Tore und Türmchen und Erker, Statuen und überall Treppen. Jeder Schritt bietet ein anderes Bild, jeder Bau hat sein eigenes Ambiente, aber alle wachsen zu einer von Grün und Blüten fast erdrosselten Einheit zusammen; bei aller Gegensätzlichkeit, bei allem scheinbaren Durcheinander, bei allem Zuviel und all der grundsätzlichen Unvereinbarkeit ist hier aus dem Gefühl eines Menschen doch ein Kunstwerk von vollendeter Harmonie entstanden, in dem der Reisende wenigstens einmal, wenn auch nur für kurze Zeit, richtig leben möchte. Vielleicht lag Cloughs größtes Wagnis in der Farbe: Er hat die ganze Vielfalt mittelmeerischer Pastelltöne an die kambrische Küste geholt; er wollte beweisen, daß diese sich durchaus mit denen heißerer Regionen messen könne, wenn man nur den Mut aufbrächte, ihren Städten den gleichen malerischen Stil zu verleihen. Die meisten der Bauten in Portmeirion sind Phantasiewerke des Architekten, italienischen Bildern nachgebaut; aber es gibt auch schon eine ganze Reihe ›geschenkter‹ Häuser dazwischen, Bauten, die eigentlich der Spitzhacke verfallen gewesen wären und hier detailgetreu wiederaufgerichtet wurden. So sind auch die meisten Kunstwerke und Gitter ›echt‹; oft hierhergebracht, weil man sie woanders nicht mehr brauchte, und ebenso Details in den Interieurs, hier vielleicht eine schöne Decke, dort ein Einrichtungsstück oder ein geschnitztes Stiegenhaus.

Man darf gegen ein kleines Eintrittsgeld in Portmeirion herumwandern, kann in seinem Restaurant essen oder auch in einem Schnellimbiß, man kann Zimmer mieten oder am Strand sitzen und das großartige Panorama genießen; nur eins darf man nicht in Portmeirion: Auto fahren. Vor dem Ort liegt ein riesiger Parkplatz; dort müssen die Benzinkutschen warten.

Sir Clough Williams-Ellis hat in England und Wales viele schöne Bauten errichtet, die völlig unexzentrisch sind; aber sicher hat ihm keine andere Arbeit so viel Spaß gemacht wie die Komposition von Portmeirion. Er ist ein hochgewachsener alter Herr mit einem äußerst markanten Kopf, lustigen, klugen Augen und einem spottfreudigen Mund, meist angetan mit einer abgetragenen Tweedjacke, Kniehosen und gelben Strümpfen. »*Er sieht aus wie eine Figur aus der Zeit der römischen Caesaren oder vielleicht der des Königs Artus … und schreitet in großen Schritten durch die keltische Landschaft wie ein spätgeborener Merlin*« (James Morris).

21

Der Thron des Idris: Harlech – Barmouth – Dolgellau – Tal-y-Llyn – Tywyn

Ich kenne keinen Ort in Europa, auch nicht das Amphitheater ansteigender Alpenwände rings um Udine, der mich mit so heiliger Scheu vor der Majestät der Größe erfüllt hätte wie diese Massen der nordwalisischen Gebirge, betrachtet von diesem Winkel ihrer schweigsamen See.

Hilaire Belloc, ›Hills and the Sea‹ (1906)

HARLECH erreicht man über die versandete Flußmündung Traeth Bach, kleines Gestade, und die Dünen und Salzkrusten der Morfa Harlech, der Harlecher Marsch, die das Meer den Bergketten während der letzten Jahrhunderte zu Füßen gelegt hat. Vielleicht weint der Meergott noch immer Salz über den Tod seines Sohnes Dylan, den die grausame Zauberin Arianrhod, die ihn gegen ihren Willen gebären mußte, von ihrem Bruder, dem Götterschmied, ermorden ließ. Es gibt kaum einen Ort zwischen Harlech und Carmarthen, der nicht sagen- und legendenschwer wäre, und auch die großen Mythen um Bran und Branwen, Math und Arianrhod, Gwion und Blodeuwedd und den immer wiedergeborenen Taliesin sind eng mit der Bergwelt Snowdonias verknüpft.

HARLECH CASTLE liegt auf einer Klippe am südlichen Ende der Marsch. Einst stand hier der Sage nach Caer Collwyn, wo Bran der Gesegnete die dreizehn weißen Segel aus Irland zuerst sah, wo er seine Schwester Branwen Weißhals dem irischen Fürsten zum Weibe gab, und wohin seine Getreuen nach dem entsetzlichen Massaker in Irland mit seinem Haupt zurückkehrten, und das Haupt sprach mit ihnen, als ob Bran noch unter ihnen weilte, und die drei Vögel Rhiannons sangen für sie, »*und von allen Gesängen, die sie je gehört, war jeder ohne Lieblichkeit im Vergleich zu diesem*«, wie es im ›Mabinogion‹ heißt. Lange blieb das Haupt bei ihnen, aber endlich kehrte ihre Erinnerung zurück, und sie brachten es nach London, denn Bran der Gesegnete war noch ein König über ganz Britannien gewesen, und sie begruben es auf dem Gipfel des Weißen Berges.

Die Burg wurde unter Eduard I. von James of St George erbaut, der in den Jahren von 1290-1293 zugleich auch ihr Oberbefehlshaber war. Der Plan zeigt zwei konzentrisch angeordnete Quadrate mit je vier Ecktürmen. Die Ecktürme waren rund, ebenso die Zwillingstürme, die das hohe, einem Bergfried ähnliche Torhaus rahmen, das die Burg zur Seeseite hin schützt. Zur Landseite hatte die Burg ein Vorwerk, das aber wegen des begrenzten Raumes auf der Klippe sehr klein war. Die Mauern waren mehrere Meter dick, und die Eingänge mit allem Raffinement der damaligen Verteidigungstechnik ausgestattet, wie Folgen von Toren, Portkullis, Falltüren, sogenannten ›Mordlöchern‹.

Was besonders dramatisch wirkt, ist das fast vollständige Fehlen von Fenstern nach außen hin; ein paar schmale Schlitze in den Türmen mußten genügen. Harlech war uneinnehmbar, hatte aber den Nachteil, daß es im Belagerungsfall auf Nachschub von der Seeseite angewiesen war, ein Umstand, der es 1404 in die Hände von Owain Glyndwr fallen ließ, der es zu seiner Hauptresidenz machte. Seit er nach seiner Proklamation zum König von Wales seine hölzerne Stammburg in Powys verlassen hatte, ein keltisches Lys, besaß er nun endlich wieder ein eigenes Heim, um seine große Familie – Frau, Kinder, Enkel, Brüder, Neffen und Nichten – und seinen bunt zusammengewürfelten Hofstaat unterzubringen. Da waren einmal die Krieger und Abenteurer, die zur Flagge der schreitenden Löwen geströmt waren, dann Barden, Zauberer, Franziskanermönche, die Rache für den Tod Richards II. wollten, der ihren Orden besonders unterstützt hatte, und Zisterzienser, die sich danach drängten, die freiwerdenden Bischofssitze der kirchlichen Herren, die ins Exil gegangen waren, einzunehmen. Da waren Bauern und Handwerker, die an einen Volksaufstand in ganz England glaubten und Owain schon als neuen König in London sahen, da waren die Flüchtlinge aus den von England kontrollierten Gebieten, da waren die Verwundeten aus seinen Raubzügen und Schlachten, da waren die jungen Mädchen, walisische Prinzessinnen und Edelfräulein, die von ihren Familien unter seinen Schutz gestellt waren. Da gab es Pagen und Herolde und Gelehrte, die Pläne für eine unabhängige walisische Universität ersannen, und Juristen, die seine Verhandlungen mit den großen Mächten, wie Frankreich und Schottland, vorbereiteten, aber auch an einer eigenen walisischen Verfassung arbeiteten. Da waren Waffenschmiede und Stallknechte, Köche und Schuster und Schneider und Kellermeister, denn Owains Hof war ein sehr bunter und ein sehr zeremoniöser Hof. Und da war die grausige, schreckerregende Gestalt, die diesen Hof zu einem keltischen machte: der Sineater.

Jeder Ort, jedes Gehöft in Wales hatte noch bis tief ins achtzehnte Jahrhundert – und in aller Heimlichkeit vielleicht noch heute hie und da in den Bergen – einen ›Sündenesser‹. Dies waren Ausgestoßene, Menschen, die sich irgendwann durch irgendeine Tat außerhalb der Gemeinschaft gestellt hatten, Parias, mit denen niemand sprach, die niemand berührte, die niemand auch nur sehen wollte, und die nur in tiefer Nacht an die Schwelle kommen durften, um ihr grausiges Werk zu vollbringen, das zugleich ihr einziger Lebensunterhalt war, außer den Wurzeln und Beeren und wilden Tieren, von denen sie in der Einöde lebten. Wenn jemand starb, so deckte man die Brust des Toten in der ersten Nacht mit Brot und Wein und Fleisch, die der Sineater verspeisen und damit die Sünden der Toten auf sich selber ziehen mußte. Hatte er seine Arbeit verrichtet, floh er zurück in die Bergwildnis oder verbarg sich in Moor oder Wald. Von allen elenden Kreaturen, die es gab, und es gab deren genug, war der Sineater die elendeste, völlig freundlos, völlig ausgeschlossen von allem menschlichen Leben, von jeder Gemeinschaft, in seinem Denken belastet mit der entsetzlichen Fracht fremder Sünden, die nach damaligen Glauben seine Verdammnis auch in der nächsten Welt besiegelten. – Owains Sineater hatte es besser als die meisten, brauchte er doch nie zu hungern. So, wie täglich Lebende zu des selbsternannten Königs Banner strömten, kamen auch täglich neue Tote. Der Sineater aß von der Brust von Kriegern und Kindern, Frauen und Mönchen, er aß von der Brust der Söhne und der Freunde und des Gauklers Owains.

1409 eroberte John Talbot, bekannt als Widersacher der Jeanne d'Arc, die Burg für Heinrich IV. zurück. Das bedeutete das Ende von Owains Aufstand. Er selbst konnte ins Gebirge entkommen, und Talbot war ritterlich genug, gegenüber der Familie des Rebellen Gnade walten zu lassen. Den Frauen wurde kein Haar gekrümmt; sie und die Enkel Glyndwrs wurden nach London in den Tower gebracht, wo sie ohne Behinderung leben konnten, bis der König sie völlig begnadigte und ihnen eine kleine Pension aussetzen ließ. Owain hielt sich wahrscheinlich noch bis 1416 in den Bergen und später in den unterirdischen Gängen seines Stammsitzes verborgen; er starb, ein vor der Zeit zum Greis Gealterter, aber immer noch in der Bevölkerung verehrt und geliebt. Obwohl hohe Summen auf seine Ergreifung ausgesetzt waren, hat es nie den Versuch eines Verrats gegeben; dabei müssen unzählige Menschen ihn auf seiner Irrfahrt gesehen, ja, ihm geholfen haben. 1416 ist er spätestens gestorben. Genau ein Jahrhundert nach seiner Niederlage, 1509, wurde ein Nachfahr seines Bruders Tewdwr aus Mona König von England, Schottland und Wales: Heinrich VII. Tudor.

In der Zwischenzeit spielte sich noch eine Tragödie auf Harlech ab: Margarete von Anjou, die kriegerische Gemahlin Heinrichs VI., mußte hier Zuflucht suchen, nachdem der König von der Partei der Weißen Rose, den Yorkisten, gefangengenommen worden war. In jener Zeit waren die Tudors ironischerweise die treuesten Anhänger der Lancasters geworden; die Burg wurde von Jasper Tudor, einem Halbbruder Heinrichs VI. und Onkel des späteren Heinrichs VII., gehalten. Die Leiden der Eingeschlossenen waren unbeschreiblich, und wieder gewann der Hunger die Oberhand. Doch konnte die Burg so lange verteidigt werden, bis sich der Belagerer, Herbert Graf Pembroke, dazu verstand, ehrenhafte Bedingungen zuzusichern, die er auch gegen den Widerstand des Königs durchsetzte, indem er drohte, er werde seine Geiseln, Tudor und dessen Komandanten, sofort nach Harlech zurückbringen, und dann möge Eduard IV. selbst versuchen, sie aus den unüberwindlichen Mauern herauszuholen!

Im Bürgerkrieg stand Harlech auf seiten des Königs und ergab sich den Parlamentstruppen als letzte aller westwalisischen Burgen. Cromwell wollte sie schleifen lassen, aber sein Befehl wurde nicht ausgeführt; es waren Regen und Sturm und Vernachlässigung, die aus der stolzen Trutzfeste eine Ruine machten. 1914 ging sie in Staatsbesitz über, und seitdem wird an ihrer Erhaltung gearbeitet. Die Burg ist von einem hübschen kleinen Ort umgeben; Wald und von Trockenmauern geschützte Weiden drängen sich bis zwischen die engen Straßen. Auf den Dünen westlich des Ortes findet man einen hervorragenden Golfplatz mit großartigen Ausblicken. Von dem modernen Theater aus hat man einen guten Blick über die ganze Bucht und die sie umkränzenden Gebirge.

BARMOUTH oder Y Bermo, wie die Waliser sagen, ist einer der Fährhäfen für Irland. Es liegt an der Spitze des tiefen Mündungstrichters vom Afon Mawddach. Schon in den alten Fels hatte sich der Fluß tief eingewühlt, ehe die Eiszeit kam, und von ihren Gletschern wurde das Tal tiefer und tiefer ausgehöhlt. Als das Eis schmolz, stürzte der Mawddach wie ein Strom zu Tal. Heute ist seine breitausgewühlte Mündung sowohl durch Anschwemmungen des Flusses selbst als auch durch Gezeitenablagerungen des Meeres, wie Sand, Muscheln, Tang, Kiesel, völlig verschlammt. Hell heben sich die Sandbänke oder ›spits‹, wie es hier heißt, aus den grünen Wassern hervor und geben dem Estuary das Aussehen einer Mondlandschaft. Die Berge sind hier großenteils dicht bewaldet; ein Teil der ihnen vorgelagerten Salzmarschen ist mit scharfem bläulichen Gras und seltenen Dünenpflanzen bedeckt. – Über den Ausgang der Mündung spannt sich zwischen Barmouth und Fairbourne seit dem vorigen Jahrhundert eine schmale Eisenbahnbrücke; aus der Höhe wirkt sie wie ein dunkler Spinnwebfaden. Auf ihr entlang führt auch ein schmaler Fußweg, von dem aus man einen großartigen Blick auf die Bucht und den Berg Cader Idris, Thron des Riesen Idris, genießen kann.

Barmouth ist ein altmodisch-gemütlicher, viktorianisch geprägter Ferienort mit guten Unterhaltungsmöglichkeiten und reizvollen Wanderwegen, einem heiteren kleinen Hafen, der vor allem von Yachten und Booten bevölkert wird, und dem atemberaubenden Blick vom Kliff Dinas Olau. Dies Kliff war der erste Ort, den der National Trust kaufte, im Jahr 1895, um ihn der Nation unverändert zu erhalten.

Unter den Gipfeln der Berge Diffwys und Y Garn führt die Straße zum Dorf Llaneltyd, von dessen einstiger Abtei es keine Reste mehr gibt. Dort zweigt die Straße nach Dolgellau ab, einem schönen, gepflegten Bergdorf rein walisischen Charakters direkt unter dem Cader Idris.

CADER IDRIS, Thron oder Sessel des Idris, ist ein riesenhafter, langgezogener Gebirgsrücken, der sich zwischen den Tälern von

Mawddach und Dysynni fast tausend Meter hoch erhebt und von jeher die Grenze zwischen Gwynedd und Powys bildete. Schafe weiden auf seinen nur stellenweise von dünner Vegetation bedeckten Felshängen; dunkel liegt in einem vulkanischen Trichter Llyn Cau, ein von Sagen umwobener See. In seinen Tiefen soll ein Ungeheuer hausen, und wer eine Nacht an seinem Ufer verbringt, erwacht am Morgen als Wahnsinniger, Dichter oder Blinder: eine Trinität, die schon durch Shakespeares ›König Lear‹ geistert. Die Deutung des Namens Cader Idris ist übrigens, wie so oft bei walisischen Ortsnamen, umstritten; die einen sagen, er heiße Elbenheim, die anderen, König Artus' Thron, und die meisten, Thron des Idris. Idris war ein zauberkundiger Riese der walisischen Sage.

Cader Idris ist ein schwieriger Berg; die Besteigung nicht ungefährlich. Immer wieder gingen dort Menschen verloren. Pfarrer Kilvert beschreibt in seinem schon mehrfach zitierten Tagebuch den Abstieg: *»Jetzt dehnten sich weite Flächen vor uns mit Gürteln großer Steine, die so dicht lagen, daß kein Moos zu sehen war, kein Grashalm zwischen ihnen hätte wachsen können. Es war Basalt, teils zerborsten, teils in großen Blöcken, einige kantig, andere sechseckig; sie lagen herum oder stachen aus den Bergwänden hervor wie enorme Holzbalken, deren unbekanntes Ende irgendwo tief im Berg begraben liegen mußte. Cader Idris ist der steinigste, traurigste, verlassenste Berg, den ich je bestieg ... Die Sonne schien jetzt auf die tiefer liegenden Berge, aber der Nebel senkte sich und hüllte uns in Leichentücher, die alles auswischten. Nebel und Wolken begannen in weißen, dünnen, geisterhaften Schleiern an uns vorüberzufegen, als ob irgendwelche großen, schrecklichen Gestalten oder Mächte uns streiften, von denen wir nichts sehen konnten als nur die Säume ihrer weißen Gewänder ... Es ist bei Unwetter ein furchteinflößender Ort. Ich dachte an Moses auf dem Sinai.«*

DOLGELLAU ist der Hauptaufstiegspunkt für den Cader Idris. Es war einst die Grafschaftsstadt von Merionethshire, besser, das Grafschaftsdorf. Der Name bedeutet Haselhain. Gesiedelt haben hier schon die Römer, um nach Gold zu schürfen; die letzte Goldmine wurde 1935 nach einem zerstörerischen Brand geschlossen.

Das Dorf, ganz aus kaum bearbeitetem graubraunen Schiefergestein erbaut, wirkt wie gewachsen. Schieferstein verwittert sehr hübsch in vielen Farbabstufungen, die alle Töne verwitternden Holzes haben können. Buntgelackte Fensterrahmen und Haustüren mit Messingklopfern nehmen den engen Straßen mit ihren Winkeln und Nebengäßchen die Strenge. Ein großer oblonger Markt und die siebenbogige Steinbrücke von 1638 über den Bach Wnion, der lustig über sein steinernes Bett hüpft und schäumt, geben ihm einen ausgeprägten Charme. Die Kirche wurde 1726 in einer zeitlosen Gotik erbaut; sie liegt am Dorfrand in einem großen Friedhof; ursprünglich stammt sie aus viel älterer Zeit, wie ein Grabmal aus dem vierzehnten Jahrhundert im Innern deutlich macht. Nahe bei Dolgellau mündet der Wildbach Clywedog in den Wnion; ein Wanderweg, Torrent Walk genannt, führt an diesem Bach entlang, der immer wieder kleine Fälle und Strudel bildet und von einem goldgrünen Laubdach überwölbt wird; das Unterholz ist dicht und es blühen hier viele wilde Blumen und Sträucher. Auch wilden Rhododendron von bestürzendem Rot findet man überall in den umgebenden Wäldern.

In Dolgellau hielt Owain Glyndwr sein letztes Parlament. Das Versammlungshaus wurde 1883 abgebrochen und in Newtown in einem Park wiederaufgebaut.

Die nahe Abtei CYMER oder Cynmer ist Ruine. Sie wurde 1199 von Zisterziensern aufgrund einer Stiftung Fürst Gruffydds ap Cynan von Gwynedd und seines Bruders, Fürst Maredudd, errichtet. Ihr voller Name lautete Cymer deu dyfyr, Treffpunkt der Wasser. Erhalten haben sich die Arkade der Kirche aus dem dreizehnten Jahrhundert und drei Lanzetten des Ostfensters, auch ein Stück der Südwand mit einer Piscina steht noch sowie Reste des Kreuzganges und des Refektoriums.

Dolgellau wurde häufig von Dichtern besucht. Pfarrer Kilvert erwähnte ich schon, aber auch Walter Scott, Bulwer Lytton, Thackeray, dessen außerordentlich verwöhntem Gaumen die Genüsse des Gasthofes so wenig zusagten, daß er seinen Unmut in einem witzigen Vers im Gästebuch zum Ausdruck brachte, und Thomas Love Peacock kamen. Peacock, der sich in seinen berühmtesten Werken über die Romantiker lustig machte, liebte diesen Ort besonders. Er schrieb hier an seinem satirisch-historischen Roman ›The Misfortunes of Elphin‹. Elphins Geschichte ist die eines südwalisischen Fürsten zur Zeit von Artus. Peacock streute in seinen Roman selbstübersetzte Lieder des größten walisischen Barden, Taliesin, ein; diese Gestalt spielt in seinem Werk eine wichtige Rolle. ›The Misfortunes of Elphin‹ gilt als eines der Meisterwerke heiterer Romankunst in der Weltliteratur, vor allem durch die Gestalt eines trinkfesten Satyrs, des Prinzen Seithenyn ap Seithin Sadi. Peacock geißelte die damalige englische Regierung; ließ aber auch seine ausgedehnten Kenntnisse der walisischen Archäologie und Folklore einfließen. Das Buch erschien 1828.

Auf dem Friedhof von Dolgellau findet man das Grab von Dyfydd Ionawr oder Januar, eines weiteren walisischen Barden. Und der ›Meister aller Künste und Wissenschaften‹, Lewis Morris, hat hier im achtzehnten Jahrhundert, aufmerksam gemacht durch einen Bauern, ein geisterhaftes ›Luftschiff‹ beobachtet, das voll aufgetakelt durch die Berge fuhr, und es sehr anschaulich beschrieben; es muß sich um eine der ungeklärten Luftspiegelungen handeln, die, wie schon erwähnt, an dieser Küste nicht selten sind.

Wir nehmen die Straße durchs Gebirge, vorüber am Mynydd Moel, dem Kahlen Berg, um nach Tal-y-Llyn zu gelangen, Vorgebirge am See.

TAL-Y-LLYN ist ein Weilerchen mit einer winzigen, aber berühmten Kirche. Der einschiffige Bau liegt einsam am Berghang in einem großen Friedhof; er hat einen Glockengiebel, wie walisische Dorfkirchen ihn häufig zeigen, und ein portikusartiges südliches Seitenschiff, wie die alten Sachsenkirchen. Nach einem eingemeißelten Datum im Portikus müßte der Bau aus dem neunten Jahrhundert stammen; das trifft aber nachweislich nicht zu. Forschungen ergaben, daß er spätestens im siebten, wahrscheinlicher im fünften Jahrhundert entstanden ist! Aus dieser Zeit stammen die bemalten Tafeln, die der große Schatz dieses unscheinbaren Kirchleins sind; sie zeigen seltsamerweise koptischen Einfluß. Es handelt sich um eine Darstellung der zwölf Apostel in stilisierter, gleichnisbefrachteter Form. Eine der Tafeln zeigt fünfblättrige Rosen, die die fünf Zweige der Kirche symbolisieren, das Geheimnis Gottes in den gekreuzten Linien, das Unendliche in den inneren Kreisen; das Rot der Blätter bedeutet das menschliche Element in der Kirche und die fünf Speerspitzen zwischen den Blättern stehen für die Bischöfe der fünf Kirchen. Man nimmt an, daß der heilige Cadfan die Bilder im frühen sechsten Jahrhundert von einer Reise ins Heilige Land mitgebracht hat. Noch älter als Kirche und Bilder ist der Taufstein; da er ganz ohne Schmuck ist, schätzen die Experten, daß er spätestens im dritten Jahrhundert geschaffen wurde.

Noch einmal wehte der Wind der Geschichte bis zu dem Kirchlein am See: Auf dem ummauerten Friedhof mit seinen beiden Toren steht ein steinernes Kreuz. Es ist das Grabmal einer Jenny Jones. Es ist nicht leicht, die verwitterte Inschrift zu entziffern; aber da steht: »Sie war mit ihrem Mann von den 23. Königlich-Walisischen Füsilieren in der Schlacht von Waterloo und war drei Tage auf dem Schlachtfeld.« Sie wurde 1789 geboren und folgte ihrem Mann, einem Schieferbrecher, der sich als Freiwilliger in den Napoleonischen Kriegen gestellt hatte, ins Feld, um Verwundete zu pflegen. Dabei geriet sie in die furchtbar verlustreiche Schlacht, die die Niederlage des französischen Kaisers besiegelte. Sie starb, fast hundertjährig, 1884 in Tal-y-Llyn.

CASTELL-Y-BERE bei dem Dorf Llanfihangel-y-Pennant, zu deutsch St Michael im Hügeltal, wurde 1221 von Llywelyn dem Großen errichtet und soll eine der schönsten keltischen Burgen gewesen sein. Nach dem harten Frieden von Rhuddlan zog sich Dafydd, der Bruder des letzten Llywelyn, eine Weile hierher zurück. Sie war die letzte walisische Burg, die sich Eduard I. ergab. Eduard ließ sie 1294 schleifen, und heute sieht man kaum mehr als die von Efeu überwucherten Fundamente des eckigen Bergfrieds, der drei Türme und eines dreieckigen Außenwerks. Großartig ist der Blick von hier bis zum Cader Idris im Norden und übers Meer im Westen. In dem Dorf wurde 1784 das kleine Mädchen geboren, das wir in Bala auf der Suche nach einer Bibel kennenlernten. Sie starb im hohen Alter von dreiundachtzig Jahren und wurde im nahen Bryn-crug begraben. Ihr Häuschen ist verfallen, aber es trägt noch eine Gedenktafel.

LLANEGRYNS Kirche lohnt einen Umweg; sie ist klein, aber sie besitzt einen normannischen Taufstein und eine üppig geschnitzte Chorschranke mit Galerie, wie man sie so weit westlich in Wales selten findet; es ist die Arbeit eines ortsansässigen Meisters aus dem frühen sechzehnten Jahrhundert.

TYWYN heißt Sanddüne. Von den Wäldern, die den Ort einst eng umringten, ist nicht mehr allzu viel erhalten. »*Die Wälder*«, erzählt der walisische Schriftsteller John Cowper Powys, »*waren berühmt wegen ihres Pilzreichtums. Herbst hielt sich in den Wäldern von Tywyn länger als irgendwo sonst auf der Welt. Sommer wurde rascher zu Herbst, Herbst gemächlicher zu Winter. Die Wälder von Tywyn ertrugen den Frühling geduldig, den Sommer und den*

Winter. Aber ihre innerste Seele öffneten sie dem Herbst ... Und da die Ausdehnung der Wälder von Tywyn so groß war, war auch der Reichtum ihrer Vegetation mit dem süßen, widerlichen, herbstlichen Geruch, der während der anderen Jahreszeiten nie völlig verflog, groß, und nun, als die wilden Stürme sich legten und der Regen einschlief, wurde der ganze Forst zu einem alles in sich verschmelzenden, alles aufsaugenden, allunermeßlichem Pilz ...« (aus ›Owen Glendower‹).

Tywyn ist ein sehr alter Ort. Schon Cadfan, der Gründer der Abtei auf Bardsey Island, baute hier eine Kapelle. In der heutigen Kirche St Cadfan's am Nordende der Stadt, einem untersetzten, schmucklosen normannischen Bau aus dem frühen elften Jahrhundert, findet sich ein Grabstein, der als eines der frühesten Zeugnisse einer walisischen Inschrift betrachtet wird. Tywyn ist ein Straßendorf, heute ein anspruchsloser Ferienort mit einem langen Strand und anschließender Ferienkolonie mit Bungalows und Wohnwagen. Die Flußmündungen um Tywyn sind reich an Forellen und Barschen; man kann auch Meeresfische fangen. Obwohl Tywyn nur winzig ist, hat es doch drei Bahnhöfe: den der British Railway und zwei für die kleine Schmalspurbahn, die den Ort im vorigen Jahrhundert mit dem Schieferbruch von Abergynolwyn verband und heute eine Touristenattraktion darstellt. Einer der beiden Bahnhöfe, Wharf Station, beherbergt ein Museum, das über Technik und Geschichte der ›Kleinen Bahnen von Wales‹ ausführlich informiert. Die Lokomotiven, mit denen die Bahn fährt, sind zum Teil fast hundert Jahre alt.

Rhys ap Gruffydd, mit Beinamen der Schwarze, ein Schwertgenosse Owain Glyndwrs, bot diesem nach dem Sieg von Glaslyn von 1402 seinen Hof in Tywyn als vorübergehende Bleibe an. Owain brachte dort seine Familie unter und vermählte seine blutjunge Tochter mit seinem Gefangenen und späteren Verbündeten, Edmund Mortimer, Grafen von March, dem Schwager Henry Hotspurs. Mortimers Neffe, der damals noch ein kleines Kind war, hatte durch Erbrecht einen besseren Anspruch auf den Thron als der herrschende König Heinrich IV.; das war es wohl, was den Rebellen bewog, sich seiner als Figur im Spiel um die Macht zu versichern. – Rhys mußte nach dem Zusammenbruch des Aufstandes mit dem Leben bezahlen; sein Haupt krönte lange die Zinnen des von ihm verteidigten Harlech.

22

Taliesins Rätsel: Machynlleth – Aberdovey – Tre Taliesin – Aberystwyth

Barde der Barden bin ich bei Elphin,
Das Land meiner Herkunft ist das Gefilde der Sommersterne.
Ido und Heinin nannten mich Merddin,
Einst werden alle Könige mich Taliesin rufen.
Ich war mit dem Herrn in der höchsten der Sphären,
Und bei Luzifers Fall in der tiefsten der Höllen.
Ich kenne die Namen der Sterne in Nord und Süd,
Dreimal war ich in den Verliesen der Arianrhod.
Ich bin ein Wunder, dessen Ursprung niemand kennt.
Ich war ein Lehrer für alle Wissenden,
Ich bin fähig, das Universum zu unterweisen,
Ich werde bis zum letzten Tag auf dem Antlitz der Erde sein,
Und in Ewigkeit bleibe ich Taliesin.

Aus dem ›Hanes Taliesin‹ (6. Jahrhundert)

MACHYNLLETH liegt eingebettet zwischen dem Dyfi Forest im Nordosten, dem Hafren Forest im Südosten und dem Rheidol Forest mit dem Stausee Nant-y-Moch im Südwesten. Es ist ein sehr beliebter Ferienort. Überall in seiner Umgebung findet man Berge, Wasserfälle und versteckte kleine Seen von großer Schönheit. Im Hafren Forest liegt Llyn Clywedog, ein verästelter, langhingezogener Bergsee.

Schon bevor Machynlleth vom Fremdenverkehr entdeckt wurde, war es ein vielbesuchter Ort: Die Schafbauern der Umgegend hielten ihre großen, dem Rhythmus des Jahres folgenden Märkte, und diese Märkte zogen die Fahrenden und Zigeuner aus ganz Wales an: Zauberer, Wahrsager, Kesselflicker, Seiltänzer und Musikanten. Sie brachten Farbe und Gelächter in das graue, weithingelagerte Bergdorf mit seinen erstaunlich breiten Straßen und verschlossen wirkenden Häusern. Einst schaute ein keltisches Marktkreuz auf das wilde Treiben hinab; aber in der viktorianischen Zeit wurde es abgerissen, um durch einen häßlichen neugotischen Uhrturm ersetzt zu werden, wie sie so oft die noblen Märkte walisischer und englischer Dörfer verschandeln. Dieser wurde 1873 zu Ehren der Markgrafen von Londonderry errichtet, die ein Landhaus im Ort geerbt hatten, ›Plas Machynlleth‹. Sie schenkten den Besitz kurz vor dem Zweiten Weltkrieg der Stadt, die dort ihre Verwaltung unterbrachte. Der große Park steht der Bevölkerung offen, und auch die Machynlleth-Meute wird dort noch weiter betreut. Jagdmeuten sind fast immer Kollektivbesitz, da kaum ein Privatmann für die Kosten ihrer Unterhaltung aufkommen könnte. Hier teilen sich die Schafzüchter der umliegenden Farmen in den Besitz; es sind extra für die Fuchsjagd im Gebirge gezogene Hunde, aus mehreren Rassen eingekreuzt: kurzbeinig, um sich durch dichtes Unterholz wühlen zu können, und mit hellen Kehlen begabt, um es den zu Fuß folgenden Jägern zu erlauben, ihrer Spur zu folgen und das aufgescheuchte Wild im Blickfeld zu behalten. Die Bauern in Wales leben ja vor allem von der Schafzucht, und das ist in diesen Gegenden, wo sich die Tiere leicht versteigen können, wo die Schnucken lammen, ehe noch der rauhe Winter das Feld geräumt hat, und die Bauern die Lämmer auf der Weide versorgen müssen, ein aufreibender und keineswegs sehr einträglicher Beruf. Schlimmster Feind der durch die Geburt geschwächten Schnucken und der winzigen, Frost und Futtermangel ausgesetzten Lämmer ist der Fuchs, und wenn er nicht bejagt würde, hätten die Bauern überhaupt nichts mehr zu lachen. Sicher gibt es auch Farmer, die Schlingen stellen oder Fuchsbauten begasen, aber sie sind in der Minderzahl; die meisten Füchse werden weidgerecht gejagt, auf eine Art, die den kräftigsten und klügsten Tieren das Überleben möglich macht und nicht, wie beim Vergasen, den ganzen Wurf ausrottet.

Machynlleth ist bereits seit der Eisenzeit besiedelt. Sein Name soll auf den römischen Feldherrn Maglocunos zurückgehen, den Maelgwyn der keltischen Sage, der die Briten gegen die Angelsachsen führte. Eine andere Ableitung von Maen und Cynlleth würde etwa Felsstein am Fluß bedeuten; Cynlleth heißt Feuchte.

Machynlleth war eine der Städte, die sich in unserem Jahrhundert darum bewarben, Hauptstadt zu werden. Es leitete seinen Anspruch von der Tatsache ab, daß Owain Glyndwr hier im Jahr 1404 sein erstes Parlament einberief. Nachdem ihn die Abgeordneten zum König von Wales gekürt hatten – den goldenen Reif der Fürsten von Powys trug Glyndwr schon Jahre vor Beginn seines Aufstandes um die Stirn, ein Abzeichen seines damals noch passiven Widerstandes gegen die englische Krone –, rief er Machynlleth, Dolgellau und Harlech zu Hauptstädten aus; an diesen drei Orten wurde dann alternierend Parlament gehalten. Das Parlamentshaus in Machynlleth steht noch in der Maen Gwyn Street: ein vielgiebeliger, niedriger Bau, zur Straßenseite hin Fachwerk zeigend, die älteren Teile aus hellem Bruchstein errichtet. Zur Zeit Owains war der Bau kleiner; der Versammlungsraum war wohl die heutige Bibliothek. Die Fresken in diesem Raum schuf im vorigen Jahrhundert Murray Urquhart; sie erinnern an Owains Taten.

Da Machynlleth seit altersher Marktstadt ist, findet man eine Anzahl hübscher Gasthöfe, fast alle in der Maen Gwyn Street oder ihrer direkten Nachbarschaft.

ABERDOVEY ist ein stiller kleiner Badeort mit schönem Strand; bei den Walisern heißt er Aberdyfi, Mündung des Dyfi. Das Mündungsgebiet des Dyfi ist National Nature Reserve, ein Naturschutzgebiet mit einer Vogelwarte. Hier leben viele Wasservögel, und einige Taucherarten kommen zum Brüten. Der Zugang ist nicht überall frei; ein Informationszentrum und ein ausgeschilderter Wanderweg, Nature Trail, erwarten einen an der anderen Seite des Flusses in Ynyslas. Das ganze Mündungsgebiet ist eigentlich ein einziger Sumpf, in dessen durch Jahrhunderte angeschwemmten Torfschichten vor allem die Botaniker reiche Beute machen können.

Mit Aberdovey verbindet sich die Sage von einem im Meer versunkenen Reich, einem walisischen Vineta, dessen Glocken man angeblich noch manchmal im Meere läuten hören kann. Der Sage nach war Cantref-y-Gwaelod, Tieflandhundert, durch Deiche vor dem Meer geschützt. Sein Fürst, jener Trunkenbold Seithenyn, den Peacock in seinem ›Elphin‹ so plastisch dargestellt hat, vergaß eine Nacht, als ihm der Wein den Kopf benebelt hatte, die Schleusen zu schließen, und so überrollte die Flut sein ganzes Cantref. Außer Peacock hat auch James Elroy Flecker (1884-1915) in seinem Gedicht ›The Welsh Sea‹ das Geschehnis geschildert, und 1785 schon schrieb Charles Dibdin eine Oper, ›Liberty Hall‹, in der das Lied ›Die Glocken von Aberdovey‹ im Balladenton die alte Sage aufnimmt.

TRE TALIESIN, Taliesins Stadt, ist ein altes Bergdorf mit einem herrlichen Blick in das grüne Tal des Dyfi oder Dovey. Nach alten Überlieferungen befindet sich hier das Grab des Barden Taliesin, Bedd Taliesin. Doch in Wahrheit handelt es sich bei diesem Bedd um einen künstlichen Hügel, der ein Hünengrab mit einer großen

J. S. Cotman.

VI JOHN SELL COTMAN (1782-1842)
Landschaft mit Fluß und Viehherde

Aquarell

Victoria and Albert Museum, London

Platte, von vier stehenden Steinen gestützt, trägt; es war sicher schon Jahrhunderte alt, als der größte Dichter von Wales geboren wurde.

Alles was man über Taliesin wirklich weiß, fand sich in einer Handschrift aus dem dreizehnten Jahrhundert: die Romanze, die sein Leben schildert, seine Preislieder und Rätsel. Eine Anzahl der ihm zugeschriebenen geistlichen Lieder stammt sicher von anderen Dichtern des sechsten Jahrhunderts. Das Rätsel, aus dem ich zu Beginn dieses Kapitels zitierte, ist höchst gelehrt und voller geheimer Anspielungen; der in der Mythologie sehr erfahrene Gelehrte und Dichter Robert Ranke-Graves, ein Enkel des deutschen Historikers, hat sich seiner Lösung angenommen und ihr ein ganzes Buch, ›The White Goddess‹, gewidmet. Da er aber dafür ein halbes Tausend engbedruckter Seiten braucht, und ich, um mich verständlich auszudrücken, mindestens doppelt soviele schreiben müßte, kann ich sie hier leider nicht bringen, sondern muß mich damit begnügen anzudeuten, daß es sich bei dem Text um eine Art Geheimcode für Bardenschüler handelte, einen immerwährenden Kalender verschlüsselter Symbole, in die die Mythologie der ganzen abendländischen Welt und des Vorderen Orients eingeflossen ist, einschließlich frühchristlicher und alttestamentarischer Metaphern.

Ganz einfach liest sich daneben die Geschichte Taliesins, wie sie sich im ›Roten Buch von Hergest‹ findet, in dem auch eine Abschrift des ›Mabinogion‹ steht: Cerridwen, die Frau eines römischen Edelmannes in Penllyn, hat zwei Kinder, die sehr schöne Tochter Creirwy und den abstoßend häßlichen Sohn Afagddu. Sie leben auf einer Insel im Bala Lake oder Llyn Tegid. Cerridwen braut einen Zaubertrank nach uraltem Rezept, um die Häßlichkeit ihres Sohnes dadurch auszugleichen, daß sie ihm mittels Magie ein ungeheures Wissen verleiht. Ein Jahr lang trug sie Kräuter und andere, teils recht abstoßende Ingredienzien zusammen und murmelte Beschwörungen über dem Kessel, den ein kleiner Waisenknabe, Gwion, rühren mußte. Am Ende des Jahres spritzten drei Tropfen über den Kesselrand auf Gwions Finger, und der leckte sie rasch ab. Kaum hatte der Trank seine Zunge berührt, da verstand er das Wesen aller Dinge und den Sinn alles Vergangenen, alles Gegenwärtigen und alles Zukünftigen. Sogleich begriff er jetzt, daß die Hexe ihn töten würde, nun, da er vom Trank gekostet hatte, und kam ihr zuvor, indem er sich verwandelte. Lange jagten sich Kind und Hexe in immer neuen Verwandlungen, bis schließlich Gwion zum Korn auf der Tenne wurde, die Hexe zu einer schwarzen Henne; sie pickte es auf, wurde mit ihm schwanger und gebar nach neun Monaten einen Knaben, der so schön war, daß sie es nicht über sich zu bringen vermochte, ihn zu töten. Da steckte sie ihn in einen Ledersack und warf ihn in den See. Wellen trugen ihn durch die Flüsse bis zum Meer, und dort fischte König Elphin ihn aus den Fluten. Er gewann das Kind lieb und nannte es Taliesin, ›Schönbraue‹. Als der König in Gefangenschaft geriet, beschloß Taliesin, ihn zu befreien, indem er sich zum Wettstreit mit den vierundzwanzig Hofbarden des fremden Fürsten bereiterklärte. Er stellte ihnen sein Rätsel, das sie alle zusammen nicht lösen konnten. Dort bricht das ›Hanes Taliesin‹ ab; niemand weiß, ob Taliesin je die Lösung nannte oder sein Geheimnis für sich behielt: daß das Wesen aller großen Dichtung die Kenntnis der Mythen beinhaltet. – Das ›Hanes Taliesin‹, in einer von Mönchen aus der Abtei Neath oder Abtei Margate hergestellten Handschrift aus dem Jahr 1275, liegt heute in der Nationalbibliothek in Aberystwyth, unserem nächsten Ziel.

ABERYSTWYTH säumt eine sichelförmige Bucht in der Tiefe der Cardigan Bay. Von Aberystwyth aus kann man die ganze Bay überblicken, mit ihren vielen kleinen Buchten und Einschnitten, ihren Klippen, Watten, silbrigen Marschen, schroffen Vorgebirgen und friedlichen Inselchen. Im Norden wird sie überragt vom Snowdon und vom Cader Idris, im Süden von Mynydd Bach und Mynydd Preseli; gen Osten ist sie durch die Höhen von Plynlimon geschützt. Immer scheint sie in das unwirkliche Licht getaucht, das Maler so fasziniert. Schon William Turner war von dem Panorama begeistert; noch drei Jahre vor seinem Tod schrieb er an seinen Malerfreund Hawksworth Fawkes, der in Aberystwyth arbeiten wollte: *»Sie haben gut gewählt! … Die Landschaft ist sehr schön und hat grandiose Züge … Ich glaube nicht, daß sie für ihren Stift einen ansprechenderen Ort finden könnten und hoffe, daß Sie sich dort wohl fühlen werden wie ich in den Tagen meiner Jugend …«* (1847).

Aberystwyth' schöne, breite, von etwas herabgekommenen Hotels gerahmte Promenade umfaßt die sichelförmige Bucht im Nordwesten der Stadt. Hinter der Promenade schließen sich die wichtigsten Einkaufsstraßen an, der Bahnhof und im Norden auf einem steil ansteigenden Hügel der Universitätscampus. Am südlichen Horn der Sichelbucht befindet sich ein kleines Vorgebirge; dort stehen die Ruinen der alten Burg und dahinter in den engen Altstadtstraßen die Kirchen St Michael und St Paul; St Paul ist heute Stadtmuseum.

Der Name St Michael verrät, daß der Ort eigentlich ein Fischerdorf war; davon zeugt noch heute der malerische Hafen mit seinen Kuttern und Booten und bunten Segeln. Er liegt an der Südseite des Vorgebirges im Mündungsgebiet der Flüße Rheidol und Ystwyth und wird durch zwei Landzungen beschützt. Wie manche cornischen Städtchen und Fischerdörfer war Aberystwyth nie in der Lage, die Armut abzuwerfen und Luxusbad zu werden; aber es ist heute Sitz der Universität von Wales und der Nationalbibliothek.

Der Eisenbahningenieur Thomas Savin glaubte im vorigen Jahrhundert, daß dem Ort nichts fehle, um ein mondänes Bad zu werden, als die Eisenbahnverbindung nach England und ein wirklich erstklassiges Hotel. Er baute beides und ruinierte sich damit, denn es kamen keine Gäste, um in seinem schloßartigen Hotel im Stil des viktorianischen Neo-Tudor zu wohnen. Das hatte sein Gutes: Als 1860 die Universität von Wales gegründet wurde, suchte man ein Domizil für sie. Die Mittel stammten ausschließlich aus privaten Spenden, ›the pennies of the people‹, und so war der Trust, der die Gelder verwaltete, froh, als ihm das bankrotte Hotel für einen Spottpreis angeboten wurde. Es war ein guter Ort für das junge College: ein doch recht würdevoller, zimmerreicher Bau mit Blick über die schöne Bucht. Staatliche Anerkennung fand die Neugründung erst 1896; im selben Jahr wurde der damalige Fürst von Wales, der spätere Eduard VIII., zum Kanzler der Universität gekürt. Es ist auch bei den englischen Universitäten Sitte, hochgestellte Persönlichkeiten zu Kanzlern, das heißt, spendefreudigen Mäzenen, zu wählen; die Verwaltungsarbeit und die wissenschaftliche Aufsicht übernimmt immer der Vizekanzler.

Schon vor dem Ersten Weltkrieg begann die junge Universität aus allen Nähten zu platzen; heute sind in dem Bau am Meer nur noch Registratur, Hausbibliothek und die Kunstfakultät untergebracht; alle anderen Zweige finden sich auf dem neuen Campus im Norden der Stadt und in ein paar Gebäuden in Bahnhofsnähe. Zur Universität von Wales gehören heute Colleges in vier Städten; Aberystwyth fällt dabei die Rolle des primus inter pares zu. – Die Neubauten auf Penglais Hill ziehen sich den ganzen Hügel hinunter: Das Institut für Land- und Forstwirtschaft entstand als erstes noch vor 1914; die meisten anderen Fakultätsbauten wurden zwischen 1959 und 1965 errichtet; auch ein Kunstzentrum mit eigenem Theater kam hinzu.

Der älteste Bau auf Penglais Hill ist jedoch der Hauptblock der Nationalbibliothek von Wales, Llyfrgell Genedlaethol Cymru. Der helle Bau im neupalladianischen Geschmack erhielt ständig Erweiterungsbauten; heute thront er majestätisch über den höchsten Terrassen, vom Meerwind umbraust; von seinem Portikus aus hat man den besten Blick über die Stadt und die Bucht. Gegründet wurde die Bibliothek 1907 mit königlicher Charter; sie wird auch heute noch aus dem königlichen Schatzamt mit jährlichen Zuwendungen unterstützt. Wie alle sechs Nationalbibliotheken Großbritanniens erhält sie seit Inkrafttreten des Copyright-Gesetzes von jedem Druckwerk – Bücher, Noten, Landkarten, Zeitungen, Zeitschriften – ein Belegexemplar. So befinden sich heute teils aufgrund dieses Gesetzes, teils durch Schenkung oder Ankauf ganzer Privatbibliotheken über zwei Millionen gedruckter Bücher in ihren Regalen, über drei Millionen historische Dokumente, eine ganze Abteilung mit Noten und Stichen und Landkarten und Tausende von Wiegendrucken, also Druckwerken aus der Frühzeit des Buchdrucks. Die Bibliothek besitzt eine eigene Druckerei und eigene Buchbinderei und wurde berühmt durch ihre Pionierarbeit auf dem Gebiet der Wiederherstellung schadhafter Handschriften.

Der größte Stolz der Bibliothek ist nämlich die einzigartige Handschriftensammlung: über dreißigtausend seltene Manuskripte finden sich hier, dabei mit Ausnahme des ›Roten Buches von Hergest‹, das sich in Oxford befindet, alle großen Bücher von Wales. Dazu zählen außer dem schon erwähnten ›Hanes Taliesin‹ das ›Schwarze Buch von Carmarthen‹, das älteste Manuskript in walisischer Sprache, entstanden im zwölften und frühen dreizehnten Jahrhundert, mit großen, grün ausgelegten Initialen geschmückt. Es beginnt mit dem ›Dialogue between Mirtin (Merlin) und Taliesin‹. Das ›Llyvyr Gwyn Rhydderch‹ oder ›Weiße Buch von Rhydderch‹ enthält eine Abschrift des ›Mabinogion‹, die der Schreiber des ›Roten Buches von Hergest‹ mit ziemlicher Sicherheit für seine Fassung benutzt hat. Das große Gesetzbuch König Hywel Ddas aus dem zehnten Jahrhundert ist zweimal vertreten, in einer lateinischen Fassung aus dem zwölften Jahrhundert und in der ältesten bekannten Abschrift in Walisisch im ›Y Llyvyr Du or Weun‹, dem ›Schwarzen Buch von Chirk‹, das um 1200 entstanden ist und noch eine Reihe anderer alter walisischer Gesetze enthält. Aber das alles ist nur ein winziger Ausschnitt dessen, was man in dieser Bibliothek finden kann; wer über genug Zeit verfügt, sollte sich ein paar Tage in diesen Büchersälen über dem Meer vergraben und sich in Literatur und Geschichte von Wales einlesen. Erholung bietet der herrliche Felsengarten der Universität, den die Studenten in den letzten Jahren selbst angelegt haben; er zieht sich den Hügel zwischen den verschiedenen Collegebauten hinab und strotzt nur so von seltenen Arten.

Plas Gogerddan, in einem der Täler nordöstlich von Aberystwyth gelegen, ist heute das Zentrum der Samenzuchtanstalten der Universität. Es war einst das Haus einer Familie, deren Mitglieder in der Gegend wie unabhängige Fürsten herrschten, die Pryses. Sie waren die letzten, die noch – bis ins vorige Jahrhundert – einen Hofharfner beschäftigten; und selbstverständlich stellten sie die Abgeordneten des Wahlbezirkes für das Unterhaus.

Von einer eigenen walisischen Universität hatte schon Owain Glyndwr geträumt; wenn der große Rebell und Zauberer heute in Aberystwyth diesen Hort walisischer Literatur, diese heitere Burg des Wissens und Lernens sehen könnte, diese jungen Menschen, die aus allen Teilen des Landes herbeiströmen und die Tradition der eigenen Sprache pflegen, wenn er diese Stätte sehen könnte, erbaut von ›pennies of the people‹: Wie stolz würde er sein, er, der sich sein eigenes, allerdings gewaltiges Wissen noch aus Oxford holen mußte!

DER HEILIGE SÜDEN

Der Staub aller Heiligen aller Zeiten
Und aller Märtyrer ruht in deiner Brust;
Du warst es, der ihnen Atem gab,
Und du hast ihn ihnen geraubt.

Hier sollten die Engel wandeln und
Ihre Spuren auf deinen Wegen lassen;
Hier nistete der Heilige Geist
Taubengleich in deinem Geäste.

Dichter hörten in Sturm und Wind
Gottes Stimme und seinen Schrei …

David Gwenallt Jones,
genannt Gwenallt (1899-1968)
aus ›Cymru‹

23

Vom heiligen Gral und vom Erzschelm von Wales: Nanteos – Strata Florida – Tregaron – Lampeter

Dann kam ein junges schönes Fräulein herein und trug ein goldenes Gefäß in Händen und der König kniete demütig davor nieder und sprach ein Gebet, und mit ihm alle anderen. O Jesus, sagte Sir Lanzelot, was bedeutet das? Dies ist die größte Kostbarkeit, antwortete der König, die je ein Mensch auf Erden besessen hat. Wenn diese Kostbarkeit zerstört wird, dann wird auch die Runde Tafel zerbrechen, denn wisset, was ihr hier gesehen habt, das ist der Heilige Gral.

Sir Thomas Malory († 1471), ›Die Geschichten von König Artus‹, übersetzt von H. Findeisen

NANTEOS liegt südöstlich von Aberystwyth an der Straße nach Devil's Bridge. Es ist ein 1739 errichtetes palladianisches Landhaus von großer Harmonie: ein schlichter dreigeschossiger Bau, abgeschlossen durch eine vasengekrönte Attika. Den Portikus tragen vier dorische Säulen; hinter ihnen sieht man zwei Rundbogenfenster und eine Rundbogentür mit fächerförmigem Oberlicht. Die Fenster im Obergeschoß über dem Portikus zeigen die gleichen Bögen; die im Attikageschoß sind kreisrund. Zu beiden Seiten des Portikus finden sich in jedem Geschoß je zwei hohe eckige Fenster; die im Obergeschoß sind mit Volutengiebeln geschmückt. Rechts schließt sich ein etwas zurückgesetzter weiterer Flügel an mit nur zwei Geschossen, einer Balusterattika und rustizierten Fensterpaaren. Die Fassade ist fast völlig überrankt, was ihr etwas von ihrer klassizistischen Strenge nimmt. Das Innere dieses für Thomas Powell, einen Bleibergwerkbesitzer, errichteten Hauses ist angefüllt mit eleganten englischen Möbeln aus dem 18. und 19. Jahrhundert, Meißner und Spode-Porzellan, fernöstlichen Keramiken. Im ›Rosa Schlafgemach‹ spukt das Schloßgespenst: der Geist einer Elizabeth Owen, die hier die Juwelen ihrer gehaßten Schwägerin versteckte und später nicht wiederfinden konnte. Sie soll sie noch heute suchen. Eine andere Legende des Hauses befruchtete Richard Wagners Phantasie bei der Gestaltung seiner Oper ›Parsifal‹, an der er arbeitete, als er auf Nanteos weilte: der Heilige Gral. Die mittelalterlichen Schrifsteller waren sich über den Gral durchaus nicht einig; erst seit Thomas Malorys Artus-Roman wird er zum Kelch, aus dem Christus während des Letzten Abendmahles ge-

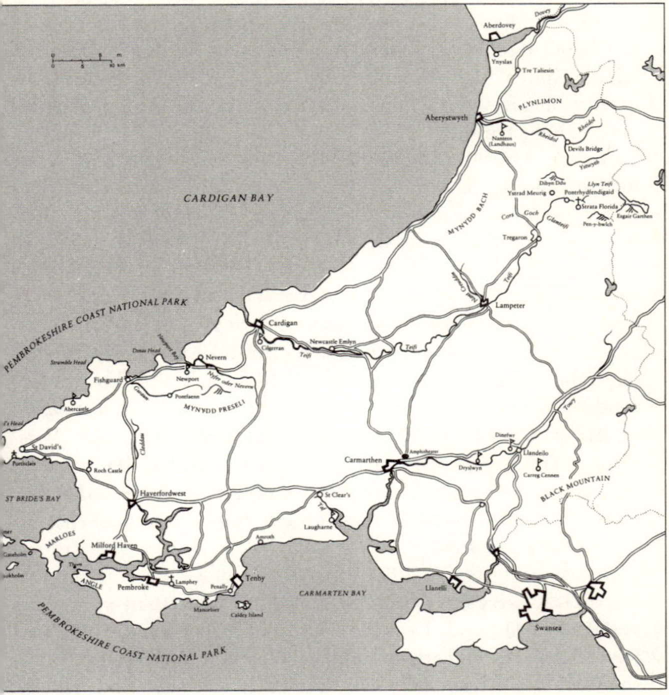
CARDIGAN BAY
PEMBROKESHIRE COAST NATIONAL PARK
Aberdovey
Dovey
Ynyslas
Tre Taliesin
PLYNLIMON
Aberystwyth
Nanteos
(Landhaus)
Rheidol
Devils Bridge
Ystwyth
Dibyn Ddu
Ystrad Meurig
Pontrhydfendigaid
Llyn Teifi
Strata Florida
Eagair Garthen
Pen-y-bwlch
MYNYDD BACH
Cors
Goch
Glanteifi
Tregaron
Teifi
Lampeter
Cardigan
Cilgerran
Newcastle Emlyn
Teifi
Dinas Head
Nevern
Newport
Strumble Head
Fishguard
Pontfaenn
MYNYDD PRESELI
Abercastle
St David's
Porthclais
Roch Castle
Haverfordwest
ST BRIDE'S BAY
MARLOES
Milford Haven
ANGLE
Pembroke
Lamphey
Penally
Tenby
Manorbier
Caldey Island
Amroth
St Clear's
Laugharne
Taf
Carmarthen
Amphitheater
Dryslwyn
Dinefwr
Llandeilo
Towy
Carreg Cennen
BLACK MOUNTAIN
CARMARTEN BAY
Llanelli
Swansea

trunken hat. Der Kelch, den der heilige Joseph von Arimathaea aus dem Heiligen Lande nach Glastonbury gebracht hat, gelangte auf seinen Wanderungen irgendwann in das Kloster Strata Florida und bei der Auflösung der Klöster nach Nanteos – der Name bedeutet Nachtigallenhain –, keineswegs jener goldene, brokatverhüllte Kelch, wie ihn Malory beschrieb, sondern ein antiker Holzbecher. Als die Familie Nanteos aufgab, ließ sie fast alle Schätze dort, auch die Portraits Richard Wagners und der spukenden Ahnin, aber den Gral nahm sie mit.

DEVIL'S BRIDGE und die umliegenden Wasserfälle haben wir schon im vorigen Kapitel gestreift. Die erste niedrige Steinbrücke über den Ystwyth wurde von Mönchen aus Strata Florida errichtet; der Volksmund schreibt sie allerdings dem Bösen zu; walisisch heißt sie Pont-y-gwr-Drwg. Giraldus Cambrensis erwähnte sie 1188. Die große steinerne Bogenbrücke, die so gerne von den Romantikern gemalt wurde, stammt von 1753; 1901 hat sich noch eine Eisenkonstruktion hinzugesellt. Ein Reisender des achtzehnten Jahrhunderts, Benjamin Heath Malkin, beschrieb die Gegend: *»Die Umgegend ist exzentrisch und wundervoll, aber nicht malerisch. Es gibt weder Laub noch Kraut, nichts als Fels und Wasser, das eingefangen ist in einer natürlichen Höhle. Der erstaunlichste Zug ist die strahlende Erscheinung des schäumenden Elements, das, von einem so dunklen Standpunkt aus gesehen, glitzert wie aus Edelstein.«*

HAFOD HOUSE lag etwas südlich im Tal des Ystwyth in einer völlig verlassenen Gegend. Es steht nicht mehr, nur seine Ruine und Reste des Parks sind erhalten. Im achtzehnten Jahrhundert war es so etwas wie der Kristallisationspunkt der Idee des Malerischen.

Der Bauherr war Thomas Johnes (1748-1816), ein Mann von erstaunlichen Gaben. Er leistete als Politiker, Schriftsteller, Übersetzer, Reformer, Pionier neuer Land- und Forstwirtschaftstechniken Erstaunliches; vor allem aber war er Landschaftsgärtner aus Leidenschaft. Er tauschte seine Ideen aus mit den beiden großen Theoretikern der Idee des Malerischen, dem Altertumsforscher, Exzentriker und Landschaftsgärtner Payne Knight, seinem Vetter, und dem mit beiden befreundeten Uvedale Price, ebenfalls Landschaftsgestalter, der im nahen Aberystwyth tätig war. Der vierte im Bunde war der junge, damals noch recht wenig bekannte Architekt John Nash (1752-1853), der sein Büro in Carmarthen hatte und Ende des Jahrhunderts mehrere Erweiterungsbauten für Hafod House ausführte. Der Plan zu dem Hauptpavillon stammte von Thomas Baldwin (1750-1826), den Johnes auch nach einem verheerenden Brand 1807, bei dem seine wertvollsten Handschriften vom Feuer verzehrt wurden, mit dem Wiederaufbau betraute. Von Hafod aus verbreiteten sich die Ideen der Vorkämpfer des Malerischen in alle Winde, trafen sich hier doch alle illustren Geister der Zeit: die Maler J.M.W. Turner (1775-1851), John Warwick Smith (1749-1831), Thomas Stothard (1755-1834), der Lyriker Samuel T. Coleridge (1772-1834), der hier zu seinem ›Xanadu‹ angeregt wurde, und der Dramatiker und Romancier Richard Cumberland (1732-1811), oder Sir James Edgar Smith (1759-1828), Botaniker und Gründer der Linné-Gesellschaft.

Hafod House war *»romantisch bis an die Grenzen des Bizarren; denn wenn auch die Details gotisch waren, so hatte der Bau als ganzes doch einen entschieden orientalischen Charakter«* (John B. Hilling, ›The Historic Architecture of Wales‹). Die oktogonale Bibliothek wurde von Johnes selbst entworfen. Die Gartenbauten, wie ein Druidentempel und ein Steinbogen zur Erinnerung an das Goldene Regierungsjubiläum König Georgs III., mögen von Nash entworfen sein. Der Garten selbst war wohl weitgehend das Werk von Johnes selbst: Er ließ die Ländereien aufforsten, vor allem mit Lärchen, wozu einige Millionen junger Pflanzen gebraucht wurden. Er legte Sümpfe trocken und ließ Brücken errichten. Er führte neue Landwirtschaftsmaschinen und Anbautechniken ein, und er kümmerte sich intensiv um Erziehung und Ausbildung seiner Pächter und Landarbeiter. Er verwandelte das Tal um das Haus in einen einzigen Park, den er ›mein Paradies‹ nannte. Für seine geliebte behinderte Tochter Marianme, eine begabte Botanikerin, die sogar die Bewunderung der Fachwelt fand, aber schon 1811 mit kaum siebenundzwanzig Jahren starb, legte er einen ›Garten Eden‹ an, einen Miniaturgarten mit einer Unzahl verschiedener seltener Blumen.

Johnes sammelte nicht nur alte Handschriften, er übersetzte sie auch, so die Chroniken von Froissart und Monstrelet und alte französische Romanzen, und ließ sie auf seiner ›Hafod Press‹ drucken.

Bei Devil's Bridge biegen wir in Richtung Süden ab. Unsere Straße verläuft fast parallel zur Küstenlinie, aber einige Kilometer landeinwärts; der Höhenrücken Mynydd Bach, Kleiner Berg zu deutsch, versperrt uns die Sicht nach Westen. Bei Pontrhydfendigaid erheben sich im Osten der Straße die Gipfel des Dibyn Du, Pen-y-bwlch, Felsenende, und Esgair Garthen, First des Kleinen Vorgebirges, alle um sechshundert Meter hoch. In ihrem Schutz liegt Strata Florida.

STRATA FLORIDA – das heißt Blumental. Die Zisterzienser hatten hier, wie meistens bei ihren Klostergründungen, den richtigen Blick für ein fruchtbares Tal. Die Kirche, aus Schieferstein und Haustein errichtet, war ein normannischer Bau von edler Schönheit. Das westliche Stufenportal mit seinen schöngerundeten Archivolten gibt heute den Blick frei auf die Reste des Schiffes und die dahinter aufsteigenden Berge: ein großes graues Tor, von dem grünen Rasen, der sich über den Kirchengrund hinzieht, scharf abgehoben, die grün-rostbraunen Hügel mit ihren weißen weidenden Schnucken und darüber der hohe Himmel, wild und tief, wie nur Meerhimmel es sein können – es ist ein atemberaubender Blick. Die wenigen erhaltenen Pfeilerstümpfe zeigen Reste ihrer feinen Gliederung durch vorgelegte, sorgfältig gerundete Dienstbündel; die wenigen erhaltenen Kapitelle sparsamen Blattschmuck. Am aufregendsten aber ist, daß hier – und nur hier in Wales – beim Bau einer Zisterzienserabtei keltische Schmuckmotive Verwendung fanden: da schlingen sich um die Archivolten des Portals, als wollten sie die Steinbündel zusammenhalten, dreizehn Steinbänder, und diese laufen aus in keltischen Spiralen, Schnecken mit einer sogenannten Triskel-Dekoration, nicht unähnlich dem Dreipaß gotischen Maßwerks. Und wie in Nachahmung der engen, hohen Kirchenräume der Kelten waren die Pfeilerarkaden zugemauert, so daß in dem nach Zisterziensermuster angelegten dreischiffigen Langhaus ein dunkler innerer Raum entstand.

Diese Hinwendung zum Keltischen läßt sich aus der Geschichte erklären. Um 1164 kamen Mönche der Whitland Abbey, um eine Tochterabtei zu gründen. Der erste provisorische Bau wurde bald verlassen, und zwischen 1184 und 1235 zwei Meilen weiter nordöstlich erneut errichtet. In jenen Jahren flammte aber unter Llywelyn dem Großen das walisische Selbstbewußtsein noch einmal machtvoll auf; Schirmherr und Stifter von Strata Florida war kein normannischer Baron, sondern Lord Rhys of Deheubarth, der Fürst von Südwales, mit der ganzen fürstlichen Familie von Dynefwr.

Ystrad Fflur, wie Strata Florida von den Walisern genannt wird, war während des ganzen Mittelalters bis zur Auflösung der Klöster zur Zeit Heinrichs VIII. ein Mittelpunkt walisischer Kultur und Wissenschaft und auch ein bedeutendes wirtschaftliches Zentrum. Hier wurden die Edlen des ganzen Umlandes beigesetzt; auf dem Kirchhof lagen die Gräber von sieben Fürsten und zwölf Bischöfen und auch das von Dafydd ap Gwilym (14. Jahrhundert), dem großen Liebes- und Naturdichter von Wales, dessen Werk man heute zu den Gipfeln der Weltliteratur zählt.

Strata Florida liegt im Tal des Teifi, der im Llyn Teifi, einem Felsensee in den Bergen nördlich des Klosters, entspringt. Bei Cardigan mündet er ins Meer. Auf seinem Lauf wurden wahrscheinlich die Sandsteine befördert, mit denen die Mauern der Abtei einst verkleidet waren. Im Llyn Teifi leben ebenso wie in den kleineren Seen seiner Umgebung fette Aale und Forellen, die schon der Chronist John Leland im 16. Jahrhundert zu schätzen wußte; die Mönche natürlich nicht minder.

YSTRAD MEURIG liegt westlich von Pontrhydfendigaid, was heißt: Brücke der Gesegneten, denn dort schwingt sich eine schöne, oft gemalte Steinbrücke über den Teifi. Ystrads Burg ist normannischen Ursprungs und kontrollierte einst die ganze Straße entlang des großen Sumpfgebietes zwischen Strata Florida, Ystrad und Tregaron. Im 18. Jahrhundert erhielt der Ort eine Lateinschule, das St John's College, das heute zu den renomiertesten Schulen von Wales zählt.

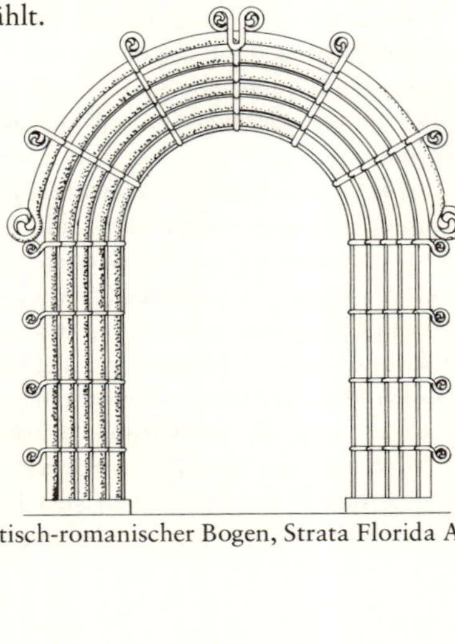

Keltisch-romanischer Bogen, Strata Florida Abbey

Entlang dem Cors Goch Glanteifi, dem Roten Sumpf am Teififluß, fahren wir nach Tregaron. Im Sommer steht es wie eine weiße Wolke über dem Grund: die Samen des Wollgrases, die diesem Sumpf den Namen gaben, denn im Winter und Frühling ragen nur noch ihre tief weinrot gefärbten Stengel aus dem Wasser.

TREGARON ist ein bäuerliches Städtchen und seit Jahrhunderten Treffpunkt aller Schafhalter der Umgegend zu den großen Messen, Märkten und Viehauktionen. Die Statue auf dem kleinen Markt stellt Henry Richard (1812-1888) dar, der Carmarthen im vorigen Jahrhundert im Parlament vertrat und sich dort den Ehrennamen eines ›Friedensapostels‹ verdiente. Doch der wahre Held des für sein gutes Bier berühmten Ortes ist Tom Jones, walisisch Twm Sion (oder Shone) Cat(t)i, Thomas, Sohn der Kathi; er ist der Eulenspiegel von Wales und auch sein Robin Hood. Twm wurde im Jahre 1530 als Bastard eines Gwaethfod aus der Familie der Fürsten von Cardigan geboren und starb im biblischen Alter, hochgeehrt als Edelmann und Friedensrichter, Dichter und Genealoge, Heraldiker und Landbesitzer. Davor lagen bittere Jahre als Viehtreiber und Viehdieb unter dem blutigen Regime der Königin Maria, die mit Hilfe der Inquisition den Katholizismus nach England zurückzubringen versuchte und gerade auf Wales einen starken Druck ausüben ließ, um jeden Versuch einer Rebellion – noch war Owair Glyndwr nicht vergessen! – im Keim ersticken zu können. Indem Twm die Unruhe in Wales schürte, machte er sich verdächtig; um den Verfolgungen zu entgehen, trieb er sich in den Masken des Viehdiebs und Viehtreibers im Lande herum, zu denen sich hundert Verkleidungen gesellten; er muß ein Meister der Verstellung gewesen sein.

Seine Tricks, mit denen er auf den Märkten die Leute begeisterte, von denen man auf dem Lande noch heute erzählt, sind ohne Zahl und Ende. Immer wieder verstand er es, Vieh zu stehlen und so herzurichten, daß es ihm von dem richtigen Besitzer wieder abgekauft wurde. Ein andermal gelang es ihm, als er verhaftet werden sollte, dem verhaßten Priester und Friedensrichter das Pferd und die Peitsche durch einen Possenstreich abzunehmen und dann noch seinem Weib – das er unter Marias Regime natürlich verstecken mußte – durch Vorzeigen des Gauls einen Beutel Gold zu entlocken. Einem als betrügerisch verschrieenen Kesselschmied nahm er einmal den ganzen Vorrat ab, indem er behauptete, einer der

Töpfe habe ein großes Loch. Der Schmied fuhr, in seiner Ehre verletzt, mit dem Kopf in den Kessel, bekam ihn nicht wieder heraus und mußte sich Twms spöttisches: »Seht ihr jetzt, der Topf hat ein Loch, wie wäre sonst Euer dicker Kopf hineingegangen« anhören, während der Schelm in aller Seelenruhe den Vorrat zusammenraffte und sich eilig davonmachte.

Twm schadeten diese Streiche nicht, weil er mit den Armen und Ärmsten seine Beute teilte, und weil er die Bürger und Edelleute beim Zechen durch seinen Witz und seine Lieder zu bezaubern verstand. 1561 gewann er den Thron der Barden beim Eisteddfod von Llandaff. Bald danach wurde er auch Friedensrichter, kehrten doch mit Königin Elisabeth wieder ruhige Zeiten für Wales zurück.

Hatte er während der schlimmsten Zeit der Verfolgung einige Jahre in einer Berghöhle gelebt, die man heute noch den Touristen zeigt, so wurde er jetzt seßhaft, nahm eine Frau und gründete eine Familie. Man weiß von zwei Söhnen und einer Tochter, aber auch von illegitimen Nachkommen. Im Alter von siebenundsiebzig Jahren freite er ein zweites Mal, wie es heißt, seine Jugendliebe, Johane Williams Ystradffin, die durch den Tod ihres Mannes zu einer sehr reichen Witwe geworden war. Als Friedensrichter scheint er sich großer Beliebtheit erfreut zu haben; *»er war noch keine drei Jahre Friedensrichter«*, läßt George Borrow einen Bauern erzählen, *»als es schon keinen Dieb mehr gab in Shire Brecon oder Shire Cardigan, und sie machten ihn auch zum Richter von Carmarthenshire, und ein Kind konnte sicher übers Land gehen mit einer Börse voll Gold in der Hand ... Und doch war er kein blutiger Richter, hängte nie 'nen Dieb ohne ihm eine Chance zu geben, sich zu bessern.«*

Das Viehtreibergewerbe hat in Wales eine große Tradition. Die Waliser hatten keine großen Städte, in denen sie ihr Vieh absetzen konnten, und wenn sich die Viehzucht für sie überhaupt lohnen sollte – und eine andere Form der Landwirtschaft war in den Bergen nicht möglich –, mußten sie die Herden auf die großen englischen Märkte treiben. Aus Gründen der Sicherheit zogen die Herden in einem großen Zug, der von Markt zu Markt anschwoll, auf die Grenze zu und dann durch England: Rinder, Schafe, Gänse. Den Rindern mußte man die Hufe beschlagen, die Gänse bekamen schuhähnlichen Schutz für die endlose Wanderung. Die Viehtreiber fungierten zudem als Bankiers: Da es sehr gefährlich war, große Mengen Bargeld von London nach Wales zu bringen, kauften sie dort für die Bauern ein oder legten das Geld für sie an; das war sicherer. Daß vom Viehtreiber zum Viehdieb der Schritt oft nur klein war, besonders in Dürrezeiten, wenn die Rinder knapp wurden, kann kaum überraschen, aber allgemein galten die Viehtreiber als Vertrauenspersonen und waren hochachtbare Leute. Ihr Gewerbe ist erst in unserem Jahrhundert ausgestorben, als es billiger wurde, das Vieh mit Bahn oder Lastwagen nach London zu transportieren oder es am Ort zu schlachten und gefroren in die Großstädte zu senden. Die Viehtreiber mußten auch über allerlei Wissen verfügen, das der kleine Viehzüchter oder Pächter kaum brauchte: Rechnen mit großen Summen und in mancherlei Währungen, Englisch sprechen, schreiben und verstehen, wenigstens so fließend, wie es der Handel verlangte. Ein geschickter Umgang mit dem Vieh und tierärztliche Grundkenntnisse kamen dazu, eine robuste Gesundheit und Trinkfestigkeit waren auf den weiten, anstrengenden Wanderungen mit der teuren Ware unerläßlich. Vielleicht ist Tom Jones in Wales so unvergessen, weil er einer von ihnen war, weil sie noch nach Jahrhunderten abends im Stall oder im Wirtshaus oder unter freiem Himmel beim Lagerfeuer, wie's sich traf, von ihm sprechen und fabulieren konnten, und vielleicht hat man in all diesen Jahren auch den einen oder anderen Schwank ein wenig ausgeschmückt oder gar dazu erfunden. Wie auch immer, er lebt noch in der westwalisischen Landbevölkerung. *»Man mag einen flüchtigen Blick auf ihn erhaschen, wenn er mit Shanco und Rhys und den anderen auf Märkten und Messen Schalkspossen treibt, in den Tavernen mutwillig zecht bis zum Hahnenschrei. Manchmal streicht eine behende Gestalt über die Hügel und ruft weitfern seinen Hunden, oder in regenfeuchter Novembernacht trifft man in einer dunklen Nebengasse auf ein lächelndes spitzbübisches Gesicht: Twm Sion Cati.«* (Lynn Hughes, ›Hawksmoor‹, 1977)

Durch liebliches Weideland und heckengesäumte Straßen gelangen wir nach Lampeter.

LAMPETER heißt auf walisisch Llanbedr Pont Steffan, und das bedeutet: St Peters Kirche bei St Stephans Brücke, ein schöner einfacher Name. Es liegt in einem Winkel zwischen den Flüssen Teifi, Nant Creuddin und Dulas, einem Nebenfluß des Teifi. St Peter, die Pfarrkirche, ist ein schlichter, dreischiffiger, neugotischer Bau mit einem massigen, von Strebepfeilern gestützten Westturm und einem zweijochigen Chor. Er ist aus Schieferstein errichtet, und

Schiefer deckt auch die tiefherabgezogenen Zeltdächer. Die Fenster der Lichtgaden haben Rosettenform. St Peter in seiner heutigen Gestalt wurde 1870 errichtet; ihm gingen am gleichen Ort zwei andere Bauten voraus: die mittelalterliche Kirche aus dem 13. Jahrhundert, die Ende des 18. Jahrhunderts völlig zerfallen war, und 1822 durch einen eiligen, völlig unzureichenden Neubau ersetzt wurde. Der heutige Bau geht auf die Initiative des Pfarrers und Dekans des College St David zurück; Llewellyn Lewellin war ein bekannter Gelehrter seiner Zeit.

Das College St David ist Teil der Universität von Wales; sein ältester Teil sogar, denn es wurde schon 1822 gegründet. Den Bau errichtete 1827 Charles Robert Cockerell (1788-1863), der vor allem mit Entwürfen für klassizistische Häuser hervorgetreten ist, hier aber eher den Oxforder Vorbildern folgte: Er schuf ein Quadrangel, einen um einen fast quadratischen Innenhof angeordneten Vierflügelbau im Stil der englischen Spätgotik, dem Tudorstil. Die Ecken überschneiden sich, so daß an jeder der Fassaden zwei leicht vorspringende Risaliten entstanden. Die Fenster sind unter Tudorbögen zu Gruppen zusammengefaßt; die Portale zeigen Kielbögen. Auf den Ecken thronen überkuppelte Türmchen; das Hauptportal ist der Fassade vorgelegt und endet in einem zinnengekrönten Turm. Die Statue über dem Portal im Innenhof zeigt St David, dem das College geweiht ist. In der Collegebibliothek findet sich eine bedeutende Sammlung von Büchern, die zwischen 1470 und 1850 gedruckt wurden, und eine Anzahl mittelalterlicher Handschriften. Das College, zu dem inzwischen eine Reihe von Neubauten gehört und dessen weite Rasenflächen von den Fluten des Dulas umspült werden, kann heute sechshundert Studenten aufnehmen.

Lampeter ist eines der ältesten Städtchen von Wales. Für den Kontinentler, der nur enge, winklige mittelalterliche Städtchen kennt, ist es immer schwer zu verstehen, daß in England und Wales schon früh überaus großzügige breite Straßen gebaut wurden. Das hat aber seinen Grund; da die Stadtmauern außer bei reinen Grenzfesten schon sehr früh fielen, konnten sich die Städte und Dörfer ungehindert ausbreiten, und auf den platzartigen Straßen fanden die zahlreichen Messen und Märkte statt. Durch solche Straßen konnte man ohne Schwierigkeiten Viehherden treiben, und durch sie konnten die schwerfälligen Wagen des Mittelalters ebenso wie die sechsspännigen Kutschen des 18. und 19. Jahrhunderts rollen, ohne durch ein entgegenkommendes Gefährt in Bedrängnis zu geraten: für eine Stadt wie Lampeter, einst einer der Treffpunkte der Viehtreiber und Händler, eine Notwendigkeit.

Bis ins späte 18. Jahrhundert bestand der Ort fast nur aus der marktbreiten High Street; noch 1800 fanden nicht weniger als acht Messen im Jahr statt, neben dem Wochenmarkt am Samstag. Die beiden ersten Märkte im Jahr waren für Pferde und Hornvieh, Hammel und Federvieh bestimmt, die anderen nur für Schafe. Man findet eine Reihe von Inns entlang der Straße, fast alle sehr ärmlich heute, aber eine unter ihnen, Treffpunkt der Honoratioren der Stadt, von außerordentlichem Charme: *»Eine Landschenke in einer kalten dunklen Nacht hat einen aufmunternden, einladenden Ausdruck ... Sein Bier war als gut bekannt, denn er trank das meiste selbst. Seine Tafel war so einfach wie reichlich, und seine Betten sauber.«* (Lynn Hughes, ›Hawksmoor‹, 1977) Eine Inn mit hölzernen Bänken und Tischen und fröhlichen Gästen, wie es sie eigentlich irgendwo in jedem Orte einmal gibt ...

24

Unter dem Milchwald: Newcastle Emlyn – Cardigan – Nevern – Fishguard

Nun ist die Dämmerung ertrunken, für immer vorbei bis morgen.
Mit einem Male ist es Nacht. Die finstere Stadt ist ein Hügel
von Fenstern, und von den wundgeschlagenen Wellen herauf rufen
die Lichter der Lampen in den Fenstern den Tag zurück und die
Toten, die hinausgefahren sind auf die See ... Es ist Frühling.
Mondlose Nacht in der kleinen Stadt, sternlos und bibelschwarz,
die Kopfsteinpflaster still. – Komm nur her.

Dylan Thomas, aus ›Unter dem Milchwald‹,
übersetzt von Erich Fried

Die kleinen, kleinen Städte von Kleinengland, wie man Pembrokeshire, heute Dyfed, gern nennt: Keiner hat sie beschrieben wie Dylan Thomas, der ihnen sein berühmt gewordenes Hörspiel ›Unter dem Milchwald‹ gewidmet hat, und in keinem anderen seiner Werke sind sie so lebendig und voller Leben, diese Orte mit drei Straßen und ein paar Gassen, in denen die Zeit stehengeblieben scheint oder die, wie er schreibt, als ›Nebenarm des dahinströmenden Lebens‹ zu bezeichnen sind.

Dylan Thomas kannte alle Regungen dieser Orte und ihrer Menschen, und er liebte sie nicht trotzdem, sondern deshalb. Da ist die nachmittägliche Stadt, *»nickend und gähnend, an deren Rand die See leckt und läppert und träge flutet, mit schlafenden Fischen im Schoß«*. Oder die Stadt am Morgen, *»im jähen Frühlicht Heringsmöven, die hinunter zum Hafen kreischen, wo die Fischer spucken, schwer am Morgen tragen und das glatte fischige Meer bis an sein stillblaues Ende absuchen. Grüngoldenes Geld, Taback, Lachskonserven«*. Man sieht dort *»zwischen grünledernen Bäumen die weißen Häuser und verstreuten Farmen, wo Bauernjungen pfeifen, Hunde keifen, Kühe brüllen. Aber alle zu weit, als daß du es hören könntest«*. Diese kleinen Städte geben dem Küstenstrich von Cardigan und Pembroke ihren Charakter. *»Kann doch der besinnliche Gast ... einiges von jenem pittoresken Gefühl für die Vergangenheit finden, das in Städten und Dörfern, die mehr mit der Zeit gegangen sind, so häufig fehlt.«* (Alle Zitate des Absatzes aus Thomas, ›Unter dem Milchwald‹)

Der Weg von Lampeter nach Cardigan an der Küste führt vorüber an Newcastle Emlyn und seiner alten Burg.

NEWCASTLE EMLYN, walisisch Castell Newydd Emlyn oder neue Burg im Gebiet Emlyn, liegt in einer Schleife des Teifi. Die Burg wurde 1240 von Maredudd ap Rhys von Dynefor, einem Enkel des Lords von Deheubarth, Rhys ap Tewdwr, Fürst von Südwales, errichtet. Sie wechselte mehrfach ihre Besitzer; Heinrich VII. schenkte sie, als er König geworden war, dem Herren Rhys ap Thomas, der seiner Sache in Wales treu gedient hatte. Im Bürgerkrieg wurde sie dann von Cromwells Truppen zerstört. Ihre efeuumrankten Überreste spiegeln sich im Fluß, der sie fast wie ein Burggraben umzingelt und die weißen Geschwader der Schwäne zu ihrem Hügel trägt.

In der kleinen Stadt selbst stellte Isaac Carter 1718 die erste Druckerpresse in Wales auf. Die neugotische Kirche stammt von 1840 und wurde 1920 erweitert; sie ist aus Schieferstein errichtet und mit Schiefer gedeckt; auch Taufstein, Sonnenuhr und allerlei Teile des Interieurs wurden aus dem gleichen Material gefertigt. Sie formt zusammen mit der methodistischen Kapelle, dem Gerichtshof und der Schule einen hübschen urbanen Komplex.

CARDIGAN liegt, wie der walisische Name Aberteifi verrät, an der Teifi-Mündung. Den englischen Namen verdankt es dem Fürsten Ceredig, einem der Söhne König Cuneddas; er hielt das nach ihm benannte Gebiet Ceredigion, das spätere Cardiganshire, im 5. Jahrhundert gegen die Sachsen. Später bildete Ceredigion zusammen mit dem jetzt verbündeten sächsischen Königreich Wessex ein Bollwerk des Widerstandes gegen die dänischen Invasoren unter seinem Fürst Rhodri oder Roderich dem Großen.

Nach der Eroberung Englands durch die Normannen baute Roger von Montgomery im 12. Jahrhundert die erste Burg in Cardigan für König Wilhelm den Roten. Er wurde nach der Niederlage der Normannen in Wales wieder vertrieben, und bald danach zog Cadwgan ab Bleddyn, Fürst von Powys, auf der verlassenen Burg ein.

Cadwgan gelang es, Ceredigion, Gwynedd, Anglesey und einen Teil von Brycheiniog oder Breconshire für Wales zurückzuerobern, und vielleicht wäre es ihm gelungen, ganz Wales zu einigen, hätte sein nichtsnutziger Sohn, wie wir schon hörten, nicht die Prinzessin Nest entführt und damit das ganze Land in Flammen gesetzt. Cadwgan wurde in einer Schlacht von Rhys ap Tewdwr erschlagen. – Nests Enkel, Giraldus Cambrensis, liebte den Teifi, den er in seinen Reisebeschreibungen zuerst geschildert hat: die Biber, die eichenreichen Nebentäler, die Lachse, die den Katarakt des Teifi unterhalb der nahen Burg Cilgerran in hohen Sprüngen, als ob sie das Fliegen erlernt hätten, überwanden. Von Cilgerran hat sich außer zwei verfallenen Rundtürmen fast nichts erhalten; sie wurden wahrscheinlich erst zu Lebzeiten von Giraldus durch Lord Rhys errichtet.

Bei Cardigan hat der Fluß allen Übermut verloren; still und großartig treibt er dem Meer zu; leider ist seine Mündung heute völlig versandet. Eine mittelalterliche Brücke mit fünf Rundbögen und stämmigen, in den Fluß vorkragenden Brückenpfeilern bestimmt das Stadtbild; am Ufer erhebt sich die kleine, alte gotische Kirche St Mary mit wehrhaftem zinnengekrönten Turm und einem unter das hohe Zeltdach geducktem Schiff. Ganz nahe steht die einstige Priorei, heute das ›Cottage Hospital‹. Das Haus stammt wahrscheinlich schon aus dem späten Mittelalter, wurde aber um 1790 von John Nash für Thomas Johnes, den Herren von Hafod, im neugotischen Stil sehr licht und pittoresk umgebaut. In der High Street steht ein exotisch wirkender Bau, in dem sich gotische und maurische Elemente auf kuriose Art vereinen: es ist die Gildehalle mit einem Arkadenmarkt, die 1858 von R. J. Withers errichtet wurde. Am Hafen stehen Lagerhäuser und Werftbauten und erinnern an die einstige Größe der Stadt, in der noch 1830 nicht weniger als 291 Schiffe registriert waren! Zu schweigen von den wahren Flotten von *Coracles*, einruderigen geflochtenen Booten, die ein Mann an einem Tag herstellen und auf dem Rücken zum Teifi bringen konnte, um Lachse zu fangen. Coracles werden heute noch hergestellt; da sie nur von einer Hand gerudert werden, hat der Fischer die zweite Hand frei zum Lachsfang. In Irland gibt es eine ähnliche Bootsform, doch sind die dortigen Boote größer und auch für zwei und mehr Personen benutzbar.

Sonst ist Cardigan eine Stadt, genau wie Dylan Thomas sie beschrieb: ein paar altmodische Straßen und ein paar Gassen; die schlichten Häuser aus allen Jahrhunderten harmonisch nebeneinander aufgereiht, bald aus Schiefer, bald aus Backstein, bald hellgetüncht, und Fensterrahmen, Erker und Türen in leuchtenden Farben gestrichen, wie um die Eintönigkeit des Lebens zu übertönen.

In Cardigan beginnt der Pembrokeshire Coast National Park mit seinem Wanderpfad entlang der ganzen geschützten Küste, das heißt, von Cardigan über St David's und Milford Haven bis zur Burg von Manorbier. Auskünfte über den Wanderpfad bekommt man in jedem Touristenzentrum; wer Wales genießen möchte, wo es am schönsten ist, bringt sich die Zeit mit, diesen Küstenweg zu Fuß zurückzulegen; man muß gut fünf Tage dafür rechnen, wenn man wirklich etwas von der Wanderung haben will. Aber die Tier-, Vogel-, Pflanzenwelt, die Ausblicke auf Meer und Küsten und die Menge bronzezeitlicher und mittelalterlicher Denkmäler machen die Mühe tausendfach wett.

Die Autostraße nach Nevern führt landeinwärts erst nach Süden und biegt dann in scharfer Kurve nach Westen ab. Abseits der Straße, aber gut ausgeschildert, findet man PENTRE IFAN, einen der besterhaltenen Cromlechs in ganz Großbritannien. Auf drei hohen, nach oben spitzzulaufenden, stehenden Steinen ruht ein gewaltiger, leicht gewölbter Deckstein; der vierte der Stützsteine scheint so verwittert, daß er den Tragstein nicht mehr ganz erreicht; daneben stehen zwei weitere hohe Stützsteine, und ein anderer Findling, wohl einst ein Deckstein, liegt im Gras. Der Anblick dieses riesigen verlassenen Grabes in der stillen grünen Weidelandschaft hat etwas ungeheuer Bezwingendes; die Zeit scheint sich zusammenzurollen wie ein junges Farnblatt ...

Pembrokeshire hat etwas, was schon Goethe als einen der größten Landschaftsreize empfand: jurassische Gebirge, helle, junge Gebirge also, die das Licht nicht schlucken wie die grimmen Urgebirge und kein frostiges Funkeln verbreiten wie die Gletscherberge der Eiszeiten. Sie scheinen das Licht zu spiegeln, ja es zu vervielfachen. Jurassische Gebirge strömen Heiterkeit und Klarheit aus; sie scheinen den Menschen wohlgesinnt, und ihre kalkhaltigen Böden sind meistens fruchtbar. Und wo immer sich das Meer und diese leuchtenden Berge berühren, wie an der Pembrokeshireküste, wird dieser Effekt nochmals verstärkt.

Ich empfehle allen Autofahrern, die nicht genug Zeit zum Wandern haben, wenigstens die engen, verschlungenen Autostraßen so dicht wie möglich der Küste zu wählen und auf die breiten bequemen Hauptstraßen für dieses Stück der Strecke zu verzichten. Man kann auch einen Teil des Wanderweges zu Fuß zurücklegen, und sich dann einem Bus anvertrauen, um zum Wagen zurückzugelangen.

NEVERN oder Nanhyfer liegt an den waldreichen Ufern des Flusses Nyfer. Mit seinen hübschen Bergpfaden, seiner Unberührtheit und der Kirche St Brynach gehört es zu den Juwelen des Landes. Der Ort war schon zur Römerzeit besiedelt. Im sechsten Jahrhundert gründete der heilige Brynach, ein Freund des heiligen David oder Dewi Sant, wie ihn die Waliser nennen, eine kleine Kirche in Nevern, die heute seinen Namen trägt. St Brynach starb am 7. April um 570. Er kam von Irland, hatte in Brycheinion die Tochter eines Häuptlings, Cymorth, geheiratet und war mit ihr nach Pembroke gezogen, wo er außer in Nevern noch eine Reihe anderer Kirchen gründete. Die Legende berichtet, daß er sein Leben als Klausner auf dem Carningli beschloß, wo er von Engeln bedient wurde. Von der Kuppe des Berges aus kann man an klaren Tagen Irland am anderen Ende des Meeres erkennen.

Brynachs kleine Kirche ist sicher im Lauf der Zeiten gewachsen und verändert worden, aber der schmale Grundriß mit den Seitenkapellen, dem narthexartigen Südportal und den schweren Bögen, in die erst viel später gotische Arkaden und Fenster eingezogen wurden, spricht von ihrem hohen Alter; es ist der gleiche Grundriß, wie wir ihn auch bei den frühmittelalterlichen Angelsachsenkirchen finden können. Der Bau ist aus Schiefergestein errichtet, was die Maueroberflächen so lebhaft erscheinen läßt. Im Innern ist sie geweißelt; von den lichten Wänden hebt sich das dunkle Balkenwerk der Decken kräftig ab. Das Glas des Ostfensters ist modern; in den anderen Fenstern finden sich Reste alten Farbglases. Der Turm wurde von den Normannen errichtet, die in Nevern in den hundert Jahren nach der Eroberung Englands eine Art Bollwerk, jedoch keine richtige Burg, unterhielten. Von ihm haben sich keine Reste erhalten. Dennoch könnte man an der Kirche von Nevern vorübergehen, gäbe es nicht noch einen Schatz besonderer Art: eines der drei schönsten Hochkreuze von Wales, daneben eine Reihe von Inschriftensteinen mit Ogham- und lateinischem Alphabet, die sehr dabei geholfen haben, das keltische Ogham-Geheimalphabet mit seinen Strichfolgen zu entziffern. Das Große Kreuz steht neben dem Südportal; es ist über vier Meter hoch und rund fünfzig Zentimeter breit. Alle seine Außenseiten sind mit Mustern überzogen, ebenso die Kreuzscheibe, mit der es abschließt. Die Muster sind in unregelmäßigen Feldern angeordnet; man findet zwölfmal das Thema der Ewigkeit, dargestellt durch Flechtmuster ohne Anfang und Ende; und siebenmal labyrinthische Muster, worin wiederum zweimal das Motiv des gegen die Sonne kreisenden Kreuzes auftaucht. Die Inschrift DNS wird als Kürzel für dominus, Herr, gedeutet; die andere Inschrift ist umstritten, meint aber möglicherweise alleluia. Man kann das Kreuz am besten im frühen Morgenlicht sehen; später wirft die Allee aus hohen alten Eiben zu tiefe Schatten. Eiben wurden überall in Wales und in den Marken angebaut: aus ihnen schnitzten die Waliser und später auch die Engländer ihre hohen Bogen, mit denen die Schlachten von Crécy und Agincourt entschieden wurden. Im Kirchhof findet man unter Eiben und einem Teppich von Maiglöckchen ein rührendes Kindergrab aus dem frühen 19. Jahrhundert.

NEWPORT, nur wenige Kilometer entfernt, ist ein alter Hafen in der Tiefe der im Süden von Dinas Head beschirmten Newport Bay. Der Ort in seinem Klippennest war im Mittelalter Sitz der Barone von Cemaes, die auch die Burg in Nevern errichteten. In Newport bauten sie eine Feste aus Stein. Heute stehen von ihr nur noch die Ruinen, durch die der Wind heult, aber immer noch ernennt die Familie alljährlich den Bürgermeister des Ortes. Einst war Newport ein sicherer und wichtiger Hafen, aber längst wiegen sich in seinem weiten Becken nur noch Yachten im Wind. Sein schöner weißer Sandstrand hat es aber zu einem beliebten Badeort werden lassen. Im Südosten von Newport erhebt sich der Felsenhügel Carningli; er ist mit Ginster und Heidekraut überwachsen, doch dazwischen findet man Reste eisenzeitlicher keltischer Hütten.

FISHGUARD oder Abergwaun liegt in der benachbarten Bucht. Es ist die eigentliche Kulisse für Dylan Thomas' ›Unter dem Milchwald‹: *»Unsre Stadt, die hier unterm Milchwald ruht, die ist nicht ganz schlecht, und auch nicht ganz gut.«* Es ist eigentlich gar keine Stadt, sondern ein zauberhaftes Klippendorf, das terrassenartig um die Südbiegung der Bucht ansteigt, sehr friedvoll, sehr verträumt, beschützt von seinen Klippen und dem Wald, der hinter ihm aufzieht. Es war der Ort der letzten Invasion, die die Franzosen in Britannien versuchten, zur Zeit der Napoleonischen Kriege. Kanonen aus jener wirren Zeit künden in den Straßen noch von dem historischen Ereignis. In Wales hatten die Frauen schon immer ein wenig die Oberhand, und als die Franzosen anrückten, schickten sie ihre Ehegesponse, soweit sie nicht schon in der Flotte dienten, in die Wälder, legten ihre Tracht an – schwarze hohe Biberzylinder und rote Röcke und Westen – und marschierten geschlossen den Invasoren entgegen. Die sahen aus der Entfernung nur ein wogendes Auf und Ab von Lackschwarz und Scharlach, glaubten sich in einem Hinterhalt der britischen Armee und zogen sich angeblich eiligst auf ihre Schiffe zurück, um nie mehr wiederzukehren. Wenn es wirklich so war, hätte ich gerne das Gelächter der Frauen gehört! Nun, heute ist der Ort äußerst friedlich: Baden, Fischen, Segeln und ein jährliches Musikfestival sind seine Attraktionen. Von Fishguard aus gibt es einen Fährdienst nach Irland, ein Autoreisezug von London endet hier. Die Berge, die sich zu den Preseli-Höhen, dem Mynydd Preseli, hinziehen, sind von dichten Eichenwäldern bedeckt. Die Bergbauern leben ihr eigenes Dasein und haben noch nicht den modernen Kalender akzeptiert; für sie findet Neujahr immer noch Mitte Januar statt, und alles ist wie einst.

Im Gwaun-Tal liegt bei Pontfaenn eine verlassene kleine Kirche; vor ihr findet man vier keltische Hochkreuze.

Das Vorgebirge südwestlich von Fishguard, Strumble Head, gibt mit seinen windgefegten Klippen und flechtenüberzogenen Felsen, seiner nimmermüden starken Brandung und Tausenden von Wildblumen Meervögeln aller Art Brutraum. Reste von Dolmen und Eisenzeitlagern unterstützen den Eindruck einer Urlandschaft. Ein besonders großartiges Hünengrab erhebt sich am Meer, bei Abercastle in der nächsten Bucht. Die Hauptstraße folgt einem alten Pilgerpfad, aber man sollte versuchen, so nahe am Meer zu bleiben wie möglich, um diese Küstenlandschaft recht zu genießen.

Strumble Head ist der Ort, an den der englische Maler und Landschaftsphotograph John Piper immer wieder zurückkehrt. Er besitzt dort mit seiner walisischen Frau Myfanwy seit 1963 ein herrlich gelegenes kleines Haus. Piper hat, seit er sich als Junge in Wales verliebt hat, nie aufgehört, diese Landschaft zu porträtieren, deren eigenartig wilden Reiz er wie kein anderer darzustellen weiß, in seinen Gemälden und Zeichnungen wie in seinen Photographien, die das harte Meerlicht der walisischen Küsten, die gleißende Helle wie die tiefen Schatten reflektieren.

25

Der Wassertrinker Dewi: St David's – Ramsey Island – Skomer Island

Gott, erwäge der Seele Not …
Taliesin, 6. Jh., aus ›Totenklage für Owain ab Urien‹

St Bride's Bay ist wohl die schönste aller walisischen Buchten, wenn auch nicht so großartig in der Kulisse wie die nördlicheren. Sie gräbt sich tief ins Land, ein nach Westen offenes Hufeisen, und wie Wachtürme ragen zu beiden Seiten der Öffnung Inseln auf, Ramsey im Norden und Skomer im Süden. Es hat einen eigenen Zauber, *»die See hinter windzerzaustem Gestrüpp zu sehen und darin, wie dicke Walfische, einige flach hingestreckte baumlose Eilande, um die das Meer mit dem Schaum seiner Wogen weiße Spitzenkragen legt. Manche Inselchen sind nur so klein wie das Wrack eines Schiffes und nur bei Ebbe sichtbar«*, schreibt Bettina Hürlimann in ›Craig y mor‹. Es liegt eine köstliche, schimmernde Klarheit über der Bucht, die an manchen Tagen etwas Unirdisches hat, wäre nicht das Meer in seiner ewigen Bewegtheit und das gleichermaßen bewegte wilde Land hinter den Klippen mit seinen steinernen Windmäuerchen, die Felder und Weiden umringen.

ST DAVID'S ist die kleinste ›City‹ von England und Wales; sie verdankt diesen Titel nur dem Umstand, daß sie eine Kathedrale beherbergt. Eine City wie diese gibt es sicher nur einmal auf der Welt: eine Handvoll bäuerlicher Häuser, alle uralt, an einer breiten Straße, ein Markt mit hohem alten Marktkreuz, ein paar zerstreute Gehöfte, einige schmale, winklige Nebengäßchen mit bunten, geduckten Häuschen, die im Sommer von Feriengästen überfüllt sind, einige Luxushotels im Stil der alten englischen Landgasthöfe. Im Hintergrund eine verfallene Ritterburg, Castle Roch. Und tief unten im Tal hinter einem hohen Tor die Kathedrale: »*Man ist gewöhnt, die Hänge eines Hügels zu einem Wallfahrtsort, einer Kathedrale oder einem Tempel hinaufzusteigen. Wir aber sahen uns vor einer Treppe, die steil auf achtunddreißig Stufen in eine tiefe Mulde hinabführte. Dort inmitten einer märchenhaft grünen Wiese, in der scheinbar völlig planlos, wie Baumstümpfe alte und neuere Grabsteine an die Vergänglichkeit des Daseins erinnerten, lag die ehrwürdigste Kathedrale, die man sich vorstellen kann*«, beschreibt Bettina Hürlimann in ›Craig y mor‹ den ersten Blick auf Dewi Sants Dom.

Alle alten Bauten haben das Schicksal ständiger Veränderungen über sich ergehen lassen müssen. St David's macht keine Ausnahme; gehört sie doch zu den ältesten Kathedralanlagen in ganz Großbritannien, denn in ihren Anfängen stammt sie aus dem 6. Jahrhundert, dem Zeitalter der Heiligen, als sich die walisisch-keltische Bevölkerung im Kampf gegen die angelsächsischen und friesischen Invasoren verzehrte. Die Kelten wurden in den äußersten Westen zurückgedrängt, trieben aber weiter Handel mit Gallien und den Mittelmeerländern. Mit Waren und Waffen wurden auch Nachrichten ausgetauscht, und zu diesen Nachrichten gehörte das Wort Gottes. In Wales hatte das Christentum schon zu Zeiten der Römer hier und da Fuß gefaßt; für seine wirkliche Verbreitung aber sorgten die keltischen Mönche des sechsten Jahrhunderts. Jetzt, wo man nach jedem Fetzen römischer Kultur als Waffe gegen die sächsischen Barbaren griff, wurde auch der christliche Glaube wichtig: Schutz und Schatz zugleich in dem ungleichen Kampf. Mit dem Wort kamen die frühen Formen christlichen

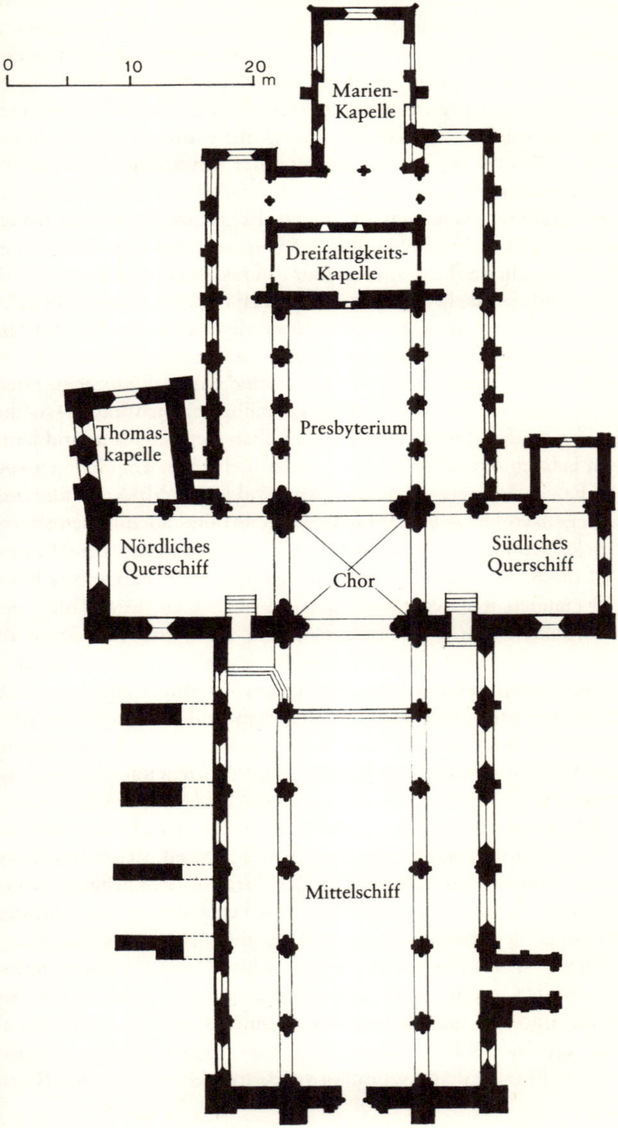
0
10
20
m
Marien-
Kapelle
Dreifaltigkeits-
Kapelle
Presbyterium
Thomas-
kapelle
Nördliches
Querschiff
Chor
Südliches
Querschiff
Mittelschiff

Lebens: Klöster, in denen Männer nach strengsten Regeln lebten, um dem Herrn zu dienen, ihren Äbten unterstellt in freiwilligem Gehorsam. Einige der Äbte wurden zu Bischöfen erhoben: Bischöfen mit keinem anderen Recht als dem zu ordinieren und zu konfirmieren, ohne alle weltliche Herrschergewalt. Einer dieser frühen Bischöfe war St David, dessen Name auf walisisch soviel sanfter klingt: Dewi Sant, die Lichtgestalt unter den keltischen Heiligen.

Dewi Ddyfrwr, David der Wassertrinker, ist lebendig in der Legende; man weiß wenig Genaues. Er soll ein Enkel von König Cunedda sein, die Namen seiner Eltern sind unbekannt. Als sein Todestag gilt der 1. März; das Jahr ist umstritten, doch scheint 588 das wahrscheinlichste Datum, da schon bald danach der St David's-Tag gefeiert wurde. Dewi hat, wie aus den Kirchennamen hervorgeht, fast die ganze Südwestküste missioniert und zuletzt das große Kloster im Vallis Rosina an der Irischen See gegründet, dort, wo man zur irischen Küste hinüberschauen kann, wo die Brüder an dem fernen Gestade im selben Geiste lehrten und lernten, beteten und arbeiteten. Schon zu Lebzeiten des Heiligen zog der Ruf seiner tiefen Gelehrsamkeit und seiner Milde Schüler aus dem ganzen keltischen Sprachbereich an; und auch in den späteren Jahrhunderten hat es St David's nie an Schülern gefehlt. Der Ruf des Klosters war so groß, daß weder die Wikinger noch die Normannen je gewagt haben, es zu überfallen. Sein Ruhm beeindruckte sogar Wilhelm den Eroberer, der im Jahr 1081 als Pilger kam, um in St David's zu beten, ehe er sich aufmachte nach Irland; allerdings, nachdem er in einem gewaltigen Marsch durch Südwales den Kelten nachdrücklich seine militärische Überlegenheit ins Bewußtsein gerückt hatte. In St David's schloß er ein Bündnis mit dem walisischen Fürsten von Deheubarth, Rhys ap Tewdwr.

Die walisischen Bischöfe, die der unabhängigen keltischen Kirche angehörten, waren jedoch keineswegs bereit, sich Canterbury zu unterwerfen oder ihre steifen Rücken vor dem Stuhl St Peters in Rom zu beugen. Der letzte der keltischen Bischöfe war Wilfried; sein Episkopat reichte bis ins Jahr 1115.

Der Tod des Greises brachte einschneidende Veränderungen. Die Brüder von St David's wurden kategorisch nach London beordert und dort gezwungen, einen ihnen keineswegs genehmen Bischof, den Sekretär des Königs, Bernard, zu wählen. Bernard unterstellte sich dem Erzbischof von Canterbury und damit Rom, und gab St David's eine neue Ordnung, die der normannischen Kathedralenregel von Salisbury entsprach. Sie sah ein festes Domkapitel mit genau verteilten Ämtern und Aufgaben vor und einen nach innerkirchlichen Bestimmungen verwalteten Allgemeinbesitz. 1123 erkannte auch der Papst, Kalixtus II., die Kathedrale von ›St Andreas und St David‹ an. Für die Bevölkerung von Wales besagte das bis heute nichts, ihr St David blieb Dewi Sant, und vom heiligen Andreas nahm niemand Notiz. Im Gegenteil, nun, wo selbst der Heilige Vater ihren geliebten Dewi als ›richtigen‹ Heiligen kanonisiert hatte, wuchs der Strom der Pilger aus England, der Bretagne und der Normandie ins Ungemessene; schon Kalixtus II. erlaubte, daß zwei Pilgerfahrten nach St David's so hoch zu bewerten seien wie eine nach Rom.

Der Zustrom der Pilger gab Bernard die Möglichkeit, mit dem Domneubau zu beginnen. 1131 konnte der steinerne Normannendom geweiht werden. Unter den Pilgern, die jetzt zum Schrein des Heiligen wanderten, war kein Geringerer als König Heinrich II. Plantagenet. Er kam im Jahre 1171, wenige Monate nach dem Tode Thomas à Beckets, der durch des Königs Schuld ermordet worden war, und brachte kostbare Geschenke. Er fuhr weiter nach Irland, aber auf der Rückreise kam er nochmals, Ostern 1172, um mit kleinem Gefolge die Messe zu hören; einer der Domherren tischte in aller Eile ein improvisiertes Mahl für den unerwarteten Gast und seine Begleiter auf.

Die Pilgergaben machten St David's reich. 1178 wurde Peter de Leia zum neuen Bischof berufen, und er ließ mit dem Bau einer noch prächtigeren Kirche beginnen. Wie weit St David's aus der Welt lag, wird deutlich, wenn man sich die herrlichen normannischen Arkaden im Langhaus betrachtet: sie entstanden zu einer Zeit, als überall in England die Gotik bereits in vollendeter Blüte stand. Baustein war ein in den Klippen von Caerfai gebrochener, kambrischer Sandstein, der zwischen grauen, grünen und violetten bis rosa Tönen spielt. Erst nach dem Einsturz des Turmes im Jahre 1220 kam als neuer Werkstoff der schöne, honigfarbene Oolith ins Spiel, der heute weite Teile des Bauwerks prägt, so die Kapelle des heiligen Thomas, einen Anbau des nördlichen Querschiffes. Spätere Generationen begeisterten sich immer neu an diesem Zusammenspiel verschiedener Steine. So schreibt Elizabeth Goudge in ›The Child from the Sea‹: *»Die Mauern und Zinnen und der eckige Turm der Kathedrale, honiggelb im Sonnenlicht* *und violett nach dem Regen, schienen immer mit den Bewegungen der Wolken und wandernden Schatten zu leben und zu atmen«*, und Bettina Hürlimann bemerkt in ›Craig y mor‹: *»Der Stein der ganzen Kathedrale ist von einer strahlenden Farbigkeit, die ein Geschenk der Natur ist, aber auch die Pietät der Baumeister zeigt, die den Stein so geschickt behandelten, daß ihm seine naturhafte Schönheit blieb.«*

1248 wurden die Britischen Inseln von einem heftigen Erdbeben heimgesucht. Die Schäden in St David's waren schlimm; man kann das noch heute an den auswärts gestellten Arkaden ablesen. Doch die Wiederherstellung gelang, und der Ehrgeiz der Brüder war noch keineswegs gestillt, denn nun erfolgte der Ausbau nach Osten.

Zuerst wurde der Chor stark erweitert und aus der Vierung wuchs im Osten ein dreischiffiger Raum, das Presbyterium. Dessen Seitenschiffe wurden abermals nach Osten verlängert und hinter dem Presbyterium durch ein niedriges Ambulatorium wieder vereinigt, weil man die Lanzettfenster im Ostende unbeschädigt erhalten wollte. An das Ambulatorium schloß sich dann um 1300 noch eine geräumige Marienkapelle, die Lady Chapel aller englischen Kathedralen, an. Das nördliche Querhaus wurde verbreitert, damit es die Kapelle des heiligen Nikolaus aufnehmen konnte. Das südliche Querschiff wurde verlängert und nahm die Kapelle Eduards des Bekenners auf.

Von 1328 bis 1347 war Henry de Gower Bischof, und unter ihm wurde die Gotisierung des Außenbaues vorgenommen; doch können die normannischen Maße auch durch seine Spitzbogenfenster im Decorated Style nicht verleugnet werden. Um dieselbe Zeit ließ er auch den benachbarten Bischofspalast, von dessen gewaltigen Ausmaßen heute nur noch eine Ruine kündet, mit Arkaden und Arkädchen verschönern und deren Gewände mit Schachbrettmustern verzieren. Innerhalb der Kirche wurde die hohe, gemauerte Chorschranke eingezogen; dort ließ er sein Grab vorbereiten, das ihn 1347 aufnahm. Nach seinem Ableben fiel der Schwarze Tod über Wales her und wütete fast ein Vierteljahrhundert lang. Das brachte auch die Pilgerströme zum Erliegen. Im 16. Jahrhundert wurden die Spuren der Zeit an der Kathedrale sichtbar, die wie viele normannische Bauten nur ein sehr unzureichendes Fundament hat. Um das nördliche Seitenschiff des Langhauses zu stützen, mußten fliegende Strebebögen eingezogen werden. Dann wurde das Dach des Langhauses abgetragen und in einem flacheren Winkel wieder errichtet, um die Arkaden weiter zu entlasten. Im Presbyterium wurden der Lichtgaden erhöht und das Ostfenster vergrößert, um dem Raum mehr Helligkeit zu geben. Und endlich wurden die schönen geschnitzten Decken eingezogen, St David's größter Stolz.

Dann kam die Reformation und mit ihr unter dem Tudorkönig Heinrich VIII. im Jahr 1536 die Auflösung der Klöster. Der König gab Befehl, den Sarkophag seines walisischen Großvaters Edmund Tudor, Graf Richmond, aus dem Kloster der Grauen Brüder von Carmarthen nach St David's zu überführen und dort im Presbyterium aufzustellen. So ruht jetzt der Stammvater des Hauses Tudor gegenüber dem steinernen Schrein des Dewi Sant.

Dieser Schrein ist seit jener Zeit jedoch eine leere Hülle. Man hat die Gebeine des heiligen David zusammen mit denen des Justinian und Caradoc in einer Nische der Kapelle der Heiligen Dreifaltigkeit eingemauert, um sie vor der Zerstörung oder Schändung durch die Puritaner zu retten. Diese Entdeckung machte man bei einer Restaurierung im vorigen Jahrhundert, nachdem lange Zeit über ihren Verbleib gerätselt worden war. Sie ruhen heute in einer kleinen Eichentruhe in eben dieser Nische.

Ich sagte eingangs, daß die gotischen Fenster nicht verhehlen können, daß der ganze Duktus des Bauwerks zutiefst normannisch ist. Man braucht nur einen Fuß in das dreischiffige Langhaus mit dem vorgebauten Südportal zu setzen, um diesen Eindruck bestätigt zu finden: sechs Arkaden von schwerer Wucht, schöne, klare Halbkreisbögen mit feinem Relief, das in seinen Archivolten den Reiz normannischer Formensprache entfaltet: Hundszahn-, Zickzackbänder, Diamant- und Flechtmuster. Auch die Vierungsbögen und die Bögen der schmaleren niedrigen Lichtgadenfenster nehmen diese Muster auf. Die schweren Pfeiler sind dagegen fast schmucklos; nur die leicht mit einer Art Kerbschnitt verzierten Kapitelle und die vorgelegten Dienste nehmen ihnen etwas von ihrer Herbheit.

Als Abschluß des Langhauses erhebt sich die gemauerte, reich mit Bildhauerschmuck versehene Chorschranke aus dem 14. Jahrhundert. In ihr kommt der Formenüberschwang der englischen Hochgotik, des ›Decorated Style‹, zum Sprechen. Die Krönung des Raumes aber ist die wundervoll geschnitzte Eichendecke aus dem 16. Jahrhundert, ein feines Spitzenwerk in Holz, das bei Tageslicht einen silbrigen Schimmer hat. In England, wo die Kunst des Holz-

VII RICHARD WILSON (1713-1782)
Pembroke Castle
Öl auf Leinwand
National Museum of Wales, Cardiff

baus hochentwickelt war, hat man die geschnitzte Decke immer als gleichrangig zum steinernen Gewölbe betrachtet, und oft hat man die spezifischen Formen aus dem einen Material ins andere übertragen wie hier, wo man das in der Spätgotik so beliebte Motiv der hängenden Schlußsteine oder Abhänglinge in den Stuhlsäulen der freitragenden Decke spielerisch nachahmte.

Ein Steingewölbe en miniature finden wir in dem Torbogen der Altarschranke, ein reiches Fächergewölbe. Dahinter liegt innerhalb der Vierung der Chor, dessen herrlich geschnitztes Gestühl aus dem späten 15. Jahrhundert sich samt dem Bischofsthron mit einem himmelhohen Baldachin aus hölzernem Spitzenwerk von 1500 wunderbarerweise erhalten hat. Das sanft schimmernde Eichenholz gibt dem ganzen Raum eine herrliche, warme Ausstrahlung. Die Miserikordien des Chorgestühls zeigen lustige kleine Szenen aus dem täglichen Leben: tanzende Bauern, ein Narrenschiff, Marktszenen. Die Decke des mächtigen quadratischen Vierungsturmes ahmt ein steinernes Fächergewölbe nach; die vier aus den Ecken entspringenden siebenteiligen Fächer werden von einem gleichschenkligen Kreuz mit eingezogenem achtspeichigen Rade getrennt. Diese Holzdecke ist in hellen, zarten Farben sehr schön bemalt; die einzelnen Fächerspalten zeigen die Wappen der Bischöfe von St David's durch die Jahrhunderte.

An den Chor in der Vierung schließt sich mit drei Schiffen das Presbyterium an. Auch seine Decke ist geschnitzt und schön bemalt; Bemalung der Presbyteriumsgewölbe ist auch bei steinernen Gewölben in englischen Kathedralen durchaus die Regel. Chor und Presbyterium sind durch einen zerbrechlich wirkenden, geschnitzten ›Screen‹ von unvorstellbar vollendeter Schnitzkunst getrennt. Die gotischen Spitzbogenarkaden des Presbyteriums wiederholen, allerdings schwächer, die Reliefstrukturen der Langhausarchivolten. Unter der Arkade, die Chor und Presbyterium trennt, steht der Schrein des heiligen David, ihm gegenüber der steinerne Sarkophag Edmund Tudors. Der Schrein des heiligen David enthielt einst den Sarg des Heiligen. Die Vorderseite zeigt drei Spitzbögen mit feinen Säulchen und gemeißelten Köpfen über den Kapitellchen; die Rückseite drei Bogenöffnungen; in diesen wurden zur Zeit der großen Pilgerzüge die Gaben und Opfer für Dewi Sant hinterlegt. Der Schrein hat zur Zeit des Bürgerkrieges sehr gelitten; als die Puritaner überall gegen die Heiligenverehrung Sturm liefen, blieb auch St David's nicht verschont.

Im Chor findet man eine Sedilia, einen Dreisitz aus dem 15. Jahrhundert im Tudorstil; einer der Chorsitze trägt das Wappen der Könige von England. Schon seit dem Mittelalter haben die englischen Könige einen Sitz im Kapitel von St David's, aber der erste Monarch, der davon Gebrauch gemacht hat, war Königin Elisabeth II. 1955. Ein gesticktes Kissen, das ihre Initialen ER II trägt, Elisabeth Regina, erinnert daran.

Kurz vor der Reformation hat St David's noch einmal einen großen Bischof gehabt; Edward Vaughan aus dem berühmten Adelsgeschlecht, das auch die beiden Dichter gleichen Namens hervorgebracht hat. Er ließ die schöne Dreifaltigkeitskapelle aus gelbem Sandstein im ehemaligen Ambulatorium errichten, vor deren Altar er beigesetzt worden sein soll.

Nach der Reformation verlor St David's die überragende Bedeutung, die es im Mittelalter gehabt hatte. Als nach dem Bürgerkrieg und der Glorreichen Revolution auch alle dynastischen Bande, die die Tudors und Stuarts an Wales gebunden hatten, abgerissen waren und das Land im Westen zusehends verarmte, verfiel auch die Kathedrale, und die kleine mittelalterliche Landstadt in ihren grauen Mauern, jetzt nicht mehr Sitz eines reichen Domkapitels, auch nicht mehr von College und Chor, nicht mehr belebt von Pächtern und Handwerkern, nicht mehr Ziel von Tausenden und Abertausenden Pilgern, verlor jede Bedeutung. Die verarmten Bürger holten sich das Blei und Schiefer von den Dächern des Bischofspalastes, um ihre eigenen damit zu flicken. Erst als im späten 18. Jahrhundert ein neues Nationalbewußtsein in Wales erwachte, gedachte man wieder des Doms. Der Bischofspalast war nicht mehr zu retten, aber für die Instandsetzung der Kathedrale bestellte man erst den Waliser John Nash und dann George Gilbert Scott, der übrigens nicht weniger als die Hälfte aller englischen und walisischen Kathedralen mit mehr oder weniger Geschick restauriert hat. In St David's bewies er ungewöhnlichen Takt und sicheres Gespür; seine Eingriffe waren vorsichtig und vor allem auf Erhaltung bedacht. Die Meisterleistung war die Wiedererrichtung des westlichen Vierungsbogens, der zu bröckeln begonnen hatte: mit Hilfe von Holzgerüsten, die den Druck des Turmes abfangen sollten, wurde der Bogen Stein um Stein mit allergrößter Sorgfalt erneuert; auf das Gelingen dieses Experiments konnte Scott mit Recht stolz sein. Die Westfront, die Nash mit neugotischen Spielereien verhunzt hatte, ließ er nach dem Originalaufriß aus dem 12. Jahrhundert wiederherstellen, dabei aber die Spitz- durch Rundbögen ersetzen, um sie dem normannischen Innenraum stärker anzupassen.

Im nördlichen Querschiff befindet sich die St Andreas-Kapelle und im leichten Winkel an sie angebaut ein kleiner quadratischer Raum, die Kapelle des heiligen Thomas von Canterbury. Sie hat ein lebhaftes steinernes Fächergewölbe und eine fein gemeißelte doppelte Piscina mit Dreipaßbögen; Wände und Gewölbe sind hell getüncht. – Die Kapelle des heiligen Nikolaus schließt das nördliche Presbyteriumseitenschiff im Osten ab; zwei Jahrhunderte hat sie ohne Dach gestanden und dabei starke Schäden erlitten; heute besitzt der schmale Raum eine schlichte Holzdecke. Durch die Presbyteriumseitenschiffe gelangt man in die kleine oblonge Marienkapelle, die um 1300 errichtet wurde. An ihrer einen Seite sieht man Reste eines Sarkophagbaldachins, an der anderen eine steinerne Sedilia; beides sind Steinmetzarbeiten aus der Zeit der Hochgotik, die bei einem Einsturz des Daches im vorigen Jahrhundert beschädigt wurden. In unserem Jahrhundert erhielt der Raum ein aus Palmwedeln aufsteigendes Rippengewölbe, das sich zu einem Netz verästelt. An den Knotenpunkten der Rippen sitzen gemeißelte, zum Teil mit Wappen geschmückte Schlußsteine. Der geweißelte Raum, das ockerfarbene Gewölbe und die blaßgrauen Steinmetzarbeiten bilden eine heitere farbliche Einheit.

Fast alle Böden der Kathedrale sind in lebhaften Mustern mit schwarzen und bernsteinfarbenen Fliesen belegt; sie entsprechen in ihrem Einfallsreichtum den geschnitzten Decken.

In unserem Jahrhundert wallfahrten die Kunstfreunde aus aller Welt nach St David's, und ihre Zahl übertrifft bereits die der Pilger von einst. Aber auch ein Geschenk, um das vor siebenhundert Jahren Giraldus Cambrensis vergeblich gerungen hat, wurde ihr jetzt zuteil: die Unabhängigkeit vom Erzbistum Canterbury, einst vom Papst verwehrt, heute von der englischen Krone gewährt. Eglwys Gadeiriol Ty Ddewi ist Teil eines unabhängigen walisischen Bistums!

Neben der Kathedrale erstreckt sich der Komplex des einstigen riesigen Bischofspalastes, von dem nur noch die Wände stehen, und auch die nur teilweise und vom Wetter angegriffen. Den besten Blick auf sie hat man von der Straße oberhalb der Kathedrale. Man kann sie aber auch durchstreifen, um sich ein Bild von der Eleganz zu machen, die diesen Palast einst ausgezeichnet haben muß. Bischof Gower unterhielt außerdem Paläste in Llawhaden und Lamphey. Sie dienten nicht nur ihm und der Menge von Priestern und Brüdern, die dazu gehörten, um eine Kathedrale zu unterhalten, sondern auch zumindest den vornehmeren unter den Pilgern, die als Gäste bewirtet werden mußten.

Westlich von St David's liegt Caerfai Bay, wohin man auf einem Klippenpfad gelangen kann. Hier wurde der purpurne Sandstein gebrochen, den man für Teile der Kathedrale genutzt hat. Westlich davon findet sich eine ganz schmale Bucht, St Non's mit St Non's Well. Die heilige Non war der Legende nach die Mutter von St David; da ihr Name aber ›Nonne‹ bedeutet, ist das ziemlich umstritten. Bei dem alten heiligen Quell mit einem scheußlichen viktorianischen Standbild von St Non findet man noch die Ruine einer alten Kapelle.

PORTHCLAIS war einst der Hafen der Mönche von St David's; der Legende nach empfing Dewi Sant hier das Sakrament der Taufe. Später wurde es Kohlenhafen für St David's und Kalkbrennerdorf. Die runden Kalköfen wurden ebenso wie der alte Hafen vom National Trust sorgfältig restauriert. Heute stehen hier nur noch einige Häuschen und Hütten neben den industriellen Denkmälern.

St David's Head, Vorgebirge des Heiligen David, ist der nördlichste Punkt des nordwestlichen Zipfels der Bucht von St Bride. St Bride ist die heilige Brigid von Kildare, eine anglo-irische Heilige des sechsten Jahrhunderts, von der viele Legenden berichtet werden. Auf St David's Head oder Penmaen Dewi findet man einen Cromlech, eine steinerne Grabkammer, und Reste eines Eisenzeitlagers.

RAMSEY ISLAND ist ein vom Meer rings umspültes Gebirgsmassiv mit zwei Gipfeln, Carn Ysgubor oder Scheunen-Steinhügel und Carn Llandain oder Steinhügel London; niemand kann sagen, wie sie zu diesem Namen kamen. Die Insel befindet sich in Privatbesitz, aber man kann sich im Sommer mit dem Boot um sie herum rudern lassen, was etwa anderthalb bis zwei Stunden dauern kann. Im Herbst darf sich ihr niemand nähern; dann ist sie Wochenstube der Grauen Robben, die hier seit Jahrhunderten ihre Babies, die ›Heuler‹, zur Welt bringen. Es heißt, daß sich einst Dewi Sant hier mit dem Heiligen von Irland, St Patrick, getroffen habe. Heute wird Ramsey, das seinen Namen aus der Wikingerzeit behielt, nur noch von Vögeln besucht: Dohlen, isländischen Möven und Alken.

Besonders drollig sind die schon früher erwähnten Alcae torda, von den Engländern wegen ihrer scharfen Schnäbel Razorbill genannt, die aussehen wie eine Kreuzung von großen Möven und Pinguinen. Das Nordende der Insel stammt aus dem Ordovicium; man hat viele Fossilien dort gefunden; der Süden besteht dagegen aus unfruchtbarem Urgestein, auf dem bestenfalls etwas Heidekraut gedeiht. Die Waliser nennen Ramsey Ynys Dewi, St David's Wiese.

SKOMER, Skokholm und Grassholm bilden am südlichen Westrand von St Bride's Bay eine Inselgruppe. Auch sie sind Vogelschutzinseln, Skokholm die erste Vogelwarte in ganz Großbritannien, 1933 gegründet. Die Warte wurde von dem Naturwissenschaftler R.M. Lockley eingerichtet, der 1927-1939 auf der Insel eine Farm unterhielt. Skomer ist erst seit 1958 Naturschutzgebiet, und Gateholm gehört der Königlichen Gesellschaft für Vogelschutz. Auf Skomer brüten Fulmare, Alke, Papageientaucher, die großen Mövenarten, Wasserhühner, auch Bussarde, Fasane, Eulen, Raben und Dohlen; graue Robben sonnen sich bei Ebbe auf den niedrigeren Riffen. Raben und Dohlen findet man auch auf Skokholm, dazu Austernfischer, Kiebitze und eine große Kolonie der Manx-Sturmvögel, seltene Seevögel, von denen übrigens auch auf Skomer rund hunderttausend Paare brüten. Gateholm ist berühmt für seine Tölpel; zwanzigtausend Paare leben dort und hüllen mit ihren Schwingen die Insel im Sommer in einen weißen Schleier ein.

26

Ende eines alten Liedes: Roch Castle – Haverfordwest – Milford Haven Pembroke

Es gibt in Wales keine Gegenwart
Und keine Zukunft,
Nur Vergangenheit ist da,
Brüchig geworden vor lauter Gedenken …
Trauernd um das Gerippe eines alten Liedes.
R. S. Thomas, geb. 1913, aus ›Welsh Landscape‹

Die Szenerie bietet ein Bild der Üppigkeit, des Dunkels und Lichts, der Verwesung und des Lebens … Das Vieh duckt sich zwischen den dunklen Ginster. Beim Betrachten der lebenden Herden wandert der Geist zu ihren Gespenstern …
Graham Sutherland, aus einem Brief an C. A., 1942

ROCH CASTLE, Felsburg, ist ein alter Rittersitz wenige Kilometer östlich von St David's. Sie liegt sehr romantisch auf einem felsigen Hügel, der ihr den Namen gab; von ihren Zinnen aus kann man die ganze St Bride's Bay mit ihrem so wechselhaften Panorama überblicken: rote Klippen, moosgrüne Wege, Getreidefelder, unterbrochen von Moorweiden voll Heide, Ginster und Farn, waldige Uferstreifen, moosbedeckte Riffe, die niedrigen hellen Häuser der winzigen Fischerdörfer. Jahrhundertelang herrschte von der Burg aus die mächtige Familie de Roche; ihr Gründer, Adam, hatte zur Zeit des Eroberers seinen Namen zu Rupe stilisiert. Im Jahre 1601 wurde der Besitz von der Familie Walter erworben, die im 16. Jahrhundert Ansehen und ein gewisses Vermögen angesammelt hatte. Heute gehört die Burg einem Amerikaner, der sie innen und außen sorgfältig restaurieren ließ; besichtigen kann man sie im allgemeinen nicht. Dennoch muß von ihr die Rede sein, denn hier wurde Lucy Walter geboren, deren Leben aus dem Stoff der alten Balladen gewoben scheint.

Lucy Walter wuchs in der alten einsamen Burg im äußersten Westen heran, vertraut mit Wind und Meer, vertraut mit den Sitten der Fischer und Bauern ihrer Umgegend, von Kindheit an genährt mit dem ganzen Aberglauben und den Mythen ihres Volkes und dem Stolz auf ihre Ahnen: trug sie doch sowohl von seiten der Mutter wie des Vaters das Blut der alten walisischen Könige in ihren Adern. Sie war noch ein Kind, als sie aus ihrer Welt gerissen wurde, elf oder zwölf Jahre alt: Der langjährige Scheidungsprozeß ihrer Eltern, in dem beide Elternteile trotzig um das Sorgerecht für die drei Kinder, Lucies ältere Brüder und Lucie selbst, kämpften, zwang die Familie, in London zu leben, im Hause der Großmutter. Die einst so heitere Hauptstadt des Landes wurde bereits vom Bürgerkrieg geschüttelt. Irgendwann zwischen 1646 und 1648 lernte Lucy Walter den Fürsten von Wales, Karl Stuart, kennen: keinen stolzen Fürsten, sondern wie sie kaum den Kinderschuhen entwachsen; beide waren gleich alt und voller Angst vor der Zukunft. Karl war auf der Flucht vor den Parlamentstruppen, lebte bald in Frankreich, wo er am Hofe der Königin Anna allen Demütigungen eines verarmten Verwandten ausgesetzt war, bald heimlich für kurze Zeit an den englischen Küsten, in der vergeblichen Hoffnung, etwas für seinen Vater zu tun können, der ein Gefangener des Parlaments war. In all diesem Wirrwarr gelang es den beiden jungen Menschen, einen Priester zu finden, der sie traute. Im Herbst 1648 kam Lucy nach Holland und lebte dort am englischen Exilhof als anerkannte Mätresse des Fürsten von Wales. Am 30. Januar 1649 wurde Karl I. hingerichtet, und der junge Karl in Schottland, Irland und auf den Kanalinseln zum König ausgerufen; zwei Monate später brachte Lucy in Rotterdam einen Sohn zur Welt, den sie James nannte. Noch einmal hätte den Briten eine Dynastie erstehen können, in der sich das Erbe der englischen und walisischen Könige mischte.

Aber Karl II., der sich 1651 in Schottland zum König krönen ließ, war allen möglichen politischen Zwängen ausgesetzt. Die geheimgehaltene Ehe mit Lucy konnte zum Hindernis auf dem Weg zur Rückgewinnung des Thrones werden, denn vor dem europäischen Hochadel war sie nicht ebenbürtig. Die Königinmutter fand Mittel und Wege, die Heirat für ungültig erklären zu lassen und Lucy mußte sich damit abfinden, daß ihr Kind nur ein Bastard war.

Während der ersten Jahre behält Lucy den Jungen; Karl II. hat Sorgen genug und ist es zufrieden. Bald wird klar, daß Lucys Bildung nicht ausreicht, den Kleinen zu erziehen: Sie kann ihm nicht viel mehr vermitteln als etwas Schreiben, Lesen und Rechnen, und die Lieder und Märchen ihres Volkes. Zu wenig für ein, wenn auch illegitimes Königskind. 1656, vier Jahre nach dem Tode ihrer Mutter, wagt sie es, nach London zu fahren, um deren Erbe in Empfang zu nehmen; sie wird von Cromwells Geheimdienst verhaftet und nach einer kurzen Gefängnishaft nach Holland abgeschoben. Dort läßt Karl ihr den Jungen fortnehmen, da sie ihn durch ihre unüberlegte Handlung in ernsthafte Gefahr gebracht hatte. Sie stirbt wenig später, 1658, in bitterer Armut in Paris. Karl II. wird im folgenden Jahr auf den englischen Thron zurückgerufen von seinem Volk, das die trostlose Zeit der puritanischen Herrschaft herzlich leid ist.

Karl II., ein großer, heiterer, dunkler Mann, ist trotz seiner zahlreichen Frauenaffären in England sehr beliebt. Kein Mensch an seinem Hof genießt höhere Gunst als James, Herzog von Monmouth, sein erster Sohn. Immer wieder bitten die Führer der protestantischen Partei am Hof den König, der keine ehelichen Kinder hat, James für legitim zu erklären, und immer weicht der König aus. Auf dem Totenbett, gedrängt von der katholischen Partei seines im Volk verhaßten Bruders James, erklärt er den Herzog von Monmouth zu einem Kind der Liebe. Die Wahrheit wird wahrscheinlich nie ganz geklärt werden können. Nach dem Tode seines Vaters erhob sich Monmouth gegen seinen Onkel und büßte den Versuch, mit dem Schwert in der Hand auf den Thron zu gelangen, auf dem Richtblock. Den gleichen Tod für das gleiche Verbrechen, Hochverrat, erlitt auch Lucys Großvater mütterlicherseits: 1531 mußte Fürst Rhys ap Gruffydd sein Haupt unter das Schwert des Henkers beugen, und sein Tod bedeutete für Wales nach den Worten des Historikers J. F. Rees »das Ende eines alten Liedes«, nämlich den Zusammenbruch der alten Freiheiten der Marklordschaften.

Lucy hatte noch ein zweites Kind, eine Tochter, deren Vater der Graf von Carlingford war, einer der Getreuen Karls II. Der Graf nahm das Kind nach Lucys Tod mit nach Irland auf seine Besitzungen. Sie heiratete sehr jung einen Edelmann, mit dem sie nach London zog, wo er vier Jahre später dem Schwarzen Tod erlag. Danach wurde sie die Frau von William Fanshawe, des Pfarrherrn von St Martin in the Fields in London und königlichem Almosenier. Die Marktfrauen von Covent Garden nannten Lucys Tochter ›Prinzessin Fanshawe‹; sie besaß die Gabe der Könige des Mittelalters: Sie heilte durch Handauflegen …

Unsere Straße führt uns jetzt tiefer ins Land, nach Hwlffordd oder Haverfordwest.

HAVERFORDWEST ist die Hauptstadt von Klein-England, wie man seit altersher Südpembrokeshire genannt hat. Der Name Haverfordwest ist eine Verballhornung von Hereford, die Silbe ›West‹ wurde ihm angehängt, damit man es nicht mit der englischen Stadt gleichen Namens verwechseln könne. Alte Karten belegen diese Ableitung. Haverfordwest liegt am Fluß Cleddau, dessen tiefe, skurril geformte Mündungstrichter sich tief ins Land eingraben und den südwestlichen Zipfel von Pembroke mit ihren Mäandern noch nachhaltiger von den anderen Grafschaften abschneiden, als der Westen ohnehin schon abgeschnitten ist. In dieser weltvergessenen Gegend siedelten Heinrich I. und Heinrich II. flämische Weber an, die sie ins Land geholt hatten. Als Giraldus Cambrensis hier 1188 zum 3. Kreuzzug aufrief, mußte er seine Predigten auf Latein oder Französisch halten, um verstanden zu werden. In der Nähe der Stadt hatte im elften Jahrhundert der Einsiedler Caradoc eine Klause, die Eremitage St Ishmael; er wurde auf Drängen von Giraldus durch den Papst heiliggesprochen. – Die Stadt ist nicht sehr groß; die Altstadt besteht aus ein paar verwinkelten, steilen Gassen westlich des Flusses, den Ruinen einer ehemaligen Priorei, der Burg und einem hübschen Heimatmuseum in deren direkter Nachbarschaft, dem Schwurgericht und einer Anzahl von Kirchen und Kapellen; am anderen Flußufer liegen ein paar neue Straßen und der Bahnhof. Um die Burg rankt sich eine grausige Sage. Der Kommandant der Stadt hielt dort einen Flamen gefangen, den er hatte blenden und entmannen lassen. Der Gefangene träumte nur noch von seiner Rache. Er freundete sich mit dem kleinen Sohn des Kommandanten an. Eines Tages stieg er mit dem Kind auf den Turm und stürzte sich und den Kleinen vor den Augen des entsetzten Vaters in die Tiefe, nicht, ohne zuvor mit dessen Gefühlen Katz und Maus gespielt zu haben. – Haverfordwests schönste Kirche ist St Mary, ein Bau aus der letzten Phase der normannischen Epoche. Die Arkaden des Schiffes zeigen bereits den gotischen Spitzbogen, und der Chor prunkt mit einem frühgotischen Lanzettfenster. Die geschnitzte Decke aus dem 15. Jahrhundert ist sehr reizvoll, wenn auch nicht so fein gearbeitet wie die von St David's. Die meisten Altstadthäuser zeigen den schlichten Stil der georgianischen Epoche.

PICTON CASTLE liegt östlich des Ortes, es ist nicht ganz einfach zu finden, und man erkundigt sich am besten vorher in einem Touristenbüro, ob es wirklich geöffnet ist, denn außerhalb der Saison nimmt man es nicht allzu genau mit den Öffnungszeiten in walisischen Museen. Aber die Fahrt lohnt sich. Die normannische Burg ist eine der wenigen, die nicht von Cromwells Truppen geschleift wurde; sie liegt mit ihrem massigen Bergfried, den vier Rundtürmen und einem von zwei weiteren Türmen bewachten Torhaus sehr malerisch in einem waldähnlichen Park voller Azaleen und Rhododendren, die schon im frühen Frühling in allen Farben blühen. Sie wird von der Familie Philipps bewohnt, die zusammen mit dem Künstler selbst hier 1976 die Graham Sutherland Gallery gründete; die Galerie wird als Zweigmuseum des Walisischen Nationalmuseums geführt und beherbergt eine Sammlung von fast zweihundert Werken des Malers, eine Schenkung von ihm und seiner Frau an Wales als Zeichen seiner Verbundenheit mit der Landschaft von Pembroke: *»Weil ich hier in dieser Gegend lernte, daß Landschaft nicht szenisch sein muß, daß ihre Teile individuelle, losgelöste Gestalt haben können. Ich entdeckte, daß dies auch für Orte zutraf, die ich später besuchte; aber der klare, dennoch komplizierte Aufbau der Landschaft der früheren Erfahrung, verbunden mit dem erregenden Gefühl, an der Schwelle irgendeines Dramas zu stehen, hatten mir eine Lehre erteilt und eine nicht mißzuverstehende Botschaft, die mich zutiefst beeinflußten.«*

Graham Vivian Sutherland (1903-1980) war neben Henry Moore, Francis Bacon und John Piper einer der ganz Großen der englischen Moderne. Er ist geborener Londoner, aber nachdem er 1934 zum ersten Male nach Pembrokeshire gekommen war, wurde Wales für ihn so etwas wie eine Wahlheimat, die er bis in das Jahr seines Todes wieder und wieder aufsuchte, und der er sich innigst verbunden fühlte: *»Es war in diesem Land, daß ich begann, malen zu lernen«*, schrieb er einmal. *»Das Licht hat hier eine magische, verwandelnde Qualität.«* Wie Moore hatte er einen Blick für archaische Formen, für das Großartige in der Natur, aber auch für das Detail, das losgelöst vom Ganzen dessen Essenz zu tragen scheint. Ihn faszinierte nicht ein Gegenstand an sich, sondern dessen spezifische Ausstrahlung, das, was er in seiner Phantasie entfesselte. Da gibt es einen ›Wald mit Ketten‹, einen grünen Dschungel, in dem kaum die Stämme zu entziffern sind, hinter dem eine golden schimmernde Sonnenscheibe steht, deren Licht auf einen Haufen von rostenden Ketten fällt: alte Ankertaue vielleicht, die bootartige Form, die Sutherland ihnen gegeben hat, könnte darauf hindeuten. Es ging ihm nicht um die ›Übersetzung‹ der Natur ins Bild, sondern um die Paraphrase, die Nachdichtung. *»Ich hatte* *nie das Gefühl, daß meine Imagination mit der Wirklichkeit in Konflikt geriet, sondern daß die Wirklichkeit eine zerrissene und aufgelöste Form der Imagination sei.«* So wie Picasso Gesichter zu Landschaften umdachte, konnte Sutherland Landschaften zu kristallischen Formen gefrieren lassen. Auch Sutherland war ein bedeutender Porträtist, wenn auch nicht immer zur Zufriedenheit seiner Modelle; sein umstrittenes Churchill-Bildnis ließ die Witwe des Staatsmannes heimlich verbrennen; aber seine wichtigsten Werke sind neben dem großen Bildteppich in Coventrys Kathedrale sicher seine hochstilisierten Landschaften. Eines der Gemälde in Picton, ›Clogfaen a Draenen Wen‹, ›Felsblock mit Weißdorn‹, zeigt vor einem schwarzblauen leblosen Himmel und einem winzigen Streifen türkisfarbiger See geometrisch geschnittene Heckenwände. Sie werden an der linken Seite von einem Felsen, an der rechten von einem hohen Weißdornbaum überragt. Stein und Baum sind Dreiecksformen, die eine aus kantigen, die andere aus elliptischen Teilformen aufgebaut, belebt von einer Möve oder einem Tauchervogel das Zentrum des Felsens, von einem Rausch weißer Blüten der Baum. Vor dem Fels stehen in einem zylinderförmigen Gefäß weiße und dunkle Blätter; über ihm fliegt ein Vogel, dessen Flügel in der Flugbewegung den tiefsten Punkt erreicht haben, also herabhängen, was ihm etwas unsagbar Melancholisches gibt. Dieses Bild mit seinem Nebeneinander belebter und unbelebter Natur schmeckt geradezu nach der See, vermittelt mit dem dunklen Vogel und dem Weißdorn mit seiner geballten Blütenlast die Stimmung eines Frühsommertages eben vor einem Gewitter, schwer von Düften und voll der drohenden Ruhe vor dem Sturm. Das Bild ist ganz unrealistisch gemalt, aber die einzelnen Dinge darin vermitteln jedes für sich eine Botschaft; doch erst alle Botschaften zusammengenommen ergeben das ›Bild‹.

Sutherlands Bilder hängen in allen großen Museen auf allen Kontinenten, und er hat viele internationale Auszeichnungen, darunter den hochdotierten Shakespeare-Preis der Hamburger Stiftung F. v. S., erhalten. Dennoch blieb sein Werk immer umstritten; den Traditionalisten war es zu kühn, den Modernen mißfiel seine fast keltische Formensprache, die bewußte Verknappung und Stilisierung. Aber diese Stilisierung konnte seine Betroffenheit, sein Mitleiden, seine Trauer um die immer von neuem bedrohte und verwüstete Welt, wie er sie vor allem als offizieller Kriegsmaler während des Zweiten Weltkrieges eingefangen hat, nicht verbergen, nur maskieren. Oder, wie F. Thorn schreibt, *»sein Stil war ... eine von Mitleid und Leidenschaft getragene Synthese von klarem Erkennen und innerer Einsicht.«* (Süddeutsche Zeitung, 19. 2. 1980)

Im Gespräch wirkte Sutherland wie der Inbegriff eines englischen Gentleman: Freundlich, bescheiden, hochgebildet, sensibel, von erlesener Höflichkeit, das stille, schmale Gesicht beherrscht von den klugen, guten Augen. Während des Krieges war er zum Katholizismus übergetreten, aber jeder Fanatismus war ihm fremd: seine größten religiösen Werke schuf er bezeichnenderweise im Auftrag anglikanischer Kathedralen.

MILFORD HAVEN oder Milffwrd liegt am Nordende der gleichnamigen Bucht, die auf der einen Seite von der Halbinsel Marloes mit ihren vorgelagerten Inseln, auf der anderen von der Landzunge Angle umschlossen wird; in der schmalen Ausfahrt liegt noch das winzige Eiland Thorn: alles in allem ein riesiger natürlicher Hafen. Milford sowohl wie das auf der Südseite liegende Pembroke bildeten schon früh wichtige Handels- und Militärstützpunkte. Defoe begeisterte sich in seiner ›Tour durch England und Wales‹: *»Es heißt, hier können tausend Segler ankern, ohne daß einer die Masten des anderen sieht!«* Im Mittelalter war Milford einer der wichtigsten britischen Fischereihäfen; die Fischer fingen vor allem Rochen, Rotaugen und Meeraale.

1485 landete bei St Ann's Head Heinrich Tudor, Graf von Richmond, um gegen Richard III. York zu marschieren und das Lancastererbe für sich zu sichern. In Milford wartete er auf seine Verstärkungen; als erster erschien der Fürst von Südwales, Rhys ap Thomas, der öffentlich geschworen hatte, Henry Tudor würde nur über seine Leiche englischen Boden betreten. Schwören und handeln ist zweierlei. Als Henry aus Frankreich mit zweitausend Mann landete, in seinem Gefolge seinen einstigen Tutor, den walisischen Gelehrten Dr. Lewis, und seinen Freund und Onkel, Jasper Tudor, Graf von Pembroke, ließ sich Rhys vom Bischof von St David's von seinem Eid befreien und stieß zu Henry mit einem riesigen Heer von Gefolgsleuten. Um sein Gesicht zu wahren, bat er, wie es heißt, den Grafen Richmond, die Küste über seinen Leib zu betreten: Leiche und Leib heißen in England beide *body*, und so war immerhin dem Wortlaut des Eides genüge getan ... Getrennt marschierten die beiden Heere bis Shrewsbury; bei Bosworth kam es zu der historischen Schlacht, die Richard III. Kopf und Krone kostete. Dem neuen König, Heinrich VII., war in der Schlacht das walisische Kriegsbanner mit dem Roten Drachen von Powys, dem Drachen Cadwaladrs und Merlins, vorausgeweht, unter dem ein Jahrhundert zuvor auch sein Ahn Owain Glyndwr nach Shrewsbury zog.

In ihrer heutigen Form entwickelte sich die Stadt im späten 18. Jahrhundert; damals entstanden die Terrassenstraßen, die sich den steilen Uferhang hinaufschwingen. Den Grundstein für die kleine Pfarrkirche legte Lord Nelson, der Seeheld. Das Hafenbecken wird jetzt leider völlig von den riesigen Anlagen der Ölraffinerien beherrscht.

PEMBROKE liegt gegenüber von Milford in einer Bucht innerhalb der Bucht am River Pembroke. Sein Stadtbild wird von der Kulisse der normannischen Burg geprägt und von der Werft, deren Docks sich endlos auf einer Landzunge dehnen. Der Fluß ist dem Einfluß der Gezeiten unterworfen.

Pembroke Castle wurde im 12. Jahrhundert auf einem Kalksteinhügel errichtet; allerdings stand hier schon seit den Tagen des Eroberers eine kleine Feste. Von den Bauten neben dem immer noch über zwanzig Meter hohen, viergeschossigen Bergfried, einem der schönsten in ganz England in seiner Mischung aus Kraft und Eleganz, führten einst Treppen zu einer großen Höhle am Fuße des Hügels. Der äußere Mauerring, an der Landseite stellenweise über fünf Meter dick, ist als Ruine erhalten; der innere Mauerkranz, auch das einstige Torhaus, sind fast völlig verschwunden. Einige Räume der Burg konnten renoviert werden und beherbergen heute einen Teil der Stadtverwaltung. – In der Geschichte spielte Pembroke Castle mehrfach eine Rolle. Von hier aus segelte König Heinrich II. im Oktober 1172 nach Irland, um seinen Lehnsmann, Richard de Clare, Grafen von Pembroke, im Kampf gegen König Roderick von Connaught zu unterstützen. Die Expedition endete mit der völligen Unterwerfung Irlands; als der König im März 1173 nach England zurückkehrte, hatte er seine eigenen Truppen in jedem wichtigen Ort Irlands liegen. Im 15. Jahrhundert, am 28. Januar 1457, wurde hier Heinrich Tudor, der spätere König Heinrich VII., geboren, zwei Monate nach seines Vaters Tod, und von hier rettete er sich auch nach der Schlacht von Tewkesbury, die den Yorks den Sieg brachte, nach Frankreich. – Im Bürgerkrieg wurde Pembroke wochenlang von Cromwell selbst belagert; erst als er die Stadt mit aus England herbeigeschafftem schweren Geschütz unter Feuer nahm, wurde sie am 11. Juli 1648 übergeben. Ihr Kommandant, der Bürgermeister John Poyer, wurde am 21. April des folgenden Jahres in London auf Befehl Cromwells erschossen, weil er »sündigte gegen so viel Licht und gegen so viele Zeugnisse der Göttlichen Vorsehung«. Poyer hatte nämlich anfangs auf seiten der Erhebung gestanden, sich aber, als man seinen Offizieren und Leuten die ausstehende Löhnung verweigerte und ihn anwies, sie fristlos zu entlassen, auf die Seite des Königs geschlagen. Cromwell selbst sollte später aus genau dem gleichen Grund das Parlament auflösen ...

27

Der ergötzlichste Ort in Wales: Lamphey – Manorbier – Tenby – Caldey Island

Auch glaube ich nicht, daß eine andere Nation als diese walisische oder eine andere Sprache als Walisisch, was immer auch hiernach geschehen mag, am Tage des Jüngsten Gerichtes vor dem allerhöchsten Richter Rechenschaft für diesen Erdenwinkel ablegen werden muß ...
Giraldus Cambrensis, ›Descriptio Kambriae‹, um 1194

Unser Weg führt uns jetzt entlang der Südküste von Dyfed, der einstigen Grafschaft Pembrokeshire. Weite Teile der Küste sind vermarscht; silbrig im gleißenden Meerlicht schimmern die Sand- und Schlickbänke. Hinter der Küste steigen die Hügel auf, meist in sanften grünen Höhen. Dieser Teil der Küste ist recht fruchtbar; Weiden, Gärten und Kornfelder wechseln ab mit wenigen Heideflächen. Teilweise schieben sich Streifen von lichtem Laubwald zwischen die schmalen Bachtäler.

LAMPHEY liegt nur wenige Kilometer von der Küste entfernt östlich der Stadt Pembroke. Es ist ein eher unscheinbares Dorf, aber an seinem nordöstlichen Rande liegen die guterhaltenen Ruinen eines der ehemaligen Paläste der Bischöfe von St David's. Die Bischöfe liebten diesen Ort, vielleicht wegen seiner besonders reichen Fischteiche, war doch bei den langen Fasten des Mittelalters ein ständiger Vorrat an Frischfisch eine äußerst willkommene Bereicherung der Tafel; Seefische wurden in jenen kühlschranklosen Zeiten, wie übrigens auch die größte Menge des Fleisches, meistens sofort stark gepökelt, um haltbar zu bleiben.

Der älteste Teil des Bischofspalastes stammt nachweislich aus der Zeit um 1096; später sorgten die Bischöfe Gower und Vaughan, die auch in St David's selbst die Bauarbeiten besonders gefördert hatten, für Erweiterungen und Verschönerungen des Sitzes. Lamphey war nie befestigt; nur der Hof wurde von einer zinnengekrönten Mauer umschlossen. Seinem ganzen Charakter nach war es für seine Zeit ein ungewöhnlich eleganter und bequemer Wohnbau mit mehreren Zugängen zu den Privaträumen der Bischöfe, der sogenannten ›camera‹. Nach der Reformation fiel der Bau an die Krone und wurde von Heinrich VIII. den Grafen von Essex überlassen; hier wuchs Robert Devereux heran, späterer Graf Essex und dann Günstling der alternden Königin Elisabeth I. Es war eine gute Umgebung für einen werdenden Seehelden: Marsch und Meer vor den Toren, und keinen Tagesritt entfernt die Häfen von Pembroke und Tenby mit ihren Seglern und Werften, die für einen abenteuerlustigen Knaben sicher eine Quelle steten Entzückens gewesen sein müssen, standen sie doch zu jener Zeit auf der Höhe ihrer Macht.

MANORBIER ist der Inbegriff eines einsamen Schlosses am Meer, wie die Dichter es zu rühmen nie müde geworden sind. *»Manor Pirr«*, schrieb Gerald de Barri in seinem Tagebuch, *»ist der allerergötzlichste Ort in Wales«* – und niemand konntes es besser wissen als dieser große Reisende: war es doch das Haus seiner Väter. Hier hatte er das Licht der Welt erblickt, im Schatten der Burgmauern am Strande Dome und Klöster aus Sand gebaut, während seine drei älteren Brüder Städte errichteten und Burgen im Spiel – Spiel, aus dem einst Ernst werden sollte. Gerald de Barri, auch Gerald von Wales oder Giraldus Cambrensis benannt, stammte aus dem Geschlecht der sagenumwobenen Nesta: ihre Tochter war seine Mutter, ihre Söhne seine Onkel. Sein Vater aber war ein normannischer Baron, William de Barry. Diese Abstammung prägte sein Leben, da sie ihn in zwei Welten zu leben zwang: zur Mutter die walisische Prinzessin Angharad, zum Vater einen normannischen Aristokraten reinsten Wassers. Seine Erziehung übernahm Bischof David Fitzgerald von St David's, ein Sohn von Nest, der ihn nach Gloucester und Paris zum Studium schickte. 1172 kehrte Gerald zurück, nachdem er seine Studien an der Sorbonne erfolgreich abgeschlossen hatte, und trat in die Dienste des Erzbischofs von Canterbury. Dieser schickte den sprachkundigen jungen Mann in einer sehr heiklen Mission nach Wales: Er sollte sich um die Überprüfung der Einziehung des Kirchenzehnten kümmern. Während dieser Reise stellte er fest, daß der Erzdiakon von Brecon ein verheirateter Mann war. Damals war das weder in Britannien noch auf dem Kontinent etwas so Ungewöhnliches, aber Gerald war jung, feurig und von seinem missionarischen Eifer beseelt, und da er den Missetäter, der der arme Diakon in seinen Augen war, nicht zur Umkehr, also zur Trennung von seinem Weibe, bewegen konnte, erstattete er Anzeige gegen ihn beim Bischof – eine Tat, deren er sich als reifer Mann stets geschämt hat, vor allem, da man nach der Entsetzung des Schuldigen ihn selbst mit dessen Amt betraute. Er hätte ablehnen müssen; aber das Erzdiakonat schien ihm ein gutes Sprungbrett zu höheren Ehren, und er war, wie gesagt, noch sehr jung und ehrgeizig und entsprechend skrupellos, wohl eben sechsundzwanzig. Sein genaues Geburtsdatum ist uns nicht bekannt, aber man darf annehmen, daß er nicht vor 1145 und nicht nach 1147 geboren ist.

Seine Chance schien gekommen, als 1176 sein Onkel Fitzgerald starb und ihm der freigewordene Bischofsthron von St David's angeboten wurde. Aber König und Erzbischof verhinderten die Wahl des erst Einunddreißigjährigen, da sie auf diesem wichtigen Hirtensitz gerne einen Engländer sehen wollten. Enttäuscht kehrte Gerald nach Paris zurück, um sein Jurastudium zu vervollkommnen. Drei Jahre später wurde er auf Wunsch des Domkapitels als stellvertretender Bischof nach St David's zurückberufen, da der regierende Bischof Peter mit seinen Schäfchen nicht zurechtkam.

1183 fuhr er nach Irland, wo ihm das Bistum Fern angetragen wurde, das er jedoch ausschlug. Als König Heinrich II. die Eroberung Irlands 1185 vollendete, begleitete er den König als Sekretär; in den nächsten Jahren schrieb er zwei sehr umstrittene Bücher über Irland. 1188 führte er den Erzbischof von Canterbury durch Wales und predigte an seiner Seite für den dritten Kreuzzug; das Resultat jener Wochen waren seine beiden wichtigsten Bücher, das ›Itinerarium Kambriae‹ und die ›Descriptio Kambriae‹, die er 1194 vollendete. Das ›Itinerarium‹ ist fast das einzige private Tagebuch jener Zeit, das auf uns gekommen ist und uns einen Einblick in das tägliche Leben der Epoche gestattet; und aus dem gleichen Grunde ist auch die ›Descriptio‹ lesenswert geblieben: Sie zeigt Wales, gesehen mit den Augen eines weitgereisten, gebildeten Weltmannes, der gerade dabei ist, seine Heimat zu entdecken, in einem seltsamen Gemisch aus Liebe und Haß, Stolz und Vorurteil, Scham und Verständnis.

Im folgenden Jahr 1189 wurde Gerald in der Normandie Zeuge des Todes von König Heinrich II., der einen Aufstand in Wales auslöste; der neue König, Richard I. Löwenherz, schickte den alten Vertrauten des Vaters sogleich als Friedensstifter in das immer unruhige Land. 1198 starb Bischof Peter, und wieder wurde Gerald als neuer Bischof nominiert und diesmal gegen den Widerstand des Usurpators Johann Ohneland auch gewählt. Um seine Wahl bestätigen zu lassen, fuhr er nach Rom, wo er dem Papst zugleich das alte Anliegen der Waliser, St David's zu einem walisischen Erzbistum zu machen und damit unabhängig von Canterbury, von der englischen Vormundschaft, vortragen wollte. Papst Innozenz III., der ein großes persönliches Interesse an dem hochgebildeten Waliser nahm, es aber auch mit Canterbury nicht verderben wollte, zeigte sich dem Ersuchen nicht grundsätzlich abgeneigt, spielte aber auf Zeit: Er bat Gerald, in die Archive Einblick zu nehmen und ihm dokumentarische Beweise für den Anspruch St David's zu bringen. Als Gerald fündig wurde, horchten seine englischen Widersacher auf. Das Spiel wurde ernst, und es stand von vornherein fest, wer es verlieren müßte; aber vier Jahre lang hielt sich Gerald tapfer gegen die Intrigen, die ein immer festeres Netz um ihn spannen. Seine Niederlage war die Niederlage Wales'; das war es wohl, was ihn in seinem Kampf so tapfer den Mächtigen die Stirn bieten ließ.

Ein Engländer nahm seinen Platz auf dem Bischofsstuhl von St David's ein, und Gerald gab sich in der Folge völlig seinen Studien hin. Immer wieder legte er in seinen Schriften den juristischen Standpunkt für die Unabhängigkeit des walisischen Episkopats dar; sie war zum großen Thema seines Lebens und Schaffens geworden: in ›De Rebus a se Gestis‹, das fast eine Autobiographie genannt werden kann, in den sechs Bänden von ›De Invectionibus‹, die er um 1216 vollendete, und in seinen Briefen. Als man ihm 1215 zum dritten Mal den Bischofsthron von St David's anbot, war er des vergeblichen Kampfes wohl schon müde: Er wollte das Erzbistum für Wales; etwas anderes konnte ihm nicht mehr genügen. So lehnte er ab. Seine letzten Jahre sind in Dunkel gehüllt; man weiß, daß er in Lincoln starb, wahrscheinlich 1223. In seinem Denken war er ein Normanne, in seinem Streben Waliser, in seinen Schriften aber, in denen sich die Welt des Mittelalters unbefangener, persönlicher, subjektiver und anschaulicher spiegelt als in irgendeinem anderen Dokument jener Zeit, ist er Abendländer, oder, wie Michael Richter sagt, *»eine wahrhaft europäische Gestalt ... so, wie er für das Erzbistum von Wales kämpfte, erhob er diese geistliche Streitfrage zu einer Frage von politischem Gewicht ... Giraldus, ein Mann mit kosmopolitischem Hintergrund und umfassender Bildung, konnte diesen Streit auf die radikalste und rudimentärste Formel bringen: Aufschrei einer Nation gegen die Unterdrückung durch seinen Nachbarn!«* (aus ›Giraldus Cambrensis‹, 1976)

Die Burg, die wir heute sehen, entstand etwa fünfzig Jahre nach Giraldus' Tod; sie wurde von einem John de Barri errichtet und zeigt die ganze harmonische Eleganz der edwardianischen Befestigungskunst: ein Torhaus mit zwei Türmen, ein von hoher Mauer umfaßter Innenhof, von dem aus Treppen zum Saalbau, zu einer großen Kemenate und zur Kapelle führen. Spitztonnengewölbe schließen die in späteren Zeiten – die Burg befindet sich noch in Privatbesitz – natürlich mehrfach veränderten Räume. Heute bevölkern lebensgroße historische Puppen zur Freude der Touristen das Innere der Burg; eine stellt Giraldus dar. Näher wird man sich dem großen Gelehrten fühlen, wenn man die Burg auf ihren roten Sandsteinklippen von außen betrachtet und seinen Worten lauscht, die sich sehr wohl auf diesen Bau beziehen könnten, den er doch nie mit Augen sah: *»Er ist außerordentlich gut befestigt mit Türmchen und Bollwerken und liegt auf dem Gipfel eines Hügels, der sich im Westen bis zum Seehafen erstreckt, und hat an seiner Nord- und Südseite einen feinen Fischteich unter seinen Mauern ... und einen schönen Obstgarten an der gleichen Seite, teilweise umschlossen von einem Weingarten und teilweise von einem Wald ... Zur Rechten des Vorgebirges fließt zwischen Burg und Kirche, entlang an einem großen See und einer Mühle, ein nie versiegender Bach durch das Tal, den die Stärke des Windes versanden ließ Dieses Land ist wohl versehen mit Korn, Fischen aus dem Meer und Weinen von jenseits des Meeres.«* (›Itinerarium‹)
Am Ende der Bucht findet man King's Quoit, einen großen Dol-

men, der zeigt, daß hier schon in der frühen Bronzezeit gesiedelt wurde.

Die Küstenstraße von Manorbier nach Tenby führt an PENALLY vorüber, einem winzigen Dorf, dessen Kirche jedoch ein keltisches Hochkreuz hütet; bald danach beginnt der weite gelbe Strand von Tenby, das auf einem Vorgebirge liegt, mit seinen schönen, weichgeschwungenen Buchten.

TENBY gehört zu den reizvollsten Städtchen in Südwales. Die äußerste Ecke des Vorgebirges nimmt der Burghügel ein; aber von der normannischen Burg selbst haben sich kaum Reste erhalten. Die Stadt wurde während der Wirren der edwardianischen Zeit mehrfach belagert und zerstört. Ihre Stadtmauern aber schlingen sich noch heute um den Ort, eine Mischung aus mittelalterlichem Fischer- und Handelshafen und Seebad im Regency-Stil. Die Boote, die heute in den Buchten schaukeln, gehören fast alle Liebhaberseglern und Anglern; man macht von Tenby aus Jagd auf den Hai und andere Hochseefische.

Aus dem Mittelalter stammt das schmale geduckte ›Tudor Merchant's House‹, ein feines Beispiel für ein kleines Kaufmannshaus, vom National Trust liebevoll restauriert und mit zeitgenössischen Möbeln ausgestattet. Auch das nahegelegene ›Plantagenet House‹ aus derselben Epoche wird vom National Trust betreut.

Die Pfarrkirche St Mary liegt in der Mitte der Stadt, der Straße zugewandt: An das dreischiffige Langhaus gliedert sich ein schmaler Chor, und im Winkel zwischen Chor und Langhaus liegt der hohe alte Südturm. An diesen schließt sich ein Chortransept an, welches dem heiligen Thomas gewidmet ist, und nördlich des Chores erstreckt sich, im Grundriß gen Osten schmaler werdend, die St Nicholas-Kapelle, einst die ›Kapelle des Gnadenkreuzes‹ genannt. Die ältesten Teile der Kirche stammen aus dem 12. Jahrhundert; nach den Zerstörungen unter Fürst Llywelyn brauchte die Stadt Zeit, um sich zu erholen; die nächste große Bauepoche für die Kirche fällt daher erst in das 15. Jahrhundert, als Tenby für den Handel mit Irland, Frankreich und England als wichtiger Zwischenhafen von Bedeutung war.

St Mary besticht den Besucher mit schlichten hellen Räumen und herrlichen Holzdecken; die Decke der St Nicholas-Kapelle ist farbig gefaßt, die des Mittelschiffes im Langhaus ist hell gestrichen und wird von vergoldeten Schlußsteinen geziert. Unter den zahlreichen Grabmälern in der Kirche ist das der Margaret Mercer von 1610 besonders rührend: Sie starb nach zwölf Ehejahren im Kindbett bei der Geburt ihres elften Kindes; gerade dreißig Jahre alt. Das Grabmal zeigt die Wappen ihrer und ihres Mannes Familien – sie war mit einem Thomas ap Rhys von Scotsborough, einem Gutsherrn, vermählt gewesen – und ihre Gestalt in Lebensgröße sowie an der Seite des Sarges die sieben überlebenden Kinder en miniature. – Die Fenster der Kirche stammen aus der viktorianischen Zeit; es sind recht mäßige neugotische Arbeiten, die leider edles altes Farbglas aus verschiedenen Epochen ersetzten. Die schöne geschnitzte Kanzel entstand 1634; ein geschwungenes Treppchen führt zu dem achteckigen Kanzelkorb, der auf zwei geschnitzten Säulchen ruht; das ganze Gebilde verrät noch Renaissancegeschmack.

Längst nicht so großartig, aber ungemein anheimelnd ist die nahe Kirche St Julian's, von den Einheimischen ›Fishermen's Church‹ genannt. Der hallenartige Raum mit niedriger Balkendecke und unverputzten Quaderwänden ist vollgestopft mit zahllosen Opfergaben der Fischer: Netzen, Rettungsringen, Ölmänteln, Glaskugeln als Schwimmer für die Netze, Reusen und Rudern und anderem mehr. Selbst im frommen Wales habe ich keine Kirche gesehen, die so eindeutig von der persönlichen Hinwendung der Gläubigen zu Gott geprägt schien: St Julian's erzählt mit seinen dicht gedrängten Bänken, seiner Armseligkeit und der Armseligkeit der Opfergaben – Dinge, die herzugeben den Fischern dennoch schwer genug gefallen sein dürfte, waren es doch Dinge des täglichen Lebens, der täglichen Arbeit, Handwerkszeug eben – von einem Leben in Elend und Gefahr, in dem Gott die einzige Hoffnung ist.

1878 wurde in Rope Walk Field 50 Augustus John geboren; das Haus an der Ecke von South Cliff ist inzwischen Teil des Belgrave Hotels. Die Familie war nur für die Dauer einer Scharlachepidemie hierher gezogen; an sich wohnte sie in Haverfordwest, wo John die ersten sechs Jahre seines Lebens verbrachte, und an dessen buntes Marktgewimmel er sich später gerne erinnerte. 1884 starb seine Mutter, und der Vater zog mit den Kindern ganz nach Tenby, um besser über den Verlust hinwegzukommen. Er war ein sehr ernster, verschlossener Mann, ein verknöcherter Jurist, aber seltsamerweise aufgeschlossen für Kunst. Dennoch haßte John das Haus in Haverfordwest: *»Eine Art Leichenhalle, wo alles tot war,* *wie die ausgestopften Tauben unter ihrer Glasglocke im Salon und fleischlos wie die Skelett-Uhr auf dem Kaminsims; dies Museum voll Schund, das sich nur wandelte in einem unaufhaltsamen Prozeß des Verfalls, spiegelte die erstarrte Unbeweglichkeit des Geistes ihres Kurators wider«*, schrieb er in seinen Memoiren. John und seine Schwester Gwen durften die Kunstschule besuchen, und ihr Lehrer sorgte dafür, daß sie zur Slade-Akademie nach London kamen. 1897 zog sich John in den Ferien bei einem Kopfsprung ins Meer eine schwere Verletzung zu, die ihn wochenlang ans Krankenbett fesselte; dieses Erlebnis scheint einen Schlußpunkt unter seine unglückliche Jugend gesetzt zu haben, denn danach kannte man ihn als den heiteren, wilden Bohemien, der er zeit seines Lebens blieb, ein großzügiger, der Freundschaft und Liebe fähiger Mann, geistigen wie sinnlichen Genüssen gleicherweise offen. In Tenby erinnern an ihn und seine Schwester, die ebenfalls eine berühmte Malerin wurde, im Schulhof der Greenhill School, die sie als Kinder besuchten, eine Eiche und eine Birke.

Von der Küstenstraße aus sieht man einen sanftgerundeten Inselrücken mit weißen Kalksteinrippen vor Tenby aus dem Meer tauchen; mit einem Motorboot kann man ihn in einer halben Stunde erreichen.

CALDEY ISLAND ist heute im Besitz des Ordens der Zisterzienser und wird von diesem landwirtschaftlich genutzt. Der Orden erwarb die Insel 1928, als anglikanische Benediktiner, die dort vorher gesessen hatten, zur katholischen Kirche übertraten und in eine englische Abtei in Gloucestershire zogen.

Christliches Zentrum war Caldey spätestens seit dem sechsten Jahrhundert, als keltische Mönche von hier aus missionierten. Im Mittelalter, zur Zeit der Normannenherrschaft, wurden die Mönche den Benediktinern von St Dogmael unterstellt. Aus dieser Zeit stammen die einfache kleine Prioreikirche mit ihren niedrigen Gewölben und dem kopfsteingepflasterten Boden und die kleine Dorfkirche St David's. 1906, als die Benediktiner die Insel kauften, hatte Pfarrer W. Done Bushell, ein ehemaliger Kaplan der Schule in Harrow, die alten Bauten bereits restauriert; die Benediktiner bauten die modernen Klosteranlagen und eine neue Kapelle.

Bei Ausgrabungen auf Caldey hat man zwischen den Kalkhöhlen im Norden der Insel und den roten Sandsteinklippen im Süden Gerippe der verschiedensten Tiere gefunden, die zeigen, welchen

Temperaturunterschieden dieser Teil der Welt in den letzten Jahrtausenden ausgesetzt war: Neben Ren und Bär gab es hier in Urzeiten auch Löwen, Rhinozerosse und Hyänen. Die Skelettfunde kann man im Heimatmuseum von Tenby betrachten.

Wir fahren weiter bis AMROTH, von dessen Klippen aus man manchmal einen untergegangenen Wald im Meer sehen kann, wenn der Wind schweigt und die Brandung nur leise mit kleinen Wellen an das Land schläft.

28

Poet – Prophet – Priester: Laugharne – Carmarthen – Dinefwr – Llandeilo Carreg Cennen

… nun habe ich fünfzehn Jahre oder Jahrhunderte in dieser zeitlosen, schönen, meerschaumigen Stadt gelebt, diesem fernen, vergeßlichen, wichtigen Ort der Reiher und Kormorane mit einer Burg, Friedhof, Möven und Gespenstern …

Dylan Thomas, ›Ganz früh eines Morgens‹, 1954

Wenn Merlins Eiche niederfällt
Kommt für Carmarthen das Ende der Welt.

Alte Prophezeiung

LAUGHARNE erreicht man am einfachsten über die Straße von Tenby nach St Clear's oder San Clêr und dann in südlicher Richtung durch das Taf-Tal auf einer schmalen Straße. Es ist ein eher armseliges Fischerdorf, doch zeigt seine Hauptstraße, auf der man in den Ort einfährt, die King Street, recht hübsche Häuser im schlichten Stil der georgianischen Epoche und gibt sich mit ihren alten Bäumen das Air einer Allee. Die Verlängerung, Market Street, ist schmäler, die Häuser dort, darunter auch das Rathaus, sind niedriger und ärmlicher. Ein Hügel muß erklommen werden, wenn man zum Marktplatz will; steigt man an der anderen Seite herab, sieht man unten den Platz liegen, der im Ort ›The Grist‹, das Mahlgut, genannt wird; er entspricht wohl dem Cornmarket alter englischer Städte, dem Platz, auf dem die Getreidehändler früher Markt hielten. Zu seiner Seite erstrecken sich der Strand und die dem Ort vorgelagerten Sandbänke. In zwei verschiedenen Ecken des Platzes liegen ›Cross House‹ und ›Brown's Hotel‹, die beiden Wirtshäuser, in denen sich Dylan Thomas, Wales' größter Dichter dieses Jahrhunderts, am liebsten aufhielt, als er hier wohnte.

Laugharne ist arm, auch wohl noch ärmer als zu der Zeit, in der Thomas hier lebte; es hat zum Glück überhaupt keine touristische Schminke aufgelegt. Je ärmer die Pubs, die in Thomas' Werken eine Rolle spielten, um so eindringlicher ist bei Wirten und Gästen noch die Erinnerung an den blondgelockten Fremden, den ihnen ein gutes Geschick einst ins Dorf geweht hatte: ein Fremder, und wenn er mit ihnen am Tisch saß und bis in den Morgen zechte, doch einer der ihren, der Fischer und Händler und Handwerker, der Bauern aus den umliegenden Dörfern. Kaum ein Schaufenster, keine Schenke, ja vielleicht kaum ein Haus in Laugharne, wo nicht eine billige Kopie des herrlichen, farbberauschten Porträts hinge, das sein Freund Augustus John von ihm gemalt hat: der lange Kopf mit der hohen, gewölbten, kindlich wirkenden Stirn, den großen klaren Augen, dem trotzigen Mund und den krausen Locken vor purpurnem Hintergrund. Wenn man sich in den Pubs und Inns, die er besuchte, ein wenig Zeit nimmt und nicht gleich beim ersten Whisky mit der Tür ins Haus fällt, beginnen die Dörfler wohl von ihm zu sprechen. Sie werden heute kaum noch aus Freundlichkeit gegenüber den Fremden etwas über Dylan verlauten lassen; zu oft wurden sie von im Grunde desinteressierten Touristen ausgefragt, diese wettergegerbten Männer mit ihren Charakterköpfen, diese alten Frauen mit runzligen Gesichtern und Riesenaugen in dunklen Tüchern oder Schals, mit ihrem aus den Mühen des Tages geborenen Stolz. Aber wenn man still zuhören kann, wenn man bereit ist, sich dieser durch Not zur Kargheit verurteilten Welt unauffällig anzupassen, wie Thomas selbst es einst tat, dann werden sie von sich aus von ihm erzählen, der wie ein Feuerwerk in ihr stilles Dorf einbrach, von ihrem Dylan, dem Villon von Wales. Seine Sprache war das Englische, aber seinem Charakter nach war er durch und durch Waliser: Phantast, Trunkenbold, Weiberheld und ein Poet, dem die Grenze zwischen Wahrheit und Lüge nicht etwa verschwamm, sondern für den sie so wenig existierte wie für seine geistigen Väter, von Merlin und Taliesin über Geoffrey und Malory bis zu den Vaughans. Er war fromm, aber seine Göttin war die Poesie, und nur in ihrem Dienste kannte er Disziplin: die Disziplin der Sprache, die Disziplin der Wahrheit und die Disziplin des Rausches, der das Göttliche im Menschen sucht, um Gott zu finden. Thomas war ein Dichter mit einer natürlichen Gabe zur Komödie; kein Humorist, wie etwa die englischen Realisten des neunzehnten Jahrhunderts, sondern ein Sprachgewaltiger, der die Menschen liebte, und durch dessen Sätze noch ein Lachen geistert, wenn sie zutiefst traurig sind.

Thomas, am 27. Oktober 1914 in Swansea als Sohn eines graduierten Anglisten geboren, veröffentlichte bereits als Neunzehnjähriger einen ersten Band mit Gedichten, die einen erstaunlichen Erfolg hatten. 1937 heiratete er in Cornwall Caitlin Macnamara, und im Mai 1938 zogen sie in ihr erstes eigenes Heim in Laugharne, wo sein kleiner Sohn Llywelyn, genannt nach den alten walisischen Fürsten, im Januar des folgenden Jahres zur Welt kam. 1940 erschien sein ›Portrait des Künstlers als ein junger Hund‹. Während des Krieges, an dem Thomas wegen seiner schlechten Gesundheit nicht aktiv teilnehmen konnte, lebte die junge Familie in London. Dort wurde 1943 die Tochter Aeronwy geboren. In den folgenden Jahren, in denen er als Dichter immer höheres Ansehen errang, lebte er bald in Wales, bald unternahm er lange Reisen ins Ausland oder widmete sich größeren Aufgaben in England, wo er vor allem für Rundfunk und Film schrieb. Im Mai 1949 dann, müde all der Reisen und einer Welt, die er immer weniger verstand, kam er zurück nach Laugharne, in ein Haus, das ihm eine Gönnerin, Margaret Taylor, gekauft hatte, das ›Boathouse‹ auf einer Klippe am Ende der Bucht, noch hinter den hohlen normannischen Rundtürmen der Burg von Laugharne, über die Efeu und Ranken ihr grünes Netz gewoben haben. Es ist ein steiles, dreigeschossiges Haus mit niedrigem Schiefergiebeldach und einem Holzbalkon; alles hellgetüncht, nur Türen und Fensterrahmen sind blaßblau gelackt. Seine Eltern brachte Thomas im ›Pelican‹, einem kleinen Haus in der Nähe von Brown's Hotel, unter. Drei Monate nach seinem Einzug kam das dritte Kind, Colm, zur Welt. Hier, in diesem Haus auf der Klippe mit dem weiten Blick über die Bucht und dem Laubwald im Rücken, fühlte Thomas sich wohl. *»Ich kann von dem Recht Gebrauch machen, einige der Bewohner und einige wenige unter den Reihern mit ihrem Taufnamen anzureden«*, schreibt er etwas selbstironisch in ›Laugharne‹. Aber seine Gesundheit, schon lange untergraben, war den anstrengenden Amerikatourneen, die er von hier aus unternahm, nicht mehr gewachsen. ›Unter dem Milchwald‹, sein Hauptwerk, konnte er noch vollenden, aber einige große Gedichte blieben Fragment. Er starb auf der vierten Amerikareise am 9. November 1953 in New York, noch keine vierzig Jahre alt. Zum Glück erfuhr dieser Vagant, dessen ganzes Leben ein einziger Kampf gegen tote Formen und Konventionen gewesen war, nicht, was ihm die Amerikaner in der Stunde des Todes antaten: Sie kleideten den Leichnam feierlich in steifes Hemd, Frack und Zylinder, ehe sie ihn nach Europa heimsandten. Seine letzte Ruhestatt fand Dylan auf dem Kirchhof von St. Martin's in Laugharne, wo ein einfaches Holzkreuz sein Grab bezeichnet. *»Und der Tod«*, heißt es in einem seiner frühen Gedichte, *»soll kein Reich besitzen. / Die nackten Toten sollen eins sein / Mit denen im Wind und unterm Westmond. / Wenn ihre Gebeine rein gepickt sind / Und die reinen Gebeine verwest / Werden sie Sterne tragen als Ellenbogen und Fuß.«*

Wir müssen nach St. Clear's zurückfahren, um die Straße nach Carmarthen zu erreichen. Die Küste ist hier tief ausgehöhlt von Flüssen, die mit den Gezeiten steigen und fallen; sie haben ihre Trichtermündungen angefüllt mit Sand- und Schlammbänken, die je nach dem Lichteinfall bald silbrig, bald bräunlich-violett schimmern. Der größte unter den Flüssen, die hier münden, ist der Tyfi oder Towy, der sich in reizvollen Windungen durch sein von Fingerhuthalden durchzogenes Wiesental schlängelt. Auf dem Towy kann man noch Coracles sehen, jene geflochtenen einrudrigen Boote, die sich die Flußfischer hier bauen; sie sind so leicht, daß man sie auf dem Rücken tragen kann. Das Coracleflechten ist eine alte Volkskunst der Waliser, aber wie so viele Handwerkszweige ist auch sie vom Aussterben bedroht.

CARMARTHEN erhebt sich über der schönsten aller hufeisenförmigen Flußschleifen mit dem steilen Gemäuer seiner Burg. Die Waliser sagen Caerfyrddden, das heißt Stadt Merlins oder Myrddins. Möglicherweise gab es hier schon zu vorrömischer Zeit ein dem Berggott Myrddin geweihtes Heiligtum; aber der Sage nach wurde hier der britische Prophet und Zauberer Merlin in den dunklen Jahren der Kämpfe zwischen Briten und Angelsachsen geboren: Sohn einer jungfräulichen Keltenprinzessin und des Teufels. Einer der ersten, die von Merlin berichteten, war Geoffrey of Monmouth, aber schon im ›Hanes Taliesin‹ findet der Name Erwähnung. In der Ependichtung des Mittelalters war Myrddin immer eine der großen Randfiguren; es gibt aber auch ein nur ihm gewidmetes Epos. Aus Merlins eigenem Munde soll die Weissagung stammen, daß Carmarthen zusammen mit der alten, angeblich von ihm selbst gepflanzten Eiche, die noch bei meinem ersten Besuch in der Stadt in Priory Street stand, fallen solle. Der Baum mußte dem angeschwollenen Verkehr Platz machen; er wurde ausgegraben und im Grafschaftsmuseum wieder eingepflanzt, wo er hoffentlich Wurzeln schlagen wird. Er war schon seit Jahren nur ein verwitterter, verwachsener dicker alter Stumpf. Nun, auch Merlin selbst schläft ja, von seiner ungetreuen Geliebten, dem Fräulein vom See, durch List in einen Weißdorn gebannt .

Carmarthen war ein römisches Castrum; auf den römischen Karten der ersten nachchristlichen Jahrhunderte steht es als Moridunum verzeichnet. Wenn man Priory Street folgt, findet man etwa einen halben Kilometer vor der Stadt Reste eines Amphitheaters. Ruinen sind aus dieser Zeit sonst nicht erhalten, aber das Geviert Priory Street, Avenue, East Parade und Priory Field entspricht den Abmessungen des einstigen Castrums; Reste der Mauern standen noch in den Tagen von Giraldus Cambrensis. Fundstücke aus der Römerzeit werden im Grafschaftsmuseum aufbewahrt.

Carmarthen gewann Bedeutung zur Zeit der frühen walisischen Fürsten, als hier eine ›Clas‹ entstand, eines der berühmten keltischen Mutterklöster. Es wurde von dem großen Gesetzgeber von Wales, Fürst Hywel Dda, unter seinen besonderen Schutz gestellt und behielt seine Bedeutung bis in die Normannenzeit, als König Wilhelm II. Rufus, der Sohn des Eroberers, hier eine Burg errichtete und die Clas durch eine Augustinerpriorei ersetzte. Etwas von dem alten Geist lebte aber wohl weiter, denn hier entstand um 1105 eine der großen walisischen Handschriften, das ›Schwarze Buch von Carmarthen‹. Es befindet sich heute in der Nationalbibliothek von Wales in Aberystwyth. Die Priorei wurde erst 1539, Jahre nach der Aufhebung der Klöster, aufgelöst; es hat sich keine Spur von ihr erhalten, nur der Name der Straße blieb.

Die normannische Burg von Carmarthen hat das gleiche Schicksal erlitten wie die meisten ihrer Schwestern: Besetzung durch Owain Glyndwr, später durch Cromwells Truppen und endlich langsamer Verfall. Dennoch ist sie auch heute noch ein imposanter Anblick, wie sie ernst und grau über der Stadt und dem Flußtal thront.

1201 erhielt Carmarthen seine eigene Charter, und unter Eduard III. wurde es zum Wollstapelplatz für ganz Wales. 1451 fand hier eines der frühesten Eisteddfods statt, unter der Ägide des Fürsten Gruffydd ap Nicholas von Dinefwr; Dinefwr war der Name des walisischen Fürstentums von Mittelsüdwales. Bei jenem Eisteddfod wurden die vierundzwanzig Regeln der walisischen Bardenkunst erstmals schriftlich niedergelegt. Im Jahre 1555 wurde auf dem Nott Square Bischof Robert Ferrar von St David's auf dem Scheiterhaufen verbrannt, zur Zeit Marias der Katholischen. Unter Elisabeth I. erhielt die Stadt dann eine Lateinschule, von ihr und Essex gestiftet; die Schüler dieses renommiertesten Erziehungsinstituts der Grafschaft tragen noch heute an ihren Mützen als Abzeichen Krone und Monogramm der Jungfräulichen Königin.

Aus dem Mittelalter stammt die Pfarrkirche St Peter am Anfang von Priory Street; ein schlichter geradliniger Perpendicularbau aus dem 14. Jahrhundert mit einem Wehrturm; Südschiff und -portal entstanden erst im folgenden Jahrhundert. Der Raum erhält eine heitere Würde durch sein Buchsbaumgestühl und die schönen Farbfenster; im Westportal steht ein römischer Altarstein. Das Altargrab am Hochaltar umschließt die Gebeine des Fürsten und Kampfgefährten Heinrichs VII. Tudor, Sir Rhys ap Thomas' und seiner Gemahlin; Sir Rhys starb 1525 im ehemaligen Franziskanerkloster von Carmarthen. Hinter der Orgel steht das Monument des 1. Grafen von Essex, Walter Devereux, und auch Bischof Ferrar, Lady Vaughan und Richard Steele wurden in St Peter zur letzten Ruhe gebettet. Der Ire Sir Richard Steele (1672-1729) war ein politischer Würdenträger, zweimal Parlamentsmitglied, Abenteurer, Schauspieldirektor, Dramatiker; vor allem aber ist er in die Kulturgeschichte als der vielleicht bedeutendste Zeitungsmann Englands eingegangen: Er hat die wichtigen Periodika ›The Tatler‹, ›The Spectator‹ und ›The Guardian‹ (März-Dezember 1713), für den unter anderem Pope und Addison schrieben, gegründet. In den letzten Jahren seines Lebens hatte sich der teilweise Gelähmte auf das Gut seiner zweiten Frau, Mary Scurlock, zurückgezogen, die er in seinen vielen Briefen zärtlich ›Dearest Prue‹ zu nennen pflegte. Das Haus, das er bei Carmarthen bewohnte, ›Tygwyn‹, liegt am anderen Ufer des Towy in Llangunnor und ist heute ein Bauernhaus.

Das 18. Jahrhundert stellte eine Blütezeit für Carmarthen dar. Der Hafen florierte noch, eine Eisen- und Zinnindustrie war im

Entstehen. Es gab ein eigenes Theater, und der Adel der umliegenden Güter hatte Stadthäuser in King Street oder Quai Street. 1784 kam aus London der Vater des malerischen Architekturstiles, John Nash (1752-1835), um sich hier von fehlgeschlagenen Bauspekulationen finanziell zu erholen, ohne die Maske des großen Herren ablegen zu müssen. Nash erhielt mehrere große Bauaufträge in Carmarthen, so errichtete er auf dem alten Burggelände ein Stadtgefängnis; aber keines der von ihm für Carmarthen entworfenen Bauwerke hat sich erhalten. Doch kann man wohl die schlichte Eleganz der georgianischen Häuser in King Street und Quai Street auf seinen Einfluß mitzurückführen. Nash schloß in Carmarthen zwei sehr wichtige Bekanntschaften. Er machte sich den Landschaftsgärtner Repton, von dem wir bereits hörten, zum Freund; beide arbeiteten später gemeinsam an einer Reihe von Landhäusern; und er gewann den jungen Augustus Welby Pugin (1812 bis 1852) als Zeichner für sein Londoner Architekturbüro, das er nach einigen Jahren wieder eröffnen konnte. Pugin wurde zum glühendsten Vorkämpfer einer historisch getreuen Neugotik und richtete unter anderem das Londoner Parlamentsgebäude ein.

1767 erhielt Carmarthen auch eine neue Guildhall, ein Rathaus, einen ansprechenden palladianischen Bau mit großen Fenstern.

Im 19. Jahrhundert wurde die Stadt von ›Rebecca Rioters‹ heimgesucht, armen Bauern und Pächtern, die gegen die hohen Wegezölle protestierten. Es kam zur Schlacht zwischen den Aufständischen und berittenen Dragonern; aber auf die Dauer waren die ›Rebeccas‹ doch die Stärkeren, und die Zölle fielen den viktorianischen Reformen zum Opfer. Ihren Namen hatten die Rebeccas, die meist als Frauen verkleidet auftraten, um unerkannt zu bleiben, wenn sie die Zollhäuser zerstörten, aus dem Alten Testament abgeleitet, wo es heißt *»der Same Rebeccas soll die Tore jener besitzen, die sie hassen«*.

In der zweiten Hälfte des 19. Jahrhunderts entstanden einige klassizistische Kirchen und Kapellen, darunter eine katholische mit farbenleuchtendem Interieur und die hübsche English Baptist Chapel, die George Morgan 1872 in Lammas Street (Erntedankstraße) errichtete: ein ungewöhnlich wohlproportionierter Bau korinthischer Ordnung. Morgan hatte von 1870-1900 ein Architekturbüro in Camarthen, hat aber auch in anderen Städten, so in Swansea, gearbeitet. In diesen Jahren erhielt Carmarthen auch einen Bahnhof und wurde zum Bildungs- und Verwaltungszentrum der Grafschaft. An die Seite der alten Lateinschule traten das Trinity wie das Presbyterian College nebst anderen weiterführenden Schulen; und an dem Ort, wo einst das von Nash erbaute Gefängnis gestanden hatte, wurde eine Grafschaftshalle im Stil der französischen Revolutionsbauten durch Sir Percy Thomas errichtet. Carmarthens Bedeutung als Hafen- und Schwerindustriestadt war um die Jahrhundertwende erloschen; es entwickelten sich Leichtindustrie und vor allem bedeutende Milchverwertungsbetriebe, Molkereien und Käsereien. – Carmarthens Straßen machen einen angenehmen Eindruck; das Gefühl drückender Not, das so vielen walisischen Orten den Stempel aufprägte, fehlt hier. Das Grafschaftsmuseum von Carmarthenshire wurde in den siebziger Jahren – als es diese Grafschaft noch gab – aus seinen Räumen in King Street vor die Tore der Stadt verlegt. Man findet es jetzt östlich des Ortes in ABERGWILI, im einstigen ›Old Palace‹ der Bischöfe von St David's, in einem wunderschönen Park. Es enthält neben den üblichen heimatkundlichen Sammlungen sehr wertvolle Römerfunde, darunter eine Goldkette mit Anhänger, außerdem eine Volkskunstsammlung und Keramik aus den Töpfereien von Swansea und Llanelli.

DRYSLWYN und DINEFWR sind zwei keltische Burgen an der Straße, die nach Abergwili führt; sie folgt dem überaus romantischen bewaldeten Towy-Tal nach Osten. Dryslwyns Burg liegt auf einem einsamen Hügel, von dem aus sie das Tal beherrschen konnte. Zur Zeit Llywelyns des Großen wohnte dort Rhys ap Maredudd, der Fürst des Südens, dem Ruhm und Macht Llywelyns ein Dorn im Auge waren. Er verbündete sich mit Eduard I. gegen den Rivalen; doch nach dessen Tod strafte der englische König den feigen Verräter mit dem ersatzlosen Entzug all seiner Ländereien, mit einer Ausnahme: Dryslwyn. Dort saß Rhys nun und sann auf Rache; zweimal erhob er sich gegen den König; dann wurde er gefangengenommen, nach York geschleppt und dort öffentlich enthauptet. Von seiner Burg stehen nur noch die Ruinen des Saalbaus und der Kapelle.

Auch von Dinefwr oder Dynevor Castle haben sich nur ein paar Reste aus dem dreizehnten Jahrhundert erhalten. Seine Anfänge gehen bis ins Jahr 876 zurück, als König Rhodri der Große dort lebte. Rhodri war es, der Wales in die drei Fürstentümer Gwynedd im Norden, Powys im Osten und Deheubarth im Süden aufteilte, in der Hoffnung, den Stammeskämpfen ein Ende zu bereiten. Diese Teilung war so wenig erfolgreich wie alle anderen Versuche, Wales zu einer Art von Einheit zusammenzuschmieden. – Im elften Jahrhundert hielt Rhys ap Tewdwr die ausgebaute Burg gegen die Normannen. Rhys ap Maredudd eroberte die Feste bei seinem ersten Aufstand gegen Eduard I.; 1403 wurde sie von Owain Glyndwr belagert, aber nicht gestürmt. – Neben den Ruinen steht heute ein Landhaus aus dem vorigen Jahrhundert; die alte Burg gehört zum Park, der leider nicht zugänglich ist. Man kann aber die Formen des runden Bergfrieds und die Reste der Mauern vom Tal her recht gut erkennen. Dem Dichter Edmund Spenser (1552-1599) zufolge soll sich in den *›waldigen Bergen von Dynevowre‹* die Höhle Merlins befunden haben.

LLANDEILO ist ein Zweitausend-Seelen-Ort, der auf einem Bergplateau über einer Towy-Schleife liegt; der Fluß biegt hier nach Nordosten ab. Um 560 starb der Namenspatron der Stadt, St Teilo, in dieser Gegend in einem keltischen Kloster. Die heutige Pfarrkirche ist ein Bau aus dem neunzehnten Jahrhundert, der einen früheren aus dem dreizehnten ersetzte. Sie hütet zwei keltische Hochkreuze aus dem neunten und zehnten Jahrhundert.

Der Landsitz ›Golden Grove‹ an der Straße nach Dinefwr, der eine landwirtschaftliche und technische Hochschule beherbergt, ist viel älter als der heutige Bau annehmen läßt, den Josef Wyatville um 1824 nach einem Brand des alten Hauses errichtete. In Golden Grove hielt der 2. Graf Carbery, Richard Vaughan, 1645-1655 den Dichter und Hofkaplan Karls I., Jeremy Taylor, versteckt. Taylor, der mit einer unehelichen Tochter des Königs vermählt war, unterrichtete hier die Kinder des Dorfes und schrieb in dieser Zeit seine schönsten Hymnen. Nach der Restauration der Stuarts – er hatte inzwischen die Härten des puritanischen Gefängnisses spüren müssen – wurden ihm höchste Ehren zuteil: Karl II. berief ihn in den Kronrat und machte ihn zum Bischof von Down und Connor in Irland, wo er außerdem zum Vizekanzler des Trinity College in Dublin gewählt wurde. In Wales und England kennt man ihn als Dichter einiger der schönsten Kirchenlieder des Landes.

In der Nähe von Golden Grove steht ›Nelson's Tower‹, eine architektonische Spielerei, die der Magnat Sir William Paxton, der auch viel zur Verschönerung von Tenby getan hat, 1811 zu Ehren des Seehelden errichten ließ. Der Turm befindet sich im Besitz des National Trust.

Grongar Hill ist ein Berg mit einem Eisenzeitlager; er wurde berühmt durch den Vater der englischen Landschaftsdichtung, John Dyer (1699-1757), der ihn in einem langen, von dem großen Gelehrten Dr. Samuel Johnson (1709-1784) hochgepriesenen Gedicht feierte. Es ist ein richtiges Bergporträt, das die Stimmungen und die wechselnden Ausblicke auf Fluß, Tal und die alten Burgen, die Dörfer und Herden, den Gesang der Vögel wie der Quellen und Bäume bis in die feinsten Einzelheiten in schönen klingenden Versen beschreibt. – Dyer wurde im nahen Aberglaslyn geboren und lebte nach einer Romreise als Pfarrer in England. Sein berühmtestes Werk, ›The Fleece‹ (Das Vlies) erschien 1754 und behandelt die »Pflege der Schafe und die Mühen des Webstuhls«, was durch seine unverhüllte Realistik damals fast einen Skandal auslöste.

CARREG CENNEN ist eine Burg südöstlich von Llandeilo, gleich hinter dem Dorf Trapp an einer schmalen Straße gelegen. Sie erhebt sich auf einem abschüssigen, steilen Felsen über dem Tal des Flusses Cennen zu Füßen des Black Mountain. Der Felsen ist nur von einer Seite zugängig, die von zwei hohen Türmen bewacht wird; rundum gehen sonst die Felswände in die steilen Mauern über. Funde haben gezeigt, daß wohl schon zu Römerzeiten hier eine Feste stand; und sicher gab es schon vor dem Einmarsch der Normannen eine walisische Burg. Man hat von der Burg aus einen atemberaubenden Blick über den ganzen Westteil des Brecon Beacons National Park. Vom Innenhof der Burg aus führt ein Gang tief in den Berg hinein zu einer Höhle am Fuß, deren Öffnung zugemauert ist; man sollte nur über die Burg hineingelangen können, um es eventuellen Angreifern unmöglich zu machen, sie von unten her zu unterminieren. Der Gang erhält Licht von in den Fels gebrochenen Öffnungen und bietet immer wieder überraschende neue Ausblicke. In der Höhle, wo es auch eine Quelle gibt, hielten die Burgbewohner zumindest zeitweise Tauben.

Carreg Cennen hat die ganze leidvolle Geschichte des Landes erleben müssen: Im zwölften Jahrhundert lebte hier Lord Rhys, Rhys ap Gruffydd, Früst von Deheubarth und Ceredigion, der es verstand, sich gegen Heinrich II. durchzusetzen und sein Gebiet zu behalten. Nach seinem Tode gab es viele jahrelang währende Erbschaftsfehden von ungeheurer Bitterkeit, in deren Verlauf ganze

Familien zugrundegingen. Unter Eduard I. kam die Burg nach 1282 an John Giffard, einen anglonormannischen Ritter. Er und sein Sohn gaben der Burg ihre heutige Gestalt. Eduard II. überließ die Burg seinem im Volk verhaßten Favoriten Hugh le Despenser, und später kam sie an das Haus Lancaster und durch die Lancasters in den Besitz der Krone. 1403 wurde sie monatelang von Owain Glyndwr belagert; es ist nicht sicher, ob er sie erobert hat. Heinrich VII. Tudor verlieh Carreg Cennen seinem Freund Sir Rhys ap Thomas, und im 16. Jahrhundert kam sie an die Vaughans von Golden Grove; seit 1932 untersteht sie durch Schenkung dem englischen Denkmalsschutzamt. Die Bauern der Umgegend können von der trutzigen Ruine eine Anzahl unheimlicher Sagen erzählen, die gut zu ihrem verlorenen Anblick passen wollen.

Wir fahren den kurzen Weg bis Llandeilo zurück und folgen der nach Süden führenden Hauptstraße, um über Pontarddulais nach Swansea zu gelangen.

29

Diese Seestadt war meine Welt: Swansea – Gower – Port Talbot – Neath

Die häßliche, schöne – mir jedenfalls schien sie schön – Stadt ist lebendig, aufregend und wirklich, wenn auch der Krieg ein großes, scheußliches Loch in sie machte. Ich brauche mich nicht an einen Traum zu erinnern. Dies ist Wirklichkeit. Die guten lebenden Menschen, der Geist von Wales selbst ...

Dylan Thomas, ›Kindheitserinnerungen‹, 1. Fassung, 1954

Bei Llandeilo endet die Idylle von Wild Wales. Wir sind dem Industriegebiet von Südostwales plötzlich ganz nahegerückt. Und doch ist es ähnlich wie mit dem Rhein: Die einen sehen nur die Schlote und Arbeitersiedlungen, und die anderen nur die Weinberge und das Malerische. Hier verhält es sich ganz ähnlich. Es gibt die eintönigen Bergarbeiterstädte, es gibt die großen Industriehäfen und Eisen- und Zinnverarbeitungsanlagen sowie eine moderne Leichtindustrie, die noch im Aufbau begriffen ist, denn es geht darum, den arbeitslos gewordenen Kumpeln und Stahlarbeitern, deren Arbeit heute weitgehend von Maschinen erledigt wird, endlich wieder selbstverdientes Brot zu verschaffen. Aber zwischen diesen Siedlungen und Industrieanlagen dehnen sich weite Gebiete von atemberaubender landschaftlicher Schönheit: der Brecon Beacons National Park, die südlichen Black Mountains – die im Osten haben wir bereits kennengelernt –, die grünen fruchtbaren Flußtäler und die Küste mit ihrem klaren Meereslicht, immer wieder gebrochen vom Spiegel der Marschen und Sandbänke. Die Straße von Llandeilo über Cross Hands, eine kleine Bergwerksstadt, nach Llanelli führt streckenweise durch schwermütige Moore.

LLANELLI liegt am Nordrand einer pfeilspitzenförmigen Bucht, die sich von Westen her in die Gower-Halbinsel eingräbt; sie heißt Burry Inlet, was soviel bedeutet wie ›Rauhe kleine Bucht‹. Llanelli hat Eisen- und Zinnblechindustrie und besitzt sogar ein Museum sowie eine kleine Galerie für ortsansässige Künstler und Wanderausstellungen. Das Museum ist erwähnenswert, weil es eine gute Vorstellung von der Gewinnung von Zinn und der Herstellung von Blechen vermittelt. Im vorigen Jahrhundert lebte in dem kleinen Ort, der damals noch eher einem Fischer- und Ferienort glich, zeitweise der englische Dichter George Meredith (1828-1909), einer der wenigen großen humoristischen Romanschriftsteller, dessen Hauptwerke, ›Der Egoist‹, eine brillante Gesellschaftssatire, ›Die tragischen Komödianten‹, eine Biographie Lassalles, und ›Diana vom Kreuzweg‹, einer der ersten Romane von dichterischem Rang über die Emanzipation der Frau, die realistische Dichtung des 19. Jahrhunderts zu einem letzten Höhepunkt führten. Sein letztes Werk, ›Celt and Saxon‹, blieb unvollendet; in ihm setzte er sich noch einmal mit den Spannungen zwischen keltischem und angelsächsischem Wesen auseinander.

Von Llanelli mit seinen geschwungenen oder kerzengeraden, bald ebenen, bald ansteigenden Straßen voll gleichförmiger Häuschen mit sanft ansteigenden Dächern und geraden Schiebefenstern und Batterien von Schornsteinen – jeder Kamin braucht ja einen eigenen Abzug –, mit der einen schmalen Stufe, die zur Haustür hochführt, und hier und da einem rustizierten Hauseingang, von dieser so ebenmäßigen, langweiligen und doch mit geheimem Leben erfüllten Stadt hat man von der Küste her einen herrlichen Blick auf die Bucht und die Burgen der gegenüberliegenden Gower-

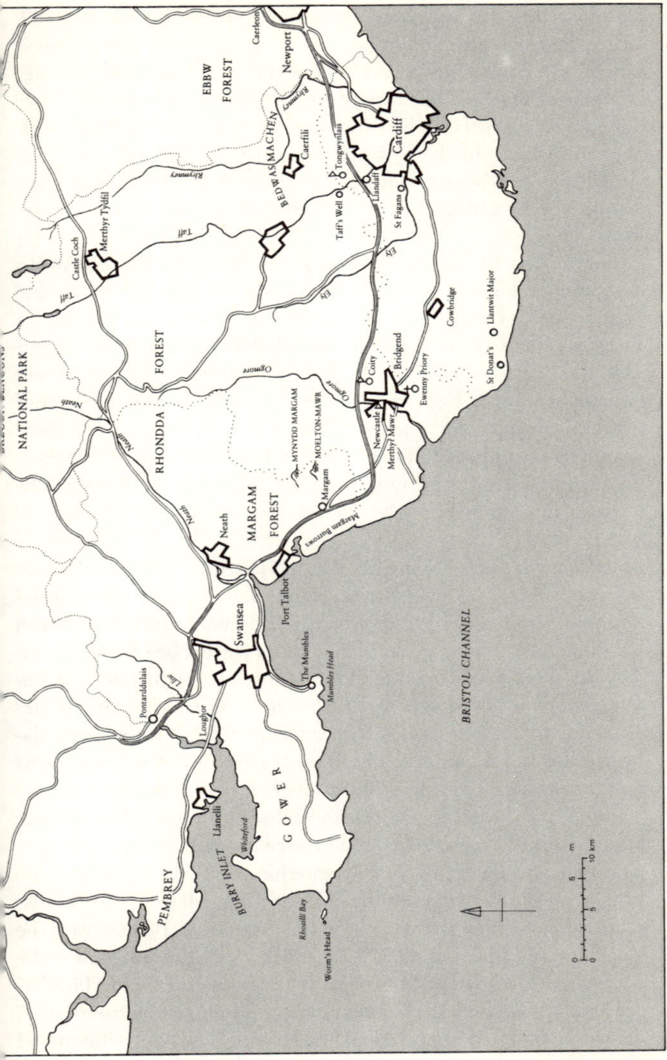
NATIONAL PARK
EBBW
FOREST
Caerleon
Newport
Rhymney
BEDWAS MACHEN
Caerfili
Tongwynlais
Cardiff
Llandaff
St Fagans
Taff's Well
Rhymney
Merthyr Tydfil
Castle Coch
Taff
Taff
Ely
Ely
Cowbridge
Llantwit Major
RHONDDA
FOREST
Neath
Neath
Ogmore
Ogmore
Coity
Bridgend
Ewenny Priory
St Donat's
MYNYDD MARGAM
MOELTON-MAWR
Newcastle
Merthyr Mawr
Neath
Neath
MARGAM
FOREST
Margam
Margam Burrows
Port Talbot
Swansea
The Mumbles
Mumbles Head
Pontarddulais
Llw
Loughor
BRISTOL CHANNEL
G O W E R
Llanelli
Whiteford
BURRY INLET
PEMBREY
Rhosilli Bay
Worm's Head
0
5
10 km
0
5
m

Halbinsel und den Strand der Pembrey-Halbinsel im Nordwesten, hinter dem sich grün, dicht und märchenhaft der Pembrey Forest erhebt. Ein paar Häuser und Straßenzüge stammen noch aus der georgianischen Epoche, aber sonst ist Llanelli der Inbegriff einer der jungen viktorianischen Industriestädte: ein wenig armselig, aber nicht bedrohlich, da kaum eines der Häuser mehr als zwei Geschosse hat; alles bleibt irgendwie dörflich, selbst in der genormten Form, und Nachbarschaft bleibt, im Guten wie im Bösen, möglich.

Tief in der Bucht liegt LOUGHOR, das römische Leucarum. In der Südostecke des einstigen römischen Hügellagers errichtete Henry de Newburgh, ein normannischer Ritter, um 1110 seine Burg; von dem allen hat sich nichts erhalten, nur noch ein eckiger Turm aus dem 13. Jahrhundert auf einem früheren Motte, einem künstlichen Burghügel, bezeichnet die Stelle. Unterhalb seiner Ruine fließt der Lliw vorüber, über den sich eine lange Brücke spannt. In den kleinen Häfen rund um Loughor leben die Frauen, die bei Ebbe den Purpurtang für das Laverbread, eine walisische Delikatesse, sammeln.

SWANSEA war noch Anfang des vorigen Jahrhunderts ein eleganter Badeort, und dieses Swansea ist sogar erhalten mit seinen georgianischen Wohnhäusern und Villen, wenn auch angekränkelt von Verfall. Dylan Thomas, der hier geboren wurde, beschreibt diesen Teil der ›Häßlichschönen Stadt‹ in seinen Erinnerungen: *»Spekulantenvillen und behaglich-selbstbewußte Vorstädte entlang des ausgedehnten, prachtvoll geschwungenen Ufers.«* Aber gleich dahinter die Industriestadt, der Industriehafen: *»Wimmelnd und schimmelnd, verslumt, von Wohltätigkeit überrannt, ungeplant.«* Thomas ist in Swansea geboren und aufgewachsen, und er hat diese Stadt in seinen Werken wieder und wieder beschworen: die langen eintönigen Straßenzeilen der Arbeiterhäuschen, die Slums und die Schenken, die Werften und Docks mit ihren Masten und Schiffsschornsteinen und Sirenen, die Parks, die Stille, den Strand, die Vögel und Bäume und die geliebten Schwäne. Vor allem aber die Menschen: die blauen Matrosen, die Handwerker und Händler, die Kindermädchen, die Gassenjungen und jungen Herumtreiber, die Huren und Bettler und Alten und Krüppel, die Arbeitslosen und Alten. Er sah die Stadt nicht nur von außen; er nahm in seinem Traum die Dächer fort und die Wände und sah in die Träume und

Ängste und Hoffnungen der Menschen, die dort dichtzusammengedrängt leben, besser und schöner die einen, härter und häßlicher die anderen, bis zu jenem ›Buckligen im Park‹, *»der zur Nacht schlief in einer Hundehütte, doch niemand band ihn an«.*

Swansea: eine jener südwalisischen Industriestädte, deren Einwohnerzahl sich in den letzten hundert Jahren nicht einfach verdoppelt oder verdreifacht, sondern mehr als verfünfundzwanzigfacht – wenn es denn ein solches Wortungeheuer gibt – hat, nämlich von 6800 im Jahr 1801 auf heute über 170000! Man muß sich diese Zahlen vor Augen halten, wenn man versucht, diese Städte, ihre Kultur und Architektur, zu beurteilen. Hierher kamen einmal die jüngeren oder abenteuerlustigsten der Bergbauernsöhne aus dem ganzen Lande, um sich in ein paar Jahren harter Arbeit in den Bergwerken, den Eisenschmieden oder den Docks das Statussymbol des vorigen Jahrhunderts zu verdienen: die goldene Uhrkette; und die ganz Erfolgreichen trugen an der ›golden Chain‹ auch wohl gar eine goldene Uhr, Inbegriff des Luxus. Und wenn sie nach Hause zurückkehrten, blendeten sie die jüngeren Brüder mit dem bißchen Glanz, und diese zogen aus, um ihnen nachzueifern. Und manche kamen auch nicht wieder, weil ihnen nach dem Leben in der Großstadt mit Pubs und Theatern und Kino und den Kapellen im Park das Leben im Dorf ohne Feierabend und Feiertag nicht mehr schmecken wollte. Aber die Waliser selbst stellten das kleinste Kontingent an Arbeitern für die neuen Städte: Da kamen im vorigen Jahrhundert die Arbeitslosen aus Deutschland und England, und da kamen und kommen noch immer die Heere der Arbeitslosen aus Irland, und da kamen die Immigranten aus Polen und der Tschechoslowakei und Weißrußland, und da kamen die Rückwanderer und Neueinwanderer aus dem britischen Commonwealth, das langsam zerfiel; die Inder und die Pakistani und Farbige aus Südafrika und Weiße aus Südafrika, die nicht mehr zusehen möchten, wie ihre farbigen Brüder unterdrückt werden. Die neuen Städte waren ein Auffangnetz für die Elenden überall auf der Welt, und die einen fanden gute Arbeit und ein Vorwärtskommen und konnten weiterziehen, und die anderen kamen mit den fremden Verhältnissen nicht zurecht und stellten das Heer der Verlorenen, der Hilfsarbeiter und Arbeitslosen und Vergessenen. Aber jeder in diesen Städten hat sein Schicksal, und das hat kein anderer besser erkannt und dargestellt als Dylan Thomas in seinem Werk, in seinen Gedichten und Geschichten voll schriller Menschlichkeit.

Swansea ist eine Hafenstadt mit den Geräuschen und Gerüchen aller Hafenstädte: dem Klang der Winden und Lastwagen, Schiffssirenen und Schiffsschrauben, dem Schrei der Möven und Krähen, dem nie verstummendem, bald lauter, bald leiser rauschenden Lied der See; mit dem Geruch von Teer und Salz und Öl und Rauch und Tang und Fisch und Vogeldreck; aber es ist auch eine Stadt mit achtundvierzig Parks und Vogelsang, mit lachenden Kindern und singenden Menschen. Ihren Namen hat sie aus der Zeit der Wikinger; abgeleitet wahrscheinlich von ›Sweyn's ey‹, Sweyne-Insel. Sweyne Forkbread war einer der nordischen Piraten, die im neunten, zehnten Jahrhundert die walisische Küste terrorisierten. Henry de Newburgh baute auch hier, wie in Loughor, eine Burg, und William de Braose, den wir aus Ostwales kennen, gab der Stadt ihre Charter. Die Burg wurde von Owain Glyndwr zerstört. Etwa zu seiner Zeit begann man in Swansea Schiffe zu bauen und nach Kohle zu graben. Schon um 1700 war Swansea der größte walisische Hafen. In den Napoleonischen Kriegen ließ Lord Nelson hier seine Schlachtschiffe mit Kupferplatten beschlagen; in jenen Jahren waren die walisischen Kupferwerke äußerst ertragreich. Um dieselbe Zeit erlebte die Porzellanmanufaktur von Swansea einen starken Aufschwung. Die großen Docks wurden fast alle im vorigen Jahrhundert gebaut, um den Anforderungen des Kohle- und Stahlexports zu genügen. Als die große Zeit der Kohle und des Kupfers vorbei war, in den ersten Jahren unseres Jahrhunderts, baute Swansea im Jahre 1918 als erste aller britischen Städte eine große Ölraffinerie. Beide Weltkriege schlugen der wichtigen Industriestadt heftige Wunden; nach dem Zweiten Weltkrieg mußte fast die gesamte Innenstadt neu aufgebaut werden.

In Swansea findet man eine Reihe guter Galerien; die bedeutendste ist die Glynn Vivian Art Gallery gegenüber dem Swansea College of Art in der Alexandra Road. Sie besitzt eine großartige Sammlung von Swansea-Porzellan und Barockgläsern, aber ihre eigentliche Bedeutung liegt in der Pflege der modernen englischen und der walisischen Kunst. Man findet hier Hauptwerke von Richard Wilson, Augustus John und J.D. Innes, Jacob Epstein, Barbara Hepworth und Stanley Spencer, Ceri Richard und Ewan Walters. Walters und Richard sind beide Schüler des Swansea Art College gewesen, Walters 1911-1913, Richard rund zehn Jahre später. Walters war ein Gastwirtssohn aus dem nahen Mynyddbach, der bei Antritt seines Studiums nur gebrochen Englisch sprach. Er hatte in den frühen zwanziger Jahren in London seine erste Einzelausstellung in der vornehmen Warren Gallery; von 1939 bis 1951 arbeitete er völlig zurückgezogen in dem Dorf seiner Kindheit, Llangyfelach, wo ihm sein Vater ein kleines Studio eingerichtet hatte. Walters war der Maler der Kohlengruben; seine Modelle waren Bergleute, Bauern und Marktfrauen. Das Überraschendste an seinen Bildern ist der grimmige Humor; eine tiefe Liebe zu den Dargestellten spricht aus jedem Strich und läßt, wie bei Dylan Thomas, auch das Abstoßende schön, das Gewöhnliche heroisch, das Alltägliche besonders erscheinen. Es gibt keine Häßlichkeit bei ihm, auch wenn seine Modelle auf den ersten Blick häßlich erscheinen können: darunter wird immer ein Mensch sichtbar. Walter hinterließ der Galerie vierzig seiner Gemälde.

Ceri Richard, als Sohn eines Vorarbeiters der Blechfabrik in Gowerton 1903 in Dunvant geboren, war ein Maler ganz anderer Art. Als junger Mann war er Organist an der Congregational Chapel, deren Chor sein Vater leitete; damals spielte er außerdem bei örtlichen Veranstaltungen Klavier. Nach dem Abschluß seiner Ausbildung an der Akademie wandte er sich nach London, wo er rasch in den Kreis der großen modernen Maler Englands aufstieg. Er lebte meistens in der Hauptstadt, kam aber zum Malen gerne nach Wales. Die Landschaft seiner Kindheit hielt er in einer Serie von Zeichnungen aus der Fabrik seines Vaters fest und in dem Gemäldezyklus ›The Black Apple of Gower‹, einem Werk von höchster Stilisierung, in dem er die Prinzipien der kubistischen Malerei und die Poesie Dylan Thomas' zu vereinigen trachtete. In Wales entstand auch sein großes Gemälde ›Wasserfall in Cardiganshire‹, das in der Welsh National Gallery in Cardiff hängt und zwischen kristallisch geronnenen Felsformationen die wilden weißen Wirbel des gischtenden Wassers zeigt, eine herrliche Komposition in grün-grau-weiß. In der Glynn Vivian Art Gallery wurde Richard 1978 ein Erinnerungsraum eingerichtet, in dem auch seine Staffelei, so, wie er sie bei seinem Tode 1971 hinterließ, Platz fand.

Von Alexandra Road biegt man in die High Street ein, die später Castlewind Street heißt. Sie führt an den kargen Resten der Normannenburg vorüber. Von dort gelangt man in eine sichelförmige Straßenanlage, den Anfang von Oystermouth Road, hinter der sich auf dem Gebiet nördlich des South Dock ein riesiges Schiffahrts- und Industriemuseum befindet. Es besitzt unter anderem ein richtiges Feuerschiff – eine Art schwimmender Leuchtturm – und eine ganze Wollenweberei, die noch immer Stoffe herstellt. Die Oystermouth Road führt an der Swansea-Bucht entlang; am Victoria Park erhebt sich die Guildhall, die 1934 nach einem Entwurf von Sir Percy Thomas (1884-1969) errichtet wurde. Thomas hat auch Bauten für den Universitäts-Campus in Aberystwyth und Behördengebäude in Swansea und Cardiff entworfen.

Im Südflügel des Rathauses hängen in der ›Brangwyn Hall‹ sechzehn Gemälde des Malers dieses Namens mit Motiven aus allen Bereichen des Britischen Commonwealth. Sir Frank Brangwyn (1867-1956) hatte die Tafeln als Auftragsarbeit für die königliche Galerie des Londoner Oberhauses gemalt; kurz vor ihrer Vollendung wurden sie dort aber zurückgewiesen. Er schenkte sie später Swansea, das gerade seine neue Guildhall erhalten hatte und die äußerst dekorativen Tafeln mit ihrer enormen Detailfülle und dem gleichzeitig gedämpften und schillernden Kolorit dankbar annahm. Sie sind im Stil den Präraffaeliten und den Künstlern um Morris, aber auch der Malerei des Orient verpflichtet und geschult an der Kunst des Nahen Ostens.

Swansea ist so schön oder so häßlich wie alle Hafenstädte mit viel Industrie. *»Ich fliege über die Bäume und Schornsteine meiner Stadt, über ihre Docks, von deren Masten und Schiffschornsteinen ich den Schaum streife ... über die Bäume des immerwährenden Parks, wo eine Blechmusikkapelle die Blätter schüttelt und über Kindermädchen und Kinder, Krüppel und Müßiggänger, über die Gärtner und kreischenden Jungen niederregnen läßt, und über den gelben Strand und die Steinen nachjagenden Hunde, und über die alten Männer und über das singende Meer ...«* (Dylan Thomas, ›Kindheitserinnerungen‹, 2. Fassung, aus ›Ganz früh eines Morgens‹).

Von Swansea, walisisch Abertawe, Mündung des Tawe, führt die Straße rund um die Bucht zur Gower-Halbinsel mit den Mumbles. Es ist kaum zu begreifen, wie sich neben der riesigen industriellen Ansiedlung, ein Gebiet erhalten konnte, das so schön ist und so unsagbar lieblich wie dieses Stück Erde.

Die GOWER-HALBINSEL reckt sich nach Westen in den Kanal von Bristol, Bristol Channel, vor. Jedem Wanderer bietet sie Wunder eigener Art; archäologische, architektonische, geologische Interessen lassen sich alle hier befriedigen, aber auch botanische und ornithologische. Wieder möchte ich jedem, der diese Landschaft wirklich erobern möchte, raten, dies zu Fuß oder wenigstens per Fahrrad zu tun. Man hat so wenig von fremdartigen Vögeln, wenn man sie nur durchs Autofenster vorbeihuschen sieht.

Doch auch für den eiligen Touristen gibt es des Zaubers genug. Die Straße zu dem Vorgebirge der Mumbles mit der hohen Klippe Mumbles Head ist noch gekennzeichnet durch die Nähe zur Stadt mit Caravanparks und Ferienhotels; aber schon bei der Burgruine von OYSTERMOUTH fühlt man sich mit der Umgegend versöhnt. Erhalten sind Reste von Torhaus, Bergfried, Kapelle, Küche, Verliesen und einem Brunnen. Oystermouth ist die englische Verballhornung von Ystumllwynarth, was übersetzt etwa heißt: Biegung des Flusses beim Busch auf dem Vorgebirge. Eine sehr konzise Sprache, dies Walisisch. Auf Mumbles Head, das hoch über dem Meer aufragt, erhebt sich seit jeher ein Leuchtturm; zu seinen Füßen liegen winzige Inselchen. Außerdem befindet sich dort eine Seenotrettungsstation, denn die Küste ist durch unsichtbare Riffe sehr gefährlich für die Schiffer.

Bald hinter den Mumbles oder Murmels – wohl ein lautmalendes Wort, um das stete Rauschen der Brandung einzufangen – wird die Küste jäh einsam und wild. Gower prangt mit jenen leuchtenden, überwältigenden Kalksteinküsten, deren lichter, poröser Stein ständig vom Gischt der See besprüht wird. Das Weiß der an ihren Fuß geschwemmten Kieselbänke, das strahlende Türkis oder verhangene Grau der See, der tiefe Laubton der landeinwärts liegenden Wälder, vermischt mit dem Rotbraun und Violett einiger Rotsandstein-Moorhöhen, das fahle Blaugrün der Strandpflanzen und das warme Gelb der Sanddünen ergeben zusammen mit dem Seehimmel und seinem nie abreißenden Wolkentheater eine unbeschreibliche Farbsymphonie. Was sind schon Worte neben diesem ständigen Wechsel der Schatten und Töne und Tönungen, bestimmt von Jahres- und Tageszeit, aber auch vom Wandel von Augenblick zu Augenblick? Dazu kommen die Klippenhöhlen mit ihren Stalaktiten, in denen man seltsame Funde gemacht hat, Dolmen wie das sogenannte ›Artus' Grab‹ mit einem riesigen unbehauenen Deckstein, Burgruinen aus normannischer Zeit mit Brunnen und Taubenhäusern, die Klippen mit ihrer seltsamen Pflanzenwelt und immer bizarrer werdenden Formen, wie dem ›Great Tor‹, einer vom Meer umspülten, hohen Kalksteinsäule. Tor ist ein keltisches Wort, man findet es auch in Cornwall; es bedeutet ›hoher Felsen‹. Bei Worm's Head, einem wurmförmigen Vorgebirge, hat sich eine Vogelkolonie angesiedelt; unter anderem nisten dort Fulmare, Wasserhühner und isländische Möven. Die Rhosilli Bay am anderen Ende der Halbinsel ist von einer strahlenden, noch völlig unberührten Schönheit; von hier kann der Blick bis Pembroke und Cornwall schweifen. Zwei von Brandung und Wind fast zerstörte Dolmen bieten den Jahrtausenden Trotz. Auf den zerrissenen, dramatischen Klippen von Whiteford steht ein Leuchtturm, der seinen Lichtkegel weit über die offene Bucht hinaussendet zu Fischern und Schiffern in Mond- wie in Sturmnächten – so klippenreiche Küsten wie die von Gower sind für jedes Schiff zu jeder Zeit eine Gefahr.

PORT TALBOT ist ein wichtiger Eisenhafen und Stahlindustrieort; er hat sich als eine Art Vorhafen zu Swansea erst in den letzten hundert Jahren entwickelt, und erst seit den sechziger Jahren unseres Jahrhunderts echte Bedeutung erlangt.

NEATH ist ein seit der Römerzeit besiedelter Ort, obwohl heute auch vor allem eine geschäftige Industriestadt. Sie liegt an der Mündung des Flusses Neath, der sich ein breites Tal durch die Vorgebirge der Black Mountains gräbt. Neath' Geschichte als Industriestadt begann schon im Mittelalter; die erste Kupferschmelze in Südwales wurde hier um 1548 errichtet. Von dem normannischen Castle haben sich nur ein Torhaus mit zwei Rundtürmen und ein Schwibbogen erhalten; es wurde schon 1231 von Llywelyn dem Großen niedergebrannt. Neath' reizvollstes architektonisches Erbe aber ist die Ruine der einstigen Zisterzienserabtei am Westufer des Flusses.

Neath Abbey wurde um 1130 von Richard de Granville gestiftet, dem Ritter, der auch die Burg errichten ließ. Ihre Geschichte ist ungewöhnlich genug: Die Mönche lebten vor allem von der Schafzucht und dem Handel mit Wolle und Häuten. Erst um die Wende zum 14. Jahrhundert konnten sie ihre Kirche bauen, ein Schiff mit sieben Jochen und zwei Seitenschiffen, doppeljochigen Querschiffen und einem Chorhaus mit drei Jochen. Davon stehen nur noch ein Teil der Westfassade und die Außenmauern des Schiffes. Auch vom Kreuzgang und dem Refektorium hat sich wenig erhalten, vom Dormitorium nur ein Kellergewölbe. Bei der Auflösung der Klöster gelangte Neath in die Hände von Sir John Herbert aus der großen englischen Adelsfamilie; er ließ auf dem Grund des einstigen Abtpalastes ein Herrenhaus errichten. Im 18. Jahrhundert wurde das einstige Kloster dann in eine Eisenschmiede umgewandelt, und im Herrenhaus wurden die Arbeiter einquartiert. George Borrow beschreibt in ›Wild Wales‹, wie er zum ersten Mal nach Neath kam: »*So gegen Süden erhoben sich immsense Schornsteine, umgeben von rußigen teuflisch aussehenden Bauten, in deren Nachbarschaft große Hügel von Schlacke und schwarzem Schutt waren. Von den Schornsteinen stieg, obwohl es Sonntag war, dicker Rauch auf, der die Atmosphäre ringsum erstickte. Eine Viertelmeile nordwest von diesem Pandämonium stand auf einer grünen Wiese eine dunkelgraue Ruine von großem Ausmaß mit Fensterlöchern, Türmen, Türmchen und Bögen. ... ein Höllensabbath ... Als ich plötzlich einen Knaben traf, frug ich nach dem Namen der Ruine. ›Die Abtei‹, sagte er. ›Neath Abbey?‹ sagte ich. ›Ja!‹.*« Heute hat sich wieder Stille über die Ruine gelegt; und die Grange, eine Pachtfarm der einstigen Abtei, wird bearbeitet wie eh und je: ein stilles Gehöft mit weich geschwungenen Trockenmauern, ein sehr ruhevoller Anblick.

Von der Römersiedlung Nidum hat man stets gewußt; sie wurde in den letzten Jahrzehnten des ersten nachchristlichen Jahrhunderts gegründet. Auf ihre Reste stieß man eher zufällig 1949 bei Bauarbeiten. Seitdem wurden die Basen von zwei Toren ausgegraben; die Arbeiten sind noch nicht abgeschlossen.

30

Märtyrer und Bergleute: Margam – Merthyr Mawr – Llantwit Major Merthyr Tydfil

... das Flußufer bedeckt mit Schlacken vom Gesenk der Kohlengruben; die Werksgelände alle schwarz, niedrig und häßlich. Die Häuser krochen in zwei Zeilen den Hang hinauf wie zwei steinerne Schlangen. Niemand hätte vermutet, daß es darin warme Herde gab, auf denen ein gutes Essen kochte, so tot und unglücklich sahen sie aus ...

Richard Llewellyn, ›So grün war mein Tal‹, 1939

MARGAM liegt etwas südlich von Neath und Port Talbot am Rande des Margam Forest, eines reizvollen Wald- und Sumpfgebietes. Vor ihm streckt sich die flache Küste mit ihren weiten Dünenflächen und silbrigen Sandbänken aus. Gefährlich ist der Sand, den der Ozean hier an die Küsten schwemmt, wenn er zu wandern beginnt; im frühen fünfzehnten Jahrhundert hat er die alte Stadt Kenfig samt ihrer Kirche begraben, nur ein paar Ruinenteile sehen hier und da aus den Dünen hervor. Margam Burrows nennt man sie, denn unter dem Sand wurden auch eine Anzahl von Bronzezeitgräbern gefunden; die ausgegrabenen Funde wurden nach Swansea gebracht. Im Norden wird der Ort durch seine Hausberge, Mynydd Margam und Moelton-mawr oder grüner kahler großer Hügel, die beide über dreihundert Meter aus der Ebene aufsteigen, beschützt.

1147 gründete Robert Graf Gloucester hier eine Zisterzienserabtei anstelle eines früheren Keltenklosters. Ihre Kirche wurde später Pfarrkirche und blieb dadurch erhalten. Sie ist, wie die meisten Zisterzienserbauten, sehr schlicht, mit klaren frühnormannischen Arkaden und den alten Querhausgewölben; andere Teile wurden in späteren Jahrhunderten weitgehend erneuert. Die Westfenster sind ein Werk von William Morris, dem Pionier des modernen Kunsthandwerks; auch die Zwillingsglockentürme im Stil der italienischen Campanili sind eine Zutat des späten neunzehnten Jahrhunderts. Das südliche Querschiff ist angefüllt mit Alabastergräbern der Mansels, um deren Familie sich traurige Sagen ranken.

So erzählt man die Geschichte von William Mansel und Nest, der Tochter des Schwarzen Elidr. William wurde außer von Nest von einer Schönen namens Gwyladys begehrt, für die wiederum Nests Bruder Gruffydd entbrannt war. Er schoß William heimtückisch einen Pfeil ins Herz, in der Hoffnung, so die schöne Gwyladys zu erringen. Was aus den beiden wurde, ist vergessen; aber Nest nahm ihren toten Geliebten in die Arme und sprang mit ihm von einer Klippe ins Meer; ihr Geist spukt dort noch heute, wie die Fischer versichern.

Nahe der Kirche findet man im alten Schulhaus das Margam Museum. In den hellen Räumen wurde eine der wertvollsten Sammlungen keltischer Hochkreuze und Inschriftensteine der römischen und frühchristlichen Zeit zusammengetragen. Besondere Aufmerksamkeit verdient das hohe Radkreuz von Cynfelyn aus dem frühen zehnten Jahrhundert mit einer naiven Darstellung der Jungfrau Maria und des heiligen Johannes neben höchst phantasievollen, kunstreichen geometrischen Mustern, die den Rest des Steines überziehen, wie auch ein römischer Grabstein mit einer lateinischen und einer Ogham-Inschrift aus dem sechsten Jahrhundert, der auf Mynydd Margam gefunden wurde.

Vom Kloster hat sich das Kapitelhaus erhalten; das einzige in Wales mit einem polygonalen Grundriß. Das reichgestaltete Palmdach des teilweise zerfallenen Bauwerks ruhte auf einer Mittelsäule, wie man es auch von mehreren englischen Kapitelhäusern der Epoche her kennt. Zugang findet man durch Margam Park, eine ausgedehnte Erholungs- und Vergnügungsstätte; das einstige Herrenhaus ist schon vor Jahren abgebrannt. Erhalten blieb die Orangerie. Sie wurde 1787 von Anthony Keck (1726-1796) errichtet und vor kurzem restauriert. Es ist ein langgestreckter Bau mit enggereihten, hohen Rundbogenfenstern. Die Ecken werden betont durch Pavillons mit Dreicksgiebeln; rund um den Bau laufen ein Kranzgesims mit floraler Dekoration und ein schlichter Fries, wodurch die ungewöhnliche Länge der Orangerie, einer der größten Europas, noch unterstrichen wird. Die Fenster sind durch rustizierte Pfeiler voneinander getrennt; der Gesamteindruck ist beschwingt und ausgewogen. Die Orangerie wird gerne für Ausstellungen genutzt.

Margam Groes – Groes heißt Kreuz – ist eines der sogenannten ›model village estate‹, ein nach malerischen Gesichtspunkten angelegtes Dorf aus den dreißiger Jahren des vorigen Jahrhunderts.

Es ist eine hübsche kleine Mustersiedlung mit halb freistehenden Häusern, die alle hohe Schornsteine tragen; auch eine achteckige Kapelle gehört dazu.

MERTHYR MAWR ist ebenfalls ein Musterdorf; es liegt kurz vor Bridgend. Mit seinen geweißelten, riedgedeckten Häusern, die rund um eine von Benjamin Ferrey (1810-1880) entworfene Kirche gruppiert sind, ist es noch hübscher als das etwas jüngere Margam Groes. Es wurde von Sir John Nicholl (1759-1838) angelegt, als er sich selbst am anderen Ufer des Flusses Ogmore, der sich durch die Park- und Waldlandschaft schlängelt, ein schlichtes klassizistisches Haus hatte bauen lassen, teils nach eigenen Vorstellungen, teils nach Entwürfen des Londoner Architekten Henry Wood. Das ganze Ensemble bildet ein Idyll in einer ganz und gar nicht idyllischen Nachbarschaft. – Sir John könnte als Musterbeispiel eines untadeligen Landedelmannes gelten. Er hatte es zum Parlamentsmitglied und Richter am Admiralitätshof gebracht, ehe er mit seiner vielköpfigen Familie hierherzog. Es ist typisch für den Mann, daß er, als es ihm besser ging, auch seinen Bauern ein besseres Leben in einem schöneren Dorf ermöglichen wollte. Doch im Dorf und im Landhaus gibt es keinerlei äußerlichen Prunk, überall herrschen schlichte Eleganz und strenge Zweckmäßigkeit. Ein Beispiel dafür ist die Bibliothek mit ihren gutgearbeiteten Mahagoniemöbeln. Die Wände werden ganz von den Büchern des Hausherrn bedeckt, dessen Interessen weit gefächert waren; die Akten seiner Rechtsfälle bewahrte er ordentlich in schmalen, eigens dafür geschaffenen Mahagoniekästen auf. Seine Urteile werden noch heute oft bei Präzedenzfällen herangezogen, da sie durch ihre klare Logik bestechen. Der Raum enthielt darüber hinaus Globen, Landkarten, Pläne, ein Teleskop, ein Mikroskop, eine Camera obscura, eine Laterna magica, eine Kopiermaschine sowie eine Anzahl weiterer Instrumente. Mit gleicher Umsicht waren alle weiteren Zimmer, auch die Wirtschaftsräume, eingerichtet; über jede Änderung und Verbesserung führte Nicholl mit seiner schönen, fließenden Handschrift Buch. Seine Finanzen waren so wohlgeordnet wie sein tägliches Leben; alle Dinge kamen zu ihrem Recht. Neben seinen politischen Pflichten und seinem Beruf als Richter fand er Zeit, Mitglied in der Royal Society und der Society of Antiquaries, zwei der bedeutendsten wissenschaftlichen Gesellschaften Britanniens, zu sein; und aus seiner Korrespondenz geht hervor, daß er ein zärtlich um seine große Familie besorgter Mann war. Sir Thomas Lawrence, einer der besten englischen Porträtisten der Zeit, hat sein Bildnis gemalt: ein stilles Gesicht mit hoher Stirn und gutem Mund, so unauffällig und so bemerkenswert wie sein Leben und sein Haus. – Im Garten steht die etwas zerfallene Kapelle des St Roque aus dem fünfzehnten Jahrhundert mit Inschriftensteinen und Kreuzen aus der Umgebung, darunter das ›Dobitacus Cross‹, das die Einheimischen den Koboldstein nennen.

OGMORE CASTLE liegt auf der anderen Seite des Flusses. Die Burg wurde um 1120 von William de Londres, einem normannischen Ritter, erbaut und von seinem Sohn Maurice erweitert. De Londres hatte die Lordschaft Ogmore gegründet, um die Übergänge der Flüsse Ogmore und Ewenny zu sichern; die Burgen Ogmore, Coity, Newcastle und selbst die stark befestigte Abtei Ewenny unterstützten dieses Vorhaben.

Die Bedeutung Ogmores läßt sich an seinem steinernen Bergfried ablesen, einem der ersten nicht aus Holz errichteten in Großbritannien. Er ist zerstört, aber eine seiner Wände reckt sich noch immer über zwölf Meter hoch und läßt erkennen, das er dreigeschossig und über quadratischem Grundriß errichtet worden war. Die Steine sind nur roh gefügt, die Mauern dick. Es gab zwei Höfe, und im 15. Jahrhundert kam ein Hofhaus, ein Wohnbau, dazu. Unter den frühen Normannenkönigen konnten die de Londres ihre Macht weiter ausbauen, später kam ihr Besitz an die Braoses, und endlich in die Hände des Hauses Lancaster. In unserem Jahrhundert gab das Herzogtum Lancaster die Burg in die Obhut der Nation. – Ogmore-by-Sea ist ein niedlicher kleiner Ferienort.

EWENNY PRIORY liegt direkt im Süden von Bridgend; es ist eine befestigte Klosteranlage, die 1141 durch Maurice de Londres als Tochterkloster der Benediktinerabtei in Gloucester gegründet wurde. Die Klosterkirche ist eine der wenigen erhaltenen romanischen Kirchen in Wales, ein ganz frühes Beispiel, ohne all die Verfeinerungen, die dieser Stil später unter normannischen Baumeistern erfahren sollte. Die kräftigen Rundpfeiler des Schiffes weisen keine Verzierungen auf und der Chor wird von einem einfachen Tonnengewölbe überspannt. Wohl weil Ewenny gleichzeitig Festung war, blieb es so unverändert und glücklicherweise auch unzerstört. Das Schiff dient noch heute als Pfarrkirche, der Chor wird nicht mehr benutzt. Das Grab des Stifters findet sich im erhaltengebliebenen südlichen Querschiff.

BRIDGEND ist eine kleine, in raschem Wachstum begriffene Industriestadt nördlich von Ewenny Priory. In ihrem Norden stehen zwei normannische Burgruinen, Coity und Newcastle. Beide wurden gegründet, um die noch jungen normannischen Eroberungen gegen das keltische Westwales zu schützen, und beide verloren ihre Funktion, als Wales an England fiel. Der Mangel an echter geschichtlicher Tradition wird ausgeglichen durch einen Kranz phantasievoller Sagen, der sich um die alten Gemäuer windet.

LLANTWIT MAJOR ist ein ungewöhnlich hübsches Dorf an der Küste. Die Waliser nennen es Llanilltud Fawr; es ist seit der Römerzeit besiedelt. Um 1888 wurden Reste einer Römervilla aus dem zweiten bis vierten Jahrhundert entdeckt; die ausgegrabenen Mosaikböden blieben in situ, nicht zu vergleichen mit denen der englischen Römervillen, aber doch recht hübsch.

Der heilige Illtud kam im sechsten Jahrhundert aus der Bretagne, Klein-Brittany, wie es hier hieß, an diese Küste, um eine Missionsschule zu gründen. Er war der Neffe des heiligen Germanus von Auxerre, und zu seinen Schülern gehörten die erlauchtesten der keltischen Heiligen: David und Samson, Paulus Aurelius, der Dichter Taliesin und deren schärfster Gegner Gildas, der als Neuplatoniker das Studium der klassischen Schriften verwarf, weil es die Erforschung des Himmelsgewölbes mit mathematischen und geometrischen Hilfsmitteln einschloß. Man kann die Impulse, die von dieser Schule ausgingen und die Missionierung von Britannien und Teilen von Irland nach sich zogen, gar nicht hoch genug einschätzen. Schon zu Lebzeiten sah man in dem später heiliggesprochenen Illtud den belesensten und gelehrtesten Menschen seiner Zeit; alle Klöster und Fürstenhöfe des brythonischen Raumes schickten ihm ihre vielversprechendsten Zöglinge. Die Schüler waren in vierundzwanzig Gruppen eingeteilt, von denen sich immer eine nach der anderen eine Stunde lang dem Lobpreis Gottes hingab; dieser Brauch des nie abreißenden Lobgesanges, ›Laus perennis‹, wurde auch in den englischen Klöstern von Glastonbury und Old Sarum geübt. Zum Unterricht an Illtuds Schule gehörte selbstverständlich

Sonntagsmalerin am Conwy, eine Inigo Jones zugeschriebene Brücke malend.

Schafsauktion in Abergavenny, Gwent.

Flußfischer mit ›Coracle‹, dem traditionellen keltischen Boot für den Lachsfang.

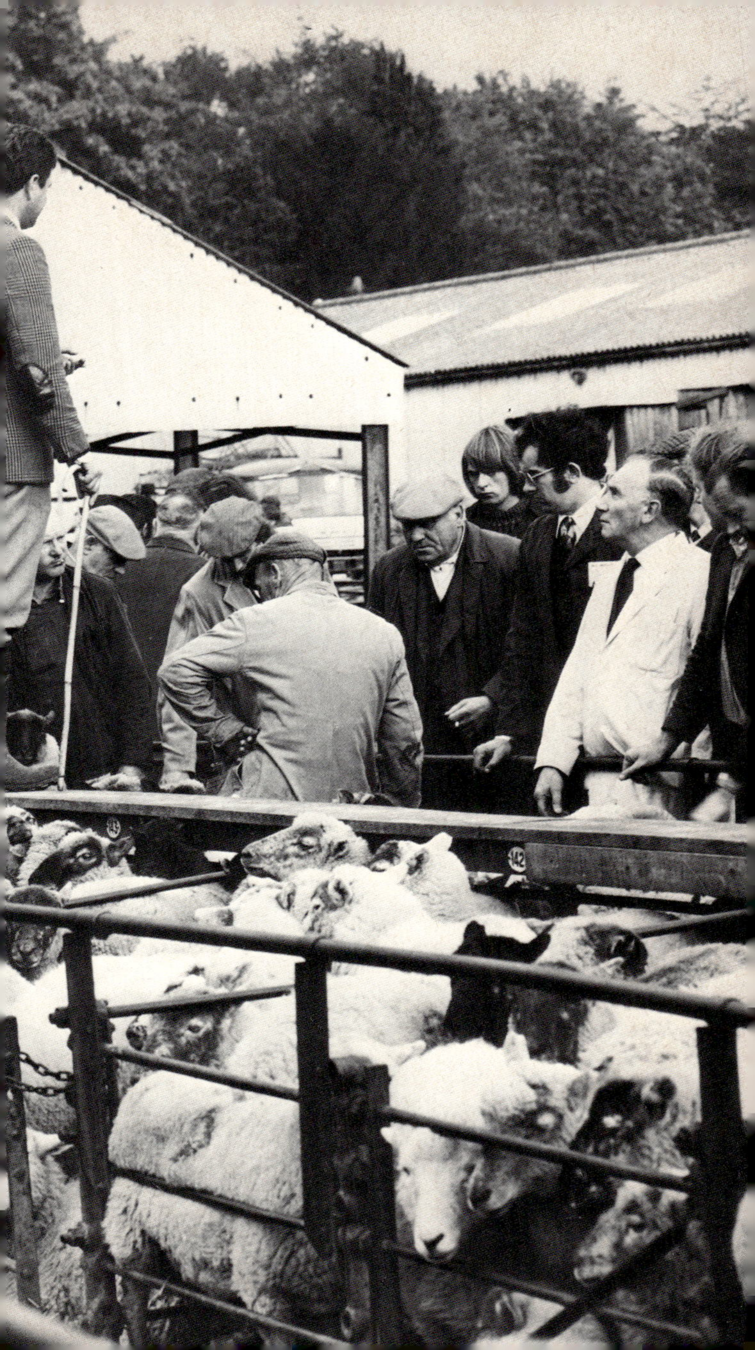
143
142

nicht nur die Unterweisung in den ›sieben Wissenschaften‹, sondern auch das Erwerben praktischer Fähigkeiten im Haus und auf dem Feld; Illtud selber erfand einen für damalige Zeiten sehr fortschrittlichen Pflug, der bald in ganz Wales eingeführt wurde.

Nach Illtuds Tod und durch den immer stärker werdenden Flüchtlingsstrom während der Zeit der Sachsenkriege verfiel die Schule allmählich. Erst als mit den Normannen der Ritter Fitz-Hamon nach Llantwit kam und dort ein Tochterkloster der Abtei von Tewkesbury stiftete, kehrten Gelehrsamkeit und Ruhe wieder in der kleinen Ortschaft ein.

An den Heiligen erinnert die Pfarrkirche des Ortes, die ihm geweiht ist. Sie ging aus einem schmalen keltischen Zellenbau hervor, der mit der neuen, westlich gelegenen Kirche durch einen Turm verbunden ist. Die Keltenkirche hatte einen Nordportikus und einen kleinen kapellenartigen Anbau im Süden; sie wurde später um etwa ein Joch nach Osten verlängert. Die Westkirche war ursprünglich ebenfalls eine enge Halle, die im dreizehnten Jahrhundert völlig erneuert und im vierzehnten abermals erweitert wurde. Das Hauptschiff ist dreijochig, aber die Seitenschiffe, die sich bis zu dem Turm hinaus verlängern und diesen gewissermaßen zwischen sich einschließen, sind nach Osten um eben dieses Stück länger. Die Arkaden wirken unbeholfen; die schweren Pfeiler sind gänzlich ungegliedert. Dennoch ist der Raum interessant wegen einiger Fresken aus dem dreizehnten Jahrhundert; sie zeigen unter anderem eine Maria Magdalena mit hübschem Kopfputz und einen heiligen Christopherus, der in keiner Kirche fehlen durfte. Das Fresko an der Stirnwand des Schiffes vor dem Chor, ein rotweiß-orange rhombiertes Feld, stammt aus dem sechzehnten Jahrhundert und bildete einst den Hintergrund für eine Hochkreuzgruppe. Die Figuren, die dort heute über einem simplen Holzbogen stehen, wirken sehr alt, aber sie sind das Werk eines modernen Künstlers, Alan Durst, der mit ihnen ein Mahnmal für die Toten des Zweiten Weltkrieges schaffen wollte. Ihm gelang eine Kreuzigungsgruppe, die sich bruchlos in den archaischen Raum einfügt.

St Illtud ist aus hellem Bruchstein errichtet; der Innenraum ist zum größten Teil weißgetüncht. Der Bau liegt in einem wundervoll gepflegten Friedhof, tief unter dem Niveau der Hauptstraße und dadurch sehr geschützt; weiße Kieswege und grüne Rasenflächen führen zwischen den alten und neuen Grabstätten hin und her, über die sich Schatten dunkler Eiben und zerzauster Palmen legen.

Der Schatz St Illtuds findet sich in dem keltischen Ostbau: eine Sammlung von Hochkreuzen und Inschriftensteinen, die alles übertrifft, was es sonst in Wales in dieser Hinsicht zu sehen gibt, mit Ausnahme einiger Steine in Margam und im National Museum in Cardiff. Hier steht das Illtud-Kreuz, zerbrochen wohl, aber mit noch lesbarer Inschrift aus dem späten achten Jahrhundert: ›Samson errichtete dies Kreuz für seine Seele‹. Ein zwei Meter hohes Radkreuz wurde von Hywel (Dda?) für seinen Vater Rhys errichtet. Noch größer ist Samsons Kreuz mit einer Inschrift in Halbunzialen, die sich übersetzt so liest: »Im namen gottes beginnt das kreuz des heilandes welches abt samson vorbereitete für seine seele und für die seelen der könige ithael und arthmael.« Andere der Kreuze tragen gleichfalls Königsnamen; St Illtud war im achten und neunten Jahrhundert so etwas wie eine brythonische Westminster-Abtei.

Das Rathaus von Llantwit stammt aus dem fünfzehnten Jahrhundert und trägt einen Glockenturm; aus dieser Periode hat sich auch eine Zehentscheuer erhalten, das Torhaus des Benediktinerklosters und ein Taubenhaus, das über kreisförmigem Grundriß errichtet wurde. Das ›Tudor House‹ ist ein hübsches Beispiel für den ländlichen Wohnhausstil dieser Epoche mit seinem dunklen Fachwerk und den geweißelten Wänden.

Nicht weit entfernt liegt am Meer die Burg ST DONAT'S, daneben das Dorf St Donat's Major, beide in wunderschöner Lage und recht gepflegt. Die Burg wurde im dreizehnten Jahrhundert errichtet und im sechzehnten ausgebaut; sie war der Sitz der Familie Stradling, die mit dem Eroberer ins Land gekommen war. In unserem Jahrhundert erwarb sie der amerikanische Zeitungskönig William Randolph Hearst, um in dem Bau seine Kunstsammlungen unterzubringen; heute beherbergt sie ein privates pädagogisches Institut.

COWBRIDGE liegt etwas nördlich von Llantwit; es ist ein niedliches, sauberes Dorf mit Resten einer Stadtmauer und einem Torturm aus dem vierzehnten Jahrhundert; die danebenliegende Lateinschule wurde 1685 gestiftet. In seiner nächsten Umgebung liegen etwas mehr nach Süden die Burgruinen St Quentin und Beaupre in St Hilary. BEAUPRE, walisisch Bewpyr, stammt aus dem dreizehnten Jahrhundert, der Name ist eine Verstümmelung des französischen Beau-Repaire, Schöne Zuflucht. Dort lebten seit der Normannenzeit die Bassets; unter Cromwell wurde die Familie zerschlagen. Einer ihrer Söhne erwarb noch so viel Ruhm im Kampf für den König, daß er sein Grab in Westminster fand. Bereits im sechzehnten Jahrhundert scheint den Bassets das alte Gemäuer etwas ungemütlich geworden zu sein; sie überließen es teils dem Verfall, teils bezogen sie es in die Wirtschaftsräume eines hübschen Hauses im elisabethanischen Geschmack ein. Es besaß ein imponierendes Torhaus im besten Stil der Epoche, mit drei durch Simse getrennten Geschossen, einem großen Schmuckwappen über dem Tor und zu jeder Seite in drei übereinandergestellten Ordnungen Säulenpaare mit reich verzierten Basen und Kapitellen. Beaupre untersteht heute der englischen Denkmalsschutzbehörde.

Durch das Ogmore-Tal und den Rhondda Forest, ein vor allem für Botaniker reizvolles Waldgebiet, fahren wir nach Norden und biegen dann nach Merthyr Tydfil ab.

MERTHYR TYDFIL liegt am Zusammenfluß von Taf Fechan und Taf Fawr. Einst herrschte hier Brychein, ein Enkel des sagenhaften Cunedda; nach ihm wurde das Land Brycheiniog genannt, was die Engländer zu Brecon verstümmelten. Er hatte eine Tochter, Tudfil, die Christin wurde und den Märtyrertod starb; sie gab dem Ort den Namen.

Doch es gibt auch moderne Märtyrer, die dem zweifelhaften Wachstum des Industriezeitalters zum Opfer fielen: 1967 begann eine Kohlenhalde plötzlich zu wandern und begrub unter sich im nahen Aberfan eine Schule und mit ihr die Kinder einer ganzen Generation; ein Unglück, das nur Minuten dauerte, aber eine Lawine an menschlichem Leid nach sich zog.

Merthyr Tydfil ist eine der sogenannten ›Mushroom towns‹, die im vorigen Jahrhundert wie Pilze aus dem Boden schossen. Sie war zu Beginn des vorigen Jahrhunderts das Zentrum der damals größten eisenproduzierenden Region der Welt und Pionier auf vielen Gebieten der Eisenverwertung, so beim Bau von Lokomotiven, Kabeln und modernen Geschützen. Im Jahre 1804 hatte Richard Trevethick hier seine Lokomotive entwickelt, die zum Vorbild für Stephenson werden sollte. Noch 1831 war Merthyr der größte Stahl- und Eisenproduzent der Welt, mit einer höheren Bevölkerungsziffer als Newport, Cardiff und Swansea damals zusammen hatten. Nirgendwo war daher auch die Verschiebung der Eisenindustrie an die Küste so hart spürbar wie in dieser Stadt, in der es in den dreißiger Jahren unseres Jahrhunderts und heute wiederum über achtzig Prozent Arbeitslose gibt, die höchste Arbeitslosenzahl in Großbritannien überhaupt. Und noch hat man keine Ersatzindustrien entwickelt, die diesen Menschen wieder Beschäftigung verschaffen könnten. Der walisische Schriftsteller Llewellyn hat in seinem Erinnerungsbuch ›So grün war mein Tal‹ das Leid und die Probleme, aber auch den Stolz und die herzhaften Freuden der Menschen in den walisischen Industriezentren aus eigener bitterer und auch köstlicher Erfahrung dargestellt. Er hat die heiteren, aber kargen Feste beschrieben, das Glück des Samstags, des einzigen Tages in der Woche, wo es wirklich reichliches und gutes Essen gab, die Frauen ihr zweitbestes Kleid trugen – das beste gebührte dem sonntäglichen Kirchgang – und die Männer sich nicht nur vor den Türen ihrer Häuschen ausgiebig den Kohlenschmutz von der Haut wuschen, wie jeden Abend, sondern sich dann ebenfalls ›gut‹ anzogen, um ›auszugehen‹, die einen zu politischen Versammlungen, die jungen Burschen zu ihren Bräuten oder ins Wirtshaus, die Familienväter zu einem Spaziergang mit der ganzen Familie oder zu Proben des Bergwerkschors. Die Chöre der Arbeiter hielten die Tradition des walisischen Chorgesangs aufrecht, darin oft unterstützt von Pfarrer oder Schulmeister des Dorfes. Der höchste Traum eines jeden Chores war es, eingeladen zu werden am Hofe zu singen; aber in den schlimmen Jahren sangen sie auch als Bettler auf den Straßen der besser gestellten englischen Städte, um nicht Hungers zu sterben. Gegen walisische Rezepte aus den Hungerjahren erscheinen die Notrezepte aus den deutschen Kartoffel- und Rübenwintern geradezu lukullisch; zum Sattwerden reichten natürlich beide nicht. Die ersten, die sterben mußten, wenn es Arbeitslosigkeit, Streik und Aussperrung gab, waren meist die jüngsten Kinder, weil sie den Entbehrungen am wenigsten gewachsen waren, die die Älteren mit unglaublicher Haltung zu ertragen wußten.

Das obenerwähnte Unglück von Aberfan findet permanent statt, nur trifft es nicht immer eine Schule, und meist können sich die Bewohner der kleinen Häuser noch rechtzeitig retten. Llewellyn beschreibt, welch eine ständige Bedrohung dieses Anwachsen der Schlackenhalden für die Bewohner und Eigentümer der Häuschen bedeutete: *»Liebes kleines Haus … der schwarze Unhold, der dich niederdrückt, der dir so wehtut, wird dich bald ganz unter sich begraben. Deine Fenster werden brechen und deine Türen, und Kohlenschlacke wird deine Räume füllen. Dein Dach wird* *einfallen, und dieses Zimmer hier, und alle anderen werden voll schwarzer Schlacke sein. Du wirst aufrecht stehen, Schlacke hinter dir, Schlacke vor dir, Schlacke über dir, Schlacke auf allen Seiten, aber stürzen wirst du nicht.«*

Nichts stürzte, was von der Schlacke eingeholt wurde, auch die Bäume nicht; ihre obersten Äste schauten oft noch aus den Schutthaufen, wenn am Saum schon der erste Stechginster wuchs. Zu Anfang der industriellen Revolution waren diese Halden verboten; der Kohlenschutt mußte in die Stollen zurückbefördert werden; aber als um die Mitte des vorigen Jahrhunderts der Druck der internationalen Konkurrenz stärker wurde, gerieten alle die löblichen Verodnungen in Vergessenheit. Erst jetzt nimmt man diese Fragen wieder ernst, nachdem man weiß, welche Verwüstungen für das Leben der Landschaft im allgemeinen und die Gesundheit und das Leben der Menschen im besonderen aus solchem Raubbau entstehen. Gesetze zu diesem Zweck sind die ›Special Areas Act‹ von 1934-1937 und die ›Special Areas Reconstruction Association‹ von 1936; dazu kamen die ›Distribution of Industry Acts‹ von 1945-1948 und eine Reihe von Folgegesetzen, die dazu führten, daß in Städten wie Merthyr vorsichtig neue Industrien aufgebaut werden konnten – das letzte Stahlwerk in Merthyr hat schon 1930 geschlossen –, und daß dabei die neuen Bestimmungen für Reinhaltung der Luft und Lärmbekämpfung eingehalten wurden. Auch heute noch ist die Lage der Arbeitslosen in Merthyr katastrophal, aber für diejenigen, die Arbeit haben, sind die Arbeitsbedingungen enorm erleichtert worden, und für alle Teile der Bevölkerung konnten die Lebensbedingungen verbessert werden. Man darf nur nie vergessen, daß alle diese Verbesserungen erkauft wurden mit dem Tode Unzähliger, den Männern, die im Stollen starben, den Kindern, die verhungerten, den Menschen, die von Seuchen hingerafft wurden wie Fliegen. Um nur einige Zahlen zu nennen: 1840 war die *durchschnittliche* Lebenserwartung in Merthyr achtzehn Jahre und zwei Monate, und für diejenigen, die glücklich genug gewesen waren, ein so hohes Alter zu erreichen, siebenundvierzig Jahre und zehn Monate. Das bedeutet, daß nicht einmal ein Viertel der Bevölkerung das fünfzigste Lebensjahr erreichte! Und dabei ist noch nicht einmal klar, ob die Überlebenden besser daran waren in dem Dschungel solcher Städte wie Merthyr. *»Der Raum zwischen den Häusern«* schrieb Sir Henry de la Beche in seinem Bericht für die ›Health of Town

Commission‹ 1845, *»war im allgemeinen sehr eng, und an den Türen vorbei zog langsam eine offene, stinkende, fast stehende Gosse, in deren Rinne, wie üblich, aller Abfall und Schmutz aus den Häusern geworfen wurde«*, in einem *»Labyrinth von elenden Mietshäusern und Unflat«*. Dennoch wurde 1848 ein Gesetz zur Verbesserung der sanitären Bedingungen von den Einwohnern abgelehnt, weil sie ein geringerer Anlaß für die schlechte Gesundheit der Bürger seien als *»die Arbeitsbedingungen und der Nahrungsmangel«*. Erst als 1850 bei einer Choleraepidemie in drei Tagen fünfzehnhundert Menschen starben, wurde das Gesetz endlich rechtskräftig. Doch lange noch regierten *»ein Dutzend großer Familien die Täler mit eisernen Ruten, weideten sie die Tiefen der Erde aus nach lebenswichtigen Energien, häuften Pyramiden in den Himmel, die die Bergkämme überragten, schwarze Monumente der wohlwollenden Regierung der modernen Pharaos.«* (Thomas Jones, aus ›Leeks and Daffodils‹, 1942)

Es gab auch Ausnahmen unter den ›modernen Pharaos‹, wie die Familie Crawshay, Eigner der Cyfarthfa-Eisenwerke, die sich stets als Mäzen gab. Der Landschafts- und Genremaler Julius Caesar Ibbetson (1759-1817) war dort gern gesehener Gast; er fand die Fabriken ›stupendous‹ und zeichnete und malte sie mehrfach. Auch Penry Williams (1800-1885), Sohn eines Anstreichers aus Merthyr, wurde von der Familie besonders gefördert. Er erhielt eine künstlerische Ausbildung und machte später sein Glück in Rom mit seinen Campagna-Landschaften. Eins seiner Aquarelle, ›Cyfarthfa Works Furnaces‹ von 1825, hängt in der Cyfarthfa Castle Art Gallery in Merthyr.

Die Familie Guest residierte seit 1758 im nahen Dowlais. Sie besaß bis ins vorige Jahrhundert das größte Kohle-Eisen-Stahl-Imperium in Wales und eines der größten der Welt. Hier wurden unter anderem die ersten Stahlschienen nach dem Bessemer-Verfahren hergestellt. Sir Joshua Guest war einer jener Erfinder-Unternehmer, die durch neue Techniken eine ganze Industrie revolutionieren können. Lady Charlotte Guest (1812-1895) übersetzte in den dreißiger und vierziger Jahren des vorigen Jahrhunderts mit Hilfe des Pfarrers John Jones aus Nevern die ›Vier Zweige des Mabinogi‹, das ›Mabinogion‹, wie sie es irrtümlich betitelte, ins Englische und machte es dadurch weltbekannt. Vielleicht hat sie mit dieser Tat mehr zur Einigung von Wales beigetragen als so mancher Politiker oder sektiererische Fanatiker: Sie gab den

Menschen in einer Zeit tiefster Erniedrigung und wirtschaftlicher Not wieder etwas, auf das sie stolz sein, in dem sie sich erkennen konnten. Aus dem Wissen um die Werte der eigenen Kultur wuchs der Wunsch nach nationaler Eigenständigkeit und nationaler Einheit, der seine Erfüllung fand, als Cardiff 1956 offiziell als Hauptstadt von Wales anerkannt wurde.

31

Cardiff – Vom Castrum zur Hauptstadt: Castell Coch – St Fagans – Llandaff – Burg Bute's Town und Hafen – Cathay's Park Parks und Stadien

Hübsch ist die ländliche Umgebung, und Cardiffs Hafen mit seinen großen Schiffen, die kommen und gehen, ist superb …

Alfred Sisley an Gustave Geffroy, 1897

CARDIFF liegt an der Mündung dreier Flüsse, des Taff, des Ely und des Rhymney; in seinem Norden breiten sich strahlenförmig tiefe Täler aus, aus denen der Reichtum von Wales stammt: das schwarze Gold, Kohle. Strategisch wichtig als militärischer Stützpunkt und Verbindungshafen von der Römerzeit bis ins hohe Mittelalter, dann als Umschlaghafen für Kohle, Erz und Holz, erlebte Cardiff wie kaum eine andere Stadt das Auf und Ab der walisischen Geschichte. In der Rückbesinnung der Waliser auf ihre eigene Kultur seit dem 18. Jahrhundert spielt Cardiff bis heute eine wichtige Rolle; Weitsicht ihrer Bürgermeister ließ sie im 19. Jahrhundert nicht nur zur größten Stadt und wichtigstem Hafen von Wales werden, sondern auch zum kulturellen und Verwaltungs-Mittelpunkt, so daß sie bei der Wahl einer Hauptstadt für Wales allen anderen Orten den Rang ablaufen konnte. Aber der Weg dahin war oft steinig. Er soll an Cardiffs Bauten geschildert werden.

Wir kommen auf der Straße, die zwischen den Tälern von Rhondda und Rhymney von Merthyr Tydfil aus nach Süden führt, kurz vor Cardiff durch das Dorf Tongwynlais, an dessen Rand wir eine Art Vorwerk der Hauptstadt finden, Castell Coch.

CASTELL COCH entsprang in seiner heutigen Form einer Laune John P.C. Stuarts, 3. Marquis von Bute (1847-1900), dem großen Förderer Cardiffs, und seines Baumeisters William Burges (1827 bis 1881), einem Wegbereiter der Neugotik, zu dessen Freundeskreis auch William Morris zählte.

Castell Coch oder Rote Burg, so genannt, weil sie ursprünglich, wie in den Fundamenten noch zu entdecken, aus Rotsandstein errichtet worden war, zählt zu den wenigen Burgen, die die Waliser schon vor dem Eindringen der Normannen erbaut hatten. Der Steinbau stammt möglicherweise erst aus nachnormannischer Zeit. Die Burg soll durch einen unterirdischen Gang mit Cardiffs Burg verbunden gewesen sein. Burges ging es um eine möglichst getreue Rekonstruktion einer walisischen Burg, soweit das Wissen seiner Zeit dies zuließ. Es entstand auf dem waldigen Berghang ein wirklich pittoresker Bau: drei Rundtürme mit hohen spitzen Kegeldächern von verschiedener Höhe, geziert mit riesigen Kaminen, dazwischen hohe Wohnbauten, alles eng zusammengedrängt in einem abfallenden, winzigen Hof. Die steilen Mauern werden durch meist paarweise angeordnete schmale gotische Fenster und Schießscharten aufgelockert; die Türme durch wellenbrecherartige dreieckige Stützpfeiler verstrebt.

So wehrhaft der Bau von außen wirkt, so zierlich ist die Inneneinrichtung. Zwar sind die Möbel an dem kargen, von William Morris propagierten ›gotischen‹ Stil ausgerichtet, sehr schlicht und äußerst brauchbar und durabel, aber die Dekorationen sind von hinreißendem Charme. Als Beispiel möge der Salon in einem der Türme dienen, ein runder Saal mit hochansteigender Sternenkuppel. Der obere Teil des Raumes mit paarig angeordneten gotischen Fenstern in tiefen Mauernischen ist ganz hell getüncht, der untere Teil getäfelt. Rund um den Raum zieht sich eine Art Garten in goldenen Tönen: Hecken und Blumen mit Vögeln und Schmetterlingen. Jedes Detail ist äußerst liebevoll gemalt, aber das fortlaufende Muster zeigt nicht mehr die Schwere frühviktorianischen Designs, sondern ist in seiner fast zweidimensionalen Linienführung eine Vorwegnahme der Prinzipien des Jugendstils. Darüberhin läuft eine Art Galerie mit einer Vierpaßbalustrade als Brüstung. Dahinter liegen unter der Kuppel apsisartige Nischen mit hohen gotischen Fenstern. Die Kuppel wird durch Rippen mit goldenen Schmetterlingen sternförmig unterteilt; die Apsiden und die einzelnen Kuppelsegmente sind türkisblau gehalten und zeigen goldene Sterne;

in der Kuppel fliegen zwischen den Sternen, in schimmernden Farben gemalt, ›alle Vögel unter dem Himmel‹. Die Wände der Galerie zeigen kleine goldene Schmetterlinge. Die dunklen schlichten Eichenmöbel in diesem Raum nimmt das Auge kaum zur Kenntnis, weil es von einem lieblichen Detail zum anderen wandert: die Sonnenblume hier, der Buntfasan dort, Rittersporn und Fingerhut und Laubranken, und dazwischen all die gefiederten Sänger des Sommers. Man muß schon lange suchen, um einen viktorianischen Innenraum von solch köstlicher Zartheit und Heiterkeit zu finden.

Etwa drei Kilometer westlich von Castell Coch liegt am Ufer des Taff TAFF'S WELL, eine Heilquelle für rheumatische Erkrankungen. Seit den Tagen der Druiden haben Leidende hier Heilung gesucht; auch Owain Glyndwr soll sich ihrer lindernden Wirkung bedient haben. Wirt Sikes, ein Journalist, hat sie im vorigen Jahrhundert schwärmerisch beschrieben: *»Auch wenn sie sonst keine Tugend besäße, würde Taff's Quelle doch noch immer Pilger an ihren Rand ziehen, nur um des Vorzuges teilhaftig zu werden, sie anzuschauen in ihrer schönen Umgebung im Herzen des Taff-Tales, einem der lieblichsten Täler der Welt. Eine Atmosphäre von Frieden und Ruhe durchdringt die Landschaft; Kühe kühlen ihre Füße in dem langsam dahinziehenden Fluß, üppige Wälder bauen eine grüne Laube über das Land, und die weichen Bergweiden umrahmen heckenumkränzt und wie zu Rasen verwandelt träumerisch das Bild des Gipfels.«* (›Rambles and Studies in Old South Wales‹, London 1881)

Von Taff's Well führt eine Straße nach Pentyrch und dort eine Abzweigung in südlicher Richtung nach St Fagans, einem dörflichen Vorort von Cardiff.

ST FAGANS beherbergt den Stolz der Hauptstadt: AMGUEDDFA WERIN CYMRU, das Walisische Volkskunst-Museum. Es ist ein Freilichtmuseum, das höchsten modernen Ansprüchen genügt. Der Graf von Plymouth schenkte 1946 seinen Sitz, St Fagans Castle, mit einem Riesenpark und reichen Ländereien dem National Museum von Wales unter der Bedingung, daß dort ein Volkskunst-Museum entstehen müsse.

Das heutige Museum umfaßt zwei Bereiche: einmal den modernen Museumsbau mit ständigen Ausstellungen und wechselnden Veranstaltungen; zum anderen das eigentliche Freilichtmuseum mit einer großen Anzahl von Häusern und anderen Bauten, die vor der Spitzhacke gerettet wurden; diese unersetzliche Sammlung wird noch ständig ausgebaut und bereichert.

Im Hauptbau des Museums findet man eine lange Kostümgalerie, in der mit Hilfe von Gruppen kostümierter Wachspuppen und Interieurs die verschiedenen Epochen, aber auch die verschiedenen Klassen in ihrer jeweiligen Besonderheit dargestellt werden; ein sehr informatives, plastisches geschichtliches Bilderbuch. In der Landwirtschaftlichen Galerie wird der Besucher mit Geräten und Werkzeugen aller Art vertraut gemacht, sie wird ergänzt durch eine Galerie mit landwirtschaftlichen Fahrzeugen vom Ponywagen bis zur Reisekutsche, vom Leiterwagen bis zum Phaeton. Wie diese Fahrzeuge von der Kunst der britischen Stellmacher und Wagner zeugen, so auch all die anderen Objekte von der Geschicklichkeit der Handwerker, die sie herstellten, ob es sich nun um Harfen oder Dudelsäcke, Trinkgefäße oder Kochutensilien, Brillen, Textilien oder tierärztliche Instrumente handelt.

Doch diese Galerie, auf die allein schon jedes Land stolz sein könnte, ist nur eine Art Einübung auf das eigentliche, das Freilichtmuseum: Bisher stehen zweiundzwanzig Einzelbauten im Park. Sie stammen aus allen Gegenden von Wales, spiegeln alle Epochen und alle Gesellschaftsschichten, viele Berufe und Freizeitbräuche: Da gibt es das große Bauernhaus und die Häuslerkate, den Schweinestall und das Herrenhaus, Bootshaus, Remise, Heuschober, Wassermühle, Zigeunerwagen, Getreidescheune, eine methodistische Kapelle im üblichen klassizistischen Stil, eine Hahnenkampf-Arena, ein Zollhaus der Art, die einst Fürst Pückler so begeisterte, und diverse Werkstätten, wie eine Schmiede und eine Gerberei. Sie sind alle so hergerichtet, daß man einziehen könnte; die Kamine werden regelmäßig entzündet, der Park mit seinen bunten Beeten ist gepflegt, die Werkstätten arbeiten; einige der Dinge, die die Handwerker fertigen – darunter Weber, Drechsler, Küfer – kann man käuflich erwerben. In all diesen Häusern, ob arm oder reich, begeistert die Schönheit der natürlichen Materialien: der Schimmer des Lichtes auf den weißgetünchten, leicht eingeräucherten rohbehauenen Wänden einer Kate mit offenem Herd und Küfergerät, Altväteruhr und schmucklosem Spinnrad ist ebenso wohltuend wie die Eleganz der Gobelins im Kastell oder der sanfte Glanz altersschwarzen Holzes und schöner Töpferwaren im Bauernhaus aus Kennixton; die schönen zartfarbigen Bettvorhänge des Vierpfostenbettes in der Burg ebenso wie das lichte Interieur der Capel Pen'Thiw von 1777, das wundervolle Reetdach der Scheune aus Flintshire wie der buntverwitterte Schieferstein der Schmiede aus Llaw-y-glyn.

Man trennt sich nur ungern von diesem Museum, doch Cardiff wartet. Der Weg in die Hauptstadt führt jetzt durch ein hübsches, gepflegtes Stück Landschaft.

LLANDAFF oder Llandaf erreicht man von St Fagans aus über eine Straße, die in östlicher Richtung nach Cardiff führt. Der Name verrät, daß es am River Taff liegt; eine der ganz seltenen Verbindungen des Wortes Llan mit einer Ortsbezeichnung statt mit dem Namen eines Heiligen. Wenn man von dem römischen Castrum absieht, das nach dem Abzug der Legionen verlassen dalag, ist die Kathedrale von Llandaff der älteste Teil der Hauptstadt. *»Als [die Kathedrale von] Llandaff gegründet wurde, lag die nächste menschliche Siedlung gut zwei Meilen entfernt hinter dichten, in ihrer Kraft noch ungebrochenen Wäldern. Cardiffs Burg war noch nicht erbaut, und die Männer, die sie einmal bauen würden, waren noch nicht geboren. Doch die natürliche Schönheit des Ortes muß damals schon genauso groß gewesen sein wie heute ... Keines meiner Worte kann den Eindruck des Traumhaften, Entflohenen, Unberührten wiedergeben, der beschworen wird durch den abfallenden Hügel mit seinen verschiedenen Ebenen und gewundenen Wegen,*

Normannisch-romanischer Bogen, Llandaff Cathedral

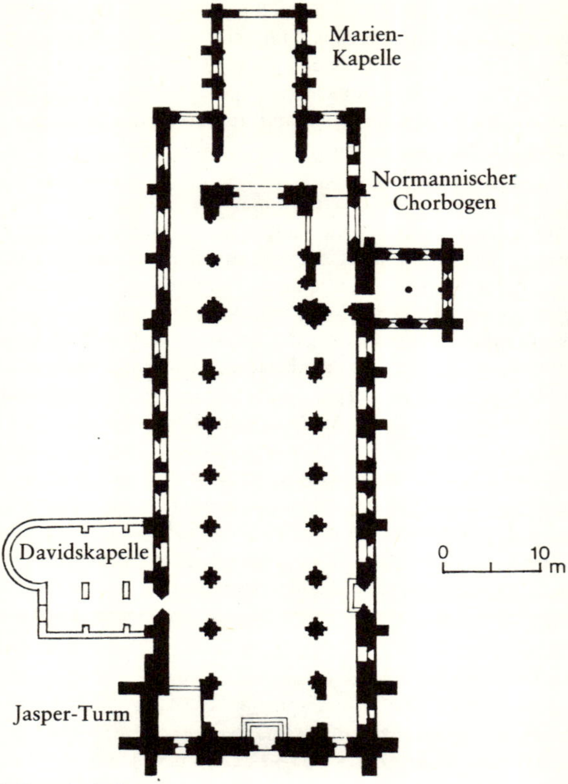

Llandaff Cathedral

die von unter Efeu fast verborgenen Steinmäuerchen umrahmt werden, von denen aus man die Westfassade überschaut.« (Wirt Sikes, ›Rambles and Studies in Old South Wales‹)

Die erste Kirche in Llandaff war, soviel wir wissen, eine ›clas‹, eines der frühchristlichen Mutterklöster von Wales, von denen es wenigstens vierunddreißig gab. Eine Clas war eine Gemeinschaft von Kanonikern unter einem Abt mit Selbstverwaltung. Doch als die Normannen kamen, war es mit der Freiheit der walisischen Kirchen vorbei: Die neuen Herren verwandelten sie mit großem Pomp in Kathedralen. Sie begannen in Wales um 1120 mit Llandaff;

es entstand eine Kreuzkirche mit halbrunder Apsis als Chorabschluß. Erhalten haben sich aus dieser Bauepoche die herrlichen romanischen Bögen; besonders der Chorbogen mit seiner Verzierung von vier konzentrischen Zickzackbändern begeistert das Auge. Auch das Nord- und das Südportal sind erhalten und zeigen fein skulptierte Archivolten. – 1154 starb Geoffrey of Monmouth in Llandaff; 1188 predigten hier Erzbischof Baldwin von Canterbury und Giraldus Cambrensis den dritten Kreuzzug.

Die nächste Bauepoche fällt in das 13. Jahrhundert; Gotik verdrängte allmählich die romanischen Elemente. Aus dieser Zeit stammen die Arkaden des Schiffes und des Chores, die Westfassade mit zwei Türmen und das um 1250 vollendete Kapitelhaus. 1266 wurde William aus dem mächtigen Geschlecht der de Braose als Bischof inthronisiert; er ließ die Marienkapelle errichten. Während des 14. Jahrhunderts mußten die Außenwände teilweise erneuert werden, und im 16. Jahrhundert ließ Jasper Tudor, der Onkel König Heinrichs VII., den nach ihm benannten Nordwestturm erbauen: ein Koloß über quadratischem Grundriß mit Fialentürmchen verschiedener Höhe in feiner durchbrochener Arbeit an den vier Ecken.

Die folgenden Jahrhunderte brachten Cardiff und Llandaff Überschwemmungen, Überfälle und Kriegswirren: Als Cromwells Truppen in dem zur Taverne umgewandelten Kirchenbau die Nächte durchzechten, war der Verfall schon weit fortgeschritten. Das Dach fiel ein, Regen wusch die Gesichter der Liegefiguren auf den steinernen und marmornen Sarkophagen leer. Ein großer Sturm zerstörte den Nordturm und das nördliche Querschiff; bald danach brach auch der Südturm zusammen. Damals stand aber schon in dem Gemäuer des alten Schiffes ein kleiner klassizistischer Tempel, den John Wood (1704-1754) um 1734 entworfen hatte.

Doch Tempel und gotische Schale vertrugen sich nicht, und ein Jahrhundert später wurde Woods Bau abgetragen, und die Architekten Thomas Henry Wyatt (1807-1880) und John Prichard (1817-1886) mit einer möglichst getreuen Wiederherstellung des ursprünglichen Baues beauftragt. Schon 1857 konnte in dem Neubau wieder Gottesdienst abgehalten werden, doch zogen sich die Detailarbeiten fast über das ganze Jahrhundert hin. Die Präraffeliten steuerten viele Einrichtungsstücke bei.

Alle diese Mühen schienen 1941, als eine deutsche Mine den Bau furchtbar zerstörte, umsonst. Doch bald nach dem Krieg begann der von George Pace geleitete Wiederaufbau, der 1960 abgeschlossen werden konnte. Dabei bediente sich Pace wo immer möglich der alten Pläne und Risse. Zu den großartigsten Zügen des Neubaus gehört ein riesiger weißer Zementbogen zwischen Chor und Schiff, der einen hohen weißen Zylinder trägt; dieser Zylinder dient als Orgelgehäuse und zeigt auf der dem Schiff zugewandten Seite eine Monumentalfigur Christi, ein Hauptwerk des englischen Bildhauers Jacob Epstein (1850-1959). Die Figur aus unpoliertem Aluminium zeigt Christus in einem langen engen Gewand, die schmalen Füße nebeneinander wie oft auf romanischen Darstellungen, die Hände in segnender Geste leicht ausgebreitet. Das stille Gesicht wird von einem großen Heiligenschein mit dem Kreuzsymbol umrahmt.

Schiff und Chor werden durch eine flache Kassettendecke aus edlen Hölzern überdacht. Trotz all der Zerstörungen und Erneuerungen strahlt der Raum eine große Würde aus; wahrscheinlich, weil die Raumharmonie noch immer durch die alten Arkaden bestimmt wird, die den Rhythmus angeben.

Wie in allen alten Kathedralen sind auch in Llandaff unzählige Schätze angehäuft. Da findet sich in der St Illtud Kapelle ein Rossetti-Triptychon, auf dem der präraffelitische Maler Dante Gabriel Rossetti (1828-1882) seine Freunde, den Dichter Charles Swinburne, den Maler Burne-Jones und den Malerdichter und Wiederbeleber des Kunsthandwerks, William Morris und dessen Frau, als ›Samen Davids‹ dargestellt hat. Von den Präraffaeliten stammen auch die meisten der Fenster im südlichen Seitenschiff. Im südlichen Chorseitenschiff steht ein keltisches Hochkreuz aus dem zehnten Jahrhundert; das ist alles, was von der vornormannischen Kirche erhalten blieb. In der Kapelle St Teilos findet man den Alabastersarkophag einer Lady Audley aus dem frühen 15. Jahrhundert; einer Sage nach starb die Dame an Liebeskummer. Da sind die Gräber der Familie Matthew, die bis ins vorige Jahrhundert das verbriefte Recht besaß, ihre Toten im nördlichen Seitenschiff zu bestatten. Da ist das Grab Bischof William de Braoses in der von ihm errichteten, schön überwölbten Marienkapelle, in der man auch ein Altarbild mit ungewöhnlichen Details findet: in seine Nischen eingelassene Bronzeplatten, mit Darstellungen von den der Gottesmutter geweihten Wildblumen, deren Namen in Walisisch genannt werden. Ein hoher gemeißelter Bogen, ›Urban's Arch‹, trennt die Marienkapelle vom Chor.

Im Chor stand einst der silberne Schrein St Teilos, zu dem Pilger aus ganz England kamen; er wurde bald nach der Reformation zerstört. Das Fenster über dem Urban's Arch ist ein Werk von John Piper (geb. 1903).

Die Kathedrale liegt in einer Art Park; ihr gegenüber, hinter der rasengrünen Domfreiheit, liegen das Dekanat und der Sitz der Domherren. Auf dem Rasen stehen die Ruine eines ehemaligen Glockenturmes und ein Hochkreuz; die Ruinen des einstigen Bischofspalastes umschließen einen 1972 angelegten Garten.

Gartenhaft wirkt der ganze Stadtteil Llandaff, der noch bis ins vorige Jahrhundert von Cardiff unabhängig war und sich seinen fast dörflichen Charakter zu bewahren wußte: stille, gewinkelte und gewundene Gartenstraßen, schlichte Villen aus dem vorigen Jahrhundert, Spiel- und Sportplätze, Parks und Alleen prägen seinen Charakter. Die Familien, die aus dem plötzlichen Aufschwung Cardiffs im vorigen Jahrhundert große Vermögen zu schaffen wußten, hatten Geschmack genug, sich an die besten Baumeister zu wenden: John Prichard (1817-1886), Iwan Christian, Percy Thomas (1884-1969) und nicht zu vergessen der großartige C.F.A. Voysey (1857-1941), der ›Trybonna‹, ein Landhaus am Ely, in seinem völlig unverwechselbaren Stil entwarf (1903): ein weißes schlichtes Walmdachhaus, asymmetrisch und mit verschiedenen Ebenen spielend.

Wer mag, kann den ganzen Weg von der Kathedrale bis zur Burg in der Stadtmitte von Cardiff am Fluß zurücklegen: Rechts und links des Taff erstrecken sich weite Parks, und der Weg wird nur einmal durch eine Straße, die Western Avenue, und einmal durch den Fluß gekreuzt. Am Westufer liegen die ›Sophie Gardens‹ von 1835, weiter nördlich ›Pontcanna Fields‹ und ›Llandaff Fields‹; am Ostufer des Taff der im 18. Jahrhundert vom Landschaftsgärtner Capability Brown geschaffene ›Bute Park‹, mit den Ruinen einer ehemaligen Priorei. Die Eiligeren erreichen die Innenstadt über die Cathedral Road, die dann nach Osten in die Castle Street / Duke Street mündet. An der Castle Street, am Südrand des Bute Park, erhebt sich auf dem Grund des einstigen Römercastrums die Burg.

CARDIFF CASTLE setzt sich zusammen aus dem ummauerten Hof, der Ruine des Bergfrieds auf einem Motte, und den im vorigen Jahrhundert umgestalteten Wohnbauten; was das Auge des Besuchers zuerst gefangennimmt, ist die immer noch imponierende

Bergfriedkulisse mit ihrem unregelmäßigen Umriß aus graurosa Stein, zu der über den Motte eine steile Treppe emporführt, nicht minder verfallen. Vom Motte führt eine Mauer zum Vorwerk, das durch den Barbican Tower und den Black Tower gesichert wurde; zwischen ihnen befindet sich heute das Museum der walisischen Regimenter.

Auf der gleichen Höhe wie die Vorwerktürme liegt etwas weiter westlich der hohe Uhrturm, von dem im rechten Winkel die Wohnbauten mit dem Westtor abzweigen, die sogenannten Castle Apartments. Zur anderen Seite, genau gegenüber dem Vorwerk, steht das Nordtor; alle diese Bauten liegen in der Westhälfte des fast quadratischen einstigen Castrum.

Besiedelt war der Platz seit ungefähr anderthalb Jahrtausenden vor Christi Geburt von Bronzezeitsiedlern, später dann von Kelten. Jüngsten Funden zufolge müssen die Römer bereits während der ersten Hälfte der Regierungszeit Neros hier gebaut haben. Sie standen damals den streitbaren Silurern gegenüber, und erst als deren Fürst und Held Caractacus vertrieben und verbannt war, gelang es ihnen, die Stämme zu befrieden. Um 75 nach Christus bauten sie ein weit kleineres Castrum, weil die Riesenanlage wohl nicht mehr sinnvoll war. Die strategische Lage zwischen Ärmelkanal und dem Mündungstrichter dreier wichtiger Flüsse erlaubte ihnen sowohl die Versorgung der Truppen tiefer im Landesinneren als auch die Kontrolle über die Bergstämme. Um 250 nach Christus, als die Angriffe von der Seeseite sich verstärkten, errichteten sie einen weiteren Neubau mit über drei Meter dicken Mauern und hohen Toren; Reste dieser Mauern und des Nordtors sind erhalten; sie wurden im vorigen Jahrhundert von dem 3. Marquis de Bute freigelegt. In spätere Bauten integrierte Teile der Römermauern wurden inzwischen durch eine rote Ziegelumrandung kenntlich gemacht, doch hebt sich die römische Mauerarbeit auch ohne solche Hilfen deutlich genug von jüngeren Bauteilen ab.

Nach dem Abzug der Römer im fünften Jahrhundert bleibt Cardiffs Geschichte lange in Dunkel gehüllt. Der Name der Stadt soll sich von einem Römer namens Aulus Didicus ableiten lassen; Caer Did heißt sie noch auf den Karten des 17. Jahrhunderts.

Aber zumindest bei den Kelten mag sie in nachrömischer Zeit einen anderen Namen geführt haben: Morganwgg oder Morganuc, was ›Stadt am See‹ bedeutet. Die Herren von Morganwgg wurden später den Königen von Ostwales, Powys, untertan. Als sie im 11. Jahrhundert von dem Fürsten von Deheubarth oder Südwales, Rhys ap Tewdwr, angegriffen wurden, riefen sie – Lord Yestin und sein Schwiegersohn Einion – die Normannen zu Hilfe.

Die Normannen ließen sich nicht zweimal bitten. Sie sandten Robert FitzHamon, späteren Grafen Gloucester, mit zwölf ihm befreundeten Rittern. Es ging, wie so oft in der Geschichte: die Feinde wurden zwar vertrieben, aber die Befreier hatten an Morganwgg Gefallen gefunden und ließen sich häuslich dort nieder; aus Verbündeten waren Zwingherren geworden. Roberts Burg entstand um 1090 dort, wo schon die Römer ihr Castrum errichtet hatten. Er fiel 1107 Wunden zum Opfer, die er sich in einer Schlacht zugezogen hatte. Seine Tochter Mabel vermählte sich mit einem Bastard Heinrichs I., Robert, der von seinem Vater zum Grafen Gloucester und später zum Lord von Glamorgan, dem einstigen Deheubarth, erhoben wurde.

Robert ließ den steinernen Bergfried errichten, der noch heute das Stadtbild unübersehbar bestimmt. In ihm hielt er zwischen 1126 und 1134 auf Wunsch seines Vaters dessen Bruder Robert, Herzog von der Normandie, gefangen. Er war der erste, der sich Gedanken über den Ausbau des Hafens machte. Robert war ein großer Soldat und Politiker, der vor allem während des langen Erbfolgekrieges zwischen dem Usurpator Stephan und der Kaiserinwitwe Mathilda, seiner Halbschwester, einen enormen politischen Einfluß ausübte. Schon zu Lebzeiten seines Vaters nannte man ihn Robert the Consul, Robert den Ratgeber. Er starb um 1147. Sein Sohn William, 2. Graf Gloucester, wurde 1158 mit seiner Familie durch den Keltenfürsten Ifor Bach entführt und als Geisel gehalten, bis er den Bewohnern von dessen Fürstentum Senghenydd, einer Provinz von Glamorgan, bessere Lebensbedingungen und größere Rechte zugebilligt hatte. Ein weiterer Aufstand erhob sich 1183, in dessen Verlauf Stadt und Burg schwer beschädigt wurden. Nach Williams Tod im folgenden Jahr fiel Cardiff an die Krone, da sich Prinz Johann, der spätere Johann Ohneland, mit Williams Tochter Isabella vermählt hatte; die Ehe wurde später geschieden. 1217 kam die Lordschaft mit der Stadt an Gilbert de Clare, den Sohn von Isabellas Schwester Amicia. Die de Clares bildeten, wie schon erwähnt, eine Macht in Wales; sie regierten das ganze Land von ihren steinernen Burgen aus. Gilbert (1291-1314), der letzte der de Clares von Cardiff, fand den Tod auf dem Feld von Bannockburn, wo die Engländer unter Eduard II. von den Schotten vernichtend geschlagen wurden. Sein Erbe fiel an Hugh le Despenser, einen Günstling Eduards II., der mit Gilberts Schwester Elisabeth vermählt worden war. Die Despensers hielten alle zum König in den Jahren seiner Verfolgung durch seine französische Gemahlin, Isabella die Wölfin, und die ihr zuneigenden Barone, und sie teilten seinen Sturz. Zuvor jedoch betrieb Hugh, der sich in seinem Besitz immer durch die walisischen Lords der Nachbarschaft eingeengt fühlte, die Vernichtung seines Hauptwidersachers, Llywelyn Bren, eines Urenkels von Ifor Bach und guten Freundes seines gefallenen Schwagers. Llywelyn wurde 1317 hingerichtet: eine Tat, für die dreiundachtzig Jahre später Owain Glyndwr an Cardiff blutige Rache nahm; nur das Kloster der Schwarzen Mönche im heutigen Bute's Park verschonte er, weil dort Llywelyn beerdigt worden war. Zwei Despensers überlebten Owains Überfall: ein kleiner Knabe, Richard, der 1414 starb, und seine neugeborene Schwester Isabel, die 1411 im zarten Alter von elf Jahren mit Richard Beauchamp, Lord von Abergavenny, vermählt wurde. Nach dem Tod ihres Bruders wurde ihr Gemahl mit der Lordschaft von Cardiff und Glamorgan belehnt; zu diesen Titeln kam 1421 noch der eines Grafen von Worcester. Er konnte sich nicht lange im Glanz der neuen Würde sonnen, denn der Tod raffte ihn schon im folgenden Jahr dahin. Seine Witwe heiratete nach der angemessenen Trauerzeit seinen Vetter, den mächtigen Richard Beauchamp, Grafen Warwick, der von dem englischen Heldenkönig Heinrich V. auf dem Totenbett mit der Erziehung seines unmündigen Sohn Heinrich VI. betraut worden war.

Die Beauchamps bauten Cardiff Castle aus und verschönerten es. Seit der Unterwerfung Owain Glyndwrs war das Land befriedet; aus Burgen konnten Schlösser werden. Richard ließ in Cardiff den großen Saal errichten, zu seinem Schutz einen oktogonalen Wehrturm bauen und einen weiteren Turm mit einer Anzahl von Wohn- und Schlafgemächern. Als der König mündig wurde, überhäufte er seinen Erzieher mit weiteren Ehren; Beauchamp wurde Gouverneur der Normandie. Er starb im selben Jahr wie seine Frau, 1439. Der ›Erste Graf des Reiches‹ – ein ihm vom König verliehener persönlicher Titel – hinterließ nur eine kleine Tochter, Ann, die er nach seiner Schwester genannt hatte; sie starb noch im Kindesalter. Nach ihrem Tod fielen Titel und Besitz an Beauchamps Schwester Ann, die mit Richard Neville, dem ältesten Sohn des Grafen von Salisbury, seit dessen achtem Lebensjahr verheiratet war. 1450 wurde Neville bei Erreichen der Volljährigkeit zum Grafen von Warwick erhoben; bald danach begann er jenen gefährlichen Weg politischen Opportunismus, der ihm in der Geschichte und in den Dramen Shakespeares den Namen des ›Königmachers‹ eintrug; Warwick Kingmaker war Hirn und Motor der Rosenkriege. Nach dem Tode des Königmachers, der 1471 in der Schlacht fiel, kam Cardiff erst an seinen älteren Schwiegersohn, des Königs Bruder Clarence, und nach dessen Hinrichtung wegen Hochverrates 1476 an den jüngeren Schwiegersohn, den späteren Richard III. Richard wurde 1485 auf Bosworth Field erschlagen. Ein Jahr später gab der neue König, Heinrich VII., Cardiff seinem Onkel und Mitstreiter Jasper Tudor; nach dessen Tod fielen Stadt und Burg an die Krone. Einen neuen Herren bekamen sie 1550, als der junge Eduard VI. sie William Herbert, dem Schwager und Testamentsvollstrecker seines Vaters, übertrug und ihn zum Lord of Cardiff und Grafen von Pembroke erhob.

Die Herberts waren ein verfeinertes, hochgebildetes Geschlecht. Williams Sohn, Henry Herbert, 2. Graf Pembroke (1534-1601), war zudem durch das Erbe seiner Mutter, die Parr-Besitzungen, einer der reichsten Männer Englands geworden; sein politischer Einfluß war bedeutend. Ständig vergrößerte und verschönerte er die Burg von Cardiff und hielt dort Hof wie ein heimlicher König von Wales: Er fühlte sich nämlich, im Unterschied zu den meisten anderen Lords und Grenzbaronen, als Waliser, sprach auch fließend Kymrisch und tat viel für die Entfaltung der kymrischen Literatur – und da er sehr einflußreich war, fanden sich bald auch andere Herren, die seinem Beispiel folgten. Man kann also mit einigem Recht behaupten, daß das walisische ›Revival‹, die Renaissance seiner Sprache und Kultur, von Cardiff aus ihren Ausgang nahm. Henrys Sohn William wurde von Zeitgenossen als der ›beliebteste und geehrteste Mann seiner Epoche‹ beschrieben; er ist als Gönner und Freund William Shakespeares in die Literaturgeschichte eingegangen, ein Ruhm, den er mit seinem jüngeren Bruder und Erben Philip (1584-1650) teilen muß. Dieser spielte bei Hof unter Jakob I. und Karl I. eine wichtige Rolle, stellte sich aber später auf seiten des Parlaments. Darum ließ Karl I. Cardiff bei Ausbruch des Bürgerkrieges vom Marquis von Hertford, seinem Generalleutnant für die westlichen Grafschaften, besetzen. Nach der von ihm verlorenen Schlacht bei Naseby (1645) suchte der König dort selbst Zuflucht, um seine Truppen zu sammeln.

1646 fiel Cardiff in die Hände des Parlamentheeres, das auch ein royalistischer Bürgeraufstand nicht mehr vertreiben konnte. Philip Herbert starb 1650; sein Sohn, Philip II. Herbert (1619-1669), begann mit dem Wiederaufbau der Burg. Doch er war aus anderem Holz geschnitzt als sein Vater, der in der Jugend besser Kymrisch als Englisch gesprochen hatte; der junge Lord fühlte sich ganz als Engländer. Cardiff fiel nach seinem Tode der Reihe nach an seine Söhne und schließlich an seine Enkelin Charlotte Herbert, die mit John, 2. Baron Jeffreys of Wem (1670?-1702) vermählt war, einem Sohn des berüchtigten ›Blutrichters‹, der nach dem mißglückten Aufstand des Herzogs von Monmouth, dem Sohn Karls II. und Lucy Walters, dreihundertzwanzig Menschen wegen Hochverrats zum Tode verurteilt hatte. Charlotte heiratete in zweiter Ehe Thomas, 1. Viscount Windsor. Ihre Enkelin Jane wurde mit John Stewart, dem Erben John Stewarts, Grafen von Bute (1713 bis 1792) vermählt; der alte Bute genoß einen schlechten Ruf als Premier Georgs III. und einen hervorragenden als Botaniker.

Für die Lordschaft Cardiff begann mit der Ära Bute, die bis 1947, als der derzeit letzte dieses Namens die Burg der Stadt übergab, eine gute Zeit. Es war eine Familie von Förderern des Handels, der Technik und der Kunst, wie es in Wales keine zweite gab.

1771 lud Stewart den Architekten Robert Adam (1728-1792) ein, die Innenräume der vernachlässigten Wohnburg zu erneuern. Dessen Vorschläge waren indes so aufwendig, daß sie nie zur Ausführung gelangten, vor allem, weil sie auch mit der Gestalt des vorhandenen Baukerns nicht übereinstimmten. Sieben Jahre später berief der Burgherr den berühmten englischen Gartengestalter ›Capability‹ Brown und dessen Schwiegersohn Henry Holland (1746?-1806), der sich als Architekt des Prinzregenten in Brighton Ruhm erworben hatte. Sie begannen damit, erst einmal die Gegend um die Burg in einen lichten Landschaftspark zu verwandeln und machten dann einen Teil der unter den Herberts entstandenen Erweiterungen rückgängig, bauten aber auch neue Flügel an. Das ging so einige Jahre; dann hatte der Marquis es satt, seine Residenz nur immer vom gegenübergelegenen ›Angel Hotel‹, wo er Wohnung genommen hatte, zu betrachten, und setzte den Arbeiten jäh ein Ende.

Stewart starb 1814, und sein erst elfjähriger Enkel wurde Erbe. Dieser zweite Marquis of Bute wurde der Gründer des modernen Cardiff; wir werden noch von seiner Bute's Town hören. Er starb am 18. März 1848 und hinterließ einen Sohn in der Wiege, John Patrick Crichton Stewart, 3. Marquis of Bute, der seinem Vater als großer Anreger und Kunstmäzen folgte.

Der 3. Marquis war, als er William Burges, der sich mit dem Bau der Kathedrale von Cork (1862-1876) bereits großen Ruhm erworben hatte, noch ein sehr junger, hübscher Mann. Er galt als äußerst schüchtern, dazu gelehrt, fromm, ernsthaft: das lebende Vorbild von Disraelis Helden ›Lothair‹. Sechzehn Jahre lang arbeiteten die beiden an der Verschönerung der Burg. Es entstand ein Bau von einzigartiger Pracht und Phantasiefülle. Bute selbst vertiefte sich in die Geschichte der Burg und zeichnete die alten Details mit Feder und Tinte: jede einzelne Skizze von Burges sprach er mit ihm durch. Bute brachte Burges dazu, auf neue Flügel zu verzichten und statt dessen in die Höhe zu bauen. Nur die besten Handwerker und Kunsthandwerker wurden berufen; Burges bildete auch selber Lehrlinge aus für die Arbeit an der Burg. Alle Räume, die er entwarf, stellte er unter bestimmte Themen, ein in der viktorianischen Zeit auch sonst übliches Verfahren, aber hier mit äußerster Konsequenz durchgeführt; so stehen alle Räume und Dekorationen im Uhrturm unter dem Aspekt der verrinnenden Zeit. Einer der schönsten Räume ist der Dachgarten im Bute Tower mit Mosaikboden, zwei Wandfriesen und Fontänen; das Marmorbad, der Arabische Raum, die Bibliothek, der Chaucer-Raum stehen ihm kaum nach. In all diesen Räumen fällt immer wieder auf, mit welcher Liebe Burges Vögel gestaltete; sie sind fast allgegenwärtig, seien es nun die Störche hinter dem Kaminstück im Chaucer-Raum oder die kleinen Singvögel in den Fensternischen der Bibliothek oder die schnäbelnden Pärchen auf dem Kamin der Alten Sprachen, ebenfalls in der Bibliothek.

Burges starb 1881; die Arbeit wurde von seinem ehemaligen Assistenten William Frame fortgesetzt. Als Bute 1900 starb, blieb Frame auch bei dessen Sohn, dem 4. Marquis, in Amt und Würden. 1947 schenkten die Butes ihre Burg den Bürgern von Cardiff. In den ehemaligen Kinderzimmern im Gastturm wird die Arbeit von Baumeister und Bauherr belegt: über zweitausend architektonische Zeichnungen und Entwürfe für Räume, Möbel, Stoffe, Fliesen, Intarsien, Schnitzereien, Glasfenster und anderes mehr, eines der letzten architektonischen Gesamtkunstwerke, an dessen Vollendung länger als ein Vierteljahrhundert gearbeitet worden war.

BUTE'S TOWN nennt man das Gebiet südlich der Burg in der Umgebung der Hafenanlagen. So reizvoll die Burg als Kulturdenkmal ist, so sehr man die Butes wegen der Sorgfalt, mit der sie ihr historisches Erbe bewahrten, loben sollte, ihre eigentliche Größe liegt in der Tatsache, daß sie Cardiff in die Zukunft führten, in die Zukunft als reiche Haupt- und Handelsstadt und eine der schönsten Hafenstädte Europas.

Als der erste Bute die Lordschaft Cardiff übernahm, wurde er, wie berichtet, Herr über die verfallene Burg, deren Zustand ihn zwang, die besten Jahre seines Lebens im Hotel zu wohnen, und über ein schmuddeliges Tausendseelennest, dessen Einwohner sich von Strandraub, Piraterie und Schmuggel ernährten, vom Kinderhandel ganz zu schweigen. Gerade begann der Kohlenhandel attraktiv zu werden, aber die Kohle wurde hoch in den Bergen gebrochen und mußte mühselig von dürren Maultieren in Säcken herabgeschleppt werden, unter Hilfe von alten Frauen und Kindern, die zu schwach für die Arbeit in den Zechen waren. Das Eisen kam auf klapprigen Lastkarren, die von Eseln gezogen wurden, nach Cardiff; für Pferde waren die Wege viel zu bös. Unter diesen Bedingungen war an eine vernünftige Ausweitung des Handels also gar nicht zu denken. So betrieb der erste Marquis schon ab 1798 den Bau eines Kanals, der zu seiner Zeit als achtes Weltwunder bestaunt wurde, mußte er doch, um die Dörfer des Tales und die Hauptgrubenstadt Merthyr Tydfil mit Cardiff zu verbinden, auf einer Strecke von nur vierzig Kilometern eine Steigung von fast hundertsiebzig Metern überwinden, was aber mit Hilfe eines raffinierten Systems von dreißig Schleusen bewerkstelligt wurde. – Noch 1800 hatte Cardiff kaum tausend Einwohner, aber jetzt begann sich das Bild zu ändern. Die entscheidende Idee hatte allerdings erst der 2. Marquis: Er ließ die Ufer des Taff, der jedes Jahr durch verheerende Überschwemmungen die Stadt auf Wochen lahmlegte, eindämmen und eindeichen und auf seine eigene Rechnung einen riesigen Dockhafen im Herzen der Stadt anlegen; genaugenommen standen nur ein paar Hütten dort, denn die Stadt entwickelte sich erst mit dem Ausbau des Hafens. Wirt Sikes, ein fabelhafter Kenner walisischer Landschaft und Folklore, obwohl von Haus aus Amerikaner, äußerte sich um 1880 begeistert: *»Ein See mit steinernen Ufern, tief ins Land geschnitten, als habe man einen tiefen, ungeheuren Keller ausgehoben und mit riesigen Blöcken sorgfältig behauenen Steines ausgekleidet; ein Keller so* *groß, daß seine Steinwände nach Meilen zählen. An ihrem Rand und in den von ihnen umschlossenen Wassern schwimmen unzählige Schiffe leicht wie in einem umschlossenen Raum. Hunderte Morgen Wasseroberfläche sind solcherart in Cardiff eingeschlossen, abseits vom offenen Kanal in der Mitte der Stadt. Kein Sturm kann je den stillen Busen dieser von steinernen Ufern umfangenen Seen zu wildem Zorn aufrühren ... Weite Flächen sandiger Ebene erstrecken sich zwischen diesen Seen, gepflastert und mit langen Reihen gußeiserner Gaslaternen und Zäunen versehen, mit hohen, steinernen Lagerhäusern und Schienensträngen, auf denen die hochbeladenen Waggons von den Gruben in den Bergen bis zu den schlafenden Schiffen rollen.«* Die einzelnen Docks wurden durch Schleusen verbunden; die Schleusen waren in der Lage, gleichzeitig zwei große Segler passieren zu lassen und sie von einer Ebene zur anderen zu heben.

Cardiff wurde der bedeutendste Exporthafen für Erz und Kohle auf der ganzen Welt, und es behielt seine Geltung, solange König Dampf die Industrie regierte. Doch das Aufkommen neuer Energien nach dem Zweiten Weltkrieg brachte den Kohlehandel nach und nach zum Erliegen. Man hat sich gerade in Cardiff sehr bemüht, neue Industrien aufzubauen, aber sie sind noch nicht stark genug, um die Verluste auszugleichen; das Problem von ganz Südostwales, die Arbeitslosigkeit, geht auch an Cardiff nicht spurlos vorüber, wenn es auch weniger leidet als die Grubendörfer oder reinen Handelsstädte.

Das hängt natürlich damit zusammen, daß Cardiff Regierungssitz ist und ein großes Verwaltungsviertel sein eigen nennt, den in großzügige Gartenanlagen und Alleen eingebetteten Cathay's Park.

CATHAY'S PARK ist ein Triumph spätviktorianischer Stadtplanung. Man mag darüber streiten, ob das historisierende Stilgemisch im einzelnen den Geschmack befriedigt; das Ganze aber ist eine Anlage von so heiterem Reiz, so sorgloser Prachtentfaltung, wie es bei Repräsentivbauten aus der ersten Hälfte unseres Jahrhunderts nicht oft der Fall ist.

Etwas davon spiegelt sich schon im Namen, Cates Hay, Kätchens Heu, der schon 1682 für ein paar Weideparzellen vor den Toren der Altstadt feststeht. Nach und nach erwarb die Familie Herbert das Land; bis 1815 befand sich das gesamte Gebiet in den

Händen der Butes, die sich an seinem Rand ein Landhaus errichteten und eine breite Straße hindurchlegen ließen, die heutige King Edward VII. Avenue.

Seit der Mitte des vorigen Jahrhunderts spielte die Stadt mehrfach mit dem Gedanken, das Land anzukaufen. 1892 wandten sich die Stadträte an Lord Bute mit dem Vorschlag, ihnen das Gelände für die Errichtung öffentlicher Bauten zu überlassen; damit »wir Cardiff zu einer der schönsten Städte des Landes machen können«; konnten sich aber mit dem geforderten Preis nicht abfinden; erst 1898 wechselt Cathay's Park in den Besitz der Stadt über. Die Bautätigkeiten zogen sich – nach einem festgelegten Plan – über ein halbes Jahrhundert hin, immer wieder von Krieg und Notzeiten unterbrochen. Daß so etwas wie eine Einheit überhaupt entstehen konnte, liegt auch an der ausschließlichen Verwendung des leuchtenden, weißen Portlandsteines, eines sehr edlen Baumaterials.

Zu Cathay's Park gehören ein Dutzend Bauten, die um einen oblongen Rasenpark gruppiert sind. In der Mitte steht ein zierlicher offener Rundtempel, das 1928 von Sir J. Ninian Cowper entworfene Welsh National War Memorial, ein Mahnmal für die Toten des Ersten Weltkrieges.

Die einzelnen Bauten beherbergen auf der Südseite Nationalmuseum, City Hall (Rathaus) und Gericht, im Westen das Registeramt der Universität, die Grafschaftshalle von Glamorgan, das Universitätsinstitut für Wissenschaft und Technik, im Norden das Amt für walisische Belange (Welsh Office) und auf der Ostseite das der walisischen Universität angeschlossene University College; ihm gegenüber, bereits außerhalb des eigentlichen Parks, erhebt sich das Sherman Theatre. So befinden sich wirklich fast alle für den Bürger wichtigen Bauten in einem einzigen Komplex zusammengeschlossen. Doch Nähe bedeutet nicht Uniformität, die auch nie angestrebt war. Die Bauten wurden jeweils ausgeschrieben und den besten oder brauchbarsten Entwürfen der Zuschlag gegeben. So wurde Cathay's Park fast zu einer Musterschau des edwardianischen Klassizismus in allen seinen Spielarten.

Der erste Bau war die *City Hall*, eine quadratische Anlage, die sich um zwei oblonge Höfe gruppiert; der Südflügel wird von einem überkuppelten Mittelpavillon beherrscht, die Westseite von einem hohen Mittelturm. Dieser Bau zeigt die Prachtentfaltung des klassizistischen Barock; er wurde 1901 von dem Architektenbüro Lancaster, Stewart und Richards entworfen und bei der Erhebung

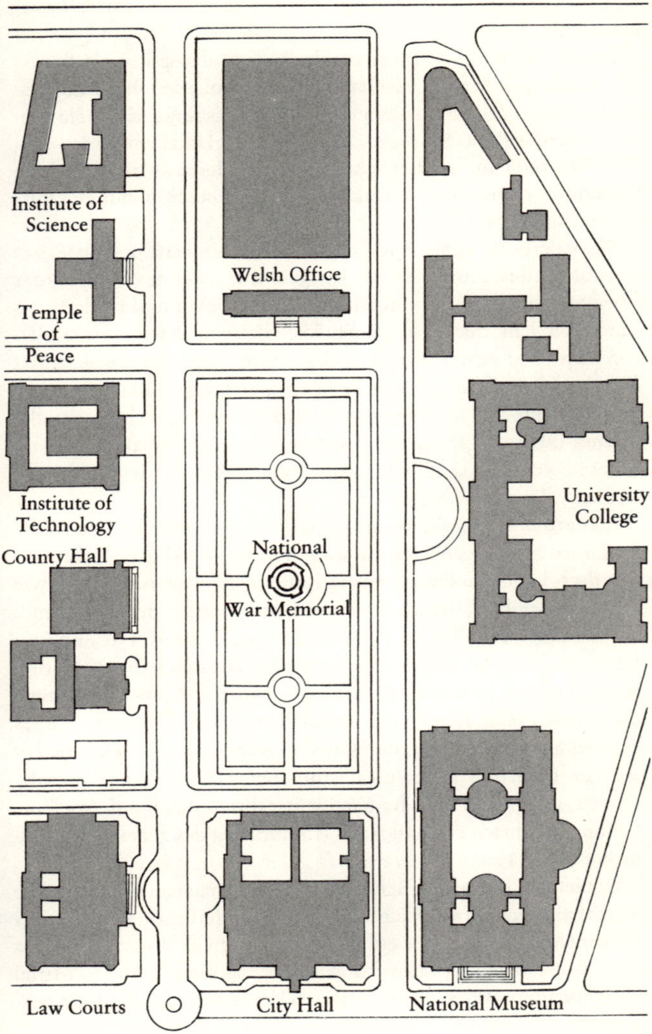
Institute of Science
Temple of Peace
Welsh Office
Institute of Technology
County Hall
National War Memorial
University College
Law Courts
City Hall
National Museum

Cardiffs zur ›City‹ 1905 eingeweiht. Dieselbe Firma machte auch die Entwürfe für das Gericht, die *Law Courts*, neben dem Rathaus; wieder stand der französische Barock Pate, doch entstand ein viel strengerer, in seiner Formensprache äußerst disziplinierter Bau.

Die *Grafschaftshalle für Glamorganshire* mit dem Blick auf den weiten Bute Park ist sicherlich der künstlerisch geglückteste Bau von Cathay's Park. Sie wurde von Vincent Harris entworfen und zwischen 1908 und 1912 errichtet: Ihre wunderbar klar gegliederte Fassade in korinthischer Kolossalordnung besticht durch kraftvollen Ausdruck.

Besonderes Interesse verdient der ironischerweise erst 1938, am Vorabend des Zweiten Weltkrieges, eingeweihte *Tempel des Friedens* – nicht so sehr als Bauwerk, sondern um der Ideen des Mannes willen, dem er gewidmet ist: Henry Richard (1812-1888), von den Walisern mit liebevollem Spott und großer Achtung ›Friedensapostel‹ genannt. Der langgestreckte Bau mit einem Portikus von fast abweisender Strenge nimmt das klassizistische Thema nur noch in kühl stilisierter Form auf; gelangt aber im Innern zu einigen originellen Lösungen. Der Entwurf stammt von Sir Percy Thomas (1884-1969).

Richard war von Haus aus Geistlicher, hängte aber den Talar des Pastoren an den Nagel, um seinem Lande als Abgeordneter von Merthyr Tydfil im Parlament in London zu dienen. Er war, wie Zeitgenossen bestätigten, der erste Parlamentarier, der es verstand, in der Hauptstadt Verständnis für das puritanische, das nonkonformistische, aufstrebende Wales und die Ärmsten seiner Armen zu erwecken. Er vermittelte schon während der Rebecca-Unruhen und Chartistenaufstände zwischen den beiden Ländern. Als es ihm gelang zu beweisen, daß Gutsbesitzer solche Pächter, die bei Wahlen nicht mit ihnen gleichstimmten, einfach auf die Straße setzten, ging ein Schrei der Empörung durch das Land. Die Enthüllungen führten zur Ballot Act (Einführung des geheimen Wahlrechts) von 1871.

Doch nicht nur in den Belangen seiner Heimat sah Richard seine Aufgabe. Er leitete als Nachfolger von John Jefferson von 1845 bis zu seinem Tode die ›Society of Peace‹, eine Gesellschaft, die das Prinzip der ›Arbitration‹ vertrat: der Krieg als politisches Mittel sollte im internationalen Leben durch Verhandlungen und Schiedssprüche abgelöst werden. Richard vertrat seine Ideen – die in acht dicken Bänden veröffentlicht wurden – sowohl im Parlament als auch auf den großen internationalen Kongressen seiner Gesellschaft in Brüssel, Paris, London, Frankfurt am Main, Manchester und Berlin. Einige der fähigsten Köpfe der Nationen stellten sich in ihren Dienst, wie in Frankreich der Dichter Victor Hugo.

Das 1938 von P.K. Hanton entworfene *Welsh Office* ist architektonisch faszinierend, weil mit einfachsten Mitteln eine geglückte Symbiose zwischen klassizistischen Stilelementen und den Erfordernissen eines modernen Verwaltungsgebäudes erreicht wurde. Die Fassade des sehr langgestreckten, viergeschossigen, eher schmalen Bauwerks wird durch einen portikusähnlichen Vorbau bestimmt; unter dem Dachgeschoß entlang läuft rund um den Bau ein kräftiges Gesims mit stark betonter Sima. Die Längsseiten sind durch schmale, pilasterartige Wandpfeiler gegliedert, die vertikal durch alle Geschosse reichenden Fenster zieren Bronzetafeln mit den Wappen aller walisischen Wahlkreise und Kreisstädte. Durch die strenge Betonung der Senkrechten, die nur von dem Gesims unterbrochen wird, und dem Zusammenklang von weißem Stein und dunklen Fensterfronten wirkt der Bau würdevoll und sehr gesammelt.

Völlig anders das *Universitätsgebäude* mit rustiziertem Erdgeschoß, einem von ionischen Säulen getragenen Tympanon über dem Mittelrisaliten und hohen, schweren Seitenrisaliten im Stil der spätelisabethanischen Renaissance. Es wurde 1909 von W. D. Caroe entworfen.

Wir schließen unseren Rundgang durch Cathay's Park beim *National Museum von Wales*. Es entstand nach Entwürfen der Architekten D. Smith & C. Brewer zwischen 1910 und 1927; während des Krieges mußten die Arbeiten unterbrochen werden. Der überkuppelte Bau mit rustiziertem Grundgeschoß und dorischem Säulenportikus ist von vollendeter Symmetrie. Die hohe Attika zeigt heraldischen Skulpturenschmuck.

DAS NATIONAL MUSEUM, Amgueddfa Genedlaethol Cymru, ist ein noch recht junges Museum, jung auch die meisten seiner Sammlungen, doch von hoher Qualität und mit großem didaktischen Geschick dargeboten.

Das Hauptgewicht liegt auf einer Selbstdarstellung von Wales als Nation: seiner Geschichte, Natur- und Kulturgeschichte, seiner Wirtschaft und seiner Kunst. Die Glanelli-Galerie führt den Besucher in die verschiedenen walisischen Landschaften ein: Küsten,

Gebirge, Wälder, Heiden und Seengebiete. Weiter Raum ist auch der Frühgeschichte eingeräumt; das Prunkstück unter den archäologischen Funden aus allen Teilen des Landes ist ein Saal mit keltischen Hochkreuzen und Inschriftensteinen (einige nur als Replik). Die Kunstgalerie ist stolz auf eine umfassende Sammlung von Gemälden und Aquarellen walisischer Meister, darunter einige der besten Arbeiten von Wilson und Innes, und auf ihre französischen Impressionisten. Den hohen Rang walisischen Kunsthandwerks belegt eine Sammlung von Silberschmiedearbeiten der letzten Jahrhunderte.

Zu dem Museum gehören eine ausgedehnte Bibliothek und ein Verlag, dessen inzwischen weit über hundert Titel in der Buchhandlung angeboten werden. Vorträge, Lesungen, Konzerte und sogenannte ›Familienausflüge‹ dienen dem lebendigen Kontakt zwischen Bevölkerung und Museum; junge Künstler werden in Wechselausstellungen bekanntgemacht.

Doch der Hauptanziehungspunkt des Museums ist für viele Besucher das Bergwerk. Es ist einem echten Bergwerk sorgfältig nachgestaltet worden und erlaubt dem Betrachter, alle Einzelheiten am Objekt zu studieren; zugleich erzählt es die Geschichte des Bergbaus in Wales. Zu diesem Zweck hat man einen Schacht mit Transportstollen gebaut, die zu den Abraumstollen führen. Dort kann man die verschiedenen Formen des Ausbaus, der Sicherung während der letzten Jahrhunderte studieren, vom noch bis in die achtziger Jahre des 19. Jahrhunderts angewendeten System des ›notch jointing‹ (miteinander verkerbte Holzpfosten, die sowohl dem Seiten- wie dem Oberdruck standhalten mußten) bis zu den späteren Eisenträgern aller Art.

Ein Hauptproblem beim Kohleabbau war immer der Transport von den Abbaustellen zum Schachtausgang. Die Stollen waren oft niedrig, die Luft schlecht, die Beleuchtung miserabel aus Angst vor Explosionen, besonders vor Einführung der Grubensicherheitslichter. Darum waren es bis in die Mitte des 19. Jahrhunderts Kinder, die die voll beladenen Wagen durch die unebenen Stollen ziehen mußten, denn nur sie waren klein genug, um sich halbwegs aufrecht dort vorwärts bewegen zu können. Es war eine unglaubliche Schinderei, aber schlimmer als die harte körperliche Arbeit empfanden die meisten der Kleinen das Grauen vor der ständigen Dunkelheit. Dazu kamen noch die physische Angst vor Unfällen, stürzenden Wettern, körperlichen Strafen und nicht zuletzt die abergläubische Furcht vor der Rache der Berggeister, mit der die meisten von ihnen aufwuchsen und aus der sich zu befreien selbst erwachsenen Männern meistens unmöglich war.

In den höher gelegenen Stollen benutzte man zum Abschleppen des Fördergutes Esel und auch Pferde. Am Ende des Schachts wurden die Lorenlasten von Frauen in die Förderkörbe umgeladen und mit Hilfe großer Winden in die Höhe befördert. Auch diese Winden wurden bis ins 18. Jahrhundert von Menschen, danach meistens von Grubenpferden, denen man die Augen verband, getrieben. Erst Ende des 18. Jahrhunderts wurde die geschundene Kreatur von der Wasserkraft abgelöst.

Die von James Watt (1736-1819) entwickelte verbesserte Kolbendampfmaschine brachte dann in den siebziger Jahren des 18. Jahrhunderts die dringend nötige technische Revolution des Bergbaus; der Siegeszug von König Dampf begann, der eine Förderung großen Stils überhaupt erst möglich machte. Dampf trieb die Förderwinden, die Förderbänder, die Pumpen, mit deren Hilfe die Stollen trockengesaugt wurden, die Loren, die noch vor kurzem von kleinen Kindern gezogen worden waren.

Ein anderes wichtiges Problem war die Ventilation in den Stollen und Gruben. Die uralte Methode der Erzeugung von heißer Luft mit Hilfe von Feueröfen, die im Aufsteigen die Frischluft herabpreßte, ließ sich seit Mitte des 19. Jahrhunderts, als die Stollen in ungeahnte Tiefen vorgetrieben wurden, wegen der erhöhten Explosionsgefahr nicht mehr anwenden. In Südwales entwarfen damals drei Techniker unabhängig voneinander neue mechanische Ventilatoren: Struvé 1846, Brunton 1849 und Nixon 1859. Die nächste Entwicklung stellten die mit Zentrifugalkraft betriebenen Fächer, wie der ›Sirocco‹, dar. Heute kommen eine ganze Reihe elektrischer Modelle dazu.

Doch der Bau in Cathay's Park spiegelt nur einen kleinen Ausschnitt der Arbeit des Walisischen Nationalmuseums, das es zu einem seiner Programmpunkte gemacht hat, nicht die Provinzen zu plündern. Deshalb gibt es überall im Lande Zweigmuseen, die wir fast alle kennengelernt haben: Da ist in Penarth das Turner House mit wechselnden Ausstellungen moderner walisischer Künstler; das Legionary Museum in Caerleon, wo Funde aus dem alten Isca zu sehen sind, die Graham Sutherland Gallery in Haverfordwest, deren Sammlung auf einer Schenkung eigener Werke dieses großen englischen Malers unseres Jahrhunderts beruht, das ›Museum of the Woolen Industry‹ in Dre-Fach Felindre, das ›Segontium Roman Fort Museum‹ in Caernarfon und das ›North Wales Quarrying Museum‹ in Llanberis, vor allem aber das St Fagans Museum für Volkskunst.

Parks sind es, die das Leben in einer Großstadt erträglich machen; die Stadtväter haben dem Rechnung getragen und dieser Stadt mit einer Viertelmillion Einwohnern eine grüne Lunge von rund 2700 Morgen gegeben; Cardiff trägt seinen Beinamen ›City of Parks‹ mit Stolz. Da sind die Grünflächen am Fluß, die wir schon kennen, *Bute Park* und *Sophie Gardens*, die Rasenflächen und klassizistischen Rabattengärten von Cathay's Park mit ihren Alleen und Fontänen. Da ist weiter der *Roath* am Stadtrand mit einem großen See und einer Vogelschutzinsel, mit Rosengärten, Spielplätzen und einem kleinen weißen Leuchtturm zur Erinnerung an Nelsons Besuch in der Stadt. Etwas außerhalb liegen zwei Naturparks, im Norden der *Wenallt* mit Wald- und Heideflächen und an der Straße nach Caerfili der *Cefn-onn*, der seine schönen alten Bäume und seinen Rhododendrondschungel im Wasser eines seeartig eingedämmten Nebenarmes des Nant Fawr spiegelt. Darüber hinaus gibt es mehr als fünfzig Kinder- und sechs Abenteuerspielplätze, rund hundert Plätze für Tennis und Netzball, eine Reitbahn, ein Skigelände, Wanderwege, acht Golfplätze, Möglichkeiten zum Angeln wie zum Segeln, fast fünfzig Felder für Cricket und Baseball.

Doch das Heiligtum der walisischen Sportler ist das *Nationale Rugby-Stadion*, eine ovale Arena mit steil ansteigenden Rängen, von denen fast die Hälfte überdacht sind. In anderen Stadien stachelt man seine Mannschaft mit Zurufen an, aber die Waliser singen im Chor, und sie singen Hymnen – die Allgewalt solcher brausenden Gesänge verdammt alle etwaigen Anfeuerungsversuche fremder Vereine zur Vergeblichkeit. – Das *Maindy Stadion* für athletische Disziplinen und der *Empire Pool*, ein Schwimmstadion, wurden ebenso wie das Rugbyfeld 1958 für die ›Empire und Commonwealth-Spiele‹ errichtet. Das *National Sports Centre* wurde 1972 im Pontcanna Park an der Cathedral Road eröffnet; es dient der Ausbildung von Trainern und Spitzensportlern. Insgesamt verfügt die Stadt über rund 280 Sportstätten.

Cardiffs beide Theater werden von wechselnden Ensembles bespielt. Das *New Theatre* gegenüber dem National Museum ist das Haus der National Opera Company während ihrer Cardiffer

Spielzeit; diese Operntruppe hat sich in den letzten Jahren internationales Ansehen erworben. Zu anderen Zeiten spielen Ensembles der führenden Londoner wie auch der Provinztheater im ›New‹. Ähnlich ist es mit dem der Universität angeschlossenen *Sherman Theatre;* dieses Haus mit seinen zwei Bühnenräumen steht zudem den Studentenensembles offen und wird auch vom Britischen Film-Institut zu Aufführungen genutzt.

Jeden März findet in Cardiff das ›Twentieth Century Music Festival‹ statt, und im Juni in der Kathedrale und an mehreren anderen Spielorten das ›Llandaff Festival‹, das Musiker und Orchester aus aller Herren Länder anlockt. Die Konzerte des BBC Welsh Orchestra kann man im Rundfunkgebäude in Llandaff oder in der City Hall verfolgen. Jeden zweiten Sommer wird ein paar Nächte lang im Hof der Burg bei Scheinwerferlicht und Feuerwerk ein Tattoo zelebriert, ein großer Zapfenstreich, und jeden zweiten Samstag im Juni treffen sich in Cardiff die Bergleute aus Südwales hier zu einem eigenen Eisteddfod. Die Chöre der walisischen Kumpel waren schon im vorigen Jahrhundert so berühmt, daß sie vor Königin Viktoria singen mußten; in der schlimmen Zeit der Weltwirtschaftskrise ersang sich mancher arbeitslose Bergmann sein tägliches Brot am Straßenrand. Singen mußte den Bergleuten fast jedes andere Vergnügen ersetzen, wie Richard Llewellyn in seinen Erinnerungen erzählt: *»Nur in die Kirche gingen wir oder manchmal zur Chorprobe, und hie und da fuhren wir auch in das Nachbartal, um dort zu singen.«* (aus ›So grün war mein Tal‹)

VIII SIR WILLIAM NICOLSON (1872-1949)
Küstenlandschaft

Öl auf Pappe, 1906

National Museum of Wales, Cardiff

32

Namen, in denen Rom lebt: Caerfili – Newport – Caerleon – Caerwent – Mathern

Innerhalb weniger Jahre eroberte Artus den ganzen Norden, Schottland und alles ... Dann zog der König nach Wales und ließ kundtun, daß zu Pfingsten nach seiner Krönung in der Stadt Caerleon ein großes Fest gefeiert werden solle.
Sir Thomas Malory († 1471), ›Die Geschichten vom König Artus‹, übersetzt von Helmut Findeisen

CAERFILI oder Caerphilly liegt in der Tiefe des Rhymney-Tales, dort, wo der von Norden kommende Fluß einen Bogen nach Westen schlägt. Das Rhymney Valley ist das verrufenste Tal in England und Wales; so schön an äußerer Gestalt, wurde es doch im vorigen Jahrhundert zum Tal der Tränen, und die Scham liegt noch heute über dem ganzen Königreich: In den Gruben von Rhymney arbeiteten fast nur Kinder vom fünften Jahr an aufwärts. Nur wenige konnten sich je den Traum aller Bergleute, die goldene Uhr, erfüllen; die meisten erlebten nicht einmal ihr fünfzehntes Lebensjahr. Vierzehnstunden-Arbeit bei einer Sechstagewoche unter der Erde, wobei gerade die Kleinsten, die als Lorenzieher und Türöffner fungierten, nicht einmal durch den blauen Schein des Grubenlichts getröstet wurden; Unterernährung, Kälte und miserable ärztliche Betreuung, zu schweigen von den vielen Unglücksfällen, die mit Tod oder lebenslänglicher Verkrüppelung endeten, und häufige Epidemien beschnitten das Leben dieser Kinder auf ein Minimum. Eine Besserung dieser Zustände trat erst ganz allmählich ein, als Folge der Reformen der dreißiger bis sechziger Jahre des vorigen Jahrhunderts, als eine mutige Regierung dieser Ausbeutung der Ärmsten und Schutzlosesten endlich Einhalt gebot. Noch die Dichterin Elizabeth Barrett Browning (1806-1861) hat in einem ihrer wichtigsten Gedichte das Elend dieser Kinder angeprangert. Wer auch nur versucht, sich die Leiden dieser Kleinen, ihre Ängste im stetigen, schaurigen, von unheimlichen Geräuschen erfüllten Dunkel der Schächte vorzustellen, wird von Albträumen heimgesucht: Aber für Hunderttausende war es Wirklichkeit!

So grausam seine Geschichte, so schön ist die Lage des Tales, und auch die von Caerfili: Jenseits des Flusses erhebt sich im Norden der Stadt ein Höhenzug, Bedwas Machen, Birkenhain auf Chens Hochebene: Es ist wirklich kein Kunststück, in Wales zu dichten, wenn man so unendlich viel mit so unendlich wenig Buchstaben ausdrücken kann. Was paßt da alles in einen Vers! – Im Südosten wird die Stadt von Wäldern dicht umschlossen. Die strategisch günstige Lage am Ausgang der großen Flußtäler erkannten schon die Römer; ein ›Caer‹ im Namen ist ja fast immer ein Beweis für ihre Anwesenheit. Sie hatten hier ein Militärlager errichtet, um den Zugang zu den Tälern gegen die immer noch feindlich gesinnten und unbesiegten Bergstämme zu sichern. Ihr Castrum lag genau einen Tagesmarsch von Cardiff entfernt; es ist heute leider völlig unter den hohen Erdwällen begraben, die während des Bürgerkrieges zur Verteidigung gegen das Puritanerheer aufgeschüttet worden waren.

Seinen Namen erhielt der Ort während des Dunklen Zeitalters: Caer Fili bedeutet Lager des Fili, und Fili war ein Sohn von Cenydd, beides beliebte und wehrhafte Heilige, die in diesem Landstrich missionierten.

Dann kamen die Normannen. Graf Gilbert de Clare übersah sofort die günstige, schon von den Römern genutzte Lage und befahl den Bau einer Burg; es sollte die größte von Wales werden und ist nach Windsor die zweitgrößte von Britannien. Das ›Bro‹ oder Tiefland war damals schon fest in normannischer Hand, aber das ›Blaenau‹ oder Hochland entzog sich dem Zugriff der Invasoren so erfolgreich wie zur Zeit der Caesaren, in seinem Kampf ermutigt durch die Siege Llywelyns des Großen im Norden. 1270 gelang es den Walisern, die halbfertige Burg der verhaßten Fremden zu schleifen; aber de Clare ließ sich nicht entmutigen, und schon 1316 konnte die Burg bei einem erneuten walisischen Angriff erfolgreich verteidigt werden.

Sie fiel einige Jahre später durch Erbschaft an Hugh le Despenser, Eduards II. Günstling, der mit einer Tochter Gilbert de Clares verheiratet war. Die Markherren trachteten ja stets nach der Doppelsicherung durch enge Beziehungen zur Krone und reiche Heiraten. 1321 wurde der Despenser von seinen Nachbarn, die er wegen seiner gierigen Eroberungspolitik gegen sich aufgebracht hatte, verjagt; aber noch besaß der König Macht genug, seinen Favoriten erneut auf der Burg zu etablieren. Fünf Jahre später hatte sich das Blatt gewendet; jetzt suchte Eduard Schutz auf Caerfili, mitleidlos gejagt von seiner Gemahlin und ihrer Partei. Als er nach

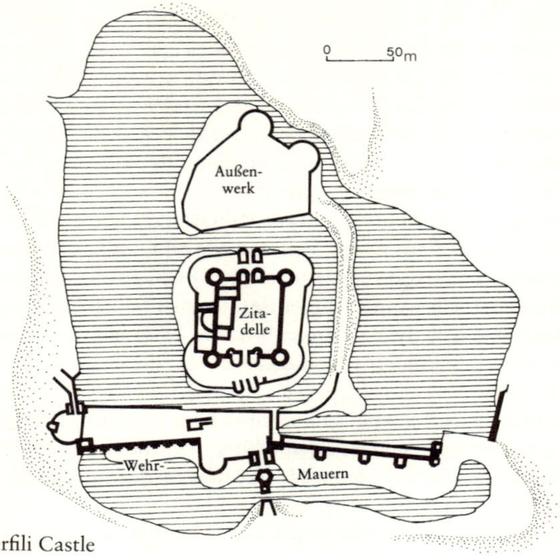

Caerfili Castle

Westen weiter floh, ließ er die Kronjuwelen in der Hand des Despensers, was sowohl sein Vertrauen in den Günstling als auch beider Glauben an die Uneinnehmbarkeit der herrlichen Feste beweist. Doch Hugh fiel bald darauf in die Hände seiner Feinde und wurde grausam hingerichtet.

Nach einer Zeit der Ruhe wurde die Burg im fünfzehnten Jahrhundert von Owain Glyndwr erobert und zerstört; der Gelehrte Leland beschrieb sie um 1536 als eine »Wildnis zerfallener Mauern von wunderbarer Dicke«.

Diese Mauern beherrschen noch immer das Bild der eintönigen Bergarbeiterstadt, zu der sich Caerfili im vorigen Jahrhundert entwickelte. Sie sind das einzige Zeugnis mittelalterlicher Baukunst neben einem kleinen elisabethanischen Herrenhaus an der Straße nach Rudry im Südosten des Ortes.

Am Ende des 19. Jahrhunderts begann der 3. Marquis von Bute die Burg zu renovieren; seine Erben setzten das Werk fort, und heute können sich die machtvollen äußeren Mauern des Berings wieder im tiefen Burggraben spiegeln. Das Wort Burggraben erweckt völlig falsche Vorstellungen; man sollte von zwei großen, unregelmäßigen, aber durch Mauern und Türme teilweise stark befestigten Seen sprechen. Die eigentliche Burg liegt auf einem künstlichen befestigten Burghügel zwischen diesen Seen und deren hohen Festungsmauern wie auf einer Insel; der Grundriß ist fast kleeblattförmig zu nennen. Die Ecken werden von stämmigen Rundtürmen und einem polygonalen Bergfried besetzt; zwischen den Türmen reihen sich Wohn- und Wirtschaftsräume sowie die Kapelle. Als die Butes diesen Giganten wiederherstellen ließen, ging es ihnen nicht, wie bei Castell Roch und der Burg von Cardiff, um einen romanischen Wohnsitz, sondern darum, ein Baudenkmal, das zu den bedeutendsten des Königreiches zählt, nach streng kunstgeschichtlichen Forschungen so gut wie möglich restaurieren zu lassen, um es zu erhalten. Eine Ruine ist Caerfilis Burg also auch heute noch, aber sorgfältig geschützt und gepflegt.

Überwältigend wirkt die Anlage vor allem durch ihre Umgebung: ein Gewimmel grauer und greller enger Straßen, ein paar Läden und Kinos, Bars und Vergnügungsstätten, billige Restaurants und Imbißstuben, vor allem aber die eintönigen Fassaden der Arbeiterhäuschen, ein- oder zweistöckig, nur die besseren in Gärtchen gebettet. Doch rund um die Stadt wie eine Mauer die großen Berge, rot im Herbst, fuchsfarben im Winter. Caerfili ist seit langem eine reine Arbeiterwohnstadt und zugleich Versorgungszentrum für die umliegenden Zechendörfer.

Feinschmecker denken wohl bei dem Wort Caerfili an etwas ganz anderes, nämlich an den gleichnamigen, aromatischen Käse, mondfarben und ein wenig krümelig; er wurde hier einst gemacht. In den letzten Jahrzehnten hat sich die Fabrikation ganz in die reichen Weidegebiete der englischen Grafschaften von Devon und Somerset verlagert. Doch gibt es Pläne, Caerfili, der in der Vergangenheit oft genug das Hauptnahrungsmittel der Bergleute darstellen mußte, wieder in seiner Ursprungsstadt herzustellen.

NEWPORT, walisisch Cas-Newydd-ar Wysk oder Neue Burg an der Usk (= am Wasser) genannt, erreicht man über eine streckenweise landschaftlich reizvolle Straße, die durch den oberen Teil des Rhymney-Tales und dann vorüber an den waldigen Ausläufern des Ebbw Forest führt. ›Neu‹ war Newport im zwölften Jahrhundert, als auf Stow Hill, dem Hausberg, St Woolos errichtet wurde. Woolos ist eine Verballhornung des Namens Gwynllyw. Gwynllyw war ein keltischer König, der hier in frühchristlicher Zeit ein Bethaus errichtete, eine armselige kleine Zelle. An ihrer Statt entstand später eine Kapelle, die heutige Marienkapelle. Als die Kirche von den Normannen weiterausgebaut wurde, mußte der Fußboden tiefergelegt werden, um die Kapelle nicht zu zerstören. Kapelle und Langhaus sind durch einen riesigen normannischen Bogen verbunden; sechs Arkaden gliedern das Schiff. Die Seitenschiffe entstanden im 14. und 15. Jahrhundert und zeigen Perpendicular-Stil, ebenso wie der massige, der Westfassade vorgelagerte Turm, der unter Jasper Tudor, Heinrichs VII. Onkel, errichtet wurde. In unserem Jahrhundert wurde die Kirche Kathedrale von Monmouthshire und erhielt einen Choranbau im Osten; der Entwurf stammt von A. D. R. Caroe und paßt sich dem ungewöhnlich hohen, schlanken Bau, der auf seinem Hügel wie ein gestrandetes Schiff wirkt, nahtlos an. Die große Fensterrosette mit ihrem faszinierenden Farbenspiel ist ein Werk des Malers John Piper.

Von der Kirche in die Stadt hinunter führt die Straße Stow Hill, in der man alle Spielarten des Historismus studieren kann, von der ›griechischen‹ Villa bis zur neugotischen Kirche.

Schräg gegenüber St Woolos liegen die ›Almshouses‹, niedliche eingeschossige Häuschen, um einen offenen Hof gereiht, deren Giebel die Namen der Stifter tragen. Die bedeutendsten Wohltäter der Stadt waren Charles Morgan, 1. Baron Tredegar (1792-1875) und sein Sohn Godfrey (1831-1913); ihren Namen begegnet man immer wieder beim Gang durch die Stadt. Charles Morgan wurde für politische Dienste, die er der Regierung Disraelis 1859 erwies, zum Peer erhoben.

An der Ecke High Street – der Verlängerung von Stow Hill über die ehemalige Stadtmauer hinaus – und Commercial Street liegt der Westgate Square; das Tor war noch bis 1797 in Funktion. An der nächsten Ecke von High Street steht, ein Zwerg zwischen all den viktorianischen Prunkbauten, ›Murenger House‹, ein Fachwerkbau im Tudorstil. Das Amt des *Murengers* wurde von dem Offizier wahrgenommen, der für den Zustand der Mauern verantwortlich war; beim Betreten der Stadt wurde ein Mauerzoll, ›Murage‹, erhoben, mit dessen Hilfe die Befestigungen instandgehalten werden konnten. Umstritten ist allerdings, ob es das Amt zur Entstehungszeit des Hauses überhaupt noch gab.

Auf dem Westgate Square hat sich ein dramatisches Kapitel der Stadtgeschichte ereignet: Dort demonstrierten am 4. November 1839 die Chartisten für freies, allgemeines Wahlrecht, gleich starke Wahlbezirke, Diäten für Parlamentsmitglieder und die Abschaffung der Pflicht zu Grundbesitz für Abgeordnete. An ihrer Spitze marschierte John Frost (1794-1887), ein ehemaliger Bürgermeister der Stadt. Es fielen Schüsse; Soldaten nahmen die Demonstranten fest; ihre Führer wurden zum Tode verurteilt, dann allerdings zur Deportation begnadigt. Auf einem Sträflingsschiff kam Frost mit seinen Leidensgenossen nach Australien. Erst 1854 wurde die Verbannung aufgehoben, und der Zurückgekehrte konnte die ersten seiner Forderungen sich allmählich erfüllen sehen. Die Geschichte jenes 4. November wird auf einem Fresko Ecke Dock Street und John Frost Square festgehalten. Dock Street verläuft in etwa parallel zur High Street; zwischen den beiden dehnt sich der Mammutbau der Markthalle, der 1854 errichtet wurde, eines der ersten Bauwerke in Gußeisen-Rahmenkonstruktion, mit einer Kupfertonne und Oberlicht. Zuvor fand der Markt in der Mitte der High Street statt.

Commercial Street, die vom Westgate Square abzweigt, zeigt ebenso wie die anderen Straßen im Zentrum vorwiegend viktorianischen oder frühedwardianischen Stil, von einigen wenigen Nachkriegsbauten abgesehen. An ihrem Ende steht die elegante kleine St Paul's-Kirche mit einer großen Freitreppe und kurzem Spitzturm; eine Arbeit von T.H. Wyatt (1807-1880) von 1836; sie ist eine der vielen Morgan-Stiftungen.

Das Stadtmuseum, das besonders auf die Chartistenbewegung eingeht, liegt am John Frost Square.

Hinter der parallel zur Commercial Street verlaufenden Dock Street beginnt der große Flußhafen am River Usk, einer der wichtigsten Importhäfen in ganz Großbritannien. Haupteinfuhrgut ist Bauholz für den Grubenbau, aber auch Koks und Eisenerz, da die eigenen Vorkommen für die großen Hüttenwerke nicht mehr ausreichen. In Verlängerung der High Street führt eine Brücke über den Usk, die in den zwanziger Jahren unseres Jahrhunderts errichtet wurde, eine Replik der London Bridge. Eine Holzbrücke gab es schon zur Zeit der Normannen, die direkt am Fluß auch ihre Burg erbauten. Heute steht nur noch ein Teil der Ostmauer mit drei Türmen; der mittlere hat ein Wassertor, durch das Schiffe direkt in den Burgbereich einlaufen konnten. Zerstört wurde sie durch Cromwell; in den Türmen richteten sich im 18. Jahrhundert ein Nagelschmied und eine Brauerei ein. Godfrey Morgan erwarb sie im späten 19. Jahrhundert, ließ sie restaurieren und schenkte sie der Stadt mit der Auflage, für ihre Erhaltung Sorge zu tragen.

TREDEGAR HOUSE liegt im Westen von Newport, an der Straße nach Cardiff. Es ist der Familiensitz der Morgans seit den Zeiten Owain Glyndwrs. Der erste Bau entstand um 1405. Er wurde um 1500 ersetzt durch einen großartigen elisabethanischen Herrensitz, der in der Anlage dem typischen langgestreckten walisischen Hallenhaus folgte. Wichtigster Raum war die saalartige Halle, an die sich die Parlours (Wohnräume) und Chambers (Schlafräume) anschlossen. Das Haus war so groß, das es 1645 König Karl I. mit seinem ganzen Gefolge, dem Hochadel Englands, aufnehmen konnte. Der Hausherr, William Morgan (1560-1653) stand auf der Seite des Königs, ließ sich aber nicht in die Aktivitäten des Bürgerkrieges verwickeln und Tredegar wurde durch diese weise Zurückhaltung von Cromwells Truppen verschont.

Sein Enkel und Erbe, ebenfalls ein William (gestorben 1680), beschloß dann eine Renovierung. Der alte Hallenbau bildete dadurch einen Flügel des neuen Schlosses, das sich um einen quadratischen Innenhof zieht; zwei Flügel nahmen die neuen Staatsgemächer auf sowie die Kapelle; der dritte Flügel die Wirtschaftsräume und Dienerwohnungen. Die Restauration der Stuarts hatte ganz England in eine Art Luxustaumel gestürzt; nach den strengen puritanischen Zeiten kehrte die Freude an Kunst, Festen, Schönheit, Gärten, Eleganz, Musik und Tanz mit Macht zurück. Diese Eleganz äußert sich weniger in den Fassaden, die vor allem durch Schlichtheit bestechen, sondern in dem Glanz der Interieurs. So auch bei Tredegar House.

Die beiden neuen Hauptflügel mit leicht vortretenden, ineinandergreifenden Seitenrisalten wurden aus einem rosenholzfarbenen Backstein errichtet und mit Kalkstein verziert. Die Fenster des Erdgeschosses zeigen gesprengte Giebel mit von Greifen und Löwen gestützten Wappenschilden; unter denen des oberen hängen feine Blumengirlanden, die im Mauritshuis in Amsterdam ihr wahrscheinliches Vorbild haben. Das Hauptportal ist mit doppelten, gedrehten Säulen geschmückt, eine Lösung, die es in England zu jener Zeit nur noch einmal, am Portal von St. Mary in Oxford, gibt. Es öffnet sich in die Neue Halle, in deren Tiefe das reich geschnitzte großzügige Treppenhaus in die Obergeschosse führt. Zur Linken der Halle liegt die Kapelle und zur Rechten der Braune Raum mit schönen geschnitzten Täfelungen im Geschmack des frühen 18. Jahrhunderts, an den sich der Goldene Raum anschließt, ein überreich mit Bildern, vergoldetem Stuck und goldgefaßten

Schnitzarbeiten dekoriertes Gemach. Trotz der Überfülle an Gemälden, die die Wände fast bis zum Fußboden hinab bedecken, wirkt es geschmackvoll, was teils der wohltuenden Symmetrie der Anordnung, teils der Vollendung der handwerklichen Arbeit der Schnitzereien zuzuschreiben ist. Der Kamin nimmt noch einmal das Motiv der gedrehten Säulen auf.

Tredegar ist nicht nur eines der größten, sondern auch eines der bestproportionierten Stuartschlösser Großbritanniens. William Morgan hatte sich den extravaganten Bau leisten können, nachdem er seine Cousine, eine der reichsten Erbinnen des Landes, heimgeführt hatte. Sein Enkel William Morgan (1700-1731) griff noch höher. Er erwarb sich in London einen Ruf als ebenso unterhaltsamer wie großzügiger Gastgeber und heiratete 1724 die junge, zierliche Rachel Cavendish, eine Tochter des Herzogs von Devonshire. Lady Rachel war eine Schönheit mit großen Rehaugen unter sichelförmigen Brauen und Grübchen im Kinn, doch ihr war keine lange Spanne Glücks gegönnt. Ihr einziger Sohn starb im Kindesalter, und bald darauf auch ihr Gemahl. Sie blieb mit drei kleinen Töchtern zurück und kämpfte jahrzehntelang mit ihrem Schwager verbissen um das Erbe. Als es ihm schließlich endgültig zuerkannt wurde, verfluchte sie sein Haus. Ihr Fluch blieb nicht ohne Wirkung, denn alle seine Söhne starben ohne Erben, doch wurde es seinem Schwiegersohn, Sir Charles Gould (1726-1806), erlaubt, den Namen Morgan anzunehmen.

Gould gehörte zu jenen Landedelleuten, die während der Frühzeit der industriellen Revolution begeistert jedes fortschrittliche Projekt unterstützten, ob es sich nun um den Bau von Eisenbahnen, Kanälen oder sonstige den Handel fördernde Unternehmungen handelte. In dieser Haltung glichen ihm sein Enkel, Charles Morgan (1792-1875), 1. Baron Tredegar, und dessen Sohn Godfrey (1831-1913), beides langlebige Herren, denen wir in Newport begegneten. Beide waren für ihre offene Hand berühmt. Besonders Godfrey stellte sein Vermögen immer wieder in den Dienst der Öffentlichkeit; er stiftete Krankenhäuser, eine Volksbibliothek, eine Kirche, eine technische Hochschule und anderes mehr, kurz, er tat Gutes, wo immer es von ihm erwartet oder verlangt wurde. Das bezog sich auch auf seinen häuslichen Bereich. Er liebte es, mit seinen Angestellten gemeinsam zu feiern. Zu Weihnachten gab er alljährlich einen großen Ball für die gesamte Dienerschaft und die Pächter, der in der ganzen Gegend berühmt war. Das andere große Fest fand im Herbst statt. Morgan gehörte im Krimkrieg zu den wenigen Überlebenden aus dem ›Tal des Todes‹, und so wurde der Balaclava-Gedenktag am 25. Oktober mit reichlich Freibier, Roastbeef und Plumpudding für alle begangen. »Heute traf ich einen von Viscount Tredegars Pächtern«, erzählte 1908 der Pfarrherr von Swansea einem Bekannten, »und der sagte zu mir: ›Wenn ich außer Gott einen Menschen verehren würde, dann wäre es Lord Tredegar!‹.« Zum Viscount war Morgan 1905 erhoben worden. Als er starb, nahm die ganze Grafschaft an seinem Begräbnis teil.

Seine Nachfolger waren recht blasse Gestalten, mit Ausnahme von Evan Morgan, 4. Baron Tredegar, der sein Erbe 1934 antrat und es in großem Stil als einer der letzten Exzentriker verschwendete: Er machte Entdeckungsreisen in den Mittleren Orient und nach Afrika, wo er unter Eingeborenen lebte, er hielt sich jahrelang eine ganze Suite im Londoner Luxushotel ›Cavendish‹ für seine plötzlichen Ausflüge in die Hauptstadt; er schwelgte in dunkler Magie und exotischen Religionen und Mythen. Bei seinen prunkvollen Wochenendgesellschaften bedienten zehn Lakaien in der Hoftracht des französischen Rokoko. Tredegar war in erster Ehe mit Lois Sturt, einem Filmstar, verheiratet gewesen; seine zweite Frau wurde Olga Dolgorouska, eine russische Prinzessin von großer Schönheit. Zu seinen Freunden konnte er die berühmtesten Künstler seiner Zeit zählen, unter anderem H.G. Wells, Augustus John, Hillaire Belloc, Charly Chaplin, Enrico Caruso, Jacob Epstein und G.K. Chesterton. Er starb 1949; seine Zeit war längst vorbei. – Der letzte der Familie, John Morgan, 6. Baron Tredegar, verkaufte das Haus 1951 und 1957 auch die dazugehörigen Ländereien; er starb 1962 in Monte Carlo.

Das Schloß wurde 1971 vom Rat der Stadt Newport erworben, um den Bürgern der Stadt ein Ausflugsziel zu schaffen. Der weitläufige Park soll der Erholung dienen; das Haus wird so restauriert, daß die einzelnen Stilstufen klar hervortreten und der Betrachter einen Einblick in das Leben auf einem solchen Landsitz erhält. Deshalb wird, wie in Erddig, auch Wert auf die Wiederherstellung der ungewöhnlich großzügigen und schönen Wirtschaftsbauten gelegt: Küchentrakt, Dienerwohnungen, der prächtige Marstall im palladianischen Stil und die Orangerie, beides wie das Haupthaus Backsteinbauten mit feinen Kalksteindetails, endlich die Gebäude um den Wirtschaftshof, der einst das Schloß versorgen mußte: Molkerei, Waschhaus, Backhaus, Getreidescheuer, Remise mit eigener Feuerspritze, das Stockhaus, wo die Kloben für die riesigen Kamine geschlagen werden mußten, und das Pilzhaus, in dem die Champignons für die herrschaftliche Tafel gezüchtet wurden. In den frühen achtziger Jahren unseres Jahrhunderts waren die mit sehr viel Sorgfalt betriebenen Renovierungen noch nicht abgeschlossen; man möchte hoffen, daß die wirtschaftlichen Verhältnisse die Bemühungen der Stadt nicht zum Erliegen bringen.

Neben Tredegar House gehört die *Transporterbrücke* über den Usk zu den schönsten Bauten von Newport, wenn auch von völlig anderer Art. Sie wurde 1902-1906 von F. Arnodin in Skelettbauweise errichtet, ein spinnwebhaft wirkender Bau: Zwei hohe, schlanke Stahlmastenpaare auf Steinsockeln, zusätzlich durch ein Netz von Stahltrossen verankert, tragen in schwindelnder Höhe eine schmale Brückenspur, eine Art Schiene, an der wiederum mit Stahltrossen eine große umgitterte Plattform, die Transporterkabine, hängt; diese sammelt Autos und Fußgänger, die ans andere Ufer wollen, und gleitet dann, vom Wasser getragen, wie ein Floß über den Fluß. Da die Brückenspur auf diese Weise entlastet ist, konnte sie fünfzig Meter hoch über den Fluß gelegt werden und behindert auf diese Weise die Schiffahrt nicht. Arnodin, ein französischer Architekt, baute noch eine ähnliche Brücke in Marseille, die jedoch zerstört ist. Heute gibt es nur noch zwei Brücken dieser Art, eine in Middlebourg und eine in Frankreich.

1938 erhielt die Stadt ein *Civic Centre* mit einem Theater. Die leicht asymmetrische Anlage in U-Form ist an den Hang geschmiegt und gemahnt mit ihren gestaffelten Ziegeldächern und dem flachen Zeltdach des hohen, über quadratischem Grundriß errichteten Turmes an Stadtdarstellungen früher italienischer Meister wie Ambrogio Lorenzetti. Sie wurde von Cecil Howitt entworfen.

Duffryn im Westen der Stadt ist eine interessante Sozialbausiedlung, die in den siebziger Jahren unseres Jahrhunderts entstand. Ihre Häuserzeilen bilden unregelmäßige Mäander, deren jeder eine Art Hof umschließt; Fußwege und Spielanlagen wurden völlig vom Autoverkehr getrennt. Die Siedlung besteht aus fast tausend Wohnungen mit ein bis vier Schlafzimmern; die Mieten sind, verglichen mit deutschen Verhältnissen, sehr günstig.

Um 1800 war Newport noch ein Dorf mit wenig mehr als tausend Einwohnern; 1955 lebten dort bereits über hunderttausend Menschen. Nach Swansea hat es heute das zweitgrößte Umschlagsvolumen aller walisischen Häfen. Zwar ist der Kohleexport drastisch zurückgegangen, doch gelang es Newport dank der neuen Verkehrswege, sich als Verladehafen für die Industriegüter aus den englischen Midlands um Birmingham zu entwickeln. Einfuhrgüter sind Eisenerz, Petroleum, Koks und vor allem Holz.

Ausgebaut wurde der *Hafen* schon im vorigen Jahrhundert. 1842 entstanden die Alexandra Docks mit einer Gesamtlänge von über zehn Kilometern; sie wurden frühzeitig mit Brunels Meisterwerk, der ›Great Western Railway‹ von London nach Bristol verbunden. In unserem Jahrhundert entstanden große Anlagen für den Holzimport und die Petroleum-Tanker. In der Umgebung wurde Stahl- und Leichtindustrie angesiedelt. Dennoch spürt man als Fremder die Rezession heute in Newport besonders deutlich, gerade deshalb, weil es einmal eigentlich eine reiche und schöne Stadt war, in der nie, wie in den Bergwerksdörfern, nur das Schwarze Gold geherrscht hat, sondern auch Bürgergeist und Bürgerwille.

CAERLEON ist ein kleines Dorf im Norden von Newport, das Isca der Römer, das einzige Legions-Castrum in Wales. Isca wurde in der zweiten Hälfte des ersten nachchristlichen Jahrhunderts gegründet; für mehr als zwei Jahrhunderte bildete es die Versorgungs- und Nachschubbasis der II. Augusteischen Legion, die dort mit acht Kohorten kaserniert war und zugleich überall in Südwales kleinere Militärlager und Stützpunkte unterhalten mußte. Als die Römer Britannien eroberten, ging es ihnen vor allem um die Bodenschätze; Wales bot Kupfer, Blei, Eisenerz und – Gold! Isca mußte mit seinen Truppen die Erzminen und die Straßen, auf denen die Güter transportiert wurden, sichern. Es teilte sich in diese Aufgabe mit Deva, dem heutigen Chester, an der nordostwalisischen Grenze, wo die XX. Legion stationiert war.

Doch dann wurde das Römerreich mehr und mehr durch innere Unruhen und die Barbarenstürme erschüttert, und vom Ende des dritten Jahrhunderts an wurden immer mehr Kohorten abgezogen. 410 hörte die Verbindung zum untergehenden Rom ganz auf. Nach und nach nahmen die Briten, die anfingen, sich als Cymry zu bezeichnen, Caerleon selbst in Besitz.

Um die Mitte des fünften Jahrhunderts gründete der heilige Cadoc mitten in der alten Römerstadt eine kleine christliche Kirche. Cadoc war der Sohn des Keltenkönigs Gwynllyw, dem wir schon in Newport begegneten; er bekehrte seinen eigenen Vater zum Christentum. Geoffrey of Monmouth zufolge soll hier im sechsten Jahrhundert Erzbischof Dyfrig oder Dubricius residiert haben. Der andere große Dichter-Chronist von Wales, Thomas Malory, nennt Caerleon als Krönungsstadt von König Artus. Gleich nach dem Siegeszug Wilhelms des Eroberers kam Caerleon unter normannische Herrschaft. Damals wurde außerhalb der Römermauern eine Burg auf einem Motte, einem künstlichen Hügel, errichtet. Zur Zeit König Heinrichs II. wurde die Burg, während der König mit seinem Sohn in Fehde lag, im Jahre 1175 von Fürst Iorwerth ab Owain für Wales erobert. Giraldus Cambrensis hat noch über sie geschrieben, doch bald darauf, im Jahre 1231, wurde sie endgültig zerstört, wie das ›Brut y Tywysogyon‹ berichtet: »*... wegen der Feindseligkeiten, die zwischen Llywelyn ab Iorwerth [dem Großen] und dem König [Heinrich III.] ausgebrochen waren, ... zog [Llywelyn] gegen Gwent und legte Caerleon in Asche ...*« Erhalten hat sich nur der Motte, ›the Mynde‹ genannt. – Die Normannen bauten auch eine Kirche, auf deren Fundamenten sich die heutige Pfarrkirche, ein oft restaurierter gotischer Kreuzbau mit eckigem Turm, erhebt. Eine Serie von Farbfenstern erzählt die Geschichte Charles Williams (gestorben 1720), der in seiner Jugend einen Freund erschlug, floh, in der Türkei sein Glück als Kaufmann machte, im Alter heimkehrte und von Reue erfüllt der Kirche diese Fenster stiftete.

Das Aussehen der heutigen Altstadt, deren Plan sich unabhängig vom Gefüge der Straßen des Castrums entwickelt hat, wird durch die Verwendung von Römerquadern aus Rotsandstein geprägt. In der Nähe des Flusses Usk sieht man noch Reste mittelalterlicher Kaianlagen und eines Turmes, der wohl einst ein Vorwerk der Burg bildete; sie zeigen an, wie stark sich der Lauf des Usk im Lauf der Jahrhunderte verlagert hat. Dort steht auch ein Gasthof aus dem 16. Jahrhundert, die ›Hanbury Arms‹, wo Lord Tennyson (1809-1892) 1856 an seinen ›Idylls of the King‹, einem Artus-Zyklus, gearbeitet hat. Er suchte in dem kleinen Ort mit der großen Vergangenheit Inspiration. – In den Straßen findet man ein paar hübsche georgianische Wohnhäuser und in der Nähe der kleinen Pfarrkirche eine Anfang des 19. Jahrhunderts im klassizistischen Stil errichtete Methodistenkapelle sowie das ebenfalls klassizistische ›Legions Museum‹, von dem noch die Rede sein wird. Die mittelalterliche Benediktinerpriorei wurde vor langer Zeit zu einem Hotel umgebaut; nur der Name ›The Priory‹ verrät noch ihre einstige Bestimmung. Auch sie wurde aus roten Römersteinen errichtet.

ISCA war ein römisches Legionslager, ein Castrum. Die römischen Militärlager wurden immer nach dem gleichen Schema errichtet, nur die Größe wurde dabei der jeweiligen Belegung angepaßt: für eine Kohorte (Fußtruppe) brauchte man etwa drei Morgen, für eine berittene Einheit, eine Ala, mehr als sieben, wegen der nötigen Stallungen, und für eine Legion wie in Caerleon einen ummauerten Bereich von etwa fünfzig Morgen.

Jedes Castrum zeigte die Form eines umwallten oder ummauerten Rechtecks. Dieses Rechteck wurde durch die *Via Principalis*, die Hauptstraße, in zwei Hälften zerschnitten; Tore in der Mauer oder dem Schanzwall führten im Westen und Osten aus dem Castrum hinaus. Nördlich und südlich der Via Principalis verlief je eine Parallelstraße, die *Via quintana*. Die Mitte des Castrums, die *Latera praetorii*, enthielt die wichtigsten Bauten; die Abschnitte im Norden und Süden, *Praetentura* und *Retentura*, wurden durch die *Via praetoria* und die *Via decumana* wieder geteilt; diese Straßen, an denen die Kasernenblocks lagen, führten zu den Toren im Norden und Süden des Lagers.

Als die Römer kamen, bauten sie zuerst Schanzwälle aus Erde, die Gebäude aus Holz. In Isca mit seinem feuchten Untergrund erhoben sich die Holzbauten über Kieselfundamenten; die Balken wurden mit Lehm und Moos verdichtet und oft farbig getüncht; dickes blaugrünes Glas bildete die Fenster, die Dächer waren rotgeziegelt. Die Straßen waren sehr sorgfältig gebaut, mit 2 m tiefen und 1 m breiten Kloaken; man fand auch Reste von fast zwanzig Zentimeter dicken Bleirohren, die auf ein Wasserleitungssystem hindeuten. Die Latrine in einer Ecke der Befestigungen wurde mit Hilfe eines Wassertanks reingehalten.

In Caerleon waren die wichtigsten Gebäude in der Latera praetorii aus Stein errichtet. Dort lagen das Hauptquartier, dahinter das Haus des Kommandanten, eine Exerzierhalle und die Werkstatt des Quartiermeisters (Fabrica). In der Retentura lagen Kasernen für vier Kohorten und die Quartiere der Hauptleute (Centuriae); in der Praetentura an der Mauer die Unterkünfte der anderen vier

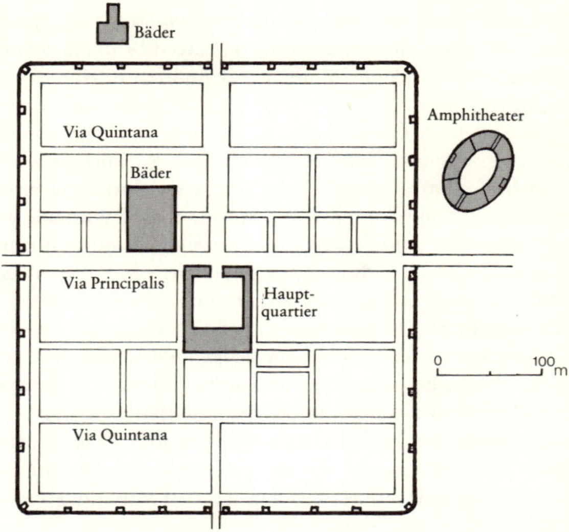

Römisches Castrum Isca bei Caerleon

Kohorten der Legion und zwischen diesen und der Via Principalis die Bäder (Thermen), das Krankenhaus (Valetudinarium), sechs Getreidespeicher (Horrea; jedes Castrum lagerte Korn für zwei Jahre ein) und weitere Offizierswohnungen.

Das zwischen 80 und 100 nach Christus errichtete *Amphitheater* ist eine elliptische Anlage von etwa 40 zu 55 Metern; sechzigtausend Zuschauer konnten auf den Rängen Platz finden. Die Ränge sind Erdwälle, sie entstanden durch das Ausschachten der Arena und steigen etwa zehn Meter hoch an. Sie waren später mit Mauerwerk verstärkt worden, von dem man noch Reste sieht, und trugen einst hölzerne Aufbauten. Zwei große und sechs kleinere Eingänge unterteilten sie in acht Abschnitte. Die beiden Haupteingänge mit Warteräumen und Steinbänken wurden durch doppelte Flügeltüren geschlossen; sie wurden nur von den Gladiatoren benutzt, was auch aus Inschriftensteinen hervorgeht, die an ihnen befestigt waren (die heute sichtbaren Steine sind Repliken). Die anderen Eingänge waren den Zuschauern vorbehalten. Überwölbt waren sie alle. Die Arena hatte einen Untergrund aus Schotter und ein

Drainagesystem, durch das das sich sammelnde Wasser in den Fluß abgeleitet werden konnte; darüber lag eine dicke Sandschicht. Aufgeführt wurden mehr oder minder grausame Kampfspiele, wie die Römer sie liebten.

Die Lage von Isca war seit langem durch römische Karten und Einzelfunde bekannt, doch eine richtige Ausgrabungsarbeit begann erst 1841. Damals kam John Edward Lee, ein Kaufmann aus Hull, nach Caerleon, um Handelsgeschäfte zu tätigen. Er nahm sich Räume im ›Priory‹-Hotel, der einstigen Benediktinerpriorei. Durch Zufall stieß er auf römische Reste und begann sich für die Geschichte der Stadt zu interessieren. Bald war er Feuer und Flamme und widmete Jahre seines Lebens der Freilegung; 1862 veröffentlichte er seine Forschungsergebnisse unter dem Titel ›Isca Silurum‹. Er gründete eine archäologische Gesellschaft, die noch heute besteht. Sie errichtete das ›Legionary Museum‹ in der Hauptstraße, in der Nähe der Kirche: ein klassizistischer Bau in der Form eines kleinen Tempels, der heute zum National Museum von Wales gehört. Die dort ausgestellten Funde – die wertvollsten Stücke kamen nach Cardiff in das Hauptmuseum – schildern sehr anschaulich das Leben im Castrum, unterstützt durch Pläne, Karten und Schaubilder. Unter den Funden befinden sich ein archaisch wirkender Attis-Kopf, eine Merkur-Statuette, Inschriftensteine, Geräte des täglichen Lebens, Fliesen, Möbel, Lampen, Schmuck sowie aus dem Süden eingeführte Öl- und Weinamphoren.

In den zwanziger Jahren wurden die Ausgrabungen durch Sir Mortimer Wheeler (geb. 1890) vom National Museum of Wales geleitet; seine Frau ging ihm dabei zur Hand. Sein Hauptwerk war die Freilegung des Amphitheaters. Seine Arbeit wurde fortgesetzt von D.V.E. Nash-Williams vom National Museum, der die Fundamente der Kasernen und eine Siedlung für Frauen und Händler außerhalb der Mauern, ein *Vicus*, nachweisen konnte. Die Arbeiten sind noch längst nicht abgeschlossen, aber man kann heute bereits einen Plan der Gesamtanlage machen. Die meisten der Fundstellen wurden sorgfältig wieder bedeckt, da die Unterhaltung einer so großflächigen Anlage zu kostspielig wäre; nur die Kasernen in der Südwestecke des Castrums, ein Teil der Schanzmauer und das Amphitheater sind für das Publikum zugänglich (im Sommer täglich von 9.30-19 Uhr).

CALDICOT erreicht man über eine schmale, in östlicher Richtung führende Straße. Im dritten Jahrhundert belieferten seine Töpfereien sowohl die Römer in Isca als auch die Silurer, die hier siedelten, ein britischer Stamm, der sich den Römern mit besonderer Hartnäckigkeit widersetzt hatte. Die Angelsachsen errichteten eine hölzerne Burg, und die Normannen einen runden steinernen Bergfried auf dem großen Motte und umgaben ihn im 13. Jahrhundert mit einer durch vier Türme befestigten Mauer. Im folgenden Jahrhundert wurde innerhalb des Berings ein großer Saalbau aufgeführt. Man weiß über die Burg nur wenig; sie gehört heute dem District Council (Gemeinderat) und wird zu Schauveranstaltungen, wie Turnieren und mittelalterlichen Banketten, benutzt. Außerdem beherbergt sie ein Museum mit alten Möbeln und mit Kostümen aus dem 18. Jahrhundert. – Etwas nördlich von Caldicot liegt unser nächstes Ziel, Caerwent.

CAERWENT hieß zur Römerzeit Venta Silurum. War Caerleon der einzige Stützpunkt einer Legion auf walisischem Boden gewesen, so Caerwent die einzige römische Stadt, oder richtiger, eine auf römischen Befehl nach römischen Plänen errichtete Stadt, denn bewohnt wurde sie von Silurern, die man wahrscheinlich zwangsweise aus ihrem eigenen Hüttendorf hierhin umgesiedelt hatte. Im allgemeinen griffen die Römer nur wenig in die Verwaltung der von ihnen eroberten Gebiete ein, aber hie und da versuchten sie doch, einen urbanisierenden Einfluß auszuüben.

Venta Silurum entstand schon im ersten Jahrhundert, sobald die britischen Stämme niedergeworfen waren. In seinem rechtwinkligen Straßennetz folgte es in großen Zügen dem Muster eines Castrums: Viermal drei Straßen unterteilten die Stadt in eine Art Schachbrett mit zwanzig Feldern, gerahmt von dem oblongen Mauergeviert mit etwas abgeflachten Ecken. Die Via Principalis schnitt die vier kleinen Querstraßen in der Mitte, links und rechts von ihr verliefen zwei schmälere Parallelstraßen.

In der Stadtmitte lagen das Forum mit einer mehrschiffigen Basilika (Versammlungshalle) und ein Tempelbereich westlich der Via Principalis; östlich zu ihr standen die Thermen. An einer der Querstraßen lag ein sehr kleines Amphitheater, und außerhalb der Mauern in der Nähe des Nordtores ein Rundtempel. Die Mauern mit ihren vieleckigen Wehrtürmen, die mit Bogenschützen besetzt waren, gelten heute als die wohl besterhaltenen Römermauern

Großbritanniens; sie entstanden möglicherweise erst im vierten Jahrhundert. Die Tore im Norden und Süden wurden noch während der Zeit der römischen Besatzung zugemauert, was auf die steigende Bedrohung durch die Barbaren einerseits und die nachlassende Verteidigungskraft andererseits hindeutet. Die Tore im Osten und Westen waren durch Doppeltürme gesichert.

Vor dem Ersten Weltkrieg hat man sechzig der antiken Häuser von Caerwent untersucht; etwa die Hälfte aller einst vorhandenen, und dabei Spuren von Mosaikböden, Hypokausten für die Warmluftheizung, Fresken in strahlenden Farben entdeckt, reiche, um Höfe angeordnete Häuser, schmale Häuschen und auch Läden vielerlei Art. Leider ist nur die einstige Tempelanlage freigelegt; alles andere harrt noch unter dem Schutz der deckenden Erde einer intensiven Ausgrabung.

Venta Silurum blieb neben Moridunum, dem heutigen Carmarthen, bis in die Normannenzeit die einzige urbane Anlage in ganz Wales. Vor Ankunft der Normannen war sie ziemlich verfallen, doch hatten Christen auf den Fundamenten des einstigen Römertempels eine kleine Kirche erbaut. Unter den Eroberern, die das alte Straßennetz geschickt zu nutzen wußten, begann eine neue Blüte. Die Kirche St Stephan ersetzte im 13. Jahrhundert den frühchristlichen Bau; in ihrem Portal findet man zwei wertvolle römische Inschriftensteine. Das Kriegsmahnmal gegenüber der Kirche erhebt sich über einer römischen Säulenbasis. Man kann, beim einstigen Westtor beginnend, noch heute dem Verlauf der Römermauern rund um die winzige Stadt folgen; sie ist nicht mehr sehr hoch, aber selbst im Verfall von achtunggebietender Kraft, Zeugnis vortrefflicher Maurerkunst.

Von Caerwent aus sind es nur noch wenige Kilometer bis zur Severn-Brücke, die uns nach England und zurück auf die Autobahn bringt. Doch ehe wir erneut den Lärm unseres unruhigen Zeitalters über uns zusammenschlagen lassen, wollen wir noch rasch einen Abstecher in ein kleines walisisches Dorf am Wege machen, um noch einmal jenen geheimen Charme zu genießen, der sich dem flüchtigen Reisenden nie und dem beschaulichen Betrachter nur nach und nach enthüllt, indem er das Mit-Leben lernt.

MATHERN ist ein stilles walisisches Dorf, und war doch fast zweihundert Jahre lang ein Mittelpunkt walisischer Kirchengeschichte: Hierher floh 1402 nach dem Überfall Owain Glyndwrs auf Cardiff das Domkapitel von Llandaff, um in dem entlegenen Grenzort mit seiner schönen gotischen Kirche Zuflucht und Sicherheit zu finden; der Ort gefiel den geistlichen Herren so sehr, daß sie zweihundert Jahre lang blieben.

Geweiht ist die Kirche dem heiligen Tewdrick (Theoderich), einem christlichen Britenfürsten, der im sechsten Jahrhundert den Märtyrertod von der Hand eines sächsischen Kriegers erleiden mußte. Sie zeigt den Transistional-Stil zwischen normannischer und gotischer Baukunst; das Raumgefüge wirkt bereits gotisch, doch zeigen Joche und Arkaden noch eine typisch normannische Prägung. Das Ostfenster mit seinen zartgliedrigen Lanzetten, altem Farbglas und einer Kreuzigungsdarstellung – Christus zwischen Maria und Johannes, daneben zwergenhaft die beiden anderen Marien – ist ein Triumph der englischen Frühgotik.

Der Altar weist eine doppelte Piscina auf, wie man sie nur in Kirchen findet, deren Schiff älter ist als der Chor; in solchem Fall stand der Hauptaltar am Ostende, und wenn dann die Ostwand für den Chorbau durchbrochen wurde, mußte an der anderen Seite des Altars eine zweite Piscina eingelassen werden, weil der Priester ja nicht mehr vor, sondern hinter dem Altartisch die Messe zelebrierte.

An der Südseite des Chores sieht man ein Hagioskop, ein kleines Fenster, durch das die Gläubigen den Altar auch von außen sehen konnten: Draußen ist der normannische Rundbogen erhalten, im Innern kann man zwar seinen Verlauf noch erkennen, doch wurde er dort in einen Spitzbogen verändert. In der Kirche findet man einige alte Grabplatten, auf dem Kirchhof herrliche alte Bäume, darunter eine mächtige Wellingtonia. Der Turm der Kirche im spätgotischen Perpendicular ist im flachen Marschland des Severn weithin sichtbar; er gilt als einer der schönsten des Landes.

Die Bischöfe von Llandaff benutzten die Kirche auch, um Priester zu weihen und Gericht zu halten. Während ihres langen Exils bauten sie einen Steinpalast, der später einem Herrensitz im Tudorstil Platz machte, als sie Mathern nur noch als Landsitz unterhielten. Grinling Gibbons, der im 17. Jahrhundert einige Arbeiten in St David's ausführen sollte, wurde gebeten, auch einen Entwurf für einen Park zu dem Palast zu zeichnen. Später wurde der alte Bischofssitz ganz aufgegeben und verfiel, bis sich um die Mitte des vorigen Jahrhunderts der Architekt Avray Tipping entschloß, dort zu wohnen. Er renovierte ihn sorgfältig und widmete dann seine ganze Kraft dem Park, dem er seine heutige Gestalt gab, aber nicht, ohne sich mit den alten Entwürfen auseinanderzusetzen: Tipping gilt als einer der besten Kenner des Werkes von Gibbons. Der Palast wie der Hof sind heute in Privatbesitz, doch hat man vom Kirchhof aus einen guten Blick auf sie. – In der Nähe liegen noch zwei andere alte Häuser, der Moynes Court aus der frühen Stuartzeit und der elisabethanische Landsitz St Pierre, der ebenfalls von einem weitflächigen Park mit altem Baumbestand umgeben ist.

Am Ufer des Severn wollen wir einen letzten Blick zurückwerfen auf die Berge von Wales, die schon wieder in der Ferne blauviolett verschwimmen. Wales mag so wild sein, wie es will, sobald man die Grenze überschritten hat, geht es einem wie einst Fürst Pückler: Man sehnt sich zurück nach seiner Stille und Schönheit und der sanften Güte seiner gastfreundlichen Bewohner und murmelt rasch ein Wort des Segens und der Wiederkehr:

Erfülle auf einer Welle, Gottes Sohn, uns'ren Wunsch:
Führ uns auf einer von ihnen zurück
in ein geeinigtes Wales, befriedet und schön,
in das Land Davids, wo frei die kymrische Sprache fließt!
(Dafydd Benfras, gestorben 1257, aus ›Im Exil‹)

ANHANG

Zeittafel

frühe Steinzeit	Siedler des Arignac-Typus; Anfänge der Viehzucht
späte Steinzeit	Einwanderung von Siedlern südwesteuropäischen Typus; Megalithdenkmäler wie Dolmen; polierte Steinäxte
um 1800 v. Chr.	Einwanderung von Glockenbecherleuten aus Zentraleuropa; Megalithbauten wie Dolmen, Steinkreise, Menhire, lange und kegelförmige Kammergräber: Hallstattkultur
um 400 v. Chr.	Invasion gälischer Stämme aus Irland, Schottland und von den Hebriden; sie wandern später zurück; Invasion brythonischer (d.h. britischer) Stämme aus Mitteleuropa: Silurer siedeln in Südost-, Demeter in Südwestwales, im Nordosten Deceangli, im Nordwesten Ordoviker, im Mittelosten Cornovii; sie bauen Hüttensiedlungen mit ausgedehnten Wallanlagen auf den Mooren; Eisenschmiedekunst: La Tène-Kultur
49 n. Chr.	Römer dringen nach Wales vor; der britische Heerführer Caradoc (Caractacus) wird geschlagen
61	die britische Priesterkaste der Druiden wird auf Mona in einem römischen Massaker ausgelöscht
78-84	Agricola römischer Statthalter Britanniens; unterwirft in Wales die Ordoviker
384-387	Magnus Maximus regiert als von den Truppen gekürter Augustus Britannien, Gallien und Kastilien; geschlagen, gefangen und hingerichtet beim Marsch auf Rom 388; geht in die walisische Sage ein als Kaiser Macsen Wledig
5. Jh.	die Inselbriten beginnen, sich Cymry, ihr Land Cymru, ihre Sprache Cymraeg zu nennen; die Ethymologie ist umstritten; Cymry heißt wahrscheinlich Landsleute
402-407	Abzug der Römer aus Britannien; Angriffe der Pikten und Skoten; Vordringen der Angelsachsen
432	St Patrick, walisischer Heiliger, bringt den irischen Skoten das Christentum
um 450	Britenfürst Vortigern muß vor den Sachsen nach Wales fliehen; sein Prophet wird Ambrosius (Emrys) Wledig, später bekannt als Merlin (Myrddin)

um 490	Schlacht am Mons Badonicus; ein Britenführer oder -könig, der Sage nach Arthur (Artus), schlägt die Sachsen so vernichtend, daß er auf Jahrzehnte ihr weiteres Vordringen nach Westbritannien verhindert
6. Jh.	Jahrhundert der Heiligen
546	Erzbischof Dyfrik (St Dubricius) von Wales teilt das Land in drei Bistümer; Wales wird durch viele Heilige, unter ihnen St David, St Cadfan, St Teilo, St Deiniol, St Illtud, St Padern, missioniert
577	Angelsachsen dringen zum Bristol-Kanal vor; Schlacht bei Dyrham
613	Ethelfried von Northumbria schlägt Briten bei Chester
633	Cadwallon fällt im Kampf gegen Northumbria bei Hexham
768	walisische Bischöfe übernehmen römisches Osterdatum
784	König Offa von Mercia errichtet Grenzwall gegen Wales
ab 793	Wikingereinfälle; Inseln tragen noch heute Wikingernamen
798	Tod Fürst Caradocs
855-878	Rhodri Mawr (Roderich der Große) regiert Gwynedd, Powys und Teile von Südwales; schlägt Wikinger zurück; mit ihm beginnt die Vorherrschaft des Fürstentums Gwynedd
916-950	sein Enkel Hywel Dda (Howel der Gute) gibt Wales Gesetze
1066	Wilhelm I. erobert England; Beginn der Unterwerfung von Wales durch normannische Barone: Marcherlordschaften entstehen
1093	Tod des letzten unabhängigen Fürsten von Südwales, Rhys ap Tewdwr; seine Tochter Nest schenkt Wilhelm II. einen Bastard, heiratet Gerald von Windsor; ihre Entführung durch einen walisischen Prinzen löst Krieg mit England aus
um 1100	Heinrich I. besetzt walisische Bischofssitze mit Normannen
1136	Geoffrey of Monmouth veröffentlicht ›Historia Regum Britanniae‹
1137-1169	Owain Gwynedd ap Gruffydd regiert Gwynedd
1142	Tod Heinrichs II. von England; Erbfolgestreit zwischen König Stephan und Heinrichs Tochter Mathilda; Wales kämpft auf seiten der Kaiserinwitwe Mathilda
1152	Geoffrey of Monmouth wird Bischof von St Asaph

1170-94	Dafydd ab Owain regiert Gwynedd
1165	Heinrich II. von England versucht, Wales zu erobern
1177	Rhys ab Gruffydd von Deheubarth lädt zum ersten Eisteddfod oder Bardenwettstreit
1197	Tod von Rhys ap Gruffydd, gen. ›Lord Rhys‹
1198-1203	Kampf von Nests Enkel Giraldus Cambrensis um unabhängiges walisisches Erzbistum
1194-1240	Llywelyn ab Iorwerth Mawr regiert Wales
1215 (1225)	Magna Charta Libertatum wird König Johann mit Hilfe der Marcherlords und Llywelyns des Großen abgetrotzt
1246-82	Llywelyn ap Gruffydd regiert in Wales
1258-65	Auseinandersetzungen zwischen Krone und Baronen
1259	Provisionen von Oxford ergänzen die Magna Charta Libertatum
1264	›Spruch zu Amiens‹ hebt Oxforder Provisionen auf; wieder Bürgerkrieg; Montfort schlägt Heinrich III. bei Lewis und nimmt Prinz Eduard, den größten Landbesitzer in Wales, gefangen
1265	Montfort beruft ein großes Parlament ein: Geburtsstunde des britischen Unterhauses; wird im selben Jahr bei Evesham in der Schlacht getötet
1272-76	Tod Heinrichs III.; dem neuen König Eduard I. verweigert Llywelyn ap Gruffydd Huldigung und Tribute
1276/77	Llywelyn wird zum Rebellen erklärt; muß sich ergeben; behält den Titel ›Fürst von Wales‹
1278	Llywelyn vermählt sich mit Eleanor Montfort
1282	erneuter Krieg zwischen England und Wales; Llywelyn fällt
1284	Eduard I. diktiert die Statuten von Rhuddlan und
1277-1330	läßt ganz Wales mit einem Kranz befestigter Burgen umziehen; normannische Bastides entstehen
1301 (?)	Eduard (II.) wird zum Fürsten von Wales ausgerufen; der Titel ›Prince of Wales‹ wird später vielen englischen Thronfolgern verliehen
1340-70	Dafydd ap Gwilym, großer walisischer Dichter; Blütezeit der Bardenkunst; Aufzeichnung der Sagen des ›Mabinogion‹
1399	Richard II. wird in Wales gefangengenommen und zur Abdankung gezwungen; Heinrich IV. (Lancaster) besteigt den Thron
1400	Owain Glyndwr zum Fürsten (König) von Wales ausgerufen
1401	offener Ausbruch der Rebellion Glyndwrs

1402	Sir Edmund Mortimer wird von Glyndwr gefangen und heiratet im selben Jahr Glyndwrs Tochter
1403	Glyndwrs Verbündeter Henry Percy (Hotspur) fällt in der Schlacht von Shrewsbury
1405	Februar: im Hause des Bischofs von Bangor Unterzeichnung des ›Teilungsvertrages‹: im Falle eines Sieges von Glyndwr sollte dieser Wales und die Marken beiderseits der Grenze erhalten, der Graf von March (Haus Mortimer) Südengland und der Herzog von Northumberland (Percys Vater) Nordengland; Owain läßt sich in Anwesenheit der Botschafter Schottlands, Frankreichs und Kastiliens zum König krönen
1408	Beginn des Zusammenbruchs der Rebellion Glyndwrs; Glyndwr flieht nach Snowdonia
1413	Heinrich V. besteigt den Thron und bietet Glyndwr Gnade an
1416	vermutlich Todesjahr Glyndwrs
1428	Owain ap Maredudd ap Tewdwr (Owen Tudor) heiratet Katharina von Valois, die Witwe Heinrichs V. und Mutter Heinrichs VI.
1455-85	Rosenkriege: Erbfolgestreit zwischen den Häusern York und Lancaster
1483	Heinrich Graf Richmond, Enkel Owen Tudors, landet in Milford Haven und marschiert mit französischen, walisischen und englischen Heeren nach England; schlägt bei Bosworth Richard III. und wird auf dem Schlachtfeld zum neuen König gekrönt
1536-43	unter Heinrich VIII. wird die englisch-walisische Union durch Gesetze bestätigt
1588	›Y Beibl Cymraeg‹ : walisische Bibelübertragung
1642	Beginn des englischen Bürgerkrieges; in dessen Folge Zerstörung der englischen Burgen und Kirchenräume durch Cromwell; die durch den Krieg bedingte jahrelange Unterbrechung des Viehtriebs führt zur Verarmung der Bauern und Viehtreiber
1660	Restauration der Stuarts
1679	›Exclusion Bill‹: Jakob Stuart soll zugunsten des Herzogs von Monmouth von der Thronfolge ausgeschlossen werden; das Parlament wird wegen dieses Gesetzes siebenmal ausgesetzt und
1680	aufgelöst; dieses Gesetz scheitert nach der
1682	erfolgten Rückkehr von Jakob Stuart aus dem Exil
1683	endgültig; die ›Corporation Act‹ räumt dem König neue Befugnisse ein

1685	Tod Karls II.; Jakob II. besteigt den Thron und läßt seinen Neffen James, Herzog von Monmouth, nach gescheitertem anglo-walisischen Aufstand hinrichten; Monmouth stammte mütterlicherseits von walisischen Fürsten ab
1688/89	Glorreiche Revolution: Flucht Jakobs II. und Machtübernahme durch seinen Schwiegersohn Wilhelm III. (von Oranien) und Tochter Maria II.; ›Bill of Rights‹ sichert die Rechte des Parlaments und die ›Toleration Act‹ die der Dissenter d.h. aller Bürger, die nicht der anglikanischen Hochkirche angehören, mit Ausnahme der Katholiken
18. Jh.	Verbreitung des Dissentertums in Wales; Rückbesinnung auf eigene Sprache und Kultur; Kampf gegen Analphabetismus
1683-1761	Griffith Jones, Pfarrer und Gründer der Wanderschulen
1714-1773	Howel Harris, Gründer des walisischen Methodismus
1797	letzte französische Invasion gegen Britannien in Fishguard zurückgeschlagen
1804	Schienendampflokomotive von Richard Trevethick
1836	aufgrund der Reform Act erhält Wales sechs zusätzliche Parlamentssitze
1839	blutige Unterdrückung der Chartistenbewegung
1839-1844	Rebecca-Unruhen gegen Zollschranken
1858	Tod Robert Owens, Gründer der Co-Operative
1858	National Eisteddfod (Bardenkrieg/Dichterwettbewerb) gegründet
1860	Gründung der walisischen Universität
1880	›Cymru Fydd‹ = Wales Zukunft; Bewegung von Lloyd George und seinen Anhängern mit dem Ziel ›Home Rule‹ für Wales zu erlangen
1907	Gründungsurkunden der Nationalbibliothek und des Nationalmuseums unterzeichnet
1914-1918	Lloyd George führt das Vereinigte Königreich als Minister und Premier durch den 1. Weltkrieg
1922	Wales wird Erzbistum
1948	Walisisches Volksmuseum in St Fagans eröffnet
1956	Cardiff wird Hauptstadt von Wales
1979	Waliser votieren für weitere Union mit England
1980/81	Kampf um walisischsprachigen Fernsehsender

Die walisischen Regenten

Ist es schon ein etwas fragwürdiges Unterfangen, für Gwynedd eine chronologische Folge der regierenden Fürsten festzulegen (so glatt, wie die Zeittafel es glauben machen will, verlief die Weitergabe der Herrschaft durchaus nicht, auch änderte Gwynedd ständig die Grenzen seines Territoriums), so ist es absolut unmöglich, sie für die kleineren Fürstentümer zu erstellen. Sie waren der Raub bald dieses, bald jenes Fürsten, gehörten eine Weile zur Krone, dann wieder ganz oder nur zu einem Teil einem wagemutigen walisischen Prinzen. Bruder kämpfte gegen Bruder, Vater gegen Sohn, Geschlecht gegen Geschlecht, Provinz gegen Provinz. Dann und wann gelang es einer starken Persönlichkeit, diese Fürstentümer für einige Zeit zu befrieden. Genannt seien für diese von Unruhen, Kriegen, Verrat, kurzfristiger Eroberung und halbherziger Unterwerfung gezeichneten Länder daher nur jene Fürsten, die in der Geschichte eine bleibende Spur hinterließen.

Um einen kleinen Einblick in die walisische Welt jener Jahrhunderte zu geben, ein kurzes Zitat – willkürlich herausgegriffen aus vielen hundert Seiten – aus der Anfang des vierzehnten Jahrhunderts entstandenen Fürstenchronik, ›Brut y Tywysogyon‹:

1128. Im folgenden Jahr starb Gruffydd [ap Maredudd] ap Bleddyn. Und dann wurde Llywelyn ab Owain von Maredudd ap Bleddyn ergriffen, seinem Onkel, Bruder seines Großvaters. Und er gab ihn in die Hände des Payn FitzJohn, des Mannes, der ihn ins Gefängnis schickte in der Burg von Bridgenorth.

Am Ende des Jahres starb Morgan ap Cadwgan in Cyprus auf seinem Rückweg von Jerusalem, nachdem er als Kreuzfahrer nach Jerusalem gegangen war, weil er Maredudd, seinen Bruder, getötet hatte.

1129. Im Jahr danach wurde Maredudd ap Llywarch aus seinem Lande vertrieben, der Mann der den Sohn von Meurig, seinem Vetter ersten Grades, erschlagen hatte, und die Söhne von Griffri, dem anderen seiner beiden Vetter ersten Grades, geblendet hatte. Und es war Ieuaf ab Owain, der ihn vertrieb und schließlich erschlug …

GWYNEDD

Die Herrschaft über Gwynedd brachte im allgemeinen die Oberherrschaft über ganz Wales mit sich; doch streckten auch die Fürsten von

Powys und Deheubarth immer wieder die Hand nach ihr aus.
Die Silbe ab oder ap bedeutet wie das schottische M(a)c oder das arabische ibn ›Sohn von‹; ab steht vor Vokalen, ap vor Konsonanten.

Rhodri Mawr (Roderich der Große) 844-877
Cadell ap Rhodri 877-909
Anarawd ap Rhodri 909-916
Hywel Dda ap Cadell (Howel der Gute) 916-950 (949?)
Iago ab Ieuaf 950-979
Hywel ab Ieuaf 979-985
Cadwallon ab Ieuaf 985-986
Maredudd (Meredith) ab Owain ap Hywel Dda 986-999
Cynan ap Hywel ab Ieuaf 999-1008
Llewellyn ap Seisyllt (Sitsyhlt) 1018-23
Iago ab Idwal ap Meurig 1023-39
Gruffydd ap Llewellyn ap Seisyll(t) 1039-62
Bleddyn ap Cynfyn 1062 (63?)-75
Trahaern ap Caradog 1075-81
Gruffydd ap Cynan 1081-1137
Owain ap Gruffydd gen. Gwynedd 1137-69 (1170?)
Dafydd ab Owain Gwynedd 1170-94
Llywelyn ab Iorwerth Mawr (Llywelyn der Große) 1194-1240
Gruffydd ap Llywelyn 1240-44 (?)
Dafydd ap Llywelyn 1244(?)-46
Llywelyn ap Gruffydd ap Llywelyn (Llywelyn der Letzte) 1246-82
Dafydd ap Gruffydd ap Llywelyn 1282

GWENT

König Ithel † 848
König Meurig † 850

DEHEUBARTH

Maredudd ab Owain ab Owain † 999
Rhys ab Owain † 1078
König Rhys ap Tewdwr 1079-93
Rhys ap Gruffydd, ›Lord Rhys‹ † 1197

DYFED

König Maredudd † 796
König Rhain † 808
Gruffydd ap Rhys ap Tewdwr † 1137
Maredudd ap Gruffydd ap Rhys † 1155
Maelgwyn ap Rhys ap Gruffydd † 1231
Gruffydd ap Maredudd um 1280

POWYS

König Cadell † 808
König Cyngen † 856
König Madoc ap Maredudd † 1160
König Gruffydd ap Gwenwynwyn † 1216
König Gwenwynwyn ab Owain Cyfeiliog † 1218
Gruffydd ap Gwenwynwyn † 1286

CEREDIGION

König Arthen † 807
König Gwgan ap Meurig † 872
Cadwgan ap Bleddyn † 1112
Owain ap Cadwgan † 1116
Maredudd ap Gruffydd ap Rhys † 1155
Cadwaladr (Caedwalla) ap Gruffydd † 1172
Rhys ap Gruffydd, ›Lord Rhys‹ † 1197
Gruffydd ap Rhys † 1201
Maelgwyn ap Rhys ap Gruffydd † 1231

Die englischen Fürsten von Wales (Princes of Wales)

Edward of Caernarfon (Eduard II.) 1301-07
Edward, der Schwarze Prinz 1343-76
Richard Plantagenet (Richard II.) 1377
Henry of Monmouth (Heinrich V.) 1399-1413
Edward of Westminster 1454-71
Edward of Westminster (Eduard V.) 1472-83
Edward York 1483-84
Arthur Tudor 1489-1502
Henry Tudor (Heinrich VIII.) 1503-09
Henry Frederick Stuart 1610-12
Charles Stuart (Karl I.) 1616-25
Charles Stuart (Karl II.) 1630-49
James Francis Edward Stuart (der alte Prätendent) 1688-1701
George Augustus (Georg II.) 1714-27
Frederick Lewis (Louis) von Hannover 1727-51
George William Frederick (Georg III.) 1751-60
George Augustus Frederick (Georg IV.) 1762-1820
Albert Edward (Eduard VII.) 1841-1901
George (Georg V.) 1901-10
Edward (Eduard VIII.) 1910-36
Charles Philip Arthur George seit 1958

Englische Regenten seit der Normannenzeit

Haus Normandie
Wilhelm I. der Eroberer 1066-87
Wilhelm II. Rufus 1087-1100
Heinrich I. Beauclerc 1100-35
Stephan (von Blois) 1135-54

Haus Plantagenet
Heinrich II. von Anjou 1154-89
Richard I. Löwenherz 1189-99
Johann Ohneland 1199-1216
Heinrich III. 1216-72
Eduard I. Langbein 1272-1307
Eduard II. von Caernarfon 1307-27
Eduard III. 1327-77
Richard II. 1377-99

Haus Lancaster
Heinrich IV. (Bolingbroke) 1399-1413
Heinrich V. von Monmouth 1413-22
Heinrich VI. von Windsor 1422-61 und 1470-71

Haus Tudor (Tewdwr)
Heinrich VII. 1485-1509
Heinrich VIII. 1509-47
Eduard VI. 1547-53
Maria I. die Blutige 1553-58
Elisabeth I. 1558-1603

Haus York
Eduard IV. 1461-70 und 1471-83
Eduard V. 1483
Richard III. 1483-85

Haus Stuart (Stewart)
Jakob I. 1603-25
Karl I. 1625-49

1649-60 Commonwealth

Oliver Cromwell, Lordprotektor 1653-58
Richard Cromwell, Lordprotektor 1658-59

Karl II. 1649(1660)-85
Jakob II. 1685-88
Maria II. 1689-94 und Wilhelm III. 1689-1702
Anna 1702-14

Haus Hannover

Georg I. 1714-1727
Georg II. 1727-60
Georg III. 1760-1820
Georg IV. 1820-1830 (Prinzregent 1811-20)
Wilhelm IV. 1830-37
Viktoria I. 1837-1901

Haus Sachsen-Coburg und Windsor

Eduard VII. 1901-10
Georg V. 1910-36
Eduard VIII. 1936
Georg VI. 1936-52
Elisabeth II. seit 1952

Quellennachweise und benutzte Literatur

Anthony, Iliad E.: Costumes of the Welsh People. Cardiff 1875

Art in Wales. Hrsg. Eric Rowan, Cardiff 1978

Barrett, John H.: Pembrokeshire Coast Path. Ipswich 1979

Beauvoir, Simone de: Das andere Geschlecht. Reinbek 1949

Bede [Beda Venerabilis]: A History of the English Church and People. engl. von L.S. Price, Harmondsworth 1970 [Venerabilis Bedae Historiam Ecclesiasticam, 731]

Belloc, Hilaire: Hills and the Sea. London 1906

Blunden, Edmund: New Poems. London 1957

Boon, George C.: Caernarvon–Segontium. Cardiff 1975

Bord, Janet und Colin: Mysterious Britain. St Albans 1975

Borrow, George: Wild Wales. Its People, Language and Scenery. London 1977 [1862]

Bowen, E.G.: Saint, Seaways and Settlements in Celtic Lands. Cardiff 1969

Brooke, Christopher: The Saxon and Norman Kings. London 1974

Brut y Tywysogyon or The Chronicle of the Princes. Red Book of Hergest Version. Engl. u. Hrsg. Th. Jones, Cardiff 1955 [frühes 14. Jh. ?]

Capek, Karel: Seltsames England. Dt. v. V. Schwarz, Berlin 1965 [1924]

Celtic Miscellany, A. Engl. v. K.H. Jackson, Harmondsworth 1971

Chadwick, Nora: The Celts. Harmondsworth 1971

Chetwind-Hayes, R.: Gespenstergeschichten aus Wales. Dt. v. K.H. Kosmehl, Frankfurt a.M. 1978

Clare, Elizabeth: The Valley. London 1969

Clifford, Derek: Geschichte der Gartenkunst. Dt. v. H. Klemke, München 1966

Cockroft, Irene: Used in the Mansion of the Nobility. The Rise and Fall of a Slate Company. *in* Country Life, 22.2.1979

Condry, William: Exploring Wales. London 1976

Constable, W.G.: Richard Wilson. London 1953

Cony Catchers and Bawdy Baskets. An Anthology of Elizabethan Low Life. Hrsg. G. Salgadoff, Harmondsworth 1972

Cox, David: A Treatise on Landscape Painting and Effect ... London 1813

Coxe, William: An Historical Tour through Monmouthshire. London 1801

Curtius, E.R.: Europäische Literatur und Latein. Mittelalter. Bern 1967

Dafydd Bach ap Madog Wladaidd *siehe* Welsh Verses *a.a.*O.
Dafydd Benfras *siehe* Welsh Verses *a.a.*O.
Daiches, David und John Flower: Literary Landscapes of the British Isles. A Narrative Atlas. London 1979
Davies, Canon E.T.: A Guide to the Ancient Churches of Gwent. Pontypool 1977
Davies, Edward *siehe* Welsh Verses *a.a.*O.
Davies, Idris *siehe* Welsh Verses *a.a.*O.
Davies, S.G.F. u.a.: The Severn Estuary. A Heritage of Wildlife. Neston o.J.
Davies, Walter *siehe* Welsh Verses *a.a.*O.
Defoe, Daniel: A Tour Through the Whole Island of Great Britain. London 1966 [1724-26]
Dick, Uwe: Ansichtskarten aus Wales. Gedichte. München 1978
Dodd, A.H.: A Short History of Wales. Welsh Life and Customs from Prehistoric Times to the Present Day. London 1977
Drabble, Margaret: A Writer's Britain. London 1979
Dyer, John: Poems. Hrsg. E. Thomas, London 1903
Edwards, Ifor: Davies Brothers Gatesmithes. 18th Century Wrought Iron Work in Wales. Cardiff 1977
Engels, Friedrich, Die Lage der arbeitenden Klasse in England. München 1973 [1845]
Evans, D. Emlyn: Brecon Beacon National Park Scenery. Cardiff 1979
– Pembrokeshire Coast Scenery. Cardiff 1973
– Snowdonia National Park Scenery. Cardiff 1977
– Welsh Scenery. Cardiff 1972
Evans, R.M.: Children in the Iron Industry 1840-1842. Cardiff 1972
Farmhouse Fare. Country Recipes coll. by Farmers Weekly. London 1976
Fedden, Robin and Rosemary Joeckes: The National Trust Guide. London 1974
Finberg, A.J.: The Life of JMW Turner. London 1939
Flecker, James Elroy: Collected Poems. London 1949
Frazer, Sir James: The Golden Bough. London 1922 [1890ff.]
Geoffrey of Monmouth: History of the Kings of Britain [Historia Regum Britanniae]. Harmondsworth 1968
Gildas: Liber querulus de excidio Britanniae [um 547] *siehe* Monumenta ... *a.a.*O.
Gill, Eric: Autobiography. London 1940
– Letters of. Hrsg. W. Shering, London 1948
Gilpins, William: Observations on the River Wye and Several Parts of South Wales. London 1782
Giraldus Cambrensis: Itinerary of Wales 1188 [Itinerarium Kambriae]. London o.J.

Giraldus Cambrensis: Opera. Hrsg. J.S. Brewer, J.F. Dimock u.a., 8 Bände, 1861-91

Goudge, Elizabeth: The Child from the Sea. Sevenoaks 1970

Graves, Robert: The White Goddess. A Historical Grammar of Poetic Myth. London 1975

Grigson, Geoffrey: Britain Observed. London 1975

Gwennalt *siehe* Jones, David Gwenallt *a.a.O.*

Hanning, R.W.: The Vision of History from Gildas to Geoffrey of Monmouth. New York 1966

Harvey, Nigel: Old Farm Buildings. Cardiff 1977

Heinrich VIII. in Augenzeugenberichten. Hrsg. E. Jacobs u.a., Düsseldorf 1964

Hellyer, Arthur: The Shell Guide to Gardens. London 1977

– Lessons of a Maritime Garden. *in* Country Life 13.10.1977

Henderson, Philip: William Morris. His Life, Work and Friends. London 1967

Herbert, George *siehe* Lyrik des Abendlandes *a.a.O.*

Herm, Gerhard: Die Kelten. Reinbek 1977

Hilling, John B.: The Historic Architecture of Wales. Cardiff 1976

– Cardiff and the Valleys. Architecture and Townscape. London 1973

[Holinshed, Raphael] Holinsheds Chronicles ... Hrsg. A.A.J. Nicoll, London 1963 [1677]

Hopkins, Gerard Manley: Gedichte. Dt. v. Irene Behn, Hamburg 1949 [1918]

Howard, Philip: Through the Servant's Door. *in* The Times, 16.6.1977

Hürlimann, Bettina: Craig y mor. *in* Atlantis, Heft 7, 1957

Hughes, Lynn: Hawksmoor. Harmondsworth 1977

Hughes, Peter: Paul Sandby and Sir Watkin Williams Wynn. *in* Burlington Magazine, CXIV, 1972

Huizinga, Johan: The Waning of the Middle Ages. Engl. v. G. Hopman, Harmondsworth 1968

Hunt, (James Henry) Leigh: Autobiography. Hrsg. R. Ingpen, London 1903

– Correspondence. Hrsg. Thornton Hunt, London 1862

Hywel ab Owain Gwynedd *siehe* Welsh Verses *a.a.O.*

Innes, James Dickson *siehe* Jenkins, Innes *a.a.O.*

Jackson-Stops, Gervase: Rex Whistler at Plas Newydd. *in* Country Life, 4.8.1977

Jacobs, Michael und Malcolm Warner: Art in Wales. Norwich 1980

James, Leslie W.: The Morgans of Tredegar. Newport 1977

Jarman, A.O.H.: The Legend of Merlin. An Inaugural Lecture. Cardiff 1960

Jenkins, A.D. Frazwer: I.D. Innes. Cardiff 1975

– The Romantic Traveller in Wales. Cardiff 1970

John, Augustus: Chiaroscuro. London 1952
Jones, David: Epoch and Artist. Essays. London 1959
[Jones, David] Dai Greatcoat. A self-portrait of D. J. in his letters. Hrsg. René Hague, London 1981
Jones, David Gwenallt *siehe* Welsh Verses *a. a.* O.
Jones, Gwyn: A Prospect of Wales. A Series of Watercolours by Kenneth Rowntree. London 1970
– Welsh Verses *siehe* Welsh Verses *a.a.* O.
Jones, Ivor Wynne: Slate and Slatesman of Lechwedd. Blaenau Ffestiniog o. J.
Jones, Reg.: Birds of the Welsh Coast. Norwich 1977
Jones, Thomas, The Memoirs of. Hrsg. A.P. Oppé, London 1951
– Leeks and Daffodils. London 1942
Jones, T. J. Rhys: Living Welsh. Sevenoaks 1977
Kendall, Paul Murray: Richard III. London 1956
Kessler, Harry Graf: Tagebücher. Wiesbaden 1961
[Kilvert, Francis] Francis Kilvert's Diary 1870-1879. Hrsg. William Plomer, Harmondsworth 1978
Kingsley, Charles: Collected Poems. London 1893
La Beche, Sir Henry de: Report for the Health of Town Commission. 1845
Landor, Walter Savage: Letters. Hrsg. S. Wheeler, 4 Bde., 1933-1936
Leech, Michael: A New Place Rich in History. *in* In Britain, Okt. 1977
Leland (Leyland), John: The Itinerary of J.L. Hrsg. Thomas Hearne, 9 Bde., Oxford 1970
Lewis, C.S.: Studies in Medieval and Renaissance Literature. Cambridge 1966
Lewis, J.M., D.H. Williams: The White Monks in Wales. Cardiff 1976
Lewis, Saunders *siehe* Welsh Verses *a.a.* O.
Lindsay, Jean: A History of the North Wales Slate Industry. London 1964
Lleiaf, Robert *siehe* Borrow, Wild Wales *a. a.* O.
Llewellyn, Richard: How Green was my Valley. London 1939
Llewellyn, Sian: The Welsh Kitchen. Swansea 1972
– The Welsh Dresser. Swansea 1974
Llewellyn Jones, J.D.: Church of St Illtud, Llantwit Major. Bary, Glamorgan o. J.
Llywelyn-Williams, Alun *siehe* Welsh Verses *a.a.* O.
Lovegrove, R.R.: The Dee Estuary. A Surviving Wilderness. Neston 1976
Loew, J.B.: Welsh Industrial Workers Housing 1775-1875. Cardiff 1977
Lyrik des Abendlandes. Hrsg. H. Hennecke u.a., München 1963
Mabinogi, The. Von Proinsiansias Mac Canna, University of Wales Press, 1977
Mabinogi, Die vier Zweige des. Von Evangeline Walton, aus d. Amerik. v. J. Schweier, Stuttgart 1974

Mabinogi, Ein keltisches Sagenbuch. Dt. v. Martin Buber, Frankfurt a.M. 1966

Mabinogion, The. Übers. von Gwyn und Thomas Jones, London 1966 *siehe auch* Red Book of Hergest *a.a.O.*

Malkin, Benjamin Heath: The Scenery, Antiquities, and Biography of South Wales. 1804

Malory, Thomas: Die Geschichten von König Artus und den Rittern seiner Tafelrunde. Übers. nach der Lachmannschen Übertragung von Helmut Findeisen, Frankfurt a.M. 1977

– The acts of king arthur ... *siehe unter* Steinbek *a.a.O.*

Mattingley, Garret: Renaissance Diplomacy. Harmondsworth 1964

Mavor, Elizabeth: The Ladies of Llangollen. Harmondsworth 1976

Monumenta Historica Britannica, London 1848

Moore, Donald: Caerleon. Fortress of the Legion. Cardiff 1975

Moore, Patricia: Fonmon Castle. Glamorgan 1978

– Margam Orangery. Glamorgan 1978

Morris, James *siehe* Williams-Ellis *a.a.O.*

Morris, William: Letters. Hrsg. Paul Henderson, London 1950

Murray, John: North Wales. London 1886

Mythen der Völker. Band 3, G. Roth, P.M. Duval: Mythen der Kelten. Frankfurt a.M. 1967

National Library of Wales. A Brief Summary of its History and its Activities. Aberystwyth 1974

Neale, J.E.: Queen Elizabeth I. London 1965

Nennius: Historia Britorum [um 796] *siehe* Monumenta ... *a.a.O.*

Owen, E.: Welsh Wild Flowers. St Ives 1975

Owen, Gornwy *siehe* Welsh Verses *a.a.O.*

Palmer, A.H.: The Life and Letters of Samuel Palmer. London 1892

Palmer, J.: Political and Comic Characters of Shakespeare. London 1964

Palmer, William T.: More Odd Corners in North Wales. London o.J.

Paris, Leslie: Landscape in Britain. ca. 1750-1850. London 1973

Parry, Thomas: A History of Welsh Literature. Englisch von H.I. Bell, Oxford 1955

Parry-Jones, D.: Welsh Country Characters. Upton 1952

Payne-Knight, Richard: The Landscape. London 1794

Peacock, Thomas Love: The Misfortunes of Elphin. London 1829

– Nightmare Abbey. Crotchet Castle. Hrsg. R. Wright, Harmondsworth 1969 [1818/1831]

Pennant, Thomas: A Tour in Wales. London 1804

Perry, A.R.: Welsh Wild Flowers. Cardiff 1973

Pevsner, Nikolaus: Architektur und Design. München 1971

Powys, John Cowper: Owen Glendower. London 1978

– und Llewelyn Powis: Confessions of Two Brothers. London 1982 (New York 1916)

Praeraphaelite Diaries and Letters. Hrsg. W. M. Rossetti, London 1900
Price, Sir Uvedale: Three Essays on the Picturesque. London 1810
[Pückler-Muskau, Hermann Fürst zu] Fürst Pückler reist nach England. Hrsg. H. Ch. Mettin, München 1965
Red Book of Hergest. The Original Texts of the Mabinogion Tales etc., 2 Bde., Oxford 1890 *siehe auch* Brut y Tywysogion *a.a.O.*
Rees, J. F.: Studies in Welsh History. Cardiff 1965
Rees, Vyvyan: South-West Wales. London 1963
Reid, Allan: The Castles of Wales: Castelli Cymru. Aberystwyth 1976
Reid, Richard: The Shell Book of Cottages. London 1977
Repton, Humphrey: Scetches and Hints. London 1794
Richter, Michael: Giraldus Cambrensis. Aberystwyth 1976
Roderick, A. J.: Looking at Welsh History. 2 Bde., London 1977
Ruskin, John: Letters to Lord and Lady Mount-Temple. London 1964
St Brynach, The Church of. Nevern, Pembroke, 3. Aufl., Cardigan 1960
Scourfield, Elfyn: The Welsh Farming Scene. St Fagans 1964
[Seward, Anna] Letters of Anna Seward, 1784-1807. 6 Bde., Edinburgh 1811
[Shakespeare, William] The Complete Works of William Shakespeare. Hrsg. W. J. Craig, London 1965 (1623]
Shelley, Percy Bysshe *siehe* Lyrik des Abendlandes *a.a.O.*
Sikes, Wirt: Rambles and Studies in Old South Wales. London 1811
Simmonds, L.-A.: Welsh Legend and Folklore. St Ives 1975
Sion Cent *siehe* Welsh Verses *a.a.O.*
Spenser, Edward: The Faerie Queene. Hrsg. J. Hayward, London 1953 [1596]
Steinbek, John: The acts of king arthur and his noble knights. From the Winchester Mss. of Thomas Malory and other Sources. Hrsg. Chase Horton, London 1978
Stephens, Thomas: The Literature of the Kymry (*eig.* ›An Essay on the Literature of Wales during the Twelfth and Succeeding Centuries‹). 8 Bde, Llandovery 1898
Styles, Showell: Welsh Walkes and Legends. Cardiff 1976
Sutherland in Wales. A Catalogue of the Collection at the G. S. Gallery, Picton Castle, Haverfordwest. London 1976
Tacitus: Annalen. Dt. v. W. Sontheimer, Stuttgart 1980 [1. Jh.]
Taliesin *siehe* Welsh Verses *und* Graves, The White Goddess *a.a.O.*
Taylor, F. A. J.: The King's Works in Wales 1277-1330. London 1974
Tennyson, Alfred Baron: The Poetical Works includ. the Plays. London 1953
Thomas, Charles: Britain and Ireland in Early Christian Times. A.D. 400-800. London 1971
Thomas, Dylan: Ausgewählte Gedichte. Dt. v. Erich Fried, München 1967

– Quite Early One Morning. Broadcasts. London 1974 [1943-53]
– Under the Milk Wood. London 1974 [1953]
– Unter dem Milchwald. Ganz früh eines Morgens. Ein Blick aufs Meer. Dt. v. Erich Fried, © 1973 Carl Hanser Verlag, München
– The World of. Von D.C. Perkins, Swansea o.J.
– About Laugharne, the Home of. Von Claude A. Page, Tenby o.J.
Thomas, Edward: Beautiful Wales. London 1905
– Edward Thomas on the Countryside. Hrsg. Roland Gant, Newton Abbot 1977
Thomas, Iola E.: St Martin's Church, Laugharne. Carmarthen 1973
Thomas, Ronald S. *siehe* Welsh Verses *a.a.O.*
Thomas, T.R.: A History of the Diocese of St Asaph. Oswestry 1874
Thomas, W. Gerwin: Coal Mining in Wales. Cardiff 1969
Thomas, W. Gwynn: Tenby. The Parish Church. Aberystwyth 1974
Thorn, F.: Graham Sutherland. *in* Süddeutsche Zeitung, 19.2.1980
Tomes, John: Wales and the Marches. London 1979
Toulson, Shirley: The Drover's Roads of Wales. London 1978
Traherne, Thomas: Poems. Centuries and Three Thanksgivings. London 1966 [17. Jh.]
Treasury, The Golden, of Longer Poems. Hrsg. Ernest Rhys, London 1962
Turner, William, und die Landschaft seiner Zeit. Hrsg. Werner Hofmann, München 1978
[Varley, Cornelius] C.V.'s Narrative Written by Himself. *in* Catalogue of the Exhibition of Cornelius Varney, London 1973
Vaughan, Henry: The Works of Henry Vaughan. London 1958
Vaughan-Thomas, Wynford, and Alun Llewellyn: The Shell Guide to Wales. 3. Aufl., London 1977
Wales, Ancient Monuments of. Hrsg. H.N. Savory u.a., London 1976
Wales, This World of. An Anthology of Anglo-Welsh Poetry from the Seventeenth to the Twentieth Century. Hrsg. G. Morgan, Cardiff 1968
Watkins, K.C.: Welsh Smugglers. St Ives 1975
Watkins, Vernon *siehe* Welsh Verses *a.a.O.*
Watson, J.N.P.: Wiking Isles of Dyfed. *in* Country Life, 13.10.1977
Welsh Poetry, The Earliest. Engl. v. P. Vlancy, London 1970
Welsh Short Stories, The Penguin Book of. Hrsg. Gwyn Jones, Harmondsworth 1977
Welsh Verses, The Oxford Book of. Hrsg. Gwyn Jones, Oxford 1977
Wernick, Robert: Steinerne Zeugen früher Kulturen. Dt. v. P. Mortzfeld, Reinbek 1977
West, Elizabeth: Woolen Mills of Wales. Celtic Educational Ltd. 1974
Weston, Jessie L.: From Ritual to Romance. An Account on the Holy Grail. Garden City, New York 1962

Wheeler, Sir John Mortimer: Rome beyond the Frontiers. Harmondsworth 1955
Williams, F.S.: Iron Roads. London 1852
Williams, Glanmor: The Welsh Church, from Conquest to Reformation. Cardiff 1962
Williams, J.D.: Early English Watercolours. London 1962
Williams, Michael: Wales. A Study from the Air. London 1974
Williams, Moelwyn: The Making of the South Wales Landscape. London 1975
Williams-Ellis, Clough, u.a.: Portmeirion. 1973
Williamson, William *siehe* Welsh Verses, *a.a.*O.
Wright, Christopher John: A Guide to Offa's Dyke Path. London 1976
Wright, Michael: A Town Abandoned by the Sea. *in* Country Life, 3.10. 1977
Wynns of Gwydir, The. Collected Papers 1515-1660. Cardiff 1926
Zaubermärchen aus Wales. Hrsg. u. dt. v. Frederic Hetman, Frankfurt a.M. 1977

Kurze Anleitung zur Aussprache des Kymrischen oder Cymraeg

Das Kymrische ist eine sehr schöne, alte und konzise Sprache; Forscher haben schon vor langem ihre Nähe zum Hebräischen und Griechischen nachgewiesen. Natürlich hat sie im Laufe der Jahrhunderte auch eine Anzahl von Lehn- und Fremdwörtern aufgenommen, meistens aus dem gälischen, römischen, angelsächsischen und normannischen Sprachbereich. In diesen Wörtern tauchen eine Reihe von Buchstaben auf, die das kymrische Alphabet nicht kennt: j k q (u) v x z; diese werden wie bei uns oder wie im Englischen ausgesprochen, je nach Herkunft der Wörter.

Dafür gibt es im kymrischen Alphabet eine Reihe uns unbekannter Laute und solcher Buchstabenverbindungen, die man im Englischen nicht kennt:

ch wird wie ein scharf betontes deutsches *CH* gesprochen
dd ist ein stimmhaftes *TH* wie im englischen those
ff ist ein scharfes *F* wie im deutschen Fenster
ll ist ein gezischter lch-Laut; er wird bei breiter Lippenstellung mit viel Speichel gesprochen; die Zunge liegt erst an den Unterzähnen und macht dann einen Buckel; dieser Laut muß genau so geübt werden wie das englische *TH* oder die behauchten Konsonanten der orientalischen Sprachen
ng entspricht dem französischen Nasallaut
ph entspricht dem *PH* in Photographie
rh ist ein *R*-aspirant oder behauchtes r
th ist das stimmlose englische *TH* wie in the

Diphtonge kennt die kymrische Sprache nicht; man spricht stets jeden Vokal einzeln, aber sehr schnell hintereinander und der jeweiligen Betonung folgend; für die Betonung der Wörter gilt als Faustregel, daß stets die vorletzte Silbe betont wird; Ausnahmen lassen sich fast an zehn Fingern abzählen.

Das Kymrische wird so geschrieben, wie man es spricht. Das bedeutet, daß sich Verwaschungen der Aussprache, die durch schnelles Sprechen entstehen, auch in der Rechtschreibung abzeichnen. Wir kennen die Mutation auch im Deutschen, doch bei uns wird sie nicht im Schriftbild sichtbar: zum Beispiel intonieren wir das Wort sprechen als ›schbrechen‹, aber wir schreiben nach dem Wortstamm. Es gibt im Kymrischen drei Formen von Mutation für neun der Konsonanten; die Regeln hier aufzuführen, würde, da sie sehr kompliziert sind, den Rahmen des Buches sprengen. Sie hängen einmal mit der Stellung von Konsonanten zu Vokalen im vorausgehenden Wort zusammen, zum anderen aber auch mit Konjugations- und Deklinationsbestimmungen. Zum leichteren Auffinden walisischer Worte anbei eine kleine Übersicht der wichtigsten Mutationen:

Konsonant	weiche Mutation	nasale Mutation	behauchte Mutation
b	f (wie in Vase)	m	b
c	k	g	ch
d	dd (stimmhaftes th)	n	d
g	w (englisches uu)	ngw (nguu)	gw (gwju)
ll	l	ll	ll
m	f (wie in Vase)	m	m
p	b	mh (m aspirant)	ph (p aspirant)
rh	r	rh (r aspirant)	rh
t	nhd	nh (n aspirant)	th (stimmloses th)

Zum Abschluß das walisische Alphabet:

a	lang wie in traf oder kurz wie in hatte
b	wie in Bett
c	k wie in König
ch	scharf prononziert wie in Bach
d	wie in Drama
dd	stimmhaftes the wie in these
e	lang wie in Mehl, kurz wie in Bett oder kurzes i wie in Bitte
f	v wie in Vase oder w wie in Wasser
ff	f wie in Fenster oder treffen
g	wie in Gebet
ng	nasal wie in Ring
h	wie in Hammel
l	wie in Licht
ll	lch; Mundstellung *siehe oben*
m	wie in Merlin
n	wie in Nähe
o	lang wie in Sohn oder kurz wie in Hopfen
p	wie in Papier
ph	wie in Photographie
r	gerolltes (baltisches) r, wird immer behaucht
rh	Rachen-R gesprochen
s	stimmloses s wie in weiß oder Wasser
t	wie in Tinte
th	stimmloses the wie im englischen thorn
u	in Südwestwales langes i wie in Liebe in Nordwestwales kurzes i wie in bin
w	langes u wie in Ruhm, kurzes u wie in Druck, oder englisches w wie in weeping
y	manchmal klar als ie wie in Kiel manchmal dunkel wie im nasalen französischen un manchmal a wie in Anna manchmal ö wie in Tönnchen oder fleur manchmal ei wie in Heiterkeit manchmal kurzes o wie in troff
z	stimmhaftes s; kommt nur in Lehnworten vor

Diphtonge:

cae	sprich ca-ie (Feld)
tai	sprich ta-i (Haus)
cei	sprich ke-i (Kai)
neu	sprich ne-i (oder)
cyw	sprich cie-u (Kücken)
llew	sprich lche-u (Löwe)
oen	sprich o-en (Lamm)
uwd	sprich ie-ud (Brei)
gloyw	sprich glo-ie-u (leuchtend)
mwynhau	sprich muh-öng-há-ie (Freude)

Grundregel: Die Waliser versuchen stets, auch falsch ausgesprochene Wörter zu identifizieren; aber sie freuen sich sehr, wenn man sich die geringste Mühe gibt, ihre Ortsnamen halbwegs richtig zu prononzieren, was gar nicht ganz leicht ist, denn es gibt auch innerhalb des Walisischen eine Menge verschiedener Dialekte und damit verschiedene Aussprachemöglichkeiten für dieselben Wörter.

Wörterverzeichnis

Höflichkeitsformeln:

Guten Morgen: Bore da
Gute Nacht: Nos da
Bitteschön: Os gwelwch yn dda
Dankesehr: Diolch yn fawr
Entschuldigung: Mae'n ddrwg gen i
Ich spreche nicht kymrisch: Dydw i ddim yn siarad Cymraeg

Im Verkehr:

Landstraße: Ffordd
Straße (in der Stadt): Strud
Hauptstraße: Strud fawr
Paß (im Gebirge): Bwlch
Parkplatz: Maes Parcio
Auto: Car
Tankstelle: Garej
Benzin: Betrol
Batterie: Batri
Kühler: Radiator
Bremsen: Brecs
Reifen: Teiars
Maschine: Peiriant
Landkarte: Map
Campen: Gwersylla
Fahrrad: Beic
Zug: Tren
Bahnhof: Gorsaff
Taxi: Tacsi
Autobus: Bws
Schiff: Cwch
Flugzeug: Awyren
Hafen: Harbwr

Im Hotel:

Hotel: Gwesty
Doppelzimmer: Ystafell ddwbl
Einzelzimmer: Ystafell sengl
Schlafzimmer: Ystafell wely
Badezimmer: Ystafell molchi
Bad: Gwely
Decke: Blanced
Fernsehen: Teledu
Frühstück: Brecwast
Kaffee: Coffi
Tee: Te
Milch: Llefrith, in Südwales Llaeth
Saft: Sudd
Zucker: Siwgwr
Eier: Wyan
Brot: Bara
Brötchen: Byns
Marmelade: Marmelad
Butter: Menyn
Rechnung: Cyfrif

Post und Bank:

Postamt: Swyddfa'r post
Brief: Llythyr
Briefmarke: Stamp
Telephon: Teleffon, Ffon
Paket: Parsel
Bank: Banc
Geld: Arian
Scheck: siec
Kassenschalter: Prif Swyddfa Docynnau

Bei Unfall und Krankheit:

Erste-Hilfe-Station: Canolfan Cymorth Cyntaf
Krankenhaus: Ysbyty

Arzt: Meddyg
Zahnarzt: Deintydd
Medizin: Moddion
Tabletten: Tabledi
Kopfweh: Cur pen
Verband: Rhwymyn
Pflaster: Plastr
Schmerz: Poen
Apotheke: Fferyllydd
Rezept: Cyfarwyddyd

Im Restaurant:

Restaurant: Ystafell Fwyta
Imbißstube: Byrbrydau
Imbiß: Eidr
Abendessen (Dinner): Cinio
Suppe: Cawl, Swp
Gericht aus Purpurtang, Laver: Bara Lawr
Muscheln: Cocos, Cregyn gleision
Austern: Wystrus
Lachs: Eog
Forelle: Brithyll
Seezunge: Lleden
Krabben: Berdysa
Hummer: Cimwch
Steak: Golwyth
Walisisches Lamm: Oen Cymreig
Gemüse: Llysiau
Reis: Reis
Pudding: Pwdin
Kuchen: Teisen
Speisekarte: Bwydlen

Im Wirtshaus:

Wirtshaus: Tafarn
Snacks: Snaciau
Flasche: Potel
Glas: Gwydr
Zur Gesundheit: Iechyd da!
Bier: (Beint o) gwtw
Rotwein: Win coch
Weißwein: Win gwyn
Whisky: Chwisgi

Zeit:

Tag(e): Dydd(iau)
Woche(n): Wythnos (au)
Zwei Wochen: Pythefnos
Monat(e): Mis(oedd)
Jahr(e): Blwyddyn (Blynyddoedd)
Jahrhundert: Canrif
Epoche: Oes
Morgen: Bore
Nachmittag: P'nawn
Abend: Noson
Heute: Heddiw
Gestern: Ddoe
Morgen: Yfory
Stunden: Awr (Oriau)

Wochentage und Jahreszeiten:

Sonntag: Dydd Sul
Montag: Dydd Llun
Dienstag: Dydd Mawrth
Mittwoch: Dydd Mercher
Donnerstag: Dydd Iau
Freitag: Dydd Gwener
Samstag: Dydd Sadwrn
Frühling: Gwanwyn
Sommer: Haf
Herbst: Hydref
Winter: Gaeaf

Monate:

Januar: Ionawr
Februar: Chwefror
März: Mawrth
April: Ebrill
Mai: Mai
Juni: Mehefin
Juli: Gorffennaf
August: Awst
September: Medi
Oktober: Hydref
November: Tachwedd
Dezember: Rhagfyr

Zahlen:

Eins: Un
Zwei: Dau/Dwy
Drei: Tri/Tair
Vier: Pedwar/Pedair
Fünf: Pump
Sechs: Chwech
Sieben: Saith
Acht: Wyth
Neun: Naw
Zehn: Deg
Elf: Un deg un
Zwölf: Un deg dau/dwy
Zwanzig: Dau deg
Dreißig: Tri deg
Fünfzig: Pump deg
Hundert: Cant
Zweihundert: Dau gant
Tausend: Mil
Zweitausend: Dau fil

Im Ort:

Stadt: Dinas
Dorf: Pentref
Burg: Castell
Kirche: Eglwys
Kapelle: Capel
Kathedrale: Eglwys gadeiriol
Grab: Bedd, Wyddfa
Friedhof: Mynwent
Park: Parc
Garten: Gardd
Schloß, Landsitz: Plas
Museum: Amgueddfa
Bibliothek: Llyfrgell
Brücke: Pont
Wasserfall: Pistyll, Rhaedr
Kino: Sinema
Konzert: Cygerdd
Bardenwettstreit: Eisteddfod
Tanz: Dawns

Häufige Landschaftsbezeichnungen zum Verständnis walisischer Ortsnamen:

Aber: Bach oder Mündung
Afon: Fluß
Allt: Wald, Bergwand
Aran: Bergkamm
Argoed: Waldrand
Bach: Flußschleife, klein, Hain
Bailey: Gehege, Hof
Banc: Hügel, Rasenbank, Flußufer
Beili: *siehe* Bailey
Berllan: Obstgarten
Berth: Hecke
Betws: Bethaus
Blaen: Flußquelle, Talende
Blaenau: *Plural von* Blaen
Borfa: Weideplatz
Braich: Vorgebirge
Brochan: Wildbach
Bron: Bergwand
Bryn: Berg, Hügel
Buarth: Bauernhof
Builth: Kuhweide
Bwlch: Paß, Spalte
Bwthyn: Hütte
Cae(au): Feld(er)
Caer: Lager, Castrum
Camnant: gewundener Bach
Cantref: altes Landmaß von hundert Bauernstellen
Carn: Steinhügel, -pyramide
Carreg: Fels
Catref: Heim
Cefn: Bergwand, Kamm
Cegin: Küche
Cellan: Zelle
Cemais: Flußbiegung
Cerrig: Steine
Cil: Quell, Hain
Claerwen: helles Wasser
Clas: keltisches Kloster
Clywdd: Hecke, Graben, Böschung, Bergwand
Cletwr: Wildwasser
Clipiau: Klippen
Clogau: Kliffe
Coed: Wald
Coity: Waldhaus
Copa: Gipfel
Craig: Fels
Crest: Kamm
Cribyn: Kamm
Crick: Burg-, Steinhügel
Crochan: Kessel
Croes: Kreuz
Croes-faen: Steinkreuz
Crug: *siehe* Crick
Cutiau: Hütten
Cwm: flaches Tal
Cwrt: Gutshof
Cyfarthfa: Ort des Gebells (von Hunden oder Füchsen)
Cuffiau: Grenzgebiet
Cyffin-fawr: Grenze
Darren: felsige Bergwand, Vorgebirge
Derwen: Eiche
Diffwys: Wildnis
Din(as): Lager, Castrum, Stadt
Dol: Weide, Wiese
Domen: Burgberg, künstlicher Hügel
Dorlan: Flußufer
Drain: Dorngestrüpp
Dre: Haus, Heim, Stadt
Dre-fach: kleines Haus

Drefor: großes Haus
Drum: Gipfel, Kamm
Dyffryn: Tal
Dyn: *siehe* Din(as)
Dynbych: Kleines Castrum
Dduallt: schwarze Bergwand
Efail: Schmiede
Erw: ein Morgen (Land)
Esgair: Kamm
Fach: *siehe* Bach
Fan: Spitze, Höhe
Feidr: Gasse
Felin: Mühle
Felindre: Mühlenhaus, Diebeshöhle
Foel: Kahler, nackter Berg, Hügel
Fron: *siehe* Bron
Fuches: Kuhweide
Ffinnant: Bachesrand
Fforest: Moorgebiet
Ffos: Graben
Ffridd: Bergweide
Ffrwyd: Bach
Ffynnon: Quelle, Brunnen, Fontäne
Gaer: Lager, Castrum
Gallt: Wald
Gamallt: gewundener Bergpfad
Garthen: Bergwand, Gehege
Garn: Steinhügel (*siehe* Carn)
Gelynnen: Heiliger Baum
Gelli: Hain, Wald
Geuffordd: Hohlweg
Gilfach: Nische, Einbuchtung
Glan: Flußufer
Glas: Grün, Graugrün, Blaugrün
Glog: Fels
Glyn: tiefes Tal
Gors: Marsch
Graig: *siehe* Craig
Gro: Kiesel
Groes(ffordd): Kreuzweg
Grug: Heide
Gruglwyn: Heidekraut
Gwastad: Flachland
Gwaun: Wiese, Weide, Moor
Gwaunydd: Moorland
Gwen: schön, hell, weiß, gesegnet
Gwern: Marsch, Erlen
Gwig: Wald
Gwinllan: Weingarten
Gwyn: *siehe* Gwen
Hafan: Hafen, Zufluchtsort
Hafod: Sommerhaus, Heuernte
Hafren: Fluß Severn
Harlech: schöner Fels
Hen: alt
Hendre: Winterhaus
Hendy: Altes Haus
Henllan: Alte Kirche
Heol: Weg
Hir: lang
Lan: Abhang, Abstieg
Llan: (heiliger) Ort, Kirch-, St.
Llech: flacher Stein
Lluest: Berghof
Llwyn: Busch, Hain
Llyn: See, Teich
Llys: Gutshof, Herrenhaus
Maen: Fels, Stein
Maes: Feld, Weide
Peat: Torf
Melin: *siehe* Felin
Min: Rand, Saum
Moel: *siehe* Foel
Monachdy: Kloster
Morlan: Meeresküste
Morfa: Seemarsch
Mwnt: kleiner Berg, Hügel
Mynydd: Berg
Nant: Bach, Bachtal
Neuadd: Gutshof, Saal
Newydd: neu (e, er, es)
Nythfa: Nistplatz
Pant: Höhle
Pannau: Höhlen
Pembrey, Pen(-bre): Bergspitze, Ende, Vorgebirge, Kopf ...

Pen: *siehe* Pembrey
Pentre(f): Dorf
Persondy: Pfarrhaus
Pistyll: Wasserfall, Quell
Plas: Schloß, Landsitz
Plwmp: Pumpe
Pont: Brücke
Porth: Tor, Portal, Hafen
Pwll: Teich
Pysgodlyn: Fischteich
Rhayader (Rhaeadr): Wasserfall
Rheol: Weg
Rhigos: Heide
Rhiw: Bergwand, Riff
Rhos: Sumpf, Moor
Rhyd: Furt, Bach
Rhysnant: Moorbach
Sarn: gepflasterte Landstraße
Swydd: Gebiet
Tal: Ende, Fassade
Tan: unter
Tarren: Kliff
Tenby: *siehe* Dynbych
Tir: Land
Tomen: *siehe* Domen
Towyn: (Sand)küste, Strand
Trallong, Trallwm: Marsch
Trap: Bodenschwelle, Stufe
Traws: über
Tre: *siehe* Dre
Troed ...: Fuß ...
Trum: Felsblock
Truman: kleiner Kamm
Twmpath: Burghügel
Twr: Turm
Ty: Haus
Tyn: kleiner Bauernhof, Hütte, Kate
Van: *siehe* Fan
Velindre: *siehe* Felindre
Vron: Bergwand *siehe* Fron
Waun: *siehe* Gwaun
Wenallt: lichter Wald
Wern: *siehe* Gwern
Wig: *siehe* Gwig
Winllan: *siehe* Gwinllan
y: der, die, das *vor Konsonanten*
yr: *dto. vor Vokalen*
Ysgubor: Scheune
Ynys: Insel, Flußwiese
Ystrad: Tal
Ystum: Flußschleife

REGISTER

Vorbemerkung zu den Registern

Es gibt in Wales walisische Ortsbezeichnungen, englische Schreibungen dieser Bezeichnungen, englische Ortsbezeichnungen, walisische Schreibungen englischer Ortsbezeichnungen und noch einige Spielarten dazwischen, so verschiedene walisische Schreibweisen desselben Ortes. Damit der Leser sich in diesem Gespinst nicht völlig verirrt, habe ich (soweit möglich) alle Schreibungen aufgenommen. Hinter der walisischen Bezeichnung steht jeweils in Klammern, soweit es mir gelang, die Bedeutung zu erschlüsseln, eine sinngemäße deutsche Übersetzung, z.B. Aberfan (Flußgipfel). Von den walisischen Bezeichnungen wird, wenn es eine englische Version gibt, im allgemeinen auf diese verwiesen. Die walisische Bezeichnung steht, um bei Namensgleichheiten Verwechslungen auszuschließen – und auch als winzige Geste der Höflichkeit gegen das Gastland Wales –, dort nochmals *kursiv*, zum Beispiel: Abergwaun *siehe* Fishguard · Fishguard/*Abergwaun*. Wo es mehrere Schreibweisen gibt, erscheinen diese durch *oder* verbunden oder durch Kommata getrennt nebeneinander, bei stark abweichender Schreibung helfen Verweise. Ähnliches gilt auch für das Personenregister

Meinen herzlichsten Dank möchte ich Frau Inge Moser aussprechen für die selbstlose Hilfe, die sie mir bei der Vorbereitung, Erstellung und Kommentierung des Registers in monatelanger Arbeit geleistet hat.

H.E.C.

Geographisches Register

Personenregister

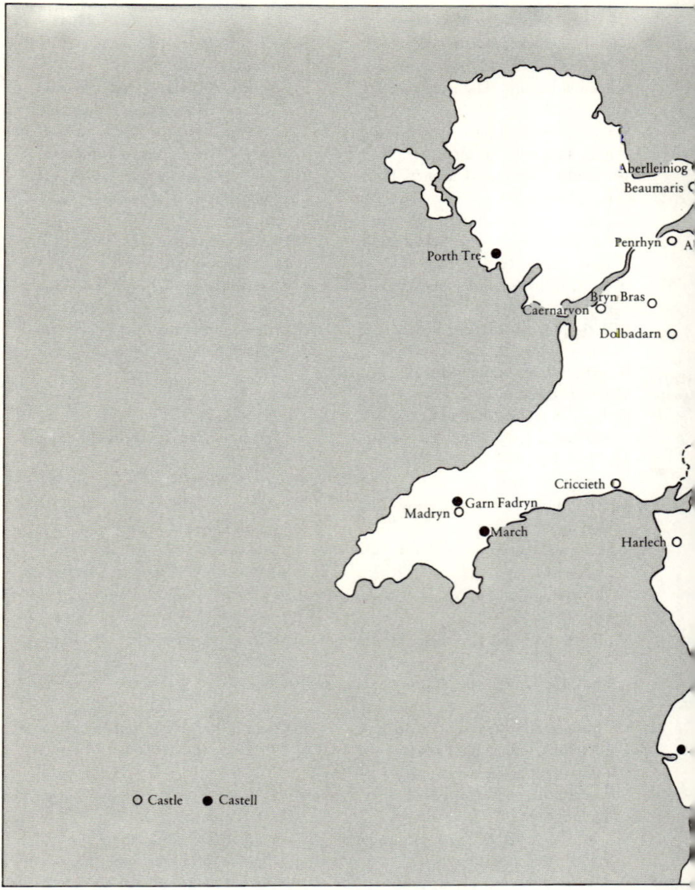

Die nordwalisischen Burgen

Ednyfed's
Deganwy
Conway
Gwrych
Prestatyn
Dyserth
Rhuddlan
Cawr
Hen Blas
Halkyn
Flint
Ewloe
Hawarden
Denbigh
Gwydir
Bryn-y-
Ruthin
Caergwrle
Holt
ydellan
Tomen
Pentrefoelas
Rug
Dinas Bran
Prysor
Chirk
Carndochan
Domen
rmouth
Cefn-y-
Bere
Mathrafal
Powis
Welshpool
Caereinion
Nantcribba
Montgomery
Dolforwyn

Die südwalisischen Burgen

Nant-yr-Arian
Knucklas
Bleddfa
Bryn-y-
Tinboeth
Knighton
Cwm-Arran
Fflemish
Collen
Tomen
Nimble
Cefnllys
Crugerydd
New Radnor
Colwyn
Builth
Aberedw
Pains
Clyro
Hay-on-Wye
Boughrood
Maesllwch
Porthamal
Pipton
Bronllys
landovery
Tump
Llanddew
Dinas
Meurig
Du
Brecon
Cwm Camlais
Blaen-Llynfi
Pencelli
Grosmont
Tretower
lwyn
Skenfrith
White
Crickhowell
Craig-y-Nos
Hen
Coch
Abergavenny
Monmouth
Morlais
Cyfarthfa
Raglan
Usk
Llangibby
Troggy
Neath
Llanvaches
Chepstow
Machen
Llanfair
Discoed
Dinham
Caerleon
Penhow
Llangynwyd
Newport
Pencoed
Caldicot
Caerphilly
Mor Graig
Kenfig
Coity
Llantrisant
Coch
Newcastle
Rumney
Tre
Upon Alun
Ogmore
St. Fagan's
Llandaff
Pen-Llin
Tal-y-Van
Cardiff
Candleston
Llanblethian
Llanquian
Dunraven
Beaupre
Dinas Powis
Penmarc
Fonmon
St. Donats
Barry
Ditches
Llanmaes

Dank

Die Bebilderung wurde vom Verlag zusammengestellt, der allen Beteiligten für ihre freundliche Mitarbeit danken möchte: den Besitzern der in Farbe wiedergegebenen Werke für Reproduktionsgenehmigungen und Abbildungsvorlagen; ebenfalls für Überlassung von Ektachromen den Leger Galleries Ltd., London (Tafel IV) und dem ET Archive Ltd., London (Tafeln I und VI); Herrn Werner Neumeister für die Fotos der einfarbigen Bildfolgen; Ms. Shirley Carpenter, Geographical Products, London, für die Herstellung der Karte von Wales sowie Evi Ohnmacht und Peter Langemann für die Zeichnungen von Plänen und Grundrissen.